辽代南京留守研究

李谷城 著

中国社会科学出版社

图书在版编目（CIP）数据

辽代南京留守研究/李谷城著. —北京：中国社会科学出版社，2013.4
ISBN 978-7-5161-0265-7

Ⅰ.①辽…　Ⅱ.①李…　Ⅲ.政治制度史—研究—中国—辽代
②北京市—地方史—辽代　Ⅳ.D691②K291

中国版本图书馆 CIP 数据核字（2011）第 224006 号

责任编辑　张小颐
特约编辑　何又光
责任校对　王兰馨
封面设计　毛国宣
技术编辑　张汉林

出版发行　中国社会科学出版社
社　　址　北京鼓楼西大街甲 158 号　邮　编　100720
电　　话　010－84029450（邮购）
网　　址　http://www.csspw.cn
经　　销　新华书店
印　　刷　北京新魏印刷厂　　　　装　订　广增装订厂
版　　次　2013 年 4 月第 1 版　　印　次　2013 年 4 月第 1 次印刷
开　　本　710×1000　1/16
印　　张　22.25　　　　　　　　　插　页　10
字　　数　376 千字
定　　价　72 元

　　2009 年 8 月,笔者应邀到内蒙古大学出席《草原文明与农业文明——第八届人类学高级论坛》学术研讨会,并发表论文《政治外交手段,还是卖国——石敬瑭割让燕云十六州的再反思》。笔者在会场内外留影

2009 年 8 月参加内蒙古大学学术研讨会与学者及迎宾者合影,左为笔者

在辽金史专家宋德金教授(下图中)引荐下,笔者于2009年8月29日参访了北京丰台区右安门外辽金城垣博物馆(上),并获得馆方宣传部刘秉鸿女士(下图左)的详细讲解、热情接待并合影。

　　辽代南京城安东门遗址,在北京西城区菜市口十字路口的西南角,现在立有一块门楼状大石碑为记

　　闻名海外的法源寺,最早是唐太宗贞观十九年(645)为纪念攻打高丽阵亡的大批忠魂而修建的"悯忠寺"。李敖的同名历史小说,使它的知名度大幅度提高

历史悠久的唐天王寺故址,今北京天宁寺

辽代人在唐天王寺基础上修建了一座高大的舍利塔,因而使这座千年古刹成为既有寺又有塔的寺庙。图为今北京天宁寺

　　笔者在宋辽金史专家宋德金教授（上图右）的专业指导下，前往北京海淀区，参访考察始建于辽代的西山大觉禅寺。

敕建大觉禅寺

昔日辽宋激战的古战场高梁河,在今北京西直门立交桥的西北方。此地如今变为高梁桥;北宋太平兴国四年(979),辽、宋曾在高梁河一带交战,结果宋军大败

位于北京西城区的牛街礼拜寺始建于辽统和十四年(996),它是北京历史最悠久、规模最大、最为宏伟瑰丽的清真寺

　　"蒙古包"是北方游牧民族的象征,如今仍然是游客及参访者必到之处

　　"昭君和番"的故事千年传诵,图为内蒙古呼和浩特郊外的"昭君墓"纪念公园,左为笔者

内蒙古博物馆里成吉思汗威武的坐像,成为参观者留影的好去处

元上都遗址虽已荒废,但是还可以隐约看到当年横跨欧亚大帝国都城的辉煌

指导老师梁天锡教授推荐书(代序)

　　一、查中国历史研究所硕士班研究生李国成（谷城）之论文《辽代南京留守研究》业经本人指导完成，请惠予安排校内论文口试。

　　二、该论文本人给予评语如下：

　　燕云十六州皆在长城以南，即今山西及河北之北部。自周、秦、汉以至隋、唐两千年间，为北方国防要地，亦即中原民族保卫生存，免为北方民族入侵之自卫生命线。失十六州，即失五关。五代自石晋割于契丹，后晋、后汉莫不称臣，宋代沦为弱势。

　　幽州于十六州中，最具军事价值，以其地控河北平原也。故契丹得十六州不久，即升幽州为南京，治六州、十一县，合称南京道，以为南侵之根据地，可见南京地位极重要。

　　李文研究辽代南京最高长官——留守之出身、任期、功过及结局，得其任用规律，并论南京对辽朝之影响及历史意义。其中第二、三、六章为超水准之作。第二章任期及分期考，分南京留守之任用为抚绥、调和、同化三期，即辽治汉地行政之三阶段。第三章任免背景考，说明辽籍南京达致笼络望族、利用降将、重用名将及优待宗室外戚之四大目的。第六章任用规律，发现南京留守之三项任用规律，即从汉人过渡至契丹人，从望族、降将过渡至皇亲国戚，以及从频频除罢至世袭，盖与辽廷用人规律相吻合。且南京之治乱得失于辽代之疆土、军事、制度及文化均起重大作用：皆其发明也。

　　李文初稿，略有资料配置及次要观点之偏差，余已指导其改正。虽缺"职掌"一章，唯于第四章"功过"章亦可察其职权范围，故未宜视为遗漏。至第五章南京留守除罢后之官爵解释部分，已涉及辽代高层官制，非个人研究数十年可通，故虽屡有"待考"之文，亦非缺点。

通观全文，观点高明，发明亦具价值，为超硕士水平之作，拟请准予通过。

指导教授 梁天锡

1989 年 4 月 22 日

（说明：笔者于 1986 年至 1989 年师从梁天锡教授攻读硕士学位，在梁师的精心教导下完成《辽代南京留守研究》论文。学位论文安排口试之际，梁师写了这篇"推荐书"，作为对本人学位论文的评语。论文于 1989 年 6 月顺利通过口试答辩，得到考试委员们一致好评。可惜，梁师已于 2006 年 4 月 20 日乘鹤西去，未能看到由他指导的这篇论文成书出版，实在十分遗憾。为了表达对梁师的怀念，仍将这篇"推荐书"作为"代序"，置于书前，以作纪念。遵梁师之命，拙作成书时增加了第八章，考证辽代官制及辽代南京留守的职掌；章节顺序亦相应作了一些调整。梁师专攻宋史，著作等身，是香港及台湾最有成就的宋史专家之一。）

宋德金教授序

自西元 10 世纪初，由北方游牧民族契丹族建立的辽王朝统治北部中国长达二百多年。在此期间，契丹统治者对境内不同地区和民族实行所谓"以国制治契丹，以汉制待汉人"的"因俗而治"方针，即对契丹人及奚人采用部族制；对渤海人实行汉化了的渤海旧制；对汉人，在收取燕云地区后，基本上沿用那里原来的统治方式而略有变通。辽朝的"因俗而治"制度，追根溯源，系从《礼记·王制》中"修其政不易其俗，齐其政不易其宜"的原则概括发展而来的。《王制》虽然出于西汉，其内容与商周礼制不尽相符，从中却能反映出我国古代政治制度和儒家政治思想。这一原则，在历史上曾被许多王朝统治者作为处理华夏——汉族同少数民族之间，"中国"同边疆地区之间关系的准则。到了辽朝，正式形成一套完整的体系，取得了较好的效果，并且成为辽朝制度的一个鲜明特色。

西元 936 年，辽太宗应后唐河东节度使石敬瑭之请，攻灭后唐，册立石敬瑭为大晋皇帝。938 年，晋以燕云十六州并图籍献契丹，石敬瑭向契丹奉表称臣，称儿皇帝，尊辽太宗为父皇帝。契丹升幽州为南京（燕京）。站在中原汉族王朝立场上，这无疑是一个屈辱的事件，因此石敬瑭背上千载骂名。燕云十六州并入契丹版图后，在客观上把北方游牧、中原农耕两个民族及不同生产方式联结起来，推动了这个区域，进而促进了南北方的经济文化交流和民族融合。

契丹收取燕云十六州后，升幽州为南京，又称燕京（今北京），为辽五京之一。辽南京地位的确立，是北京及北方中国历史上的一件大事。金海陵王时，将都城从金源"内地"迁往燕京，改称中都，是北京成为北方中国乃至全国政治文化中心的开端。

辽朝对南京的管辖和治理，是"因俗而治"政策的具体体现，而南京留守的设置，则是其卓有成效的一例。留守，本为动词，是指主力离开后留少数人员守卫城池或驻地。大约从隋唐起，始为官职。皇帝出巡或亲征时命亲王或大臣留守京城，可便宜行事，称京城留守，而陪都则常设留守，以地方行政长官兼任。辽金时，五京皆置留守，即为其地方行政长官。金人称，辽代南京（燕京）"地处雄要，北倚山险，南压区夏，坐若堂隍，俯视庭宇……亡辽虽小，止以得燕，故能控制南北，坐致宋币"（《金史·梁襄传》）。由此可见辽代南京地位之重要，南京留守的作用，也是不言而喻的了。

近二三十年来，辽朝政治制度研究虽有进展，但对辽代南京留守却无专书论述。李谷城（国成）研究员二十多年前的硕士论文《辽代南京留守研究》，填补了这方面的研究空白。然而，一直未能公开出版，实为憾事。事隔二十多年，谷城先生对论文几经修订补充后，形成此书。

本书——考证论述辽代南京 187 年间（936—1122）所任用过留守之出身、任用原因、任期、功过及结局，进而探索辽代南京留守之任用规律。本书还对与辽代南京留守相关联的问题，如辽朝官制、契丹汉化等作了论述。书后附有作者精心编制的附录《新编辽代南京留守表》、《辽代南京留守与辽朝皇室亲缘关系表》等以及多幅附图。

书中关于辽代南京留守的任免分期、委任背景、任用规律的论述尤见功力。如作者指出，辽朝南京留守任用规律有三：从汉人过渡到契丹人；从降将过渡到皇亲国戚；从频频除罢到世袭。从这些规律可以看出南京兴衰变化过程及与辽朝的关系。作者还从地理、政治、军事三个方面，探讨南京治乱对辽朝的影响，指出南京对辽朝而言，"得之而兴，失之而亡"。这些论断给读者以很大的启迪。作者还在以上论述的基础上，从更广泛的时空和更广阔的角度出发，进一步研究辽代南京治乱得失对辽朝的影响，综述历代对燕云十六州割献之评论，分析契丹汉化的研讨成果，以及阐述"征服王朝"与"中华一体论"的争论概况，使得本书的视野更加开阔。至于书后的附录、附图，无疑为普通读者和专业学者了解记忆与深入研究辽代南京留守问题提供了方便。

通观全书，这是一本考述缜密、资料翔实、颇有见地、填补空白的力著。相信它的出版，定会引起辽金史、北京史研究者的关注和兴趣，并把这个课题的研究继续引向深入。

　　我与作者本不相识，书稿是辗转从一位朋友那里送到手中的，这位朋友嘱我，无论如何要为本书的出版写几句话，聊表推荐、祝贺之意。作为辽史研究的同好，看到有新成果面世，是令人欣慰的事情，因此不揣冒昧，写了此文。

　　后来，我与作者也成了朋友，对他有了进一步的了解。谷城先生的研究领域广泛，辛勤笔耕，著述颇丰。在通过本课题的硕士论文答辩、获得硕士学位之后，又攻读新闻专业，并在其博士论文《香港近代报业与晚清先进人物——以四个时期四位先进人物为中心》的基础上，反复修改，著成《香港中文报业发展史》；此外，谷城先生还著有《香港报业百年沧桑》、《中国大陆政治术语》、《中国大陆改革开放新词语》等二十余册专著。

　　谷城先生长期从事新闻工作，在启动香港回归谈判之后，由于职业的敏感，触动他想从中国历史中找到某些答案或启示，于是找到了《辽代南京留守研究》的题目。本课题的现实意义就在于此。

　　最后，愿谷城先生一如既往地以资深新闻工作者的政治敏感去研究、观察、解读中国历史与现实，有更多的新著问世。

宋德金

己丑正月　于北京

目　录

导　论

　　距离今天一千多年前，在大唐盛世进入历史之后，中国出现了"合久必分"的五代十国乱世。诸侯并起，城头不断地变换大王旗。后梁（907—923）、后唐（923—936）、后晋（936—947）、后汉（947—950）、后周（951—960），一个接着一个短命王朝，相继上演了活色生香的历史剧。

　　公元936年，在现在的北京地区，发生一件惊天动地、影响深远的大事：后唐明宗李嗣源的女婿石敬瑭，与明宗的养子、刚坐上潞王大位两年的末帝李从珂争帝位。李从珂在一班老臣子的拥护下，高高在上；自命不凡的石敬瑭，拥兵自重，不愿屈居皇帝之下，于是，他居然向远在三千里外的敌国契丹求援，要求派兵扶助他争夺王位，答应事成之后，愿意"以父礼事之"，并且割献"卢龙一道及雁门关以北"十六个州，每年还要进贡30万匹布帛。

　　辽太宗耶律德光，抓住这个入侵中原的大好机会。他亲自"将骑兵五万"直扑中原，孤注一掷，"倾国赴援"。结果，大败后唐兵。耶律德光扶助石敬瑭为"儿皇帝"，史称"后晋"高祖。

　　这场女婿与养子的"世纪之争"，既为了国，也为了家。石敬瑭虽然得偿所愿，推翻了岳父的家族，打倒大唐李氏后人、好不容易建立起来的后唐王朝，自立乾坤，改国号"晋"，取年号"天福"，自以为是"天赐之福"。但是，他不择手段篡位，却成为"千古罪人"。

　　契丹人得到"燕云十六州"这块富庶的战略重地之后，国力大增。不久即成立辽朝，并有进一步吞并中原的野心。辽朝建立后，将"燕云十六州"的两个首府之一"燕京"（即今北京地区）改为陪都，作为一国之中五个京城之一——南京，此即本书专门研讨的"辽代南京"。

　　这场闹剧造成的历史问题、民族问题、社会问题以及各种政治问题，其后至今，一千多年来一直让人们争论不休。历史学家、民族学家、社会学家、政治学家，从这个活生生的案例，得到许多的启发，大家争论的焦点，主要有以下几个方面：

　　一、割地求荣，是不可饶恕的败家子卖国罪行，还是政治、外交、权力斗争的手段和权宜之计？

　　二、石敬瑭割献"燕云十六州"的经过，它的地理位置以及沿革，千年来一直是热门话题，如今有何新的研究成果？

　　三、"辽代南京"（今北京）的设置经过以及沿革，又是如何？

　　四、边陲少数民族入主中原、统治汉人，是外族入侵，导致汉人为主的中原王朝灭亡，还是不同民族之间的内战？政权的更迭，并非亡国，并无脱离"中华民族多元一体化"的基本格局？

　　五、少数民族入主中原后，最后都不可避免地被汉化，这是不同民族之间，通过战争这种剧烈的方式，达到互相融合、取长补短，还是汉文化消灭其他少数民族文化？从相反的角度来看，汉人"胡化"，又如何解释？

　　契丹统治南京长达 187 年（936—1122），在此期间，共任用过 24 位"留守"，此乃辽代南京最高的行政长官。① 本书透过考证辽代南京 24 位正任留守②之出身、任免原因、任免分期、任内功过及结局，找出契丹任

---

　　① "留守"是一个怎样的官职？在中国内地两册最专业的历史辞典中，并无专条介绍，分别是：（1）蔡美彪主编《中国历史大辞典》（辽夏金元史分册），上海辞书出版社 1986 年版。（2）张㧑之、沈蓟仲、卢元主编《古汉语词典》，上海辞书出版社 2006 年版。也许是认为：这是众所周知的，不值得赘述。但本书研究"留守"，就不可以不交代清楚。据香港华通公司 1984 年出版的《辞渊》第 957 页称："留守：国家元首因事出都，另设守土的官。"又据商务印书馆出版的《新华词典》（1994 年修订版）第 571 页称："留守：（1）留下来担任守卫、联系等工作；（2）古时皇帝离开京城，命大臣驻守，叫留守；（3）官代官名。"以上解释相信都未能满足本书读者的要求。为本书赐序的宋德金教授，在大序中对留守的职权及其来历，有十分明确贴切的解释："留守，本为动词，是指主力离开后留少数人员守卫城池或驻地。大约从隋唐起，始为官职。皇帝出巡或亲征时命亲王或大臣留守京城，可便宜行事，称京城留守，而陪都则常设留守，以地方行政长官兼任。辽金时，五京皆置留守，即为其地方行政长官。"

　　② 《辽史》卷 48《南面京官》，第 803—804 页载有"五京留守司兼府尹职名总目"，列明各京留守司所置职位顺序如下：某京留守行某府尹事、某京副留守、知某京留守事、某府少尹、同知某京留守事、同签某京留守事、某京留守判官、某京留守推官。由此可见，五京之一的南京留守司之职官也应分为 8 级之多，留守及其他下级职位，是一个庞大的数目，所以，本书只选择考证职位最高的唯一行政长官——留守，不过，对于"权留守"（代理留守）、"同知留守"（同任留守）等少数等同任职者，会作适当的说明。

免南京留守之规律；并从这个角度，来研究"燕云十六州"的割献，以及辽代南京之治乱，对辽朝的影响，而且进一步讨论其历史启示和现实意义。

本书分为九章，主要内容如下：

第一章：燕云十六州的割献及其沿革。内分五节：第一节，"燕云十六州"名称之由来；第二节，石敬瑭割献十六州经过；第三节，十六州的地理范围；第四节，辽太宗升幽州为南京原委；第五节，辽代南京古城的建置与风貌。辽代南京原为石晋割献给契丹的十六州之一，故欲考证辽代南京留守，必先知契丹建置南京的始末。

第二章：辽代南京留守的任免分期。考证24位留守之确切任免期限，除少数几个外，均有结论。本章按照契丹对辽代南京控制情况，将留守之任免，分为三个时期来讨论，计为抚绥期、调和期及同化期。此分法正好反映了辽代南京的兴衰变化。

第三章：辽代南京留守的委任背景。考证每一位留守之出身背景、与辽廷亲缘关系、任用资历。内分四节，计有笼络燕地望族；利用降辽将领；重用契丹勋臣；优待宗室外戚。本书各相关章节及书末，列有相关的图表，方便查对及进行量化比较研究。

第四章：辽代南京留守的功过。从战功、政绩及对辽廷是否效忠三个方面，研究每一位留守于任期内之功过。内分五节，计有政绩优异者、治绩庸劣者、战功彪炳者、战败误国者、谋反作乱者。多数留守有彪炳战功，有的治绩亦佳，皆非平庸之辈。有五名留守在南京留守任内拥兵自重而谋反，说明南京地位十分之重要。

第五章：辽代南京留守的结局。研究每位南京留守任期之后情况。内分三节，计有加官封爵者、卒任善终者、叛逆自绝者。绝大多数辽代南京留守在顺利完成任期之后，都获得加官晋爵，说明辽代南京留守职位，乃高升之台阶。但亦有人任后谋反，结局悲惨。

第六章：辽代南京留守的任用规律。共分三节，第一节，从汉人过渡到契丹人；第二节，从望族、降将过渡到皇亲国戚；第三节，从频频除罢到世袭。从这些规律，可以看出辽代南京与整个辽朝兴衰变化的关系。

第七章：辽代南京留守传记。从重要史籍中，引录24位留守的生平传记，以便全面了解每位留守的背景，丰富本书的内容。

第八章：辽朝官制及辽代南京留守职掌。在内蒙古大草原上过游牧生活的契丹人，行不离鞍，居不离帐，事简职专，官制朴实。但是，到了太宗耶律德光得到"燕云十六州"、改国号为"大辽"后，必须兼治中原地区，工作范围及工作量大增。于是，辽廷官分南北，以国制治契丹，以汉制待汉人，实行"因俗而治"。本章探讨辽朝官制的变化，各种官位的职权，以及行使权力情况，以便了解辽代南京留守的工作背景。全章共分四节：第一节，契丹族姓原始与初兴本末；第二节，辽朝官制与因俗而治；第三节，南面朝官与方州官；第四节，南京留守的职掌、封号与特权。

第九章：后论。在以上八章的基础上，从更广泛的时空和更广阔的角度出发，进一步研究辽代南京治乱得失对辽朝之影响；综述历朝历代对燕云十六州割献之评论；分析契丹族汉化的研讨成果；以及阐述最近热门的话题——"征服王朝论"与"中华民族多元一体论"的争论概况。这些争论，可作为研究辽代南京的有益补充及广阔延伸。

最后的"后记"，对本书的成书经过，作一些说明。

本书后有附录，这些附录进一步丰富了本书的内容，以增强本书的深度、广度、连贯性与可读性。

附录为：新编辽代南京留守表、辽代南京留守与辽朝皇室亲缘关系表、辽代南京留守任期几种历法对照表、辽代方镇年表（南京）参考文献与书目、附图说明。

附图共分为三类，一是明确辽代南京地理位置的地图，包括《晋献契丹全燕之图》、《契丹地理之图》、《燕云十六州方位图》、《燕云十六州形势图》、《辽代南京城复原示意图》、《辽代南京及金元明清都城城址变迁图》、《辽代南京道析津府形势图》、《辽、北宋时期方位图》；二是笔者实地参访如今北京城尚存的一些辽代南京遗址的照片，以增加现代气息和笔者的投入感，方便现代的读者联想比较；三是本人实地考察北京和内蒙古，拍摄的一些辽代的珍贵历史文物照片，这些照片重现了契丹人的形象和文化气质，让现代的读者可以更深入地了解千年前辽代的风貌。

在笔者之前，尚未有人对辽代南京留守进行过全面、深入、学术性的研讨。本书以正史资料为主，参考宋、元、明、清及近、现代以来的许多相关著述，对辽代南京留守作系统研究，填补了这段历史研究的空白；亦为宋辽金关系史以及北京地方史的研究，增加了新的内容。

第 一 章

燕云十六州的割献及其沿革

辽代南京，今北京地区。在北京西南郊周口店发现的"北京人"（北京猿人）遗址，证明 70 万年前，人类的祖先已经在这一带繁衍生息。其后，历朝历代在北京地区，都有较大规模的人类社会活动，并且有不同的名称及隶属。到石敬瑭割献给契丹之时，称为"幽州"。

936 年（后唐末帝清泰三年、后晋高祖天福元年，辽太宗天显十一年）[①] 石敬瑭割献"燕云十六州"给契丹，以换取契丹扶助他建立晋朝，"援立为帝"，成为晋高祖。在此十六州之中，包括了幽州。938 年契丹升幽州为南京，作为辽朝的五个京城之一。辽廷仿照"唐制"，在南京设立"三省、六部"等衙门实行管治，正式开始了辽朝治南京时代。直至 1122 年，金兵攻陷辽代南京，辽廷失去实际控制权而结束，前后历时 187 年。

第一节 "燕云十六州"名称之由来

"燕云十六州"一词起于何时，至今仍有不同看法，石敬瑭割让时，并不是这样称呼的，而是其后逐渐演变而成的。现根据几册常用的史著即司马光《资治通鉴》、李焘《续资治通鉴长编》、薛居正《旧五代史》、欧阳修《新五代史》、徐梦莘《三朝北盟会编》、叶隆礼撰《契丹国志》所

---

① 按照现在中国内地通用的年代表示法：1949 年之前的年份，可沿用原有国号、皇帝纪年或其他旧历法，并以中文数字记之，但是，为了方便与现代作比较，往往加注经折算的公元年份，并省略公元二字；而 1949 年之后的年份，则一律以阿拉伯数字记之，如需要加注其他年份，要加括号。月份及日期，若为旧历，以中国数字记之；若为新历，则以阿拉伯数字记之；表格中的数字，则全部采用阿拉伯数字以节省篇幅。本书尽量按照上述方式，来标记年月日。

载，按其成书先后顺序辑录①，并且引用近现代的一些说法，概述其
来历：

一　石敬瑭割献"卢龙一道及雁门关以北"十六个州

司马光《资治通鉴》记载：后晋高祖天福元年（936）秋七月，"石敬
瑭遣间使求救于契丹，令桑维翰草表称臣于契丹主，且请以父礼事之，约
事捷之日，割卢龙一道及雁门关以北诸州与之"②。这应是最早文献记载
石敬瑭割让领土之事，但提法是"割卢龙一道及雁门关以北诸州"。

《资治通鉴》续文称：天福元年（936）秋十一月，"契丹主作册书，
命敬瑭为大晋皇帝，自解衣冠授之，筑坛于柳林，是日，即皇帝位，割
幽、蓟、瀛、莫、涿、檀、顺、新、妫、儒、武、云、应、寰、朔、蔚十
六州以与契丹"③。此处首次提及"幽州"及"云州"等16个州之名，还
有"十六州"之称，但并未将"燕云"与"十六州"这两个词连在一
起讲。

李焘《续资治通鉴长编》记载：宋徽宗宣和四年（1122），宋金联合
打败契丹，攻陷南京，金人交还南京及其所属六州，诏名山前诸州为燕山
府路，山后诸州为云中府路，自此"燕云"才成为历史地理中惯用的固定
名词。④

薛居正《旧五代史·高祖纪》载："帝（石敬瑭）言于戎王（辽太宗），
愿以鴈（雁）门已（以）北及幽州之地为戎王寿……"此处与《资治通鉴》
所载基本上相同，但是，特别提及"幽州"，且将割献改成"为戎王寿"。⑤

欧阳修《新五代史·晋本纪》曰："天福元年（936）十一月丁酉，皇
帝（后晋高祖石敬瑭）即位，国号晋，以幽、涿、蓟、檀、顺、瀛、莫、
蔚、朔、云、应、新、妫、儒、武、寰州入于契丹。"此处所列十六州之

---

①　《契丹国志》（上海古籍出版社1985年版）卷首《点校说明》，记述叶隆礼撰《契丹国
志》经过，指出该书撮抄其他几册宋籍史著的先后顺序是：司马光《资治通鉴》、李焘《续资治
通鉴长编》、薛居正《旧五代史》、欧阳修《新五代史》、徐梦莘《三朝北盟会编》。本书所用版
本，见书末附录五"参考文献与书目"，除特殊情况之外，不再一一注明版本。

②　《资治通鉴》卷280《后晋纪》一，"高祖天福元年（936）"，第9146页。

③　同上书，第9154页。

④　李焘：《续资治通鉴长编》（第五册拾补）卷45，"起徽宗宣和四年八月尽是年十二月"，
上海古籍出版社1985年版，第455—464页。

⑤　《旧五代史》卷75《晋书·高祖纪》第一，第989页。

名称与《资治通鉴》所载相同，只是变换了顺序，应该也是沿用《资治通鉴》的说法。①

徐梦莘《三朝北盟会编》记载，宋徽宗政和八年（1118）五月二十七日戊申，宋朝安尧臣上书徽宗赵佶"乞寝燕云兵事"称："臣愚以为，燕云之役，兴则边隙遂开……"② 此份"上书"，最早将"燕云"二字合称。然而，其时（1118）上距十六州的割让（936）已有180多年之久。

叶隆礼《契丹国志》记载，石敬瑭于936年令桑维翰草表称臣于契丹帝，并约于援立事成之日，"割卢龙一道及雁门关以北诸州以献"。③ 此处与《资治通鉴》所载基本上相同。《契丹国志》续文又载：天福元年（936）十一月，石敬瑭获援立为帝时，如约"割幽、蓟、瀛、莫、涿、檀、顺、新、妫、儒、武、云、应、寰、朔、蔚十六州以献契丹"，亦提及"十六州"，并且列出十六州之名，包括了幽、云两州。与前几种说法大同小异。④ 不过，《契丹国志》附有"晋献契丹全燕之图"，首次用"全燕"一词。又曰："辽之威服诸夷，奄有全燕，何其强也。"⑤ 并载明"全燕地界"为："东至榆关（今河北省山海关附近之榆关）七百余里，西至云中（今山西省大同市）七百里，南至雄州（今河北省雄县）二百四十里，北至古北口（今北京市北郊密云水库北部之古北口）三百里。"⑥

元朝宰相脱脱任"都总裁"而纂修的《辽史》在卷37的《地理志一》开篇即记载契丹所得幽燕十六州之名称，现列如下：

> 太祖以迭剌部之众代遥辇氏，起临潢，建皇都；东并渤海，得城邑之居百有三。太宗立晋，有幽、涿、檀、蓟、顺、营、平、蔚、朔、云、应、新、妫、儒、武、寰十六州，于是割古幽、并、营之境而跨有之。东朝高丽，西臣夏国，南子石晋而兄弟赵宋，吴越、南唐

① 《新五代史》卷8《晋本纪》第八，第79页。
② 《三朝北盟会编》卷2《政宣上帙二》，政和八年（1118），"五月二十七日戊申广安军草泽臣安尧臣上书乞寝燕云兵事"，第9页。
③ 《契丹国志》卷2《太宗嗣圣皇帝》上，第15页。
④ 同上书，第17页。
⑤ 《契丹国志》卷首《契丹国初兴本末》，第2页。
⑥ 《契丹国志》书前所附"晋献契丹全燕之图"。至于其相对应的今地界，参阅谭其骧主编《中国历史地图集》第六册《宋·辽·金时期》；及《简明中国历史地图集》，中国地图出版社1991年版。

航海输贡。嘻，其盛矣！①

《辽史·地理志》原注在介绍辽所得之十六州时称："十六州：按《纪》会同元年十一月，十六州内有瀛、莫，无营、平。《考异》谓辽得瀛、莫后未久旋失，后因营、平计入十六州，盖相沿之误。"②《辽史·地理志》所列出的十六个州，与司马光《资治通鉴》所列的十六个州略有不同：其一是，增加了营州及平州，但少了瀛州及莫州；其二是排列顺序不同，不过，总数都是十六个州。

二 "燕云十六州"名称逐渐演变而成

如上所述，司马光《资治通鉴》最早列出十六个州的名称，其后成书的薛居正《旧五代史》、欧阳修《新五代史》、叶隆礼《契丹国志》等，都据此列出十六个州的名称，只不过顺序有所不同而已。

以上诸史著分别提及"幽州"、"云州"、"燕云"与"十六州"，用来表示石敬瑭所割献之地。《宋史》称：宋徽宗宣和二年（1120），金军占领燕京，大肆抢掠。宋徽宗宣和四年（1122）冬十月，宋廷用代税钱赎回燕京及山前各州，改"燕京为燕山府，涿、易八州并赐名"，故"燕京"又称为"燕山"。③ 那么，又是谁最早将"燕云"与"十六州"合称为"燕云十六州"呢？有关此问题，不但在石晋割献时代已有争论，其后历经宋、元、明、清、民国至当代，都是热门的话题，本书第九章有进一步的讨论，现先举三例如下：

1.1934 年北京《禹贡》半月刊发表王育伊《宋史地理志燕云两路集证》以及《石晋割略契丹地与宋志燕云两路范围不同辨》二文，考证"燕云"二字的由来及其地理沿革，并且附有地图，图文并茂。该文认为："石晋割与契丹，及宋人所欲收复之地，寻常辄曰：'燕云十六州'。实则'燕云'者，宋人所欲取之'燕山府路''云中府路'之简称，其界至范围与石晋割地不同。石晋割地，为幽蓟十六州，此时并无'燕云'之称。后人合'燕云'及'十六州'为一，而不知石晋割地与'燕云'是二事而非

---

① 《辽史》卷 37《地理志》一，第 437 页。

② 同上书，第 452 页"注一"。

③ 《宋史》卷 22《徽宗本纪》第四，中华书局 1985 年版，第 412 页。

一事。必也正名乎！"①

2. 据台湾学者赵铁寒20世纪五六十年代的考证："燕云"一词成立甚晚，似乎最早应见于政和八年（1118）安尧臣所上书，其时上距十六州的割让（晋高祖天福元年，936）已有180多年之久，石敬瑭时代是没有"燕云"之名的。到宣和四年（1122）金人交还了燕京及其所属六州，诏名山前诸州为燕山府路，山后诸州为云中府路，自此"燕云"才成为历史地理中惯用的固定名词。在北宋政和以前，似乎只有讲到历史才用"十六州"的名称，到了海上联金之议起，把范围扩大，包括了平、营、景、易、武、经等州在内，才有山前九州、山后九州、十八州的说法，这就种下了众说纷纭的乱源。赵铁寒认为：石晋所割十六州，不宜冠以"燕云"二字；不过，假如不唤作"燕云十六州"，改作"石晋割让辽十六州"，又有生硬之嫌，读起来不上口，看起来不顺眼，总是不合人们的历史习惯，不得已还是"吾从众"，以"约定俗成"为宜，仍以"燕云"称之罢了。②

3.1986年蔡美彪主编的《中国历史大辞典》，有最新的说法：

> 燕云十六州，北方十六州的总称。后唐清泰三年（936）十一月，契丹立石敬瑭为后晋皇帝，敬瑭割幽、蓟、瀛、莫、涿、檀、顺、新（后改奉圣）、妫、儒、武、云、应、寰（后降为马邑县）、朔、蔚十六州与契丹。十六州中幽、云皆为首府，幽州又称燕州，故十六州首称燕、云。③

总而言之，"燕云十六州"一词，并非石晋献地时所用，而是其后逐渐演变而成的。

---

① 王育伊：《宋史地理志燕云两路集证》，载顾颉刚、谭其骧主编《禹贡》半月刊第三卷第七期，北平：禹贡学会1934年版，第26—35页。以及《石晋割赂契丹地与宋志燕云两路范围不同辨》，载顾颉刚、谭其骧主编《禹贡》半月刊第三卷第九合刊，北平：禹贡学会1934年版，第10—12页。

② 赵铁寒：《燕云十六州的地理分析》（上），《大陆杂志》第11期，第3页，台北：大陆杂志社1958年版。赵铁寒认为：所谓山前山后的"山"，指太行山而言。

③ 蔡美彪主编：《中国历史大辞典》，《辽夏金元史》分册，"燕云十六州"条，上海辞书出版社1986年版，第526页。

第二节　石敬瑭割献十六州经过

在大唐盛世进入历史之后，中原出现了五代十国的乱世：后梁（907—923）、后唐（923—936）、后晋（936—947）、后汉（947—950）、后周（951—960），一个接着一个短命王朝，前仆后继，有能力者都在努力寻找机会，争权夺利。

936 年（后唐末帝清泰三年），后唐明宗李嗣源之女婿石敬瑭，与明宗养子李从珂（其后成为末帝）争帝位。石敬瑭乞援于契丹，约事捷之日，割献燕云十六州。这场女婿与养子的"世纪之争"，既为己为家也为国，在一千多年前发生，其后一千多年来仍成为重大的历史问题与政治问题，让人们争论不休。

一　女婿与养子的"家国之争"

石敬瑭为后唐明宗的女婿，多册史著对这种关系有明确的记载。

《旧五代史·高祖纪第一》载："唐明宗（李嗣源）……妻（敬瑭）以爱女"①。

《新五代史·晋本纪第八》亦称："敬瑭为人沉厚寡言，明宗爱之，妻以女，是为永宁公主……"② 可见，石敬瑭为明宗之女婿，确实无疑。

《契丹国志·太宗嗣圣皇帝上》曰："敬瑭娶明宗（李嗣源）女永宁公主"③。

李从珂十岁时被后唐明宗收为养子，不少史著亦有明确的记载。

《旧五代史·唐书·末帝纪》又曰："末帝，讳从珂，本姓王氏，镇州人也。母宣宪皇后魏氏，以光启元年岁在乙巳④，正月二十三日，生帝于平山。景福中，明宗为武皇骑将，略地至平山，遇魏氏，掳之，帝（李从珂）时年十余岁，明宗养为己子。"⑤ 后唐明宗掳走李从珂母子、收李从珂为养子，当时李从珂才十岁。

---

① 《旧五代史》卷 75《晋书·高祖纪》第一，第 978 页。
② 《新五代史》卷 7《晋本纪》第八，第 77 页。
③ 《契丹国志》卷二《太宗嗣圣皇帝》上，第 13 页。
④ 原注曰：乙巳，原作"己巳"，按《资治通鉴》卷 256，光启元年为乙巳年，据改。
⑤ 《旧五代史》卷 45《唐书·末帝纪》上，第 625 页。

对于李从珂的养子身份，《旧五代史·唐书·末帝纪》还引经据典作了考证："案《通鉴考异》引《唐废帝实录》云：废帝，讳从珂，明宗之元子也。母曰宣宪皇后魏氏镇州平山人。中和末，明宗徇地山东，留成平山，得魏后，帝以光启元年正月二十三日生于外舍，属用兵不息，音问阻绝，帝再十岁，方得归宗。今《考五代会要》、《欧阳史》诸书，皆作养子，惟实录作元子，疑因太后令称为'皇长子'而傅会也。《通鉴》似从《薛史》。"①

李从珂在一班老臣子的拥护下，坐上皇帝大位，高高在上；自命不凡的石敬瑭，不愿屈居小皇帝之下，于是，他居然向远在三千里外的敌国契丹求援，要求派兵扶助他争夺王位。

二　石敬瑭割地称臣、许岁输帛三十万匹

石敬瑭利欲熏心，不理僚臣刘知远力谏，一意孤行，向契丹割地称臣、事以父礼，以换取辽太宗耶律德光援立，是五代一件影响深远的大事，几本重要史著，对此重大历史事件，均有明确记载。

司马光《资治通鉴》记载最详：

> （后晋高祖天福元年，936）十一月……丁酉……契丹主谓石敬瑭曰："吾三千里赴难，必有成功。观汝器貌识量，真中原之主也。（原注：契丹主初来赴难，石敬瑭出见之于晋阳北门，此时固得之眉睫间矣。及围晋安，军中旦暮见，审之既熟，然后发此言。然味其言，不徒取气貌，又取其识量，则其所谓观者必有异乎常人之观矣）吾欲立汝为天子。"敬瑭辞让者数四，将吏复劝进，乃许之。契丹主作册书，命敬瑭为大晋皇帝，自解衣冠授之（原注：石敬瑭盖以北服即位），筑坛于柳林，是日，即皇帝位。割幽、蓟、瀛、莫、涿、檀、顺、新、妫、儒、武、云、应、寰、朔、蔚十六州以与契丹，仍许岁输帛三十万匹。己亥，制改长兴七年为天福元年，大赦；敕命法制，皆遵明宗之旧。②

---

① 《旧五代史》卷45《唐书·末帝纪》上，第625页。
② 《资治通鉴》卷280《后晋纪》一，"高祖天福元年"，第9154页。

《资治通鉴》又记载："石氏自代北从晋王起于太原，既又以太原起事而得中原；太原治晋阳，契丹遂以晋命之，固国号为晋。"又云："是年十一月方改元即位。"①

《旧五代史·高祖纪》亦记载：

> （晋高祖天福元年，936），帝（石敬瑭）言于戎王（辽太宗），愿以鴈（雁）门已（以）北及幽州之地为戎王寿，仍约岁输帛三十万，戎王许之。②

《新五代史·晋本纪》第八亦曰：

> 晋天福元年（936）……九月，契丹耶律德光（辽太宗）入自鴈（雁）门，与唐兵战，敬达大败。敬瑭夜出北门见耶律德光，约为父子。十一月丁酉，皇帝（石敬瑭）即位，国号晋。以幽、涿、蓟、檀、顺、瀛、莫、蔚、朔、云、应、新、妫、儒、武、寰州入于契丹。己亥，大赦，改元。③

《契丹国志·太宗嗣圣皇帝》上也说：

> （辽太宗天显十一年，936）十一月，契丹帝谓石敬瑭曰："吾三千里来赴难，必有成功。观汝器貌识量，真中原之主，吾欲立汝为天子。"敬瑭辞让数四，将吏复劝进，乃许之。契丹帝作策书，命敬瑭为大晋皇帝（是为高祖）。自解衣冠授之，筑坛即位。割幽、蓟、瀛、莫、涿、檀、顺、新、妫、儒、武、云、应、寰、朔、蔚十六州以献契丹，仍许岁输帛三十万匹。制改长兴七年为天福元年。④

辽太宗耶律德光抓住这个入侵中原的大好机会，遂于天显十一年

---

① 《资治通鉴》卷 280《后晋纪》一，"高祖天福元年"，第 9138 页。
② 《旧五代史》卷 75《晋书·高祖纪》第一，第 989 页。
③ 《新五代史》卷 8《晋本纪》第八，第 79 页。
④ 《契丹国志》卷 2《太宗嗣圣皇帝》上，第 16 页。

（936）九月，从三千里外的内蒙古地区，亲自"将骑兵五万"，"倾国赴援"，大败唐兵。十一月，耶律德光扶立石敬瑭为"儿皇帝"，史称"后晋"高祖。

这场女婿与养子的"家国之争"，石敬瑭虽然得偿所愿，但他不择手段，推翻岳父的家族，撕烂大唐李氏后人的旗号，自立乾坤，改国号"晋"，取年号"天福"，自以为是"天赐之福"，可是，他却成为"千古罪人"。

第三节　十六州的地理范围

石敬瑭割献给契丹的"卢龙一道及雁门关以北诸州"归入契丹版图之后，各自分属哪个京、府、道？据《辽史·地理志》称：太宗以皇都为上京，升幽州为南京，改南京为东京，圣宗城中京，兴宗升云州为西京，总京五，府六，州、军、城百五十有六，县二百有九。① 石敬瑭割献的十六个州，幽州升为南京，云州升为西京，两个京辖地扩充，兼并了十六州之中的一些州，其他则以其地理位置，分属南京道和西京道；某些州的名称更改。

现根据《辽史·地理志》② 记载的幽、涿、檀、蓟、顺、营、平、蔚、朔、云、应、新、妫、儒、武、寰十六个州，按顺序辑录其所辖地理范围及其沿革如下：

一、幽州：石敬瑭割幽州入辽，辽会同元年（938）太宗升为南京，又曰燕京，府曰幽都，军号卢龙，统州六、县十一。开泰元年（1012）落军头，同年改幽都府为析津府。幽都析津府统辖的六个州之中有涿、檀、蓟、顺四个州名称与石晋所割相同，但易、景两州则不同。其中，景州本蓟州遵化县，重熙中置。而易州于会同九年（946）孙方简以其地附辽。应历九年（959）为周世宗所取，后属宋。统和七年（989）辽攻克之，升为高阳军，统三县：易县、涞水县、容县。

二、涿州：石敬瑭割献给辽的十六州之一。辽升幽州为南京析津府后统辖的六个州之一。有大房山、六聘山、涿水、楼桑河、横沟河、祁逊

---

① 《辽史》卷37《地理志》一，第438页。
② 根据《辽史》卷37—41《地理志》一——五，第437—516页的史料整理。

河，统县四：范阳县、固安县、新城县及归义县。

三、檀州：石敬瑭割献给辽的十六州之一。辽升幽州为南京析津府后统辖的六个州之一。檀州入辽后，加军号武威军。有桑溪、鲍丘山、桃花山、螺山，统二县：密云县及行唐县。

四、蓟州：石敬瑭割献给辽的十六州之一。辽升幽州为南京析津府后统辖的六个州之一。军号尚武军，统三县：渔阳县、三河县、玉田县。

五、顺州：石敬瑭割献给辽的十六州之一。辽升幽州为南京析津府后统辖的六个州之一。入辽后建凉殿，春赏花，夏纳凉。入辽后初军号归宁，后易名为归化军，仅统怀柔一县。

六、营州：《辽史·地理志》所列出的十六个州有此州，但司马光《资治通鉴》所列的十六个州则无此州。《辽史·地理志》将营州列于南京道之下、南京析津府统辖的六个州之外，军号邻海。东北与奚、契丹接境。辽太祖以居定州俘户组建，统广宁县，户三千。

七、平州：《辽史·地理志》所列出的十六个州有此州，但司马光《资治通鉴》所列的十六个州则无此州。《辽史·地理志》将平州列于南京道之下、南京析津府后统辖的六个州之外，军号辽兴。辽太祖天赞二年（923）取得，以定州俘户错置其地，统州二（滦州及营州）县三（卢龙县、安喜县及望都县）。

八、蔚州：石敬瑭割献给辽的十六州之一。入辽后隶属西京道，军号忠顺，后更名武安军。统和四年（986）入宋，寻复归辽，降刺史州，隶奉圣州。统和二十九年（1011）六月升观察州，恢复忠顺军节度。兵事属西京都部署司。统县五：灵山县、定安县、飞狐县、邱灵县和广陵县。

九、朔州：石敬瑭割献给辽的十六州之一。入辽后隶属西京道，军号顺义，兵事属西京都部署司。统州一、县三，即武州及鄯阳县、宁远县和马邑县。其中武州亦为石敬瑭割献给辽的十六州之一。

十、云州：石敬瑭割献给辽的十六州之一。重熙十三年（1044）升为西京，府曰大同，面积扩大若干倍。统州二县七，即弘州、德州以及大同县、云中县、天成县、长青县、奉义县、怀仁县和怀安县。

十一、应州：石敬瑭割献给辽的十六州之一。入辽后隶属西京道，军号彰国。北龙首山，南雁门，兵事属西京都部署司。统县三：金城县、浑源县及河阴县。

十二、新州：石敬瑭割献给辽的十六州之一。有两河会、温泉、龙门山、涿鹿山。东南至南京三百里，西北至西京四百四十里。兵事属西京都部署司。统州三、县四，即归化州、可汗州和儒州，以及永兴县、矾山县、龙门县和望云县。其中，儒州为石敬瑭割献给辽的十六州之一。

十三、妫州：石敬瑭割献给辽的十六州之一。唐贞观八年（634）命名妫州。五代时，奚王去诸以数千帐徙妫州，自别为西奚，号可汗州；辽太祖因之。有妫泉在城中，又有温泉、版泉、磨笄山、鸡鸣山、乔山、历山。入辽后为可汗州清平军，统辖一县（怀来）。有户三千。

十四、儒州：石敬瑭割献给辽的十六州之一。入辽后隶属西京道，军号缙阳军。太宗改奉圣州。有南溪河、沽河、宋王峪、桃峪口。统辖一县（缙山县）。户五千。

十五、武州：石敬瑭割献给辽的十六州之一。入辽后隶属西京道，军号宣威，统神武县，并宁远县来属。户五千。

十六、寰州：石敬瑭割献给辽的十六州之一。统和中，以寰州近边为宋将潘美所破，废之，乃于此置弘州。初军号曰永宁。有桑干河、白道泉、白登山（亦曰火烧山，有火井）。统县二：顺圣县和宣德县。

著名的历史地理学家谭其骧穷一生之力，主编《中国历史地图集》，将中国几千年的人类社会活动史，不断地改朝换代历史，以地图的形式现在人们面前，成为许多学者、学生直观地探讨中国历史的重要参考书。这套《中国历史地图集》及《简明中国历史地图集》，由中国地图出版社1991年10月出版。此套《中国历史地图集》，按照《资治通鉴》所列的十六州顺序，指出其所辖地界与今对比如下：1. 幽州（今北京地区）；2. 蓟州（今天津蓟县）；3. 瀛州（今河北河间）；4. 莫州（今河北任丘）；5. 涿州（今河北涿鹿）；6. 檀州（今北京密云）；7. 顺州（今北京顺义）；8. 新州（今河北涿鹿）；9. 妫州（今河北怀来）；10. 儒州（今北京延庆）；11. 武州（今河北宣化）；12. 云州（今山西大同）；13. 应州（今山西应县）；14. 寰州（今山西朔县东马邑镇）；15. 朔州（今山西朔县）；16. 蔚州（今河北蔚县）。[①]

---

① 前引谭其骧主编《中国历史地图集》第六册《宋·辽·金时期》；及《简明中国历史地图集》，中国地图出版社1982年版及1991年版。

第四节　辽太宗升幽州为南京原委

契丹得到幽燕十六州这个"自古为用武之地"后，迅速强大起来。辽太宗耶律德光于938年改国号为"大辽"，改元会同，升幽州为南京，作为南下、东征、西伐的前哨基地，上演一幕幕惊心动魄的争夺战。

一　契丹得到十六州而兴盛

元朝宰相脱脱官修的《辽史》，在《地理志》开篇，即记载辽得十六州而兴盛之事，现引录如下：

> 帝尧画天下为九州。舜以冀、青地大，分幽、并、营，为州十有二。幽州在渤、碣之间，并州北有代、朔，营州东暨辽海。其地负山带海，其民执干戈，奋武卫，风气刚劲，自古为用武之地。太祖以迭剌部之众代遥辇氏，起临潢，建皇都；东并渤海，得城邑之居百有三。太宗立晋，有幽、涿、檀、蓟、顺、营、平、蔚、朔、云、应、新、妫、儒、武、寰十六州，于是割古幽、并、营之境而跨有之。东朝高丽，西臣夏国，南子石晋而兄弟赵宋，吴越、南唐航海输贡。嘻，其盛矣！①

《辽史》所列出的十六个州，与司马光《资治通鉴》所列的十六个州略有不同：其一是，增加了营州及平州，但少了瀛州及莫州；其二是，排列顺序不同，不过，总数都是十六个。

如上一节所述，司马光《资治通鉴》最早列出十六个州的名称，其后成书的薛居正《旧五代史》、欧阳修《新五代史》、叶隆礼《契丹国志》等，都据此列出十六个州的名称，只不过顺序有所不同而已。

二　燕云十六州两个首府：南京与西京

契丹得到石敬瑭割献的十六州（936）之后，改变地政编制，升幽州为南京（938），改皇都为上京；其后（1045）改云州为西京，变为五京

---

① 《辽史》卷37《地理志》一，第437页。

编制。

《新五代史·四夷附录》记载幽州与邻州往来情况，并记述契丹得幽州经过，兹摘录如下：

> ……石敬瑭反……遣使求救于德光（辽太宗）……契丹当庄宗、明宗（皆后唐主）时攻陷营、平二州，及已立晋，又得雁门以北幽州节度管内，合一十六州。乃以幽州为燕京，改天显十一年为会同元年，更其国号大辽……①

《辽史·地理志》详细记载辽廷设立五个京的经过：

> 太宗（耶律德光）以皇都为上京，升幽州为南京，改南京为东京，圣宗城中京，兴宗升云州为西京，于是五京备焉。又以征伐俘户建州襟要之地，多因旧居名之；加以私奴置投下州。总京五，府六，州、军、城百五十有六，县二百有九，部族五十有二，属国六十，东至于海（今东海、渤海），西至金山（今阿尔泰山），暨于流沙，北至胪朐河（今内蒙古克鲁伦河），南至白沟（今河北雄县北之白沟河），幅员万里。②

南京析津府（开泰元年，1012 年改名幽都府），治南京及西京，军号卢龙，统州六③、县十一，因而，南京成为燕云十六州两个首府之一。

重熙十三年（1044），辽兴宗耶律宗真升云州为西京，统州二、县七，隶属于西京大同府。西京于抗西夏等西南方敌人之入侵，曾发挥重大作用；但远不如南京，于对南面之宋，东面之渤海国、金，及东北面之女真、朝鲜等来得重要。对西京的地理沿革，本书从略。

---

① 《新五代史》卷 72《四夷附录》一，第 892—894 页。
② 《辽史》卷 37《地理志》一，第 438 页。
③ 其中四个州属燕云十六州之内。据《辽史》卷 39《地理志》四，第 493—494 页载：南京析津府，府曰幽都，军号卢龙。统州六、县十一。但是，另有论者认为，六个州均为石敬瑭割献之地，详见后述。

第五节　辽代南京古城的建置及风貌

早在公元前一千多年的西周时代，在今北京西南的永定河北边，已出现一个最古老的燕国都城。其后至今三千多年，历朝历代的统治者，都在这个华北平原最北端的战略地区，建造城池，不过，其具体位置则常有迁移，名称亦不断变更。

938年，后唐节度使石敬瑭获得契丹援助、扶立为王。作为回报，石敬瑭割让幽、蓟为核心的燕云十六州给契丹。得到燕云十六州的契丹人，改幽州为南京，作为辽朝的陪都。

1153年，女真族海陵王将都城从"白山黑水"的金朝上京（今黑龙江阿城）迁往接近"中原"的"燕京"，改称"中都"。金中都是在辽代南京的基础上扩建的。

1267年，元世祖忽必烈在原金朝中都城东北部兴建新城，奠定了今天北京皇城的基本格局。1272年，忽必烈改"中都"为"大都"。

1406年，明成祖朱棣开始在元大都的基础上营造新的北京城。到了明朝中叶，扩建外城，但因工程费用太大，外城的东、西两面只比内城扩张六七百米，便折向北，止于内城的西南、东南角，即今之西便门与东便门之处。到1553年，整座都城变成凸字形，至今未变。这座中华文化的瑰宝，已被列为世界历史文化遗产。以下根据历代古籍所载，系统地追述它的演变经过。

一　重要古籍记载辽代南京的沿革

《契丹国志·四京本末》，记载辽代南京沿革及其城内面貌如下：

> 南京　太宗建
> 南京本幽州地，乃古冀州之域。舜以冀州北广远，分置幽州，以其地在北方。幽，阴也。东有朝鲜、辽东，北有楼、白檀，西有云中、九原，南有滹沱、易水。唐置范阳节度，临制奚、契丹。自晋割弃，建为南京，又为燕京析津府，户口三十万。大内壮丽，城北有市，陆海百货，聚于其中；僧居佛寺，冠于北方。锦绣组绮，精绝天下。膏腴蔬蓏、果实、稻粱之类，靡不毕出，而桑、柘、麻、麦、

羊、豕、雉、兔，不问可知。水甘土厚，人多技艺，秀者学读书，次则习骑射，耐劳苦。石晋未割弃已（以）前，其中番汉杂斗，胜负不相当；既筑城后，远望数十里间，宛然如带，回环缭绕，形势雄杰，真用武之国也。①

《辽史·地理志》明确记载"南京析津府"的沿革：

南京析津府，本古冀州之地。高阳氏谓之幽陵，陶唐曰幽都，有虞析为幽州。商并幽于冀。周分并为幽。职方，东北幽州，山镇医巫闾，泽薮貕养，川河、沛、浸菑、时。其利鱼、盐，其畜马、牛、豕，其谷黍、稷、稻。武王封太保奭于燕。秦以其地为渔阳、上谷、右北平、辽西、辽东五郡。汉为燕国，历封臧荼、卢绾、刘建、刘泽、刘旦，尝置涿郡广阳国。后汉为广平国广阳郡；或合于上谷，复置幽州。后周置燕及范阳郡，隋为幽州总管。唐大都督府，改范阳节度使。安禄山、史思明、李怀仙、朱滔、刘怦、刘济相继割据。刘总归唐。至张仲武、张允伸，以正得民。刘仁恭父子僭争，遂入五代。自唐而晋，高祖以辽有援立之劳，割幽州等十六州以献。太宗升为南京，又曰燕京。②

同时，《辽史·地理志》也详细记载五京之一"南京"之城市布局：

城方三十五里，崇三丈，衡广一丈五尺。敌楼、战橹具。八门：东曰安东、迎春，南曰开阳、丹凤，西曰显西、清晋，北曰通天、拱辰。大内在西南隅。皇城内有景宗、圣宗御容殿二，东曰宣和，南曰大内。内门曰宣教，改元和；外三门曰南端、左掖、右掖。左掖改万春，右掖改千秋。门有楼阁，毬场在其南，东为永平馆。皇城西门曰显西，设而不开；北曰子北。西城巅有凉殿，东北隅有燕角楼。坊市、廨舍、寺观，盖不胜书。其外，有居庸、松亭、榆林之关，古北之口，桑干河、高梁河、石子河、大安山、燕山——中有瑶屿。府曰

---

① 《契丹国志》卷22《四京本末》之《南京》，第216页。
② 《辽史》卷39《地理志》四，第493—494页。

幽都，军号卢龙，开泰元年落军额。统州六、县十一。（从略）①

李贤等《大明一统志》亦记载以幽州为中心的京师顺天府之地理范围及建置沿革：

顺天府：东至永平府滦州界三百九十里，南至河间府任丘县界三百五十里，西至山西大同府蔚州界三百五十里，北至隆庆州界一百六十里，自府治至南京三千四百四十五里。

建置沿革：贡禹冀州之域，天文尾箕分野。高阳氏谓之幽陵，陶唐曰幽都，虞为幽州。夏殷省幽入冀，又为冀州地。周后置幽州。武王封尧后于蓟、召公奭于燕，即此。秦为上谷、渔阳二郡地。汉初为燕国，又分置涿郡。元狩中，改燕国为幽州。元凤初，改广阳郡。本始初，更为广阳国。东汉省广阳、合上谷。永元初，复立广阳郡。后罢郡立幽州治蓟。三国魏为燕国。晋改范阳国。后魏于蓟立燕郡，又于郡置幽州。北齐于幽州置东北道行台。后周改置燕及范阳二郡，并立总管于幽州。隋开皇初，郡废州存，后省州入涿郡。唐武德初，改为幽州总管府。开元间，改州为范阳郡。乾元初，复为幽州。辽升南京为幽都府，后改幽都为析津府。宋宣和中，改名燕山府。寻复入金，称燕京，改号中都，以析津府为大兴府。元初为燕京路，号大兴府。至元初建中都后，改为大都路。本朝洪武初，改为北平府。永乐初，改为顺天府，领州四县二十三。②

二　契丹人管治南京 187 年

如上引所言，契丹于天显十一年（936）改元会同之同时，才升幽州为南京。《旧五代史·外国列传》有同样的说法，现录下：

是岁（天福三年），契丹改天显十一年为会同元年……升幽州为南京……③

---

①　《辽史》卷 39《地理志》四，第 493 页。

②　李贤等：《大明一统志》之《京师》上册，三秦出版社 1990 年版，第 2—3 页。

③　《旧五代史》卷 137《外国列传》第一，第 1833 页。

不过，《资治通鉴》认为，契丹改元会同，定国号大辽，是在高祖天福二年，即 937 年；而于天福三年（938）才"命曰南京"，即改幽州为"南京"。现摘《资治通鉴》所载如下：

> （高祖天福二年，937）十二月……是岁，契丹改元会同，国号大辽……
>
> （高祖天福三年，938）秋，七月……初，契丹既得幽州，命曰南京（原注：天福元年契丹始得幽州）……①

《契丹国志》称：晋天福二年（937）改元会同，并于同年升幽州为南京。现录原文如下：

> 丁酉会同元年（原注：晋天福二年）春正月，日食。是年，改元会同，国号大辽……秋七月……辽以幽州为南京……②

《辽史·太宗纪》则称：契丹于天显十三年（938）十一月改元会同，升幽州为南京；而改国号大辽，则迟至大同元年（947）。③

综上所述，可得出以下两项结论：

（1）契丹于 936 年得石晋献十六州，并取得其实际控制权：是年秋七月，契丹主耶律德光（辽太宗）亲率大军南下，援助石敬瑭。九月，耶律德光入自雁门，石敬瑭夜出北门见耶律德光。契丹主作册书，筑坛于柳林，命敬瑭为大晋皇帝，自解衣冠授之。石敬瑭以北服即皇帝位，约为父子，并割十六州与契丹，仍许岁输帛 30 万匹。

（2）是年，契丹只口头上改称幽州为南京。其后，应是再过了二年（938），才经辽廷正式下诏，"升幽州为南京"。因为，此一年辽太宗改天显十三年年号为会同元年，与此同时大赦天下；在这种情况下改幽州为南京，应是顺理成章。

---

① 《资治通鉴》卷281，"后晋高祖天福二年"，第9185页；以及后晋高祖三年，第9189页。

② 《契丹国志》卷2《太宗嗣圣皇帝》上，第20页。

③ 《辽史》卷4《本纪》第四《太宗纪》下，第44、59页。

契丹得燕云十六州时（936），即命出兵援石敬瑭的赵思温为南京留守；而于升幽州为南京时（938），改命赵延寿为南京留守（详见第二章"南京留守的任免分期"的考证）。其后更新替旧，共用过 24 位南京留守。最后一位为耶律淳，他于辽天祚帝保大二年（1122）僭位称帝，其后辽廷未再任命留守，辽代南京留守之历史至此结束。契丹自 936 年令赵思温为南京留守至 1122 年耶律淳称帝，以留守为最高行政长官治南京，前后历时共 187 年。

耶律淳称帝数月病亡（后述），金兵同年十二月攻陷燕京。《金史·太祖本纪》曰：

> （金太祖天辅六年、辽保大二年、宋徽宗宣和四年，1122）六月戊子朔，上（金太祖）亲征辽，发自上京……八月癸巳，辽主遁……十一月，诏谕燕京官民，王师所至，降者赦其罪，官皆仍旧。十二月，上伐燕京……戊子，次居庸关。庚寅，辽统军都监高六等来送款。上至燕京，入自南门……辛卯，辽百官诣军门叩头请罪。诏一切释之。壬辰，上御德胜殿，群臣称贺。甲午，命左企弓等抚定燕京诸州县。①

《辽史》亦载：

> （保大二年，1122 年）十二月，知金主抚定南京……三年春正月……甲子……金帅粘罕入燕……四年……夏五月，金人既克燕，驱燕之大家东徙，以燕空城及涿、易、檀、顺、景、蓟州与宋以塞盟。②

李焘《续资治通鉴长编》亦载：宋徽宗宣和四年（1122）八月辛卯，金人进入燕京，大开杀戒。金人攻占燕京后，并无留镇燕京，而是烧杀抢掠、以空城与宋塞盟。③

---

① 《金史》卷 2《太祖本纪》第二，第 37—39 页。
② 《辽史》卷 29《本纪》第二十九《天祚皇帝三》，第 345—348 页。
③ 李焘：《续资治通鉴长编》第五册，《辛卯金人入燕》，上海古籍出版社 1985 年版，第463 页。

1123 年（宋徽宗宣和五年）正月辛酉，金人将空城归还宋朝。同月，宋廷派中大夫、尚书左丞王安中，以庆远军节度使、河北河东燕山府路宣抚使知燕山府，接管燕山政务。[①]

不久，金又侵占燕京，宋、金对燕京来回争夺，但自 1122 年"金主抚定南京"后，燕京即不属辽了，辽南京的历史到此结束。辽于保大五年（1125）亡。翌年，即北宋靖康元年（1126），金军攻陷北宋国都汴京（今开封），掳走徽、钦二帝，北宋亡。

三　辽代南京古城重要遗址之今昔

北京有三千多年的建城史，城市规模的扩大和政治地位的提高，则始于辽、金二代。938 年辽太宗耶律德光升幽州为南京，它与上京临潢府（今内蒙古巴林左旗南）、中京大定府（今内蒙古宁城西大名府）、东京辽阳府（今辽宁省辽阳市）、西京大同府（今山西省大同市）并列，合称五京。辽南京是五京之中规模最大、最繁荣的陪都。1153 年金海陵王完颜亮从上都阿城（今黑龙江阿城南白城）[②] 迁都于此，称为中都，作为国都。金中都城在辽南京城的基础上扩建，自此北京正式以国都的身份登上历史舞台。其后，元、明、清三代均以北京为首都，并且大力新建、扩建了北京城。如今的北京城区（五环以内）是金中都城的 30 倍，人口是 43 倍。[③] 有关辽南京古城的变迁，于杰、于光度著《金中都》[④] 以及王玲著

---

① 《宋史》卷 212《宰辅表》三，第 5528—5529 页。

② 宋德金：《阿城访古》，载《辽金论稿》，湖北教育出版社 2005 年版，第 314—319 页。金上京遗址位于阿什河西岸，阿城市区南 2 公里，俗称白城，是国家重点文物保护单位。

③ 北京辽金城垣博物馆馆刊记载：金朝初年金中都城面积约 20 平方公里，人口约为 30 万；现在北京城区（以五环以内计算）约 600 平方公里，为金中都城的 30 倍；而人口 1300 万，为金中都的 43 倍。

④ 于杰、于光度：《金中都》，北京出版社 1989 年版。《金中都》是全面、系统、科学地研究金代都城的学术专著，又是一部断代城市史。关于金朝定都燕京、金中都的修建和平面布局（包括金中都的前身——辽代南京），金中都的政治、经济、文化和重大的军事活动，都作了论证。书中史料翔实，论证令人信服。对皇城、宫城、城垣、城门、城内河流及街坊、外郭与子城，以及苑囿和行宫、房山金陵的自然地理环境等，都作了详细的考察和复原，并附有详尽示意图。所配的地图和文物图片，十分珍贵。特别是《辽代南京城复原示意图》，与本书有直接的关系。它将辽代南京古城的布局风格，重现于读者面前。通过本书，读者可以窥见这座千年古都的全貌。

《北京通史·辽代卷》①，已经有详尽的考证，并且已绘制了多幅清楚明确的地图，供后来的研究者参考引用，本书的多幅地图，皆取自此两册权威的史学专书。

笔者本人半个世纪来多次访问北京，有时是去旅行或访亲探友；有时是去开会。每一次都感受到首都的巨大变化，惊叹这座千年古都在古今中外都无可替代的重要性。笔者研究千年前的辽南京，都是从书本到书本，在历朝历代典籍中考证来考证去，总觉得与时代脱节，没有现实感，因此，很久就想对辽南京的一些古迹，进行实地考察。2009 年 8月，在辽金史专家宋德金教授的精心安排、不辞劳苦陪同下，笔者的愿望得以实现。现将这次考察辽南京古城遗址以及一些古刹的概况，简介如下：

（1）辽金城垣博物馆

在辽金史专家宋德金教授的引荐和陪同下，笔者于 2009 年 8 月 29 日参访了北京丰台区右安门外玉林小区凉水河以北 50 米处的辽金城垣博物馆，并获得馆方宣传部的刘秉鸿女士详细讲解、热情接待。

辽金城垣博物馆，是地下遗址与历史陈列相结合的考古专业性博物馆。金中都皇城是在辽南京皇城的基础上扩建的。1990 年在当地发现金中都水关遗址，对此遗址的发现、发掘、考古，加深了人们对春秋战国时代的蓟城、唐代幽州城、辽南京城、金中都等历代北京古城的水文水利设施、城垣结构、城市布局、宫城皇城的风貌与变迁等的了解。②

---

① 王玲：《北京通史》第三卷《辽代卷》，北京燕山出版社 1990 年版。本书共分 13 章，基本上是讨论辽代南京，对辽朝的其他部分很少谈及。现将各章列下，以见一斑：第一章第二节 "契丹夺取幽州和辽南京的建立"；第二章 "南京道的概况和契丹对幽燕地区的管理"；第三章 "壮丽的南京（燕京）城"；第四章 "辽初的南京——契丹南境的军事指挥中心"；第五章 "中原政权夺取幽燕的三次大战"；第六章 "辽朝中期南京的兴旺及澶渊之盟对幽燕的影响"；第七章 "燕京的豪门大族与辽中期幽燕的政治动荡"，第八章 "宋金夹攻燕京和短暂的北辽政权"；第九章 "辽朝对南京的经济政策与制度"；第十章 "辽南京的经济发展"；第十一章 "辽南京的宗教"；第十二章 "辽南京文化发展与辽宋文化交流"；第十三章 "辽南京的社会生活习俗与民族融合"。

② 北京辽金城垣博物馆地址是：北京市丰台区右安门外玉林里 41 号。1990 年在此地建住宅楼时发现了金中都南城垣用水关遗址，被评为当年全国十大考古发现之一。对金中都水系的地理学研究，最早是侯仁之于 1955 年第 1 期的《北京大学学报》发表了《北京都市发展过程中的水源问题》一文。此文精辟地论证了莲花池宫苑用水和金中都北郊金口河漕运用水的发展过程。其后，于杰、于光度著 1989 年出版的专著《金中都》，在水系问题基础上，更全面、系统地研究

（2）辽代南京古城垣遗址

辽代南京保留了古幽州城的城垣和街市，在此基础上，于古城的西南角，修建了一座在今天看来并不大的皇城。但是，它在辽五京中规模最大。

根据《辽史·地理志》记载：辽人在唐代幽州城的基础上，重修了南京城墙。辽代南京城周长36里，城墙高3丈、宽1.5丈。城有8门：东为安东门、迎春门，南有丹凤门、开阳门，西为清晋门、显西门，北为通天门、拱辰门。其中有两条大道贯穿整座城市：其一为东西向，由西边的清晋门，直通东边的安东门，它是如今北京广安门内、外大街的前身；另一条南北走向，由南面的开阳门，贯通整座城市，到达拱辰门，如今变成四条街道，大致是右安门内大街、牛街、长椿街和闹市口大街南段。著名的辽代古刹法源寺和北京历史最悠久、规模最大的清真寺——牛街礼拜寺，自辽代至今，屹立在这条大道的东边。

辽代南京的四面城垣，至今还留下一些遗迹，但多数已经面目全非。辽代南京城东垣，在今北京丰台区烂缦胡同以西的南北一线。在菜市口十字路口的西南角，隔开大马路与自行车路的窄长绿化带的最前端，立着一块门楼状的石牌，上有"辽安东门故址"六个浮雕大字。据考古证实：此地即为辽代南京城东垣安东门的旧址。如今高楼林立，不但千年的旧城门不见了，整条城垣亦已被拆除，变为平坦的大马路。

辽代南京城西垣，在今甘石桥北的原北京钢厂院内。1974年，考古工作者在院内发现一块墓碑，推断出该地为辽南京城西垣遗址。附近的莲花河，古称洗马沟，如今当地有莲花河街。莲花河在广外大街以南、从北向南流的那一段，曾是辽代南京西垣的护城河遗址。

辽代南京城南垣，在今白纸坊西街至东街一带。在两条街交叉的十字

金中都的历史、政治、经济、文化和重大的军事活动，以及近郊的苑囿范围和行宫、房山金陵的自然地理环境等，并作了详细的考察和复原。近年来，北京辽金城垣博物馆编辑出版的馆刊和几册专书，如《北京辽金文物研究》（北京燕山出版社2005年版），以及梅宁华主编、宋德金作序的《北京辽金史迹图志》（上、下册，北京燕山出版社2003年版）等，详细地记载了水关的发现过程，以及北京辽金两代故都的历史遗迹，提供了大量珍贵的考证史料和文物照片。宋德金教授在《序》中曰："北京辽金城垣博物馆十多位年轻的文博工作者前后用了一年半的时间，对北京地区辽金史迹进行全面调查。他们不避酷暑严寒，走遍各个区县，对现存辽金史迹，包括建筑遗址、桥梁、塔、碑墓志、摩崖等，逐一摄制图片，摹拓石刻，誊录碑文，登记造册……这本书的学术价值是不言而喻的。"

路口的西北角，栏杆旁边立着一块石碑，上面雕有"辽开阳门故址"六个大字。辽代南京南垣的开阳门，向北直达北垣的拱辰门，是辽代南京城的南北大通道。现在的右安门内大街，是这条大通道的其中一段。

辽代南京城北垣，在今头发胡同、白云观西土城之东面一带。考古工作者发现：头发胡同的地势比周围突起，很可能是旧城垣的遗址；而头发胡同北边的受水河胡同，很可能是辽代南京城北垣的护城河遗址。

（3）辽宋激战的古战场高粱河，如今变为高粱河桥

今北京西直门外立交桥的西北角，有一座"高粱桥"，它是近年来在高粱河上修建的石桥，相连的还有"高粱桥路"。现在的后海、北海、中南海，原来都得益于这一水源。

辽、宋曾在高粱河一带打了一场大仗。史载：北宋太平兴国四年（979），宋太宗出兵太原，灭掉北汉之后挥师东进，打算乘胜伐辽，收回被石敬瑭割献的"燕云十六州"。宋军渡过易水，打败了辽将耶律奚底、萧讨古，于农历六月下旬抵达辽代南京城郊。当时耶律隆运代父韩匡嗣守南京。宋太宗亲自指挥攻城，但十几天仍未破城。当时，正在北方狩猎的辽景宗主张放弃幽燕，但辽朝名将耶律休哥主动请战，带兵解围。宋辽两军在高粱河一带展开殊死大战，结果宋军大败。此后，宋朝再无能力北伐，收复"燕云十六州"。

（4）闻名海外的法源寺

位于北京宣武区的法源寺，是北京地区最古老的寺庙之一，1979年列为北京市文物保护单位。这座千年古刹始建于唐太宗贞观十九年（645），初名"悯忠寺"。那年三月，唐太宗派出20万大军急攻高丽（今东北和朝鲜半岛北部）。五月攻下辽东城（今辽宁省辽阳市）后，战事进入胶着状态，未能速战速决。唐军补给困难，只好撤兵。同年十一月，唐军回到幽州时，只剩下五分之一兵马。为了悼念十几万征东而客死他乡的将士，唐太宗决定在幽州城外建造这座庙，并取名"悯忠寺"。"悯"者"哀怜"、"悲天悯人"也；"忠"者，忠臣也。这是唐朝乃至中国历史上最早的忠烈寺之一。

初时，"悯忠寺"内盖了一座高大的悯忠阁，立了许多有名的和无名的牌位，供后人拜祭。其后经过千年的风雪侵蚀与战乱焚毁，悯忠阁倒塌，只留下寺庙的外壳。

936年契丹人得到石晋割献的幽州后，在幽州的南部建了一座新城，并

将它升格为辽朝五个京城之一，即本书经常提到的"辽代南京"。辽代南京新城把"悯忠寺"圈入其东部。辽清宁三年（1057），悯忠寺毁于大地震。辽咸雍六年（1070）奉诏修复，形成今天的基本规模和格局，仍称为"悯忠寺"。辽大安七年（1091）《燕京大悯忠寺观音菩萨地宫舍利函记》和辽寿昌年间（1095—1101）《大辽燕京大悯忠寺紫偈师德大众》石函题记出土，它详细记载了这座古刹的沿革，是研究辽代南京的重要历史文物。

12世纪金攻陷辽代南京之后，在辽代南京城的基础上，盖了一个四倍大的都城，把悯忠寺套在东面。北宋靖康元年（1126），金军攻陷北宋国都汴京（今河南开封），掳走徽、钦二帝和王公大臣及其眷属1880余人北上燕京，宋钦宗被囚禁于悯忠寺内。

13世纪（1234年金亡）元朝入主中原后，在金中都的北面新盖了元大都，那时的悯忠寺被抛在城外的西南角。明朝取代元朝（1368年元亡）后，第三个皇帝朱棣把首都由南京迁到北京，新建了一座方形的大都城，并入了元大都的三分之二，那时的悯忠寺位于新都城外的西南角。到了1550年，明世宗下旨在城南加建了一座外城，才再次把悯忠寺圈入都城中。清雍正十一年（1733）重修了这座古刹，并改名"法源寺"，其后一直沿用至今。①

2000年，台湾著名作家李敖的历史小说《北京法源寺》②，以这座千年古刹的人文历史为背景，描写它在历朝历代宫廷斗争之中，特别是清末康梁维新派活动中的特殊作用。小说许多篇幅描述"戊戌政变"的"六君子"之一谭嗣同，被斩首于法源寺附近的菜市口之后，移尸寺内善后的细节，从而反衬出法源寺许多可歌可泣的故事。这部历史小说以基本的历史事实为依据，产生了巨大的宣传效果，因而使法源寺的知名度大幅度提高，许多香港、台湾及海外访客到北京，多会抽时间去凭吊一番。

（5）北京历史最悠久、规模最大的牛街礼拜寺

北京市宣武区牛街18号的牛街礼拜寺，始建于辽代统和十四年（996），据记载：它是辽代入觐中国、传播伊斯兰教的阿拉伯学者纳苏鲁

---

① 北京辽金元明清城垣发展沿革，详见北京辽金城垣博物馆编《幽燕千古帝王州：北京辽金史迹图志》（上、下集），北京燕山出版社2003年版（上集）、2004年版（下集）；同馆编《北京辽金文物研究》，北京燕山出版社2005年版；该馆编《辽金城垣博物馆》馆志。

② 李敖著：《北京法源寺》，台北：李敖出版社2000年版。

丁所创建。千余年来，历经金、元、明、清各代的修葺与扩建，结合了中国古典和阿拉伯式两种建筑风格，形成了占地一万平方米、庄严肃穆的清真寺古建筑群。寺内主要建筑物有：望月楼、礼拜大殿、喧礼楼（邦克楼）、南北讲堂、南北碑亭、对厅（东大厅）和沐浴室（洗涤处）等。寺院坐东朝西，殿堂楼亭主次分明，排列在一条中轴线上，严谨对称、宏伟瑰丽。如今它是北京历史最悠久、规模最大的清真寺，也是世界上最著名的清真寺之一。

（6）辽人修建的天宁寺塔

北京广安门外二环路西的天宁寺塔，是北京最古老的寺院之一，亦是北京城区硕果仅存的辽代地上建筑物。现为全国文物保护单位。

北魏孝文帝时期，在当地创建"光林寺"，隋朝改称"宏业寺"，唐开元年间改名"天王寺"。到了辽代，契丹人在燕京大建寺院。由于"天王寺"位于南京城内，因而备受重视。1991年大修寺塔，在拆宝顶时发现一块《大辽燕京天王寺建舍利塔记》，得知该寺塔的名称和准确的兴建年代等资料："皇叔、判留守诸路兵马都元帅府事、秦晋国王，天庆九年（1119）五月二十三日奉圣旨起建天王寺砖塔一座，举高二百三尺，相计共一十个月了毕。"①

寺塔坐落在整座寺院的中轴线上，它是一座八角十三层的密檐式实心塔，通高57.8米。塔的下部为一个高大的须弥座式塔座，须弥座下束腰部位刻有壶门花饰，转角处有浮雕像。座的最上部刻出具有勾栏、斗拱等构件的平座一周。须弥座上刻三层巨大仰莲瓣，承托第一层塔身，以上十三层塔檐递次内收。塔顶有两层八角仰莲，上置须弥座以承实珠。塔身精美的浮雕，历经千年风霜，至今清晰可辨，反映了辽人的宗教信仰及风俗习惯。

元代寺院毁于兵燹。明初，明成祖朱棣下旨重修该寺。到宣德年间（1426—1435），改称为"天宁寺"，由于是有寺有塔，故又称为"天宁寺塔"。一说：此塔从明、清至民国，名为"天王舍利宝塔"或"天王宝塔"。②

天宁寺经过历代重建或修整，规模多次变化；然而，只有这座辽人建造的寺塔，虽然历代有所修缮，但塔的结构和形状，以及大部分雕饰，仍

---

① 王世仁：《北京天宁寺塔三题》，载北京辽金城垣博物馆编《北京辽金文物研究》，北京燕山出版社2005年版，第76页。

② 同前引王世仁著《北京天宁寺塔三题》。

然是辽代的原物，这是十分珍贵的辽代遗物。

(7) 始建于辽代的西山大觉寺

位于北京西郊阳台山南麓的大觉寺，始建于辽朝道宗咸雍四年
(1068)，初名"清水院"。金代为章宗巡行驻跸之所，乃"西山八大水院"
之一，后改称"灵泉寺"。明宣德三年 (1428) 重建后，改名"大觉寺"。
现今山门上标示"敕建大觉禅寺"；民间又称之为"大觉禅寺"或"西山
大觉寺"。

大觉寺虽经明、清两代屡次整修，但是，建筑形制仍然保留辽代基本
特点。寺院坐西朝东，保持契丹人建筑物喜欢"朝日"的习俗，体现了契
丹崇拜太阳的信仰。[①]

在寺院内大悲坛北侧，有一座一米多高的辽代古碑《阳台山清水院藏
经记》碑。碑文记载：咸雍四年，一位名叫邓从贵的善人，舍钱盖僧舍，
又印大藏经 579 帙。碑文所载史料甚有研究价值。这座千年古刹，以清
泉、古树、玉兰、环境幽雅而闻名。大觉寺内共有古树 160 株，有 1000
年的银杏、300 年的玉兰，古娑罗树，松柏等，此外，还有大量的被列为
保护对象的古树。大觉寺的玉兰花与法源寺的丁香花、崇效寺的牡丹花一
起被称为北京三大寺庙花卉。

燕云十六州之割让，是五代（梁、唐、晋、汉、周，907—960）及
宋、辽、金、元时期（907—1368）的重大历史事件。那时候，中原王朝
（五代及宋）与北方民族（辽契丹族、金女真族、元蒙古族）互相冲突、
调和，最后这些北方民族均被汉化。这些边疆少数民族的汉化过程，在对
燕云十六州之争夺与治理过程中，充分体现出来。可见，研究燕云十六州
极为重要，而从十六州第一首府之行政长官辽南京留守入手研究，实为提
纲挈领之法。

研究辽南京留守，必先知辽南京之沿革，而要知辽南京之沿革，必先
从燕云十六州之割让经过入手；但为集中精力，论及燕云十六州时，只能
略提西京，而以南京为主。

本书通过对燕云十六州首府（辽代南京）之最高行政长官（留守）的
研究，可以还原历史面貌，洞察那个时代的内涵，以及分析其对后代之
影响。

---

① 宋德金：《辽金论稿》，湖北教育出版社 2005 年版，第 311 页。

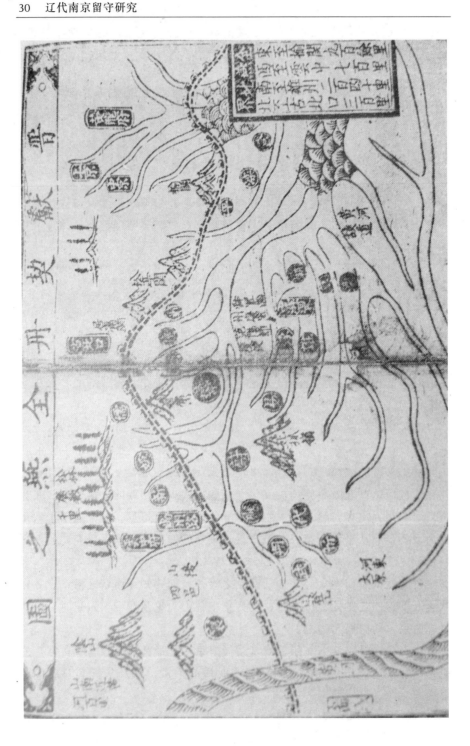

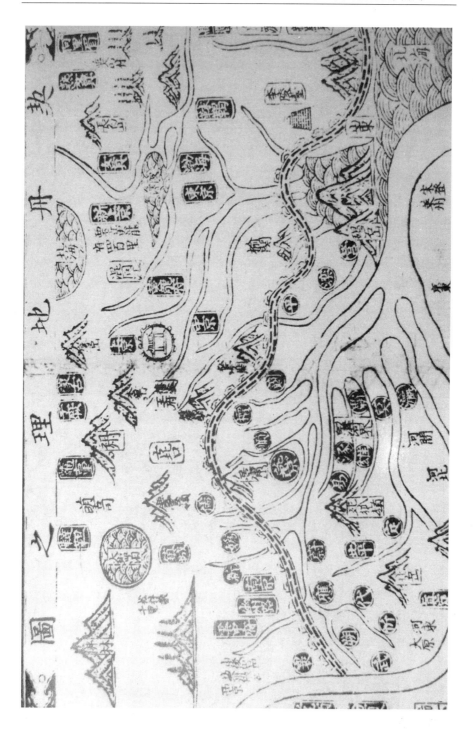

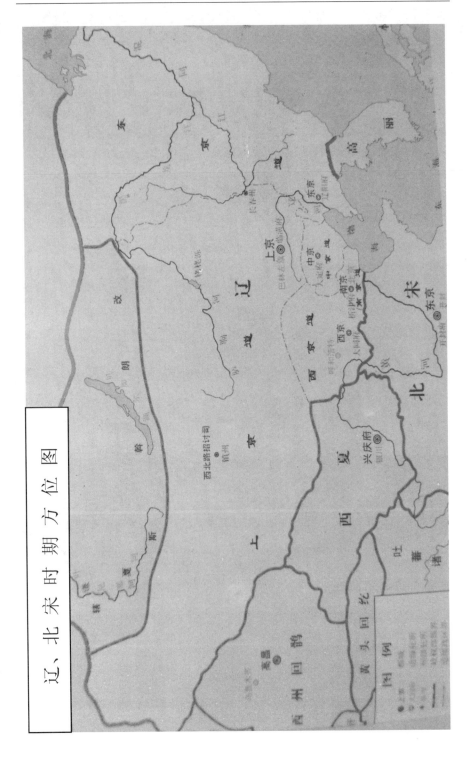

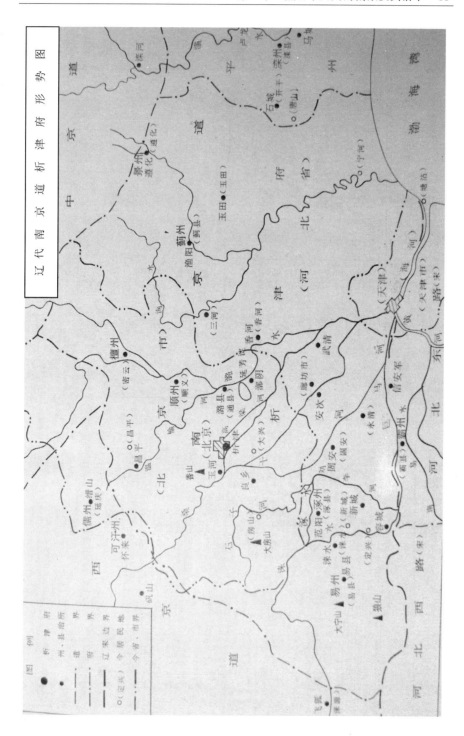

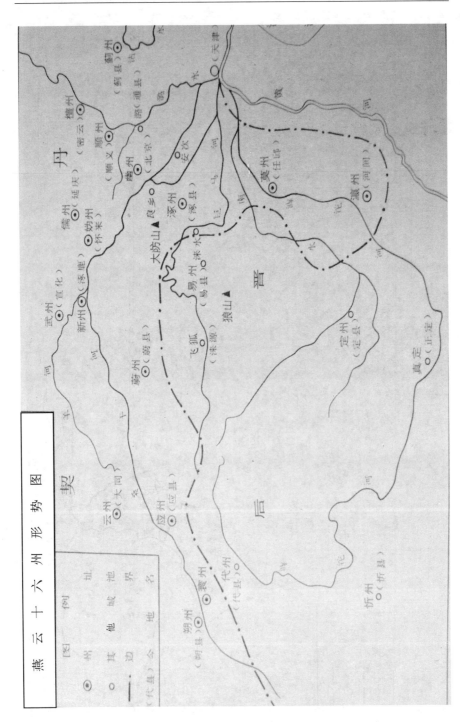

燕云十六州形势图

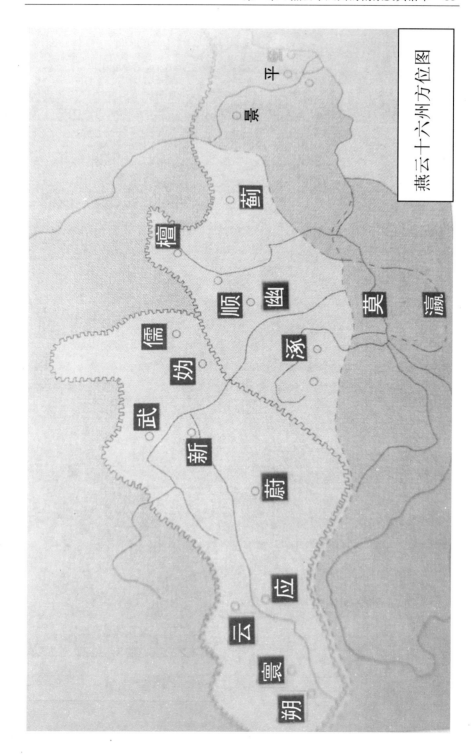

燕云十六州方位图

健德门　　安贞门

元 大 都 城

肃清门　　　　　　　　　　　　　光熙门

图例

— 辽南京

= 金中都

元大都

- - 明清北京

德胜门　　　安定门

西直门　和义门　　　　　　　　　　崇仁门　东直门

明 清 北 京 城

阜成门　平则门　　　　　　　　　　齐化门　朝阳门

西　崇智门　顺承门　丽正门　　文明门

便

会城门　通玄门　　　　　拱辰门 光春　　　　　　　　　东便门

通天门　　　宣武门　　正阳门　崇文门

清晋门　　辽 南 京 城

彰　　　　广安门　安　施仁门

义　　　　　　东

门　顺　　　　门

华　丰宜门

门

开阳门

丹凤门

金 中 都 城

端礼门　丰宜门　景凤门

右安门　阳春门 永定门　　　左安门

辽代南京及金元明清都城城址变迁图

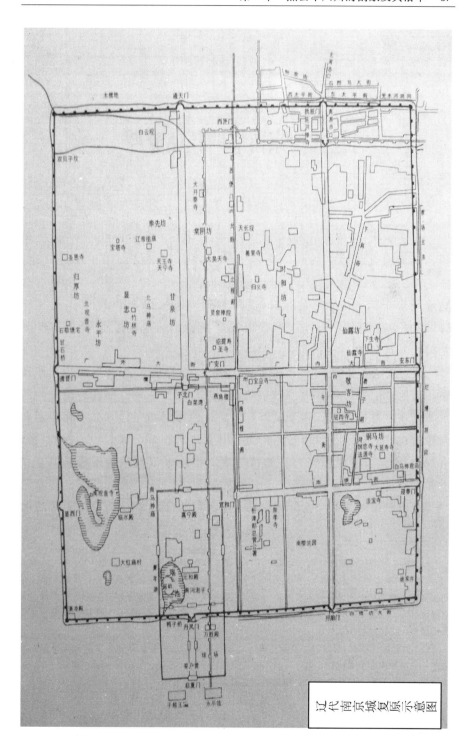

第 二 章

辽代南京留守的任免分期

燕云十六州乃兵家必争之地，辽太祖耶律阿保机于神册二年
（917）派遣大将经略燕地。天显元年（926），阿保机崩于扶余（馀）
城，其次子耶律德光即位，继续南征。天显十一年（936），获得石晋
割献燕云十六州而兴。其后，契丹统治燕云187年，直至保大二年
（1122）失去燕云，再越三年（1125）而亡。可见燕云之得失与辽朝
之兴亡息息相关。

契丹统治燕京期间，共任用过24位南京留守，本书只讨论正职留
守，其他"同知"（同任）留守、"权"或"权知"留守（代理留守）等
雷同留守之背景资料，附于该留守之后，但不增加序号（如耶律隆运曾
与韩匡嗣"同知"南京留守，萧惠和马保忠曾在萧孝穆时代"权知"南
京留守）；至于"副留守"、"知留守事"等副贰以及其他下级长官，则
不列专条讨论。① 对于晚清才子吴廷燮辑录之《辽方镇年表》②；以及王
玲《辽南京留守表》③ 之中提出的一些南京留守名单，本书在相应的地

---

① 详见附录一《新编辽代南京留守表》。《辽史》卷48《南面京官》，第803—804页载有
"五京留守司兼府尹职名总目"，列明各京留守司所置职位顺序如下：某京留守行某府尹事、某
京副留守、知某京留守事、某府少尹、同知某京留守事、同签某京留守事、某京留守判官、某
京留守推官。由此可见，南京留守司职官共分8级之多，留守及其他副贰下级职位，是一个庞
大的数目。

② 吴廷燮（1865—1947）。吴廷燮撰《辽方镇年表》之《南京留守兵马都总管析津尹统
析津一府顺檀涿易蓟景六州》卷一，刊于辽沈书社出版之《辽海丛书》第一册，第50—55页，
该表提出的一些疑似留守之辨误，详见书后之附表四。

③ 王玲：《辽南京留守表》，载陈述主编《辽金史论集》第一辑，第159—174页；以及
《辽代燕京与契丹社会的发展》专著，上海古籍出版社1987年版，其中第171页称："根据《辽
史·本纪》和《辽史·列传》，《续资治通鉴》等文献，制《辽南京留守表》。"该表列出以下20位

方，作进一步考证辨误。

———————————

辽代南京留守：1. 赵延寿；2. 朡葛（又称朡蝎，或朡蜡）；3. 萧思温；4. 高勋；5. 室昉；6. 韩匡嗣；7. 耶律休哥；8. 耶律隆佑；9. 耶律隆庆；10. 韩制心；11. 萧孝穆；12. 萧惠；13. 马保忠；14. 耶律重元；15. 萧孝先；16. 耶律仁先；17. 萧惟信；18. 耶律特末；19. 萧德里底；20. 和鲁翰（应为和鲁斡之误）。据本人考证，上列20位辽代南京留守，其实只有14位为正职南京留守，其他6位并非正职南京留守，计为：1. 萧惠；2. 马保忠；3. 室昉；4. 耶律特末；5. 萧德里底；6. 耶律隆佑。现考证如下：

（1）萧惠只当过南京侍卫亲军马步军都指挥使，以及南京统军使，详见《辽史》卷93，第1373—1375页，《萧惠传》。又萧惠曾经"权燕京留守"，只是"代理燕京留守"而已，详见《辽史》卷17《圣宗纪》八，第205—206页载："太平十一月辛亥……以权燕京留守兼侍中萧惠为燕京统军使……"

（2）马保忠亦只是由圣宗太平十年（1030）十一月，至兴宗景福元年（1031）三月"权知燕京留守"不到半年。《辽史》卷17《圣宗纪》八，第205—206页载："太平十一月辛亥，南京留守燕王萧孝穆以东征将士凯归，戎服见上，上大加宴劳。翌日……以统军委宿大将军、节度使，宰相兼枢密马保忠权知燕京留守……"

（3）室昉只当过南京留守判官、副留守。《辽史》卷79《室昉传》，第1271—1272页云："室昉……南京人……天禄中，为南京留守判官……保宁间……改南京副留守……"室昉于南京留守司之官职，只居于第二位（副留守）及第七位（留守判官）而已。

（4）耶律特末只是同知南京留守事。《辽史》卷86，第1326—1327页有《耶律特末传》，并无提及他在南京留守司担任过任何职务，只见《辽史》卷25《道宗纪五》，第302页云："（辽道宗大安）九年（1093）……冬十月……癸丑，以南院大王特末同知南京留守事……"但"同知南京留守事"只为南京留守司第五级官员而已。

（5）萧德里底只当过同知南京留守事。《辽史》卷100，第1428—1429页《萧德里底传》云："萧得里底……晋王孝先之孙……寿隆二年……改同知南京留守事。"只提及他当过"同知南京留守事"，此官职在南京留守司中，只居第五位。

（6）耶律隆佑（应为祐之误）列为南京留守，此仍标点不清之误。吴廷燮撰《辽方镇年表》（刊于辽沈书社出版之《辽海丛书》第一册，第39—78页），编列耶律隆祐于辽圣宗统和十六年（998）及十七年（999）任南京留守，实为标点不清之误。据《辽史》卷14《圣宗本纪》，第154页云："（圣宗统和十六年）……十二月丙戌朔，宋国王休哥薨，辍朝五日。晋封皇弟恒王隆庆为梁国王、南京留守，郑王隆祐为吴国王。"按标点之意，表示恒王隆庆进梁国王及南京留守；而非郑王隆祐冠上"南京留守"之衔，他是由"郑王"改为"吴国王"。引文之前段称"是年十二月耶律休哥薨"，其后，才有耶律隆庆及耶律隆祐之晋封，而查《辽史·耶律休哥传》知，耶律休哥卒于南京任上，故统和十六年南京留守不可能是耶律隆祐。

王文所列14位南京留守：赵延寿、耶律朡蜡、萧思温、高勋、韩匡嗣、耶律休哥、耶律隆庆、韩制心、萧孝穆、耶律重元、萧孝先、耶律仁先、萧惟信、耶律和鲁斡；以及遗漏的11位正职南京留守：赵思温、刘晞、耶律娄国、马廷煦、耶律道隐、耶律吴哥、耶律宗范、耶律洪道、耶律明、耶律洪道、耶律淳，本书有详考。

在笔者上交2009年修订稿之前，并不知王玲教授是老前辈辽史专家。阅曹子西总主编的《北京通史》第三卷《辽代卷》，始知此乃由王玲撰著。全书共分十三章，对辽朝的历史，有十分

24 位南京留守之委任及卸任时间，与辽对燕云地区逐步加强控制，以及其兴衰荣辱有密切关系。本章将辽廷对南京留守的任免时期，分为三个阶段加以讨论。第一阶段可称为"抚绥期"，由辽太宗天显十一年（936）至圣宗统和元年（983），共 48 年；第二阶段可称为"调和期"，由圣宗统和元年（983）至道宗重熙二十四年（1055），共 74 年；第三阶段可称为"同化期"，由重熙二十四年（1055）至天祚帝保大二年（1122），共 67 年。

以下分为三个阶段，逐一讨论 24 位南京留守的任期。通常只考证到年份，月份、日期从略；同时，以头尾年一起计算任期的总年数。公元年号用阿拉伯数字表记，其他年号（包括辽、宋、金皇历，农历等），尽量采用中国数字以示区别，但加注阿拉伯数字；而在表格之中，或由于打字编排的需要，则采用阿拉伯数字。

第一节　抚绥期

辽太宗天显十一年（936），契丹实际控制幽州，并开始委派降将赵思温为首任南京留守。由此年起至辽景宗乾亨五年（983），历经太宗耶律德光（927—947，在位 21 年）、世宗耶律兀欲（947—951，在位 5 年）、穆宗耶律述律（951—969，在位 19 年）、景宗耶律贤（969—983，在位 14 年），共四帝 48 年，是契丹（辽）建国初期动荡时代。太宗耶律德光在南征中死于栾城，当时仅 48 岁；世宗在僚臣察割等人谋反之中被杀，当时年仅 34 岁；嗜杀好酒的穆宗，被庖人所杀，享年 39 岁；景宗游猎途中暴毙，也只 35 岁。辽廷在权力不稳的形势之下，对新得之汉地幽州，采用抚绥政策。在短短 48 年之中，共用过 10 位南京留守，顺序是：赵思温、赵延寿、刘晞、耶律牒蜡、耶律娄国、马廷煦、萧思温、高勋、

精辟、全面的论述和考证；书前附有多幅珍贵的辽南京地图和辽代文物插图，本书多加引用，谨此致谢。该书介绍作者的简历如下：王玲，女，1937 年生。河北省曲阳人。1960 年毕业于中国人民大学马列主义基础系，现（按：该书出版于 1989 年）任北京市社会科学院历史研究所研究员、北京史研究会秘书长、北京中国茶文化研究会副秘书长等职。主要研究辽史、地区城市社会文化史，著有《辽代南京历史地位》、《辽代奚族考》等数十篇论文及《北京与周围城市关系史》、《中国茶文化》、《北京的长城》，以及《黄河·黄土地·炎黄子孙》（与人合著）等专著。本书某些论述如有对王教授不敬之处，请多多包涵。

韩匡嗣以及耶律道隐。其中，赵延寿曾两次出任南京留守；而耶律隆运曾是"同知"南京留守。

以下逐一考证其任职起讫年份，至于其身份以及任用规律，则留待以下各章节分别进一步讨论。

一　首位留守赵思温

幽州升为南京之前二年（936），辽太宗耶律德光答允任命随军出征、援立石敬瑭之赵思温，为南京留守。赵思温倾力效劳，于同年十一月攻陷幽州，掌握幽州大权，成为首位南京留守。不过，他的任期只有3年（936—938）。

有关赵思温任南京留守的经过，史著有明确的记载：

（1）《辽史·赵思温传》曰：

> 太宗即位，以功擢检校太保、保静军节度使。天显十一年，唐兵攻太原，石敬瑭遣使求救，上命思温自岚、宪间出兵援之。既罢兵，改南京留守……①

（2）《契丹国志》载：（后晋天福元年，936）秋七月，敬瑭令掌书记桑维翰草表称臣于契丹帝，且请以父礼事之，约事捷之日，割卢龙一道及雁门关以北诸州为献。表至，契丹大喜。复书许候仲秋，倾国赴援。九月，契丹帝将兵五万骑，自扬武谷而南"倾国赴援"。十一月，契丹打败唐兵，"命敬瑭为大晋皇帝"。故跟随辽太宗带兵援立石敬瑭的赵思温，应是于同年十一月"罢兵"后，获辽太宗正式任命为南京留守。②

（3）《旧五代史·外国列传》云：

> 是岁（天福三年，938），契丹改天显十一年为会同元年，以赵延寿为枢密使，升幽州为南京，以赵思温为南京留守。③

---

① 《辽史》卷76《赵思温传》，第1250—1251页。
② 《契丹国志》卷2《太宗本纪》，第15页。
③ 《旧五代史》卷137《外国列传》第一，第1833页。

（4）《资治通鉴》亦称：契丹得到幽州后，乃任命后唐降辽将领赵思温为南京留守：

> 初，契丹既得幽州，命曰南京，（原注：天福元年契丹始得幽州）以唐降将赵思温为留守。①

（5）后晋天福二年（937）六月，赵思温以幽州政府名义上奏，可见此时他仍为南京留守②，但是，到了 939 年（辽太宗会同二年），则改由赵延寿任南京留守（详见"赵延寿条"）。故赵思温的南京留守任期应是从 936 年至 938 年，前后共 3 年。

二　第二位留守赵延寿

燕云地区之幽州在割献给契丹之前，原由后唐名将赵德钧与赵延寿父子驻守。赵德钧镇守十余年。③ 当时，赵德钧之养子延寿为后唐枢密使。辽太宗会同元年（938）升幽州为南京，投降辽朝的赵延寿获辽太宗委任为辽南京留守。但在此之前，已有赵思温当了前后共 3 年的南京留守，故赵延寿应为第二任南京留守。

赵延寿随其养父赵德钧，原为镇守幽州的后唐将领。石敬瑭发兵太原，后唐遣张敬达前往讨伐。张敬达战败于晋安寨，赵德钧与赵延寿父子前往救援，当他们听闻晋安寨已经被攻破，急忙撤走团柏峪，但是被辽太宗耶律德光追及，于是赵德钧与赵延寿父子一起投降。④ 938 年，契丹升幽州为南京时，赵延寿"迁留守"（"迁"，意为"升迁"，即由某个职位升任为南京留守）。

---

① 《资治通鉴》卷 281《后晋纪》二，高祖天福三年，第 9189 页：初，契丹既得幽州，命曰南京（原注：天福元年契丹始得幽州），以唐降将赵思温为留守。

② 《旧五代史》卷 76《晋书》二《高祖纪》，第 1002 页："天福二年……六月……癸巳……幽州赵思温奏：'瀛、莫两州，元系当道，其刺史常行周、白彦球乞发遣至臣本府。'诏遣行周等赴阙。"

③ 《旧五代史》卷 98，第 1308 页，《列传》第 13《赵德钧传》曰：赵德钧于"同光三年（925），移镇幽州"。又曰："德钧镇幽州凡十余年。"

④ 《辽史》卷 76《赵延寿传》，第 1247 页。又《资治通鉴》卷 280《后晋纪》一及《契丹国志》卷 16《列传赵延寿传》，均载赵延寿及其养父赵德钧身为唐将，如何投降契丹的详况。

现据几册重要的史著，按年代前后顺序，列出赵延寿出任南京留守的经过：

（1）937 年，赵延寿的养父德钧卒[①]，契丹以延寿为幽州节度使，并封燕王。[②]

（2）938 年，契丹改幽州为南京，赵延寿由幽州节度使"迁留守"（改任南京留守），并且，"总山南事"。[③]

（3）938 年（会同改元），契丹掺和起用番汉官员，任命赵延寿为枢密使，不久，再令他兼任政事令。[④]

（4）940 年 3 月，辽太宗耶律德光到南京，"幸"（驾临）赵延寿府第[⑤]，加封赵延寿政事令。[⑥]

（5）942 年（会同五年），又见"赵延寿任政事令"。[⑦]

（6）943 年（会同六年）冬，晋人背盟，辽太宗亲征，赵延寿为先

---

① 赵延寿之养父赵德钧卒于 937 年，几本主要史册均有明确记载。《旧五代史》卷 98《晋书·赵德钧传》，第 1310 页："天福二年（937）夏，德钧卒于契丹。"《资治通鉴》卷 280《后晋纪》一，高祖天福元年，第 9161 页："德钧益戚，自是郁郁不多食，逾年（937）而卒。"《契丹国志》卷 16《列传·赵延寿传》记载与《资治通鉴》相同，但用"死"字不用"卒"字，因为赵德钧是死于投降的"异族"契丹，《资治通鉴》以中原王朝为正统。

② 《旧五代史》卷 98《晋书·赵德钧传》，第 1310 页所附赵德钧之子赵延寿的传记，引用多册史著，诠释赵延寿封燕王的时间："案（按）《辽史》云：德钧卒，以延寿为幽州节度使，并封燕王。与薛史（即薛居正之《旧五代史》）同。《契丹国志》：会同六年，以延寿为卢龙节度使。八年，南征，以延寿为魏博节度使，封燕王。与薛史异。（《旧五代史考异》）寻为枢密使兼政事令。案《辽史》云：天显末，以延寿妻在晋，诏取之以归，自是益激昂图报。会同初，帝幸其第，加政事令。不言延寿为枢密使。考《契丹国志》云：会同改元，参用蕃汉，以赵延寿为枢密使兼任政事令。与薛史同。（《旧五代史考异》）"由此可见，赵延寿封燕王任南京留守的具体时间，在宋代已有不同的记载。

③ 《辽史》卷 76《列传·赵延寿传》，第 1247 页。辽朝实行"官分南北，因俗而治"，以国制治契丹，以汉制待汉人，兼制中国。"总山南事"即总管燕山山脉以南的汉人以及对付中原王朝的事务。详见第八章"辽朝官制与辽代南京留守职掌"。

④ 《契丹国志》卷 16《赵延寿传》，第 164 页曰："会同改元，参用番汉，以延寿为枢密使，寻兼政事令。"此处之"寻"作副词，意为不久。晋朝陶渊明《桃花源记》："未果，寻病终。"至于隔了多久再兼任政事令，可见下一条。

⑤ 《辽史》卷 4《太宗本纪》下，第 47 页曰："会同三年……三月戊辰，遣使使晋，报幸南京。己巳，如南京。"

⑥ 《辽史》卷 76《列传·赵延寿传》，第 1247 页曰："会同初，帝（即太宗）幸其府第，加封政事令。"

⑦ 《辽史》卷 47《百官志》三，第 774—775 页。

锋，攻下贝州，授赵延寿魏、博等州节度使，加封魏王。①

（7）947年（辽太宗会同十年、辽太宗大同元年、辽世宗天禄元年）二月，契丹改国号为"大辽"，改元会同。升镇州为中京。任命赵延寿为大丞相兼政事令、枢密使、中京留守。②

（8）948年冬，赵延寿"薨"③，所戴头衔为"南京留守、魏王"。辽世宗任命耶律牒蜡接替他的这两个职位。④

赵延寿于938年至948年之间，担任的都是很重要的职位，有的为封号（如燕王、魏王），有的可能是兼职，但殊难同时在相隔遥远的两三个京兼任留守。故可以推断，赵延寿并非在938年至948年之间，一直任南京留守。其间，曾由刘晞接掌南京留守之职（详见下一位）。

三　第三位留守刘晞

刘晞原与后唐将领周德威共事，后因身陷契丹，契丹用管辖汉人的官职来引诱他，终使他投降。辽廷于后晋"天福中"任命他为南京留守，但具体任期不详。根据多种史料零星的记载，可考证刘晞在天福十二年（会同十年，947）二月，曾接替赵延寿腾出的南京留守职位，任期最多一年。

"天福中"可理解为整个"天福年间"（936—947），或在此期间的中

---

① 《辽史》卷76《赵延寿传》，第1247—1248页。但据《辽史》卷4《太宗纪》，第53页："会同七年（944）春正月……己丑……（辽太宗）授延寿魏、博等州节度使，封魏王。"再据《资治通鉴》卷283《后晋纪》四，齐王开运元年，第9260页载："春正月……戊子……以延寿为魏博节度使，封魏王（原注：此契丹主所命也）。"后两个记载与前引《辽史》之《赵延寿传》所载时间有异，前称"会同六年冬"此称"会同七年春正月"，两者为年尾与年头之别，恐为其后记史者折算之差，本书从《辽史》所说。

② 《辽史》卷4《太宗本纪》，第59页。又据《辽史》卷47《百官志》三，第775页："太宗大同元年（947）见大丞相赵延寿。"再据《辽史》卷76《赵延寿传》，第1248页：后太宗克汴（按：《辽史·太宗本纪》载，辽太宗于大同元年（947）春正月丁亥朔入汴），延寿……求为皇太子……上（太宗）命迁延寿秩。翰林学士承旨张砺进拟中京留守、大丞相、录尚书事、都督中外诸军事；上涂"录尚书事、都督中外诸军事"。

③ "薨"音同"轰"。周代诸侯死称为"薨"，唐代二品以上官员死才可以称为"薨"，许多朝代称有身份地位之人死为"薨"；但现代已很少再用。

④ 《辽史》卷5《世宗本纪》，第64页曰："大同二年（948）……冬十月壬午，南京留守魏王赵延寿薨，以中台省右相牒蜡为南京留守，封魏王。"辽世宗任命的"牒蜡"之"蜡"字，原文有草字头，但电脑打不出，故从简。

间某一个时段。多种史著都称载天福元年为936年。① 但天福末年，史载不一。② 本书认为天福年号应延长至947年。因此，可以说刘晞于936年至947年之间，曾经担任过南京留守。

然而，据前所考，936年至938年，辽南京留守为赵思温（详见"赵思温条"）。而938年至948年之间，南京留守为赵延寿，但具体时间在宋代已有不同的记载。他于948年死于南京留守任上，由耶律牒蜡接任留守（详见"赵延寿"条）。故刘晞之任期与赵思温及赵延寿有冲突重叠，难以准确认定。

辽太宗耶律德光于后晋"天福元年"（936）得到"燕京"之后越一年（938），将"燕京"改称为"南京"，故到了"天福中"契丹主任命刘晞为"燕京留守"时的"燕京"已为"南京"；"燕京留守"应为"南京留守"。名称上的不同，一是由于当时改名不久，许多情况下仍沿用旧称；另一原因是，汉王朝所撰的史著因正统观念，不愿意改用契丹的称谓。以下引述几册史籍的记载，来考证刘晞南京留守的确切任期：

（1）《旧五代史·刘晞传》：刘晞……尝为唐将周德威从事，后陷于契丹，契丹以汉职縻之。天福中，契丹命晞为燕京留守，历官至同平章事兼侍中。（947）随契丹入汴，授洛京留守。③

---

① 如《旧五代史·晋书》之《高祖纪》二，第991页："天福元年十一月己亥，帝（晋高祖石敬瑭）御北京崇元殿，降制改长兴七年为天福元年，大赦天下。"后唐长兴七年即是清泰三年，可折算为936年。又据《契丹国志》卷2《太宗本纪》，第15页：天显十年（原注：后唐清泰三年十一月以后晋高祖石敬瑭天福元年）。此处"天显十年"，应为"天显十一年"（936）之误，因后唐清泰三年及后晋天福元年，均为936年，石敬瑭于该年十一月改元。《资治通鉴》卷280《后晋纪》高祖天福元年（936）亦曰："天福元年（丙申，936）是年十一月方改元即位"。

② 如《旧五代史·晋书》《少帝纪》三："改天福九年为开运元年"。若按此载，天福年号仅有九年（至944年）；但再据《旧五代史·汉书》之《高祖纪》，第1324页："天福十二年春……辛未，帝（后汉高祖刘知远）于太原宫受册，即皇帝位，制改晋开运四年为天福十二年。"又《契丹国志》卷三《太宗纪》，第37页："晋刘知远称帝于晋阳，自言未忍改晋国，又恶开运之名，乃更称天福十二年。"而《资治通鉴》卷286曰：（刘知远）"自言未忍忘晋，乃改开运之名，更称天福十二年"。

③ 《旧五代史》卷98《晋书》24，第1317页，《刘晞传》。辽《太宗本纪》下第59页载："大同元年（947）春正月丁亥，备法驾入汴。"故刘晞是在大同元年（947）春正月随契丹入汴，才获授洛京留守；而在此之前的"天福中"，获契丹任命为燕京留守。又据前考，会同七年（天福九年，944），赵延寿获授魏、博等州节度使并封魏王，不可能再同时兼任繁重的南京留守之实职，而需由其他人替代，故应由刘晞接任。《辽方镇年表》按："天福年燕京留守为赵延寿，晞在开运以后。"天福九年（944），后晋出帝石重贵改元开运，其后有开运二年（945）及开运三年（946）；翌年（947）后晋亡，后汉高祖刘知远继大统，承前复用天福年号，是为天福十二年。

（2）《资治通鉴》记载："晋高祖天福十二年（947）正月癸丑，契丹主（辽太宗耶律德光）崩[①]之前，燕京留守刘晞为西京留守。"[②] 此句可以有两种解读：若在"燕京留守刘晞"之前加一个"调"字，意为刘晞在947年正月契丹主死之前为燕京留守（即南京留守），之后才被调去当西京留守；亦可解释为947年正月契丹主死之前，刘晞为西京留守，其后才被调往燕京当留守。

（3）据《辽史·太宗本纪》载：契丹主（耶律德光）于大同元年（会同十年、天福十二年，947）夏四月丁丑"崩于栾城"，则刘晞的职位，是在耶律德光死之前的四个月，才发生变化。《辽史·太宗本纪》又载：947年二月，契丹改元会同。升镇州为中京。命赵延寿为大丞相兼政事令、枢密使、中京留守。说明赵延寿应是在947年二月升任更重要的职位，又调任中京留守，殊难兼任南京留守，才腾出南京留守的职位，因而刘晞才有机会接任南京留守。

（4）《辽方镇年表》认为天福年间（936—944）燕京留守为赵延寿，刘晞在开运（944—946）之后；并认为应在会同八年至九年（945—946）此二年刘晞为南京留守。[③] 这只是推测而已，与以上记载有矛盾。

综合上述两项史料，可确定刘晞是在947年二月，才接替赵延寿腾出的南京留守职位，但接任多久，待考，最多一年，因《辽史·世宗本纪》明确记载：魏王赵延寿是于大同二年（948）冬十月壬午，薨于南京留守任上。

四 第四位留守耶律牒蜡

耶律牒蜡，又作耶律牒葛、耶律牒蝎、耶律敌猎、耶律敌烈等，本书

---

① 《资治通鉴》在此处应漏掉一个"崩"字。据《辽史·太宗本纪》载：契丹主（耶律德光）于大同元年（会同十年、天福十二年，947）夏四月丁丑"崩于栾城"，据前后年份对照及文意而加。

② 《资治通鉴》卷286《后汉纪》一"高祖天福十二年（947）"，第9333页。《资治通鉴》在此所称的"西京"，与《旧五代史·刘晞传》所称的"洛京"，均指洛阳。因后周以开封为"东京"，把洛阳改作陪都，称为"西京"。《资治通鉴》与《旧五代史》乃以中原王朝为正统，故沿用后周旧称。《资治通鉴》记载此事时用后晋天福年号；同时，称辽太宗耶律德光为"契丹主"，并以"死"记之，毫无尊称，也不以辽廷为正统，说明《资治通鉴》所指"西京"，乃周时的陪都洛阳（今河南洛阳）。但是，以契丹为正统的《辽史》所称的"西京"，则是指今山西大同。1044年辽兴宗升云州（今山西大同）为"西京大同府"，作为辽的五京之一。

③ 《辽方镇年表》，第50页。

均作耶律牒蜡。①

耶律牒蜡，继赵延寿后，自辽世宗天禄二年（948）至五年（951）任南京留守，前后共 4 年。

（1）《辽史·世宗纪》曰："世宗天禄二年……冬十月壬午，南京留守魏王赵延寿薨，以中台省右相牒葛为南京留守，封燕王。"②

（2）《辽史·耶律牒蜡传》载："世宗即位，遣使驰报，仍命牒蜡执偏将术者以来。其使误入术者营，术者得诏，反诱蝶蜡，执送太后。牒蜡亡归世宗。和约既成，封燕王，为南京留守。"③ 这项记载显示，耶律牒蜡是在辽世宗耶律兀欲即位的天禄元年（947）亡归世宗，并于和约既成后，获封为燕王，同时又被任命为南京留守。此处记载耶律牒蜡任南京留守时间，比上引《辽史·世宗纪》所载的"世宗天禄二年"（948）早了一年，应是耶律牒蜡亡归世宗后一年，才签订和约，和约既成后才获封为燕王，这两件事相差一年，故应以《辽史·世宗纪》所载时间为准。

（3）辽世宗天禄五年（951）六月，耶律牒蜡乃为燕王④，但至九月，察割谋反，世宗遇害⑤，耶律牒蜡胁从参与谋反，不投降，因而被凌迟而死⑥，则耶律牒蜡死于燕王、南京留守任上。

---

① 《辽史》卷 113《列传》第 43《逆臣》中，第 1506 页有《耶律牒蜡传》，其职位由"中台省右相"（天显中），因功获辽世宗"封燕王，为南京留守"；而《辽史》卷 5《本纪》第五，第 64 页载：世宗天禄二年（948）……"以中台省右相牒蝎为南京留守，封燕王。"（蝎字原文有草头，因电脑打不出，故从简）两处所载史实相同，故耶律牒蜡与耶律牒蝎应为同一人。又《辽史》卷 112《列传》第 42《耶律娄国传》，第 1501 页作"敌猎"。因读音及史实相同，故耶律敌猎应为耶律牒蜡的又一种写法。再如《辽史》卷 6《穆宗纪》上，第 70 页："穆宗应历……二年秋七月……林牙敌烈……谋乱就执。"此处写作"敌烈"。为免混淆，以后再有类似情况出现之时，除非引文，均写作"牒蜡"。

② 《辽史》卷 5《世宗纪》，第 64 页。

③ 《辽史》卷 113《列传》第 43《耶律蝶蜡传》，第 1506 页。

④ 《辽史》卷 5《世宗纪》，第 65 页："世宗天禄五年……六月辛卯朔，刘崇为周所攻，遣使称侄，乞援，且求封册。（世宗）既遣燕王牒蝎、枢密使高勋册为大汉神武皇帝。"

⑤ 同上："世宗天禄五年……九月……癸亥，（世宗）祭让国皇帝于行宫。群臣皆醉，察割反，帝（世宗）遇弑，年 34。应历元年，葬于显州西山，陵曰显陵。"

⑥ 《辽史》卷 113《列传》第 43《耶律牒蜡传》，第 1506 页："天禄五年（951），察割弑逆，牒蜡方醉，其妻扶入察割之幕，因从之。明旦，寿安王讨乱，凡胁从者皆弃兵降；牒蜡不降，陵（凌）迟而死。妻子皆诛。"

五　第五位留守耶律娄国

耶律娄国，于世宗天禄五年（951）九月，至穆宗应历二年（952）八月，担任南京留守，前后计算有2年，但是，实足只有11个月。

（1）《辽史·耶律娄国传》："娄国……天禄五年（951），遥授武定军节度使。及察割作乱，穆宗与屋质从林牙敌猎计，诱而出之，娄国手刃察割，改南京留守。"①

（2）《辽史·穆宗纪》载，察割于天禄五年九月伏诛，同月穆宗即帝位，临南京②，故与穆宗联手平察割之乱而又"手刃察割"之耶律娄国，应是于此时被任命为南京留守。

（3）然而，次年（952，穆宗应历二年）八月，耶律娄国因参加谋反而伏诛，故其南京留守之任期，实只有2年。关于耶律娄国谋反之事，《辽史·穆宗纪》有明确的记载："穆宗应历……二年秋七月乙亥，政事令娄国、林牙敌烈、侍中神都、郎君海里等谋乱就执。八月己丑，眉古得、娄国等伏诛。"③

六　第六位留守马廷煦

马廷煦曾任南京留守，但任期不明，推测在应历三年至六年（953—956）间，前后共4年，现考证之。

《辽史》没有马廷煦的专传，但在列传的"能吏传"之中，却有马廷煦的曾孙马人望的专传，其中记录"燕地四大族"之一的马氏家族五代的辉煌历史，透露其曾祖马廷煦，曾任南京留守。《辽史·马人望传》载：

> 马人望，字俨叔，高祖胤卿，为石晋青州刺史，（辽）太宗兵至，坚守不降。城破被执，太宗义而释之，徙其族于医巫闾山，因家焉。曾祖廷煦，南京留守。祖渊，中京副留守。父诠，中京文思使。④

---

① 《辽史》卷112《列传》第42《耶律娄国传》，第1501页。
② 《辽史》卷6《穆宗纪》上，第69页。
③ 同上书，第70页。
④ 《辽史》卷105《列传》第35，第1461—1463页，《马人望传》。

马人望的高祖胤卿，原为后唐石晋的青州刺史，是"燕地四大族"之一的马氏家族的创始人。945 年至 947 年（即后晋出帝开运元年至四年，或辽太宗会同八年至十一年）①，辽太宗耶律德光用赵延寿、赵延照为前锋，将兵攻打晋朝。身为青州刺史的马胤卿坚守不降，直至城破被俘。辽太宗不但没有杀他、惩罚他，反而优待他，"义而释之"（晓之以义并释放他），还将其家族迁徙于医巫闾山，让他们延续家业。辽太宗如此礼待马胤卿，一是欣赏他的骨气，再是看上马氏家族为"燕地四大族"之一，可笼络为己用。

当然，交换条件必定是马胤卿肯投降，愿意调转枪口，为辽廷效劳。在此安排下，马氏家族在辽代继续成为显赫家族，其后四代均获辽廷委任要职：马胤卿之子马廷煦任南京留守；孙马渊，任中京副留守；曾孙马诠，中京文思使；玄孙马人望成为辽朝统治 210 年中仅有的六位"能吏"之一，在《辽史》"能吏传"中有专传，一生历任要职，包括上京副留守、保静军节度使、南院枢密使……卒后获辽廷加封谥号"文献"，享受人臣极高的荣誉。②

不过，《辽史·马人望传》对马人望的曾祖廷煦曾任南京留守一事，只记下寥寥 8 个字："曾祖廷煦，南京留守。"翻查整部《辽史》，及其他三册常用史著，都未能再找到其他有关马廷煦曾任南京留守的记载，堪称怪事。

只据上引资料，无法断定马廷煦任南京留守之时间。不过，自会同元年至穆宗应历初，已考证由赵延寿、刘晞、耶律牒蜡、耶律娄国任南京留守（详见上述各人专条）；应历七年后之南京留守顺次为萧思温、高勋、韩匡嗣、耶律道隐、耶律休哥、耶律隆庆……一直衔接到圣宗朝，未有间断（详见上述各人专条），故马廷煦之南京留守任期，应于穆宗应历三年（953）至六年（956）之间，或涵盖了这 4 年。为方便讨论，本书暂定马廷煦南京留守任期为 953—956 年，前后共 4 年。

《辽代方镇年表》未指出在应历三年至六年（953—956）谁出任南京

---

① 《契丹国志》卷 2《太宗纪》，第 24 页："会同八年（原注：晋出帝开运改元）春正月，辽用赵延寿、赵延照为前锋，将兵入攻……晋朝……契丹与晋出帝经过三年的战争，至会同十一年（原注：晋开运四年，是岁晋亡。二月，刘知远立）。"

② 马氏家族五代的辉煌历史，详见《辽史》卷 105《列传》第 35，第 1461—1463 页，"能吏传"之《马人望传》。

留守；但于开泰六年（1017）栏却列出"马人望传曾祖廷煦南京留守"，认为马廷煦在此年任南京留守。[①] 马族为燕山四大族之一，自第一代马胤卿（高祖）降辽太宗（927—951）后连续四世累获重用。其第二代马廷煦是与其父一起被辽太宗耶律德光擒获而投降契丹的，为何延至超过66年之后（1017—951＝66）才获辽廷委任为南京留守，时间方面可能有出入。

七　第七位留守萧思温

萧思温于辽穆宗应历年间任南京留守，据史载可推算在应历七年至十年（957—960），前后共 4 年，现考证如下。

（1）《辽史·萧思温传》开门见山曰：

> 萧思温，小字寅古，宰相敌鲁之族弟忽没里之子。通书史。太宗时为奚秃里太尉，尚燕国公主，为群牧都林牙。思温在军中，握髴修边幅，僚佐皆言非帅才。寻为南京留守。[②]

萧思温是宰相族弟忽没里之子，娶太宗长公主吕不古（燕国公主），属于皇亲国戚，但他何时任南京留守？"寻为南京留守"之"寻"字，在此作副词，意为"不久"，并无具体时间。《辽方镇年表》认为萧思温由应历七年（957）起为南京留守。[③]

（2）《辽史·穆宗纪》："应历……八年（958）……夏四月甲寅，南京留守萧思温攻下沿边州县，遣人劳之。九年（959）……夏四月丙戌，周来侵。戊戌，以南京留守萧思温为兵马都总管击之。"[④] 可见，958 年以及959 年这两年，萧思温任南京留守。

（3）《辽方镇年表》称：应历十年（960）萧思温仍为南京留守。[⑤]

又据毕沅《续资治通鉴》载："（宋）太祖建隆二年（辽穆宗应历十一

---

①　《辽方镇年表》第 52 页将《马人望传》"曾祖廷煦，南京留守"之句列于开泰六年（1017），暗示马廷煦可能在此一年任南京留守。

②　《辽史》卷 78《列传》第 8《萧思温传》，第 1267 页。

③　《辽方镇年表》，第 50 页。

④　《辽史》卷 6《穆宗纪》上，第 75 页。

⑤　《辽方镇年表》，第 50 页。

年，961）六月……壬戌……先是辽南京留守萧思温，以老人星见，乞行赦宥，辽主许之。草赦既成，留数月不出……至是月，始赦。"① 可见，961年这一年，萧思温仍任南京留守。

（4）963年（穆宗应历十三年）春起南京留守为高勋（见后述），故萧思温南京留守任期应可延至963年（以前后年计算）。问题是中间隔着960年及962年这两年，没有萧思温仍任南京留守的记录，会不会临时调任别的职位？这两年是穆宗应历十年及十二年，正处于穆宗耶律璟长达18年的"应历年间（951—968）"的中间时段，政局稳定，不需要临时大调动；而"应历"之后的景宗保宁年间（969—978）萧思温升任北府宰相，并娶太宗长女"燕国长公主"吕不古，官运亨通。② 故可断定960年及962年这两年萧思温并未中断南京留守的职位，直至963年由高勋接任。也就是说：萧思温南京留守的任期是从958年直至963年，前后共6年。

（5）《辽方镇年表》据《高勋传》"（高勋）应历初，封赵王，出为上京留守，寻移南京"③ 认为：高勋仍由应历十一年（961）起接替萧思温任南京留守。④ 此议恐不确。"寻"，意为"不久"，但并无具体时间。

八　第八位留守高勋

高勋于辽穆宗应历十三年（963）继萧思温任南京留守，至保宁三年（971）止，前后共9年。现考证之：

（1）《辽史·穆宗纪》曰："应历十三年（963）春正月……丙寅，宋欲城益津关，命南京留守高勋、统军使崔廷勋以兵扰之。"⑤

（2）毕沅《续资治通鉴》亦载："（宋）太祖乾德元年（辽穆宗应历十三年，963）春，正月……丙寅……时议城益津关，辽人知之。南京留守

---

① 毕沅：《续资治通鉴》卷2《宋纪》二，"太祖建隆二年"，中华书局1964年版，第34页。

② 《辽史·萧思温传》曰：萧思温，尚燕国公主。但无注明何时"尚"。《辽史》卷65《公主表》，第1000页曰：太宗长女吕不古在"保宁中，进封燕国大长公主，下嫁北府宰相萧思温。说明萧思温是在"应历年间（951—968）"担南京留守之后升任北府宰相，才在"保宁（969—978）"中期尚燕国公主。"尚"原意为因仰慕而婚配，在此特指娶帝王之女。

③ 《辽史》卷85《列传》第15，第1317页，《高勋传》。

④ 《辽方镇年表》，第50页。

⑤ 《辽史》卷6《穆宗纪》上，第77页。

高勋上书，请假巡徼扰其境，辽主然其奏，命勋及统军使崔廷勋以兵扰之，乃不果城。"①

由以上两例可知，高勋963年任南京留守。

（3）又据毕沅《续资治通鉴》载："（宋）太祖乾德五年（辽穆宗应历十七年，967）……二月，甲子，辽南京留守高勋，请以偏师扰益津关，从之。"② 可见高勋967年亦任南京留守。

（4）再有《辽史·穆宗纪》云："穆宗应历十八年（968）……五月……丁酉。（穆宗）与政事令萧排押、南京留守高勋、太师昭古、刘承训等酣饮，连日夜。"③ 说明高勋968年还在任南京留守。

（5）高勋南京留守的任期到971年结束，据毕沅《续资治通鉴》记载："（宋）太祖开宝四年（辽景宗保宁三年，971）……九月……壬子，辽主如归化州。甲寅，如南京。移上京留守韩匡嗣于南京，即以其子德让代为东京留守。"④ 当时的"辽主"是景宗耶律贤（在位14年，保宁十年至乾亨四年，969—982），他亲自到南京，调上京留守韩匡嗣替代高勋任南京留守。

综上所述，高勋于应历十三年至保宁三年（963—971）任南京留守，前后共9年。

九　第九位留守韩匡嗣

韩匡嗣于辽景宗保宁三年至乾亨元年（971—979）任南京留守，前后共9年，其中，其子韩德让（又名耶律隆运⑤）曾代守过南京。⑥ 以下考证之：

（1）毕沅《续资治通鉴》又曰："（宋）太祖开宝四年（辽景宗保宁三年，971）九月……甲寅，辽主如南京；移上京留守韩匡嗣于南京。"⑦ 可

---

① 《续资治通鉴》卷3《宋纪》三，"太祖乾德元年"，第54页。

② 《续资治通鉴》卷5《宋纪》五，"太祖乾德五年"，第105页。

③ 《辽史》卷7《穆宗纪》下，第86页。

④ 毕沅《续资治通鉴》卷6《宋纪》六，"太祖开宝四年"，第154页。

⑤ 《辽史》卷82《耶律隆运传》，第1289页："耶律隆运，本姓韩，名德让，西南面招讨使匡嗣之子也。统和十九年，赐名德昌，二十二年，赐姓耶律；二十八年，复赐名隆运。"

⑥ 同上："耶律隆运……侍景宗……代其父匡嗣为上京留守……寻复代父守南京，时人荣之。"

⑦ 《续资治通鉴》卷6《宋纪》六，"太祖开宝四年"，第154页。

见，韩匡嗣由 971 年起任南京留守。

（2）《辽史·韩匡嗣传》亦曰："初，景宗在藩邸，善匡嗣。即位，拜上京留守。顷之，王燕，改南京留守。保宁末，以留守摄枢密使。"① 上引之"顷之"，印证《续资治通鉴》"保宁三年"之说。另者，《辽史》《刘景传》亦载：景宗即位不久，韩匡嗣为南京留守。②

（3）韩匡嗣至保宁末年，仍是南京留守、摄枢密使，直至乾亨元年（979），先由耶律隆运"同知"南京留守，再由耶律道隐"迁守南京"。《辽史·景宗本纪》记载：乾亨元年（979）十月，韩匡嗣战败满城，被降封为秦王；辽廷改派耶律道隐接任南京留守。

> 乾亨元年（979）六月……己巳，宋主（宋太宗）围南京……九月己卯，燕王韩匡嗣为都统……各率所部兵南伐……冬十月乙丑，韩匡嗣与宋兵战于满城，败绩……乙亥，诏数韩匡嗣五罪，赦之……十二月乙卯，燕王韩匡嗣遥授晋昌军节度使，降封秦王。壬戌，蜀王道隐（接任）南京留守。③

＊耶律隆运曾代父守南京

耶律隆运于乾亨元年（979）曾代其父（韩匡嗣）守南京。

（1）《景宗本纪》称：乾亨元年（979）秋七月辛丑，耶律沙遣人上俘虏，以权知南京留守事韩德让等人皆能安人心，捍城池，并赐诏褒奖。④

（2）《辽史·耶律隆运传》：耶律隆运……侍景宗（耶律贤），以谨饬

---

① 《辽史》卷 74《韩匡嗣传》，第 1234 页。

② 《辽史》卷 86《刘景传》，第 1322 页："景宗即位，以（刘）景忠实，擢礼部侍郎，迁尚书、宣政殿学士。……顷之，为南京副留守。时留守韩匡嗣因扈从北上，景与其子德让共理京（南京）事。"

③ 《辽史》卷 9《景宗本纪》，第 101—102 页。

④ 详见《辽史》卷 9《景宗纪》下，第 102 页。《辽方镇年表》引述此项记载时，称韩德让为"权知南京留守"，漏了一个"事"字。一字之差，含意大有分别。据《辽史》卷 48《百官志》，《南面京官》，第 801 页载：五京留守司兼府尹职名总目，顺序如下：某京留守行某府尹事、某京副留守、知某京留守事、某府少尹、同知某京留守事、同签某京留守事、某京留守判官、某京留守推官。由此可见，当时，代（权知）父守南京的韩德让，于南京留守司之官职只为第三（知留守事）而已，并非第一的"南京留守"。

闻……代其父匡嗣为上京留守，权知京事，甚有声。寻复代父守南京，时人荣之。①

（3）《契丹国志·耶律隆运传》载：隆运性忠愿谨愨，智略过人。景宗婴疾，后燕燕与决国事，雅重隆运……超授辽州节度使，改同知燕京留守。②

以上三份资料，对耶律隆运于乾亨元年（979）以什么身份名义守南京，有不同的记录，分别是"同知燕京留守"、"权知南京留守事"及"代父（韩匡嗣）守南京"，但都肯定：耶律隆运曾于乾亨元年（979）曾代其父韩匡嗣镇守过南京。

十 第十位留守耶律道隐

耶律道隐自辽景宗乾亨元年至圣宗统和元年（979—983）任南京留守，前后共5年。以下考证之：

（1）《辽史·耶律道隐传》曰："晋王道隐……乾亨元年（979），迁守南京。"③ 以上清楚指出，耶律道隐于乾亨元年（979）任南京留守。

（2）《辽史·圣宗纪》载："（景宗乾亨）四年（982）……十二月……辛酉，南京留守荆王道隐奏宋遣使献犀带请和，诏以无书却之。"④ 说明直至乾亨四年（982），耶律道隐仍为南京留守。

（3）《辽史·圣宗纪》称："统和元年（983）春正月……甲戌，荆王道隐薨，辍朝三日，追封晋王，遣使抚尉（慰）其家。丙子，以于越休哥为南京留守……"⑤

辽在抚绥期（936—983，共48年）用过10位南京留守（不含1位同知留守），平均每位只有4年多，最短只有1年（刘晞），最长不过11年（赵延寿）。频频更换留守，说明辽刚得燕地，政局不稳。此10位留

① 详见《辽史》卷82《耶律隆运传》，第1289页。

② 《契丹国志》卷18《耶律隆运传》，第174—176页。称：耶律隆运曾任"同知燕京留守"，即是与某人同为燕京留守，有同样的权力。《辽史》卷9《景宗纪》（下），第102页称：耶律隆运曾任"权知南京留守事"。这个职位于南京留守司阶只为第三级而已。本书不讨论"同知"、"权"等副贰留守职位，故只以附传列之；更何况，《辽史·耶律隆运传》只说他曾"代父守南京"，并未列出更具体官衔。

③ 《辽史》卷72《耶律道隐传》，第1212页。

④ 《辽史》卷10《圣宗纪》一，第108页。

⑤ 同上。

守之中，汉人占 6 人，其中 4 人为降辽将领；6 人之中 4 人为燕地四大家族。契丹得到燕地初期，多用降将及燕地大族当南京留守，是为了安抚燕地民心，巩固其统治地位。

第二节 调和期

圣宗、兴宗两朝，是辽朝全盛时期，历经圣宗统和 30 年（983—1012）、开泰 10 年（1012—1021）、太平 11 年（1021—1031）及兴宗景福 2 年（1031—1032）、重熙 24 年（1032—1055），五代共 77 年之久。

燕京经过 48 年的动荡（936—983），已摆脱并入辽境初期不稳定的状况，为辽廷所牢固控制；并且已经成为辽朝重要的五京之一，与其他辽域互相融合调和，故将此时期之南京，称为"调和期"。

在 77 年的调和期中，辽廷共用过 8 位南京留守，顺序是耶律休哥、耶律隆庆、吴哥洪隐、韩制心、萧孝穆（两次出任）、耶律宗范、萧孝先及耶律重元；以及两位"权留守"（萧惠和马保忠）。以下顺序考证其任期。

一 第十一位留守耶律休哥

耶律休哥自辽圣宗统和元年（983）起任南京留守，至统和十六年（998）卒于南京任上，前后共任南京留守 16 年。现考证如下：

（1）《辽史·圣宗纪》曰：

> （圣宗）统和元年（983）春正月……丙子，以于越休哥为南京留守，仍赐南面行营总管印绶，总边事。
>
> 冬十月……乙未，以燕京留守于越休哥言，每岁诸节度使贡献，如契丹官例，止进鞍马，从之。
>
> （圣宗统和）四年（986）……六月……甲辰，诏南京留守休哥遣炮手西助斜轸。[①]

以上三段引文记录了耶律休哥在 983 年及 986 年任南京留守。

---

① 《辽史》卷 10《圣宗纪》一，第 108 页。

（2）《辽史·邢抱朴传》曰："（圣宗）统和……十年（992）……耶律休哥留守南京……"① 此引文记录耶律休哥在992年任南京留守。

（3）《辽史·耶律休哥传》记录耶律休哥998年"薨"："休哥……（圣宗统和）十六年（998）薨。是夕，雨木冰，圣宗诏立祠南京。"②

（4）《辽史·圣宗纪》进一步明确记载，耶律休哥在998年十二月"薨"后，由皇弟耶律隆庆接任南京留守："（圣宗统和）十六年（998）……十二月丙戌朔，宋国王休哥薨，辍朝五日。进封皇弟恒王隆庆为梁国王、南京留守……"③ 说明耶律休哥死于南京留守任上。

综上所述，耶律休哥的南京留守是自统和元年至十六年（983—998），前后共16年之久。

二　第十二位留守耶律隆庆

耶律隆庆由圣宗统和十六年（998）起任南京留守，圣宗开泰五年（1016）卒于任上，前后共19年。以下考证之：

（1）《辽史·圣宗纪》载：耶律隆庆于统和十六年（998）接替卒于任上的耶律休哥，出任南京留守。（见"耶律休哥"条）

（2）《辽史·皇子表》曰："隆庆……统和中，拜南京留守。"④ 圣宗"统和"年代由983—1012年，"统和中"应是指其中期，与统和十六年（998）接耶律休哥之后耶律隆庆"拜南京留守"之记录吻合。

（3）耶律隆庆卸任南京留守的时间，当在圣宗开泰五年（1016）十二月卒于任上。

《辽史·圣宗纪》载："（圣宗开泰）五年（1016）……九月癸卯，皇弟南京留守秦晋国王隆庆来朝，上亲出迎劳至实德山，因同猎于松山。十二月乙酉，秦晋国王隆庆还，至北安薨。"⑤

三　第十三位留守耶律吴哥

耶律吴哥（洪隐）之南京留守任期，应为圣宗开泰五年至九年

---

① 《辽史》卷80《邢抱朴传》，第1278页。

② 《辽史》卷83《耶律休哥传》，第1299页。

③ 《辽史》卷14《圣宗纪》五，第154页。

④ 《辽史》卷64《皇子表》二，第986—987页。

⑤ 《辽史》卷15《圣宗纪》六，第178页。

（1016—1020），前后共5年。吴哥，字洪隐，因此，有史籍称他为"吴哥洪隐"；如冠上姓"耶律"，则完整姓名为"耶律吴哥"或"耶律洪隐"。以下考证之：

（1）《辽史·皇子表》曰：

> 吴哥，字洪隐，圣宗与仆隗氏所生，排行第四，封燕王。开泰二年（1013）为惕隐，出为南京留守。薨于南京。①

吴哥洪隐是否在"开泰二年为惕隐"之同年就"出"任"南京留守"又"封燕王"呢？同一句紧接着是"薨于南京"，难道也在同一年发生的吗？从行文的含意来看，似乎这几件事之间，还留有时间空隙，并非同一年发生的。也就是说：吴哥洪隐未必是开泰二年出任南京留守。

（2）在开泰年间（1012—1021），上面已考证到，耶律隆庆早在统和十六年（998）起，至开泰五年（1016）任南京留守，且卒于任上。所以，吴哥洪隐最早只能由开泰五年（1016）起，才能接替当年死亡的耶律隆庆任南京留守。耶律隆庆乃吴哥洪隐之叔、圣宗耶律隆绪之弟，论宗亲关系，吴哥洪隐也不可以抢叔叔耶律隆庆之位；更何况，耶律隆庆是在其兄圣宗继位为帝，而获照顾安排当南京留守，地位稳定。

（3）《辽史·圣宗纪》清楚记载：开泰九年（1020）十一月丁巳，以漆水郡王韩制心为南京留守。（详见下一位之考证）而在开泰五年至九年之间，未见其他人任南京留守。所以，吴哥洪隐南京留守之任期，应在开泰五年至九年（1016—1020）。

（4）《辽方镇年表》据上引《皇子表》所载"圣宗子吴哥洪隐，封燕王，出为南京留守。薨于南京"。而具体指明："重熙十年（1041），吴哥洪隐，封燕王，出为南京留守。"该表其后三年（重熙十一年至十三年）南京留守之职位留空，为吴哥洪隐的任期留下空间，暗示重熙十年至十三年（1041—1044）由吴哥洪隐为南京留守。此议恐不确。

---

① 《辽史》卷64《皇子表》二，第990页。

四　第十四位留守韩制心

韩制心，获辽主赐姓耶律，故又名耶律制心，另名耶律遂贞[①]，由辽圣宗开泰九年至太平三年（1020—1023）任南京留守，前后共 4 年。现考证如下：

（1）《辽史·圣宗纪》曰："开泰九年（1020）……十一月丁巳，以漆水郡王韩制心为南京留守、析津尹、兵马都总管。"[②] 明确记载韩制心于1020 年任南京留守。

（2）《辽史·耶律隆运传》之附传《侄制心传》[③]，亦记载韩制心曾任南京留守："太平中，（制心）历中京留守[④]、惕隐、南京留守，徙王燕，迁南院大王。"

（3）韩制心南京留守的任期到圣宗太平三年（1023）结束，由萧孝穆接任。《辽史·圣宗纪》有明确的记载："太平三年（1023）……十一月辛卯朔，以……北府宰相萧孝穆（为）南京留守，封燕王[⑤]；南京留守韩制心（为）南院大王、兵马都总管……"[⑥] 即是韩制心南京留守任期至 1023 年结束。

五　第十五位留守萧孝穆

萧孝穆两次出任南京留守，第一次自圣宗太平三年至十年（1023—

---

①　《辽史》卷 15《圣宗纪》六《校勘记》十九，第 182 页载：耶律制心，即上文开泰元年七月之耶律遂贞。耶律，下文亦作韩。本姓韩，赐姓耶律。制心，"纪"文原作愆，卷 82"本传"作制心。《辽文汇》六《韩橁墓志》称"讳遂贞，赐名直心"，直心即制心。今改愆作"愆心"。《辽史》卷 16《本纪》十六《圣宗》七载："圣宗太平三年（1023）十一月辛卯朔……南京留守制心……"此处称制心姓韩；《本纪》开泰九年另一记载，亦称其为韩制心；圣宗开泰九年（1020）"十一月丁巳，以漆水郡王韩制心为南京留守……"然而，《辽史》卷 82《列传》十二，却称其为"耶律制心"，还称其为耶律隆运之侄。《契丹国志》引《耶律隆运传》载：耶律隆运原名韩德让，获辽廷赐国姓"耶律"，复赐名"隆运"，由是之故。制心亦有两个姓，本文取其原姓，故称其为韩制心。

②　《辽史》卷 16《圣宗纪》七，第 188 页。

③　《辽史》卷 82《列传》第 12《耶律隆运传》，第 1292 页附有其侄子韩制心的传《侄制心》。原文"侄"字为"女"旁。

④　《辽史》卷 82《耶律制心传》《校勘记》五，第 1296 页曰："太平中历中京留守：按《纪》开泰八年二月，以前南院枢密使韩制心为中京留守。非太平中。"

⑤　原文此处为","号，据文意改为";"号。

⑥　《辽史》卷 16《圣宗纪》七，第 192 页。

1030），前后 8 年；第二次由兴宗景福元年至重熙六年（1031—1037），前后 7 年，两次任期总共 15 年。

（1）《辽史·圣宗纪》明载，圣宗太平三年十一月，萧孝穆以北府宰相之职，调任南京留守，封燕王。（详见"韩制心"条）《辽史·萧孝穆传》亦有同样的记载："太平三年（1023）（萧孝穆）封燕王、南京留守、兵马都总管。"①

（2）太平八年（1028）萧孝穆仍为南京留守。《辽史·圣宗纪》载："太平八年二月戊子，燕京留守萧孝穆乞于拒马河接宋境上置戍长巡察，诏从之。"②

（3）太平九年（1029）萧孝穆还是南京留守。据《辽史·圣宗纪》载：当年八月，东京舍利军详稳大延琳造反，"十月，以南京留守燕王萧孝穆为都统，国舅详稳萧匹敌为副统，奚六部大王萧蒲奴为都监以讨之"。③

（4）太平十年（1030）萧孝穆仍是南京留守。据《辽史》卷 17《圣宗纪》八，第 205 页："太平十年（1030）……十一月辛亥，南京留守燕王萧孝穆以东征将士凯还，戎服见上，上大加宴劳。翌日，以孝穆为东平王、东京留守……"④

以上为萧孝穆 1023—1030 年任南京留守的逐年记录。

---

① 详见《辽史》卷 87《萧孝穆传》，第 1331 页。《辽史》卷 16《圣宗纪》七，第 192 页亦曰："（圣宗太平三年，1023）十一月辛卯朔，以皇侄宗范为归德军节度使，北府宰相萧孝穆南京留守，封燕王，南京留守韩制心南院大王、兵马都总管，仇正燕京转运使。"此记载一系列职位调动，但标点不清，易生混淆，应于四位有关者（宗范、萧孝穆、韩制心及仇正）所属职称之间，用"；"加以明确区分，写作："……以皇侄宗范为归德军节度使；北府宰相萧孝穆南京留守、封燕王；南京留守韩制心南院大王、兵马都总管；仇正燕京转运使。"将"北府宰相萧孝穆南京留守"与"封燕王"两句之间之"，"号改为"、"号，以求与"南京留守韩制心南院大王"与"兵马都总管"两句之间之"、"号统一。亦可以将后者之"、"号改"，"号，与前者统一。该引文涉及萧孝穆接韩制心任南京留守之重要记录，若标点不清会弄错。

② 《辽史》卷 17《圣宗纪》八，第 202 页。

③ 《辽史》卷 17《圣宗纪》八，第 203—204 页详载大延琳为何造反，以及圣宗命令南京留守燕王萧孝穆为都统讨伐之的经过："太平九年（1029）……八月己丑，东京舍利军详稳大延琳囚留守、驸马都尉萧孝先及南阳公主，杀户部使韩绍勋、副使王嘉，四捷军都指挥使萧颇得，延琳遂僭位，号其国为兴辽，年为天庆。……冬十月丙戌朔，以南京留守燕王萧孝穆为都统，国舅详稳萧匹敌为副统，奚六部大王萧蒲奴为都监以讨之。"

④ 《辽史》卷 17《圣宗纪》八，第 205 页。

　　*权（代理）燕京留守萧惠：

　　萧孝穆自太平九年（1029）十月奉命东征，至太平十年（1030）十一月归来，虽仍挂南京留守衔，但实际上此 13 个月期间，由萧惠权（代理）燕京留守。①

　　*权知（代理）燕京留守马保忠：

　　萧孝穆于 1030 年 11 月东征归来后，获封为东平王并调任东京留守，辽廷改由"宰相兼枢密使马保忠②权知（代理）燕京留守"③。马保忠从 1030 年 11 月至 1031 年 6 月代理南京留守 7 个月，至兴宗即位（1031），萧孝穆复为南京留守开始第二次南京留守任。

　　（5）《辽史》《萧孝穆传》曰："兴宗即位，（萧孝穆）徙王秦，寻复为南京留守。"④ 圣宗于太平十一年（1031）夏六月己卯驾崩，（兴宗）即皇帝位于枢前⑤。"寻"，即"不久"，萧孝穆复为南京留守。"寻"虽无具体时间，但圣宗于夏六月驾崩，最晚下半年应该公布新的人事任命吧，故推测为当年（1031）下半年再任南京留守。

　　（6）萧孝穆第二次任南京留守的任期至重熙六年（1037）由晋王萧孝先替代。据《辽史·兴宗纪》曰："重熙六年（1037）……三月戊寅，以秦王萧孝穆为北院枢密使，徙封吴王，晋王萧孝先为南京留守。"⑥ 可见萧孝

---

　　① 《辽史》卷 17《圣宗纪》八，第 205—206 页载："太平十一月辛亥，南京留守燕王萧孝穆以东征将士（平定大延琳之乱）凯归，戎服见上，上大加宴劳。翌日，以萧孝穆为东平王、东京留守；国舅详稳、驸马都尉萧匹敌封兰陵郡王；奚王蒲奴加侍；以权燕京留守兼侍中萧惠为燕京统军使……"可见，萧惠在萧孝穆东征凯归之前，曾代理南京留守。再查萧孝穆履历得知：萧孝穆在出发东征之前（太平三年至十年）一直为南京留守，故萧惠代理南京留守，只有萧孝穆东征期间 13 个月而已。本书只讨论正任留守，其他权留守及副贰留守，不列专条讨论。为增加对萧孝穆任南京留守背景的了解，本书将《辽史》卷 93《列传》第 23，第 1373—1375 页之《萧惠传》，以附传形式列于第八章《萧孝穆传》之下，以供参考。

　　② 《辽史》卷 17《圣宗纪》八，第 205—206 页载："太平十一月辛亥，南京留守燕王萧孝穆以东征将士凯归，戎服见上，上大加宴劳。翌日……以统军委窊大将军、节度使，宰相兼枢密马保忠权知燕京留守……"可见，马保忠在萧孝穆东征凯归之后曾代理南京留守。马保忠权（代理）南京留守不到半年，由圣宗太平十年（1030）十一月，至兴宗景福元年（1031）三月。本书对权留守不列专条讨论，但《契丹国志》卷 19，第 180 页有《马保忠传》，本书以附传形式将其列于第八章《萧孝穆传》之下，以供参考。

　　③ 《辽史》卷 17《本纪》第十七《圣宗》八，第 206 页。

　　④ 《辽史》卷 87《列传》第 17《萧孝穆传》，第 1332 页。

　　⑤ 《辽史》卷 18《本纪》第十八《兴宗》一，第 211 页。

　　⑥ 同上书，第 218 页。

穆第二次南京留守之任期，至此结束。《辽史·萧孝穆传》亦曰："重熙六年，（孝穆）进封吴国王，拜北院枢密使。"① 与《辽史·兴宗纪》所载吻合。

六　第十六位留守耶律宗范（耶律敖卢斡？）

耶律宗范曾任燕京留守，然而其任期不详。从全部南京留守任期排位看，应在圣宗太平年间（1021—1031）。但《辽方镇年表》称：耶律宗范曾于圣宗太平十一年（即兴宗景福元年，1031）任南京留守。② 以下考证之：

（1）《契丹国志·耶律隆运传》记载，隆运之第二位继嗣耶律宗范曾任南京留守：

> 隆运兄弟九人，缘翼戴恩，超授官爵，皆封王。诸侄三十余人，封王者五人，余皆任节度使、部署等官。隆运薨，无子，帝特以皇侄周王宗业绍其后。（原注：宗业，本齐国王隆裕之子）始封广王，未几徙封周王，历中京留守，平州、锦州节度使。宗业薨，葬乾陵侧。宗业无子，帝复以周王同母弟宗范继隆运后，历龙化州节度使、燕京留守，封韩王。③

这是耶律宗范曾任燕京留守的唯一史著记载，但是，此项记录并未写明耶律宗范任期始末。

（2）《辽史·耶律隆运传》，亦可见记载耶律隆运有第二位继嗣，但其名并非耶律宗范，而是时为皇子的耶律敖卢斡，因而，疑耶律宗范与敖卢斡为同一人。

> （耶律隆运）从伐高丽还，得末疾，帝（圣宗）与后（钦哀皇后萧氏）临视医药。薨，年七十一。赠尚书令，谥文忠，官给葬具，建庙乾陵侧。无子。清宁三年，以魏王贴不子耶鲁为嗣。天祚立，以皇子敖卢斡继之。④

---

① 《辽史》卷87《列传》第17《萧孝穆传》，第1332页。

② 《辽方镇年表》，第53页。

③ 《契丹国志》卷18《耶律隆运传》，第174—176页。

④ 《辽史》卷82《列传》第12《耶律隆运传》，第1290页。

（3）《辽史·敖卢斡传》亦曰："……敖卢斡，天祚皇帝长子……出为大丞相耶律隆运后，封晋王。"① 《辽史·皇子表》也有同样的记载："敖鲁斡，天祚与文妃所生，排行第一子，出继大丞相耶律隆运后。"② 《皇子表》所载"敖鲁斡"的事迹，与前引《辽史·敖卢斡传》名字之中间一字，有"卢"与"鲁"之别：两者虽然字不同，但音同，而且所记史实相似，故应为同一人。本书以"敖卢斡"为准，但引原文时则照录。

对比上述所载，既然耶律宗范与耶律敖卢斡都是耶律隆运之第二继嗣，因而应可认为两者为同一人。

（4）查遍《辽史》之纪、传、《契丹国志》及《续资治通鉴长编》等史籍，都不见再有耶律宗范或耶律敖卢斡任南京留守之记录。

七　第十七位留守萧孝先

萧孝先于兴宗重熙六年（1037）三月，继其兄萧孝穆任南京留守（详见"萧孝穆"条），应直至重熙十四年（1045），才由耶律重元取代，前后共9年（1037—1045）。现考证如下：

（1）《辽史·萧孝先传》曰："（兴宗重熙）四年（1035），（萧孝先）徙至晋。后为南京留守，卒，谥忠肃。"③ 此处之"后"，到底后了多久呢？

（2）《辽史·兴宗纪》曰："重熙六年（1037）……三月戊寅，以秦王萧孝穆为北院枢密使，徙封吴王，晋王萧孝先为南京留守。"④ 可见，萧孝先是在重熙四年（1035）后二年的重熙六年（1037），才接替其兄萧孝穆任南京留守。

（3）《辽方镇年表》据《皇子表》所载曰："圣宗子吴哥洪隐，封燕王出为南京留守。薨于南京。"在重熙十年（1041）一栏，指明由吴哥洪隐为南京留守。该表其后三年（重熙十一年至十三年）南京留守之职位留空，暗示重熙十年至十三年（1041—1044）乃由吴哥洪隐为南京留守。⑤ 此议恐不确，详见前第十三位留守吴哥洪隐之任期考证。

（4）《辽方镇年表》又指出：重熙十四年至二十四年（1045—1055），

---

① 《辽史》卷72《敖卢斡传》，第1216页。

② 《辽史》卷64《皇子表》，第994页。

③ 《辽史》卷87《列传》第17《萧孝穆传》，第1331—1332页有其弟萧孝先的附传。

④ 《辽史》卷18《本纪》第18《兴宗》一，第218页。

⑤ 《辽方镇年表》，第53页。

南京留守为皇太弟耶律重元。故萧孝先最晚应是到重熙十四年（1045），
被耶律重元取代。

八　第十八位留守耶律重元

耶律重元兴宗重熙十四年至二十四年（1045—1055）任南京留守，前
后共11年。然而，史载不明，尚待考证。

（1）《辽史·逆臣》有《耶律重元传》曰：

> 重元，小字孛吉只，圣宗次子……太平三年（1023），封秦国王。
> 圣宗崩，钦哀皇后称制，密谋重元。重元以所谋白于上（兴宗），上
> 益重之，封为皇太弟。历北院枢密使、南京留守、知元帅府事。①

耶律重元是圣宗次子，在圣宗在位的太平三年（1023）已获封秦国
王。圣宗驾崩后，钦哀皇后称制，密谋立第二个儿子重元为帝。但是，重
元将此项阴谋告诉大哥宗真。其后，宗真成为皇帝，特别重用重元，封其
为皇太弟，重元历任北院枢密使、南京留守、知元帅府事。

但是，耶律重元在什么时候担任南京留守呢？上引《耶律重元传》
只说是兴宗上台（1031）后才让重元"历任"几个要职，顺序是：北院
枢密使、南京留守、知元帅府事。兴宗上台后的景福年号只有二年
（1031—1032），其后的重熙年号有24年之久。兴宗上台后重用耶律重元，
第一个要职是北院枢密使，其后才是南京留守。但在重熙十三年
（1044）之前，已有萧孝穆（1031—1037）、萧孝先（1037—1041）先
后接任南京留守，故耶律重元应为重熙十三年（1044）之后，才可能接
任南京留守。

《辽史·兴宗纪》曰："重熙七年（1038）……十二月……己巳，以皇
太弟重元判北院枢密使事。"② 上引《耶律重元传》称，耶律重元任南京
留守之前，曾任"北院枢密使"，两处所载官职相同，故可以证明耶律重
元任南京留守应在重熙七年（1038）之后。

（2）《辽史·道宗纪》曰："清宁二年（1056）……十一月……乙

---

① 《辽史》卷112《列传》第42《逆臣》上《耶律重元传》，第1501页。
② 《辽史》卷18《本纪》第十八《兴宗》一，第221页。

已，以皇太叔重元为天下兵马大元帅。"① 如此重要的职务，不可能同时再兼任南京留守，因此，可推论耶律重元应于是年（1056）卸除南京留守之重任。

（3）耶律重元南京留守之位，于道宗清宁二年（1056）由耶律敖卢斡接任。（详见后述）

（4）《辽方镇年表》具体指出：重熙十四年至二十四年（1045—1055），南京留守为皇太弟耶律重元。②

辽廷统治燕京于长达 73 年之"调和期"（983—1055），共用过 8 位南京留守，其中耶律休哥担任 16 年、耶律隆庆任 19 年、吴哥洪隐任 5 年、韩制心任 4 年、萧孝穆两次共任 15 年、耶律宗范 1 年、萧孝先 9 年、耶律重元 11 年，平均任期超过 9 年，比抚绥期（平均 4 年余）长一倍（此外，两位权留守萧惠及马保忠，分别代理 13 个月及 4 个月，并不会太多影响统计平均值），说明调和期辽南京的政局，比抚绥期稳定得多。

调和期 8 位南京留守均为契丹人（此外，两位权留守萧惠及马保忠，前者亦为契丹人，后者为出身燕地四大望族、降辽而备受重用的汉人），且 4 位为宗室（耶律隆庆、吴哥洪隐、耶律宗范、耶律重元），3 位为外戚（韩制心、萧孝穆、萧孝先），1 位（耶律休哥）既非宗室亦不是外戚，但却是契丹族勋臣。辽廷平衡照顾三种势力（宗室、外戚、勋臣），比起抚绥期主要靠汉人降将（10 位留守之中 6 位为汉人，其中 3 人为降将）及燕地四大望族来维持局面，更能牢固统治燕云地区。

"调和"之意有二：一指番汉调和，契丹官僚能够长时间（平均 9 年以上）镇守南京，体现了契丹异族与燕地汉人已能和睦相处，这是番汉调和之重要特征，亦是辽圣宗、兴宗两朝为"盛世"之主要证据之一。

"调和"之另一含义是指，辽廷对南京留守的权力分配比例比较合理均衡，在八位南京留守之中，宗室、外戚、契丹勋臣三种势力的比例为 4：3：1，体现了辽廷任用南京留守之时，能够调和三方面的利益。

---

① 《辽史》卷 21《本纪》第二十一《道宗》一，第 254 页。

② 《辽方镇年表》，第 53 页。

第三节　同化期

辽道宗清宁二年（1056）起，经咸雍（1065—1074）、大康（1075—1084）、大安（1085—1094）、寿昌（1095—1101）及天祚皇帝乾统（1101—1110）、天庆（1111—1120）至保大二年（1122），共有67年，称为同化期。在此期间，辽廷共任用过六位南京留守，顺序是耶律和鲁斡（两次出任）、耶律明、萧惟信、耶律仁先、耶律洪道及耶律淳。以下逐一考证其任期。

一　第十九位留守耶律和鲁斡

耶律和鲁斡两次任南京留守，首次由辽道宗清宁二年至七年（1056—1061），前后共6年；第二次由道宗寿昌元年至天祚乾统十年（1095—1110），前后共16年。两次任期合共有22年，为所有24位南京留守之中任期最长者。

（1）《辽史·皇子表》载："（和鲁斡）清宁（1055—1064）中，拜上京留守，改南京留守。"[1]

（2）《辽史·道宗本纪》讲得很具体："道宗清宁二年（1056）十二月戊申朔……（以）宋国王和鲁斡（为）上京留守。"[2] 即可认定耶律和鲁斡是于清宁二年（1056）先拜上京留守，然后改为出任南京留守。

（3）《辽方镇年表》指出：清宁七年（1061）改由耶律明任南京留守。[3]

耶律和鲁斡首次任南京留守之后，有耶律明、萧惟信、耶律仁先、耶律洪道先后出任南京留守，到了寿昌元年（1095），耶律和鲁斡第二次任南京留守，直至乾统十年（1110）死于任上。

（4）《辽史·皇子表》又曰："和鲁斡……乾统初，为天下兵马大元帅，加守太师，免拜，不名。三年（1103），为惕隐，加义和仁寿之号，

---

① 《辽史》卷64《皇子表》，第991页。

② 《辽史》卷21《本纪》第二十一《道宗》一，第254—255页。

③ 《辽方镇年表》，第53页。

复守南京。"①《辽方镇年表》据上引《皇子表》所载，认为：耶律和鲁斡应从寿昌元年（1095）年起"复守南京"。②

（5）《辽史·天祚皇帝纪》又曰："（乾统）六年（1106）……冬十月……庚辰，以皇太叔，南京留守和鲁斡兼惕隐。"③"乾统十年（1110）秋七月……闰月……壬戌，皇太叔和鲁斡薨"④，由其子耶律淳世袭南京留守。⑤ 即和鲁斡于 1110 年死于南京留守任上，结束第二次任期（1095—1110）。

二 第二十位留守耶律明

耶律明于辽道宗清宁七年至九年（1061—1063）任南京留守，前后共3 年。现考证如下：

（1）《契丹国志·道宗纪》载：

> （辽道宗）清宁九年（1063）……鲁王宗元（圣宗之子）……谋作乱……秋七月……燕京留守耶律明与宗元通谋，闻其（宗元）败，领奚兵入城授甲，欲应之。副留守某将汉兵拒焉。会使者以金牌至，

---

① 《辽史》卷 64《皇子表》，第 991—992 页。《辽史·皇子表》原注："三年"至"复守南京"：按《纪》乾统六年十月，以皇太叔、南京留守和鲁斡兼惕隐。义和仁寿之号，《纪》作义和仁圣。"复守"应作仍守，因惕隐为兼官，并未离去南京留守。

原注说法不对，惕隐虽为兼官，但据《纪》载，最迟于道宗清宁七年（1061）起至天祚帝乾统三年（1103），相隔 42 年（1103－1061＝42）这么长久期间，先后就有耶律明、萧惟信、耶律仁先、耶律洪道当过南京留守，故耶律和鲁斡于清宁二年至七年（1056—1061）首次任南京留守之后，应调职一段时间，至天祚帝乾统三年（1103），才"复"守南京。（详见耶律重元、耶律明、萧惟信及耶律仁先、耶律洪道各专条）本人认为：和鲁斡于乾统三年（1103）应是"复守南京"，不可能从清宁（1055—1064）中，拜上京留守，改南京留守，一直当（仍守）半个世纪之久。

② 详见《辽方镇年表》，第 54 页。

③ 《辽史》卷 27《天祚皇帝纪》一，第 322 页。《辽史·皇子表》曰："和鲁斡……乾统……三年（1103），为惕隐……"与《辽史·天祚帝纪一》所载"乾统六（1106）年兼惕隐"年份相差 3 年，本书根据第 23 位留守耶律宗范的任期确定为 1103（乾统三年）年。同时，惕隐为兼官，并不影响和鲁斡的南京留守职务。

④ 《辽史》卷 37《天祚皇帝纪》一，第 325 页。

⑤ 《辽史》卷 30《天祚皇帝纪》四，第 352 页："耶律淳……其父和鲁斡薨，即以淳袭父守南京。"

遂擒斩耶律明……①

以上史料载明：耶律明于清宁九年（1063）以燕京留守身份，与圣宗之子宗元通谋，而遭道宗使者擒斩，说明其死于南京留守任上。

（2）至于耶律明何时当上南京留守，《辽方镇年表》记载：耶律明清宁七年及八年（1061 及 1062）为南京留守。②故可认定，南京留守任期前后最少有 3 年，即 1061—1063 年。

三　第二十一位留守萧惟信

萧惟信由辽道宗清宁九年至咸雍元年（1063—1065）任南京留守，前后共 3 年。

（1）《辽史·萧惟信传》曰：

> 清宁九年（1063），重元作乱，犯滦河行宫，惟信从耶律仁先破之，赐竭忠定乱功臣，历南京留守，左右夷离毕，复为北院枢密副使。③

萧惟信追随耶律仁先定耶律重元之乱，而被赐封为"竭忠定乱功臣"，且获委任南京留守等要职。而南京留守之职位排于"历任"之第一个，因此最有可能是在立功之当年上任；正好此年，南京留守耶律明谋反被擒斩，萧惟信可即时填补空缺。

（2）萧惟信南京留守的任期到咸雍元年（1065）结束，由耶律仁先接替，《辽史·道宗纪》有明确的记载：

> （道宗咸雍元年，1065）十二月甲午，以辽王仁先为南京留守，徙封晋王。辛亥，以南京留守萧惟信为左夷离毕。④

①　《契丹国志》卷 9《道宗纪》，第 88 页。
②　《辽方镇年表》，金毓黻主编《辽海丛书》第一册，辽沈书社 1984 年版，第 53 页。
③　《辽史》卷 96《萧惟信传》，第 1401 页。
④　《辽史》卷 22《道宗纪》二，第 265 页。

四 第二十二位留守耶律仁先

耶律仁先由辽道宗咸雍元年（1065）起任南京留守，至咸雍八年（1072）卒于位，前后共 8 年。

（1）《辽史·道宗纪》咸雍元年（1065）十二月，耶律仁先接替萧惟信任南京留守，徙封晋王。（详见"萧惟信"条）

（2）《辽史·耶律仁先传》对耶律仁先何时出任南京留守，有更明确的记载："咸雍元年（1065），（耶律仁先）加于越，改封辽王，与耶律乙辛共知北院枢密事。乙辛恃宠不法，仁先抑之，由是见忌，出为南京留守，改王晋。"①

（3）《耶律仁先墓志铭》有云：兴宗重熙十一年（1042），契丹大兵南举，宋国遣使乞旧好。兴宗命宋王耶律仁先出使宋国，完满完成任务。宋帝答应"每岁添纳金帛二十万，永愿鸣好"。兴宗十分高兴，下诏曰："邻国乞盟，奉贡交欢，卿（按：指耶律仁先）之力也。""因授燕京留守同知兼权析津府尹事。"② 查对《辽史·耶律仁先传》：耶律仁先于该年出使宋国"议贡"立功，"既还，同知南京留守事。"③ 只是"同知"仅为"南京留守事"，距离坐正"南京留守"之位，还有几个阶梯。同时，从兴宗重熙十年至道宗清宁二年（1041—1056），由兴宗耶律宗真之弟、道宗耶律洪基之叔耶律重元任南京留守，他在辽宗室的地位，远高于耶律仁先（详见两人之传），故可以认定《耶律仁先墓志铭》之记载有误。

（4）《辽史·属国表》记载，耶律仁先到 1069 年仍任南京留守："咸雍五年（1069）三月，阻卜酋长叛，以南京留守晋王仁先为西北路招讨使，领禁军讨之。九月，晋王仁先遣人奏阻卜之捷。"④

（5）耶律仁先平定阻卜之叛，凯旋而归。至咸雍八年（1072），史籍未见其再任其他新职，而称"薨于位"，故可认定卒于南京留守位。而《耶律仁先墓志铭》曰："（咸雍）八年（1072）四月二十日，（耶律仁先）

---

① 《辽史》卷 96《列传》第 26《耶律仁先传》，第 1397 页。
② 《耶律仁先墓志铭》（咸雍八年），载陈述辑校《全辽文》卷 8，中华书局 1982 年版，第 198 页。
③ 《辽史》卷 96《列传》第 26《耶律仁先传》，第 1397 页。
④ 《辽史》卷 70《属国表》，第 1166 页。

以疾薨于位。享年六十。"① 《耶律仁先传》亦称耶律仁先卒于咸雍八年
（1072），享年六十，与上载吻合。

五　第二十三位留守耶律洪道（耶律阿琏?）

耶律洪道于道宗大康元年（1075）曾任南京留守，但确期待考，且怀
疑耶律洪道与耶律阿琏为同一人。

（1）《辽方镇年表》称："兴宗子耶律阿琏，于道宗咸雍七年（1071）
任南京留守。"② 但上一任留守耶律仁先已考证于咸雍八年（1072）四月
二十日"以疾薨于位"，耶律阿琏只可在耶律仁先死后才继位，故认定耶
律洪道于道宗咸雍八年才任南京留守。

（2）《契丹国志》出现罕见的《燕王洪道传》，披露了他的身份，并称
他"终于燕京留守，封燕王"：

> 燕王洪道，番名叱地好，道宗同母弟也。颇有武略，库莫奚侵
> 扰，诏洪道讨之。洪道伏兵林中，佯败而走，奚掠辎重，洪道与伏兵
> 合击之，尽殪。后渤海高颊乐反，又命洪道讨之。终于燕京留守，封
> 燕王。③

其他几册史著都没有燕王耶律洪道的传记。如此重要的人物（道宗同
母弟）；曾历任如此重要的职位（燕京留守，封燕王）；能力又如此高强
（颇有武略，奉王命平定渤海高颊乐之反）；又是死于重要的职位（终于燕
京留守，封燕王），没有避讳问题，为何以辽朝为正统的《辽史》没有他
的传记，甚至片言只语都找不到？合理的解释是，弄错了名字，或张冠
李戴。

（3）查《辽史·皇子表》知：兴宗与仁懿皇后萧氏共生三子，长子即
为道宗耶律洪基、次子耶律和鲁斡、第三子耶律阿琏，《皇子表》曰：

---

① 《耶律仁先墓志铭》，载陈述辑校《全辽文》卷8，中华书局1982年版，第197—198页。
② 《辽方镇年表》，《辽海丛书》第一册，辽沈书社1984年版，第39—78页。
③ 《契丹国志》卷14《燕王洪道传》，第154页。其他几册史著都没有燕王耶律洪道的专
传。

阿琏，字讹里本，兴宗与仁懿皇后萧氏所生，排行第三。重熙十七年（1048），封许王。清宁（1055—1064）初，徙陈王、秦王，进封秦越国。追封秦魏国王，谥钦正。清宁中，出为辽兴军节度使。咸雍间，历西京、上京留守。从车驾秋猎，以疾薨。①

假如耶律洪道真为道宗之同母弟，则应是耶律和鲁斡或耶律阿琏之中，二者撰一。但耶律和鲁斡之履历《辽史·皇子表》中已清楚载明，他的南京留守任期亦已有明确记载（详见"和鲁斡"条），故可认定耶律洪道与耶律阿琏为同一人。

上引《皇子表》又称：阿琏于"咸雍间，历西京、上京留守"，说明他有任留守资历，其中"西京"与"上京"是否为"南京"之误，待考。

据《辽史·道宗纪》载：阿琏于大安三年（1087）秋七月，随道宗秋猎，以疾薨。②此项记录与《皇子表》所载完全符合；亦与《契丹国志·燕王洪道传》所说"终于燕京留守"一致。所以，如果耶律洪道与耶律阿琏为同一人，则其任期最迟至大安三年（1087）结束，即死于南京留守任上。

至于耶律洪道何时出任南京留守？由于咸雍八年（1072）耶律仁先卒于南京留守职位上之后，几部史著都没记载由谁继任，为方便讨论，暂设定由耶律洪道接任。那么耶律洪道（阿琏）任南京留守的时间应该是：自咸雍八年（1072）至大安三年（1087）。耶律洪道与耶律阿琏的身份、职位、封号、赏罚等基本要素都相似，设定他俩为同一人，并不会影响本书对一些原则性问题的分析及讨论。

六 第二十四位留守耶律淳

耶律淳为最后一位辽南京留守，由天祚皇帝乾统十年（1110）袭其父耶律和鲁斡守南京，至保大二年（1122）六月死亡，前后共做了13年南京留守。

（1）《辽史·耶律淳传》曰：

---

① 《辽史》卷64《皇子表》，第992—993页。
② 《辽史》卷25《道宗纪》五，第295—296页。

> 耶律淳者……兴宗第四孙，南京留守、宋魏王和鲁斡之子……其
> 父和鲁斡薨，即以淳袭父守南京。冬夏入朝，宠冠诸王。①

据《辽史·天祚皇帝纪》载，皇太叔耶律和鲁斡死于天祚乾统十年
(1110)（详见第十八位留守耶律和鲁斡），故耶律淳是于同年世袭了南京留守。

(2) 耶律淳是辽治燕京 187 年之间首位世袭南京留守之皇亲国戚，由
于"宠冠诸王"而种下恶果：保大二年(1122)二月，耶律淳于南京留守
任上称帝，仍主燕云。

《辽史·本纪》描绘耶律淳趁天祚皇帝耶律延禧入夹山，数日命令不
通的机会，与其党羽篡夺帝位的经过：

> 保大二年(1122)春……三月……丙寅……初，诏留宰相张琳、
> 李处温与秦晋国王淳守燕。处温闻上（天祚帝）入夹山，数日命令不
> 通，即与弟处能、子奭，外假怨军，内结都统萧干，谋立淳。……处
> 温等请淳受礼，淳方出，李奭持赭袍被之，令百官拜舞山呼。淳惊
> 骇，再三辞，不获已而从之……（淳）自称天锡皇帝，改元建福，降
> 封天祚为湘阴王。遂据有燕、云、平及上京、辽西六路。天祚所有，
> 沙漠已北，西南、西北路两都招讨府、诸藩部族而已。②

《辽史·天祚皇帝纪》四"史论"，指耶律淳篡帝位是忘恩负义，曰：

> 耶律淳在天祚之世，历王大国，受赐金券，赞拜不名。一时恩遇，
> 无与为比。当天祚播越，以都元帅留守南京，独不可奋大义以激燕民
> 及诸大臣，与勤王之师，东拒金而迎天祚乎？乃自取之，是篡也。

耶律淳于篡帝位的同一年(1122)六月死③，辽廷还来不及再委任南
京留守，金主已于同年十二月"抚定南京"。故辽南京史至此年结束，耶

---

① 《辽史》卷 30《天祚皇帝纪》四，第 352 页，附《耶律淳传》。

② 《辽史》卷 30《天祚皇帝纪》三，第 343—344 页。

③ 《辽史》卷 30《天祚皇帝纪》四，附《耶律淳传》，第 442 页曰："保大二年(1122)六
月，淳寝疾……已而，淳死。"

律淳为最后一任南京留守。

辽朝于圣宗、兴宗两朝盛世之后，到了道宗朝开始走下坡路，而最后亡于天祚帝。

辽最后两帝（道宗及天祚帝）在位 71 年，其间总共用过 6 位南京留守，平均每位担任约 10 年；而耶律和鲁斡（两次任期 22 年）与耶律淳（任 13 年）父子两人任期都超过十年，且是子袭父位，当南京为自家天下，此乃辽南京史上未曾有过之现象。说明在任用这个陪都最高行政长官的方法上，已像所有中原王朝那样，以直系亲属嫡传继位。其任用方式已被中原王朝同化，故称此期为同化期。

此时期的六位南京留守，均为契丹人。其中 3 位为宗室人员，3 位为辽廷勋臣，辽人已视南京为其皇廷重镇，而不像抚绥期那样，需要借重汉人降将及燕地望族来坐镇。这也说明燕地政权已经蕃汉融洽、互相同化，此为同化期之第二层含意。

第 三 章

辽代南京留守的委任背景

辽代南京战略地位重要，经济文化发达，是个"大肥缺"，故辽廷对南京留守之任命，十分慎重。辽（契丹）统治南京 187 年（由 936 年至 1122 年），用过 24 位南京留守，他们都大有来头。现将其分为四类，详细考证其身份及委任之背景原因。

第一节　笼络燕地望族

天显十一年（936）九月，辽太宗耶律德光亲将五万骑，自扬武谷而南，援助石敬瑭灭后唐，册封石敬瑭为后晋皇帝，获石敬瑭割献燕云十六州，并答应每年进贡帛三十万匹，且事以父礼。其后，耶律德光便收兵回内蒙古大草原去了。[①]

当时，仍处于半游牧状态之契丹族，欲管理好刚刚弄到手之华北战略重地、古城燕京，必须善待燕地望族，采取抚绥政策，才能笼络民心，保证政权顺利交接。最典型的是重用燕地"韩、刘、马、赵"四大望族之中德高望重者，担任南京留守。

元人王恽《秋涧集》最早记述燕地"韩、刘、马、赵四大族"之"勋阀富盛、照映前后"盛况，该文曰："燕之故老，谈勋阀富盛、照映前后者，必曰韩、刘、马、赵四大族"，又曰："辽氏开国二百载，跨有燕云，雄长夷夏；虽其创业之君，规模宏远，守成之主，善于继述；亦由一时谋

---

① 《契丹国志》卷 2《太宗嗣圣皇帝》上，第 15—19 页，详载契丹太宗耶律德光南下援助石敬瑭晋灭唐，并册封石敬瑭为大晋皇帝之详况。《资治通鉴》、《旧五代史》、《新五代史》对这个重大历史事件，均有明确记载。

臣猛将，与夫子孙蕃衍众多，克肖肯构，有以维持藩翰而致然也。"① 由以上元人文集所载，可知燕地四大族在辽朝受笼络的情况。

在辽得十六州初期，赵族之赵思温、刘族之刘晞、韩族之韩匡嗣、马族之马廷煦，均获辽廷罗致当过南京留守。以下按照担任南京留守的先后顺序，逐一考证燕地四大族，在辽代受笼络情况。

一 赵族之赵思温

燕地四大族之中，赵族在辽朝最受重用。赵族创始人赵思温及其后代，自辽景宗保宁至天祚皇帝乾统136年间，迭获重用，三世四为公卿。

元人姚燧《牧庵集》记载赵族百余年的显赫历史："（赵族）自保宁、统和迭承重任……以史干统海滨王之始元……推后记上至保宁，已已实百三十有六年可考而知，太师（赵思温）暨孙，三世四为公卿者……"②

王恽《秋涧集》亦记述有赵思温家族之盛："开府仪同三司、侍中、赠太师卫国赵公，早以骁勇善战受知辽太祖，烜赫贵显生子十有二人，其后支分派别，官三事使相、宣徽、节度、团练、观察、刺史，下逮州县职余二百人。"③

赵思温乃燕地名将，骁勇善战，天显十一年（936）奉辽太宗命南援石敬瑭，罢兵后获委任为首位南京留守，其后，又屡获加官封爵，礼遇周至，死后获厚葬（赙祭），且荫及其二子，均"官至使相"。《辽史·赵思温传》详载其经过：

> 神册二年，太祖遣大将经略燕地，思温来降。及伐渤海，以思温为汉军都团练使，力战拔扶余（徐）城。身被数创，太祖亲为调药。

① （元）王恽：《秋涧集》卷73《题辽太师赵思温族系后》，转引自姚从吾《从宋人所记燕云十六州沦入契丹后的实况看辽宋关系》，《姚从吾先生全集》第五集，台北正中书局1982年版，第148—149页。

② （元）姚燧：《牧庵集》卷6《旧德堂记》，转引自姚从吾《从宋人所记燕云十六州沦入契丹后的实况看辽宋关系》，《姚从吾先生全集》第五集，台北正中书局1982年版，第148页。

③ （元）王恽：《秋涧集》卷73《题辽太师赵思温族系后》，转引自姚从吾《从宋人所记燕云十六州沦入契丹后的实况看辽宋关系》，《姚从吾先生全集》第五集，台北正中书局1982年版，第148—149页。

太宗即位，以功擢检校太保、保静军节度使。天显十一年，唐兵攻太原，石敬瑭遣使求救，上命思温自岚、宪间出兵援之。既罢兵，改南京留守、卢龙军节度使、管内观察处置等使、开府仪同三司，兼侍中，蠲赐协谋静乱翊圣功臣，寻改临海军节度使。会同初，从耶律牒蠲使晋行册礼，还，加检校太师。二年，有星陨于庭，卒。上遣使赙祭，赠太师、魏国公。子延照、延靖，官至使相。①

赵思温既是"燕地四大族"之一，又肯投降契丹，而且屡立战功，故获辽廷重用、礼遇是理所当然的事。赵思温在辽朝历任汉军都团练使、检校太保、保静军节度使、南京留守、卢龙军节度使、管内观察处置等使、开府仪同三司兼侍中、临海军节度使、检校太师等要职；曾获辽太宗耶律德光赐"协谋静乱翊圣功臣"封号；939 年死后，辽太宗"遣使赙祭"（派遣使者、带去丰厚的赙仪致祭），还追赠太师、魏国公谥号，并安排其两个儿子"官至使相"（官至封疆大吏或朝廷宰相级大臣）。

二　刘族之刘晞

刘族亦是"燕地四大族"之一，刘家创始人刘济雍乃"燕云十六州"之一的涿州人。涿州，位于今北京南面的涿州市一带，当时领五县。在石敬瑭割献涿州给契丹之前，幽燕地区曾由后唐武皇帝李克用攻占并统治。石晋割献之时，涿州所领只四县。其中之归义县，于周世宗显德六年（959）收复。入宋避讳，改名归信县。千年来涿州的辖地时有变更，但地名则至今不变，由此可见其历史悠久、地位重要。②

刘济雍在涿州是有头有脸的人物，经多年的努力，晋升为"本郡诸邑令长"，也即涿州最高的行政长官。③

刘济雍之子刘晞"少以儒学称于乡里"，及长，成为后唐将领周德威的部下。其后，由于身陷于契丹，契丹用管治南面汉人的官职来引诱笼络

---

① 《辽史》卷 76《赵思温传》，第 1250—1251 页。
② 《新五代史》载：石敬瑭割献给契丹的十六州为"幽、涿、蓟、檀、顺、瀛、莫、蔚、朔、云、应、新、妫、儒、武、寰州"。幽州即今北京地区；而排于第二的涿州，即今位于北京南面的涿州市一带。有关燕云十六州的地理沿革详见第一章及第九章。
③ 《旧五代史》卷 98《晋书》24《刘晞传》，第 1317 页载："刘晞者，涿州人也。父济雍，累为本郡诸邑令长。"

他（以汉职縻之），任命他为燕京留守，历官至同平章事兼侍中，授洛京留守等，大加重用。①

刘济雍之孙、刘晞之子刘珂，少善射，以才能称。赋性谨重，未尝有过错，为辽太宗所知悉。太宗气愤石敬瑭负恩，连年南牧，战定州。有一次深入敌境，太宗之马陷于泥泞之中。刘珂立即下马救出太宗，自身则受伤数十处，流血满体。太宗嘉奖他，升他为林牙、行宫都部署、西北路兵马招讨使。其后，刘珂又追随太宗进攻大梁，因功获授同知京府事，不久又授汉人枢密使，封吴王；还娶世宗耶律阮之妹燕国公主，成为辽朝的皇亲国戚。②

由以上刘家三代（济雍、晞、珂）的辉煌历史，可见刘氏家族在辽朝的地位十分显赫。而刘晞获委任为南京留守，正是辽廷要借重刘族在燕地的影响力。

三　马族之马廷煦

马族也为燕山四大族之一，自第一代马胤卿降辽太宗后，第二代马廷煦于穆宗应历年间获委任南京留守；第三代马渊，任中京副留守；第四代马诠，任中京文思使；第五代马人望，为辽朝有操守之"能吏"。他虽未当过南京留守，但曾任南京多项要职，包括"南京三司度支判官"、"南京诸宫提辖制置"及"判南京三司使事"，官至"南院枢密使"、"司徒、兼侍中"。辽天祚帝曾手书"宣马宣徽"四字诏之，卒后赐谥号"文献"，极受辽廷宠信。

马族五代人在辽代之发迹史，《辽史·马人望传》有详尽记载，现摘有关史料如下：

> 马人望，字俨叔，高祖胤卿，为石晋青州刺史，（辽）太宗兵至，坚守不降。城破被执，太宗义而释之，徙其族于医巫闾山，因家焉。曾祖廷煦，南京留守。祖渊，中京副留守。父诠，中京文思使。
>
> 人望颖悟……咸雍中，第进士，为松山县令……擢中京度支司盐铁判官。转南京三司度支判官……上京副留守……南京诸宫提辖制

---

① 刘晞之履历，详见《旧五代史》卷98《晋书》24《刘晞传》，第1317页。
② 《契丹国志》卷15《刘珂传》，第157页。

置……保静军节度使……遥授彰义军节度使……迁中京度支使……徙
左散骑常侍，累迁枢密直学士……拜参知政事，判南京三司使事……
天祚手书"宣马宣徽"四字诏之……谕曰："以卿为老，误听也。"遂
拜南院枢密使……久之请老，以守司徒、兼侍中致仕。卒，谥曰
文献。

人望有操守，喜怒不形，未尝附丽求进。初除执政，家人贺之。
人望愀然曰："得勿喜，失勿忧。抗之甚高，挤之必酷。"其畏慎
如此。[1]

从马人望事迹，可见马族于辽朝之地位。第二代传人马廷煦获委任为
南京留守，正是体现了辽廷对燕地望族的重视。

四 韩族之韩匡嗣、韩德让（耶律隆运）、韩制心

韩族是"燕地四大族"中最兴旺之一族，韩家四代自第一代韩知古为
佐命功臣后，第二代韩匡嗣任南京留守（第九位）；第三代韩德让以功赐
国姓耶律，又赐名隆运，变为耶律隆运，成为皇亲国戚，他曾代其父（韩
匡嗣）守过南京；第四代韩德让之侄子韩制心，为本书所述的第十四位南
京留守。一族四代，都与辽南京有密切的关系。

《辽史·韩知古传》，记载韩家受宠的显赫历史：首先介绍韩族创始人
（第一代）韩知古的辉煌历史；紧接着是其子（第二代）韩匡嗣的附传；
再下来是其孙（第三代）德源、德凝的附传紧接其后。与此同时，《辽史》
还为韩知古之孙韩德让（耶律隆运）列有专传，以更高的规格，更加详细
地记载耶律隆运的事迹；而在《辽史·耶律隆运传》还有韩族第四代传
人、耶律隆运之侄子韩制心的附传。

《辽史》详细记载韩家四代受宠的显赫历史，首先是获委为"佐命功
臣"的韩知古：

韩知古，蓟州玉田人，善谋有识量。（辽）太祖平蓟（今天津蓟
县，燕云十六州之一）时，知古六岁，为淳钦皇后兄欲稳所得。……
太祖召见与语，贤之，命参谋议。神州初，遥授彰武军节度使。久

---

① 《辽史》卷 105《列传》第 35，《能吏·马人望传》，第 1461—1463 页。

之，信任益笃，总知汉儿司事，兼主诸国礼仪。时仪法疏阔，知古援据故典，参酌国俗，与汉仪杂就之，使国人易知而行。顷之，拜左仆射，与康默记将汉军征渤海有功，迁中书令。天显中卒，为佐命功臣之一。①

由于韩知古为辽太祖开国时之"佐命功臣"，故其子韩匡嗣获辽廷宠信，皇后（辽太祖淳钦皇后述律氏）"视之犹子"。景宗即位后，获委任为本书讨论的第九位南京留守、封燕王。《辽史·韩知古传》有韩匡嗣附传，记载韩匡嗣的生平：

> 匡嗣以善医，直长乐宫，皇后视之犹子。应历十年，为太祖庙详稳。后宋王喜隐谋叛，辞引匡嗣，上置不问。
>
> 初，景宗在藩邸，善匡嗣。即位，拜上京留守。顷之，王燕，改南京留守。保宁末，以留守摄枢密使。②

韩匡嗣官运日隆，除了曾任南京留守及以南京留守摄政枢密使并封燕王之外，一生还历任上京留守、遥授晋昌军节度使、西南招讨使等要职。韩匡嗣善医，"直长乐宫"（在长乐宫当值为御医，替内宫看病）。韩匡嗣死时，景宗睿智皇后"遣使临吊，赗赠甚厚"。其后，辽廷还追赠尚书令，对他恩宠非常。

韩家第三代、韩知古之孙韩德让以功赐国姓耶律，列入宫籍，隶属于横帐季父房，而且获辽廷赠尚书令、赐建文忠王府，与辽廷九朝皇帝及主要皇后、皇太弟，并称为"十二宫一府"，最高官至大丞相、封晋国王，宠冠投靠契丹之汉臣。耶律隆运无子，辽廷以皇族魏王贴不子耶鲁为其继嗣，但贴不子耶鲁早卒；天祚皇帝又以皇子敖鲁斡继之；耶律隆运死后，辽廷给葬具，建庙乾陵侧，还赐谥号"文忠"，建文忠王府纪念。

> 大丞相晋国王耶律隆运，本韩氏，名德让。以功赐国姓，出宫籍，隶横帐季父房。赠尚书令，谥文忠。无子，以皇族魏王贴不子耶鲁为

---

① 《辽史》卷 74《列传》第 4，《韩知古传》，第 1233 页。
② 《辽史》卷 74，第 1234 页《韩知古传》有其子韩匡嗣的附传，详列其生平事迹。

嗣，早卒；天祚皇帝又以皇子敖鲁斡继之。官给葬具，建庙乾陵侧。拟诸宫例，建文忠王府。正户五千，蕃汉转户八千，出骑军一万。[①]

由此可见，燕地最兴旺之韩族，获辽廷之器重，简直到了无以复加的地步。

第二节　利用降辽名将

契丹以五万骑从三千里外之内蒙古地区南来燕云，打败后唐主李从珂，扶植石敬瑭为大晋皇帝，其后撤兵北归。契丹从石晋手上获得燕云十六州，仍需利用降辽之将领，来控制维持。故于辽得南京初期之"抚绥期"，当地望族、能将中愿意投降辽廷、为其效劳的唐将赵思温、赵延寿、刘晞、马廷煦、高勋，均获委任为南京留守等有实权的重要职位。以下逐一讨论之：

一　赵思温：后梁汉将，投降辽太祖

首任南京留守赵思温，早于辽太祖耶律阿保机神册二年（后梁贞明三年，917）降辽，其后屡为契丹建战功，于辽太宗天显十一年（936）奉命南援石敬瑭，罢兵后即获委任为南京留守。

《辽史·赵思温传》详载赵思温履历及降辽经过：

> 赵思温，字文美，卢龙（燕云十六州之别称）人。少果锐，膂力兼人，隶燕帅刘仁恭幕。李存勗问罪于燕，思温统偏师拒之。流矢中目，裂裳渍血，战犹不已。为存勗将周德威所擒，存勗壮而释其缚。久之，日见信用。与梁战于莘县，以骁勇闻，授平州刺史，兼平、营、蓟三州都指挥使。神册二年，太祖遣大将经略燕地，思温来降。[②]

---

① 《辽史》卷31《营卫志》上，第370页。《辽史·百官志》详细解释十二宫一府之建制及配置等情况。

② 《辽史》卷76《赵思温传》，第1250页。

赵思温"以骁勇闻",又是燕地四大望族之一,又肯降辽,故在奉命出兵援立石敬瑭之后,即获重用,由"平州刺史,兼平、营、蓟三州都指挥使",改任最重要的南面重镇南京之留守。《辽史·赵思温传》续载:

> 天显十一年,唐兵攻太原,石敬瑭遣使求救,上命思温自岚、宪间出兵援之。既罢兵,改南京留守、卢龙军节度使、管内观察处置等使、开府仪同三司,兼侍中,赐协谋静乱翊圣功臣,寻改临海军节度使。①

神册二年(917),辽太祖耶律阿保机从遥远的内蒙古大草原"遣大将经略燕地",那时,最需要有人帮忙。在这种情况下,既是燕地望族之一、又是勇将的赵思温来降,当然求之不得,因而必然加以笼络重用(可参阅上一节"笼络燕地望族")。

二 赵延寿:后唐汉将,投降辽太宗

赵延寿,恒山②(今河北省正定县)人。本姓刘,后梁开平(907至911)初,沧州节度使之裨将赵德钧获延寿,养以为子③。其后,赵延寿娶后唐明宗女兴平公主为妻,因而获授驸马都尉、枢密使。赵延寿之父赵德钧,在后梁时代镇守幽州十余年,赵延寿经常跟随义父赵德钧出征,但因战败而投降辽太宗耶律德光。天福二年(937)夏,赵德钧卒于契丹④,耶律德光封其义子赵延寿为幽州节度使、封燕王,令其继承父业。会同元年(938),辽太宗升幽州为南京,遂升迁赵延寿为改名后的南京之留守。

《辽史·赵延寿传》详载赵延寿之身份,以及降辽和获授南京留守

---

① 《辽史》卷76《赵思温传》,第1250—1251页。

② 《辽史·赵延寿传》称,赵延寿为恒山人;《契丹国志·赵延寿传》称,赵延寿为相州人;《旧五代史·赵延寿传》称其父为常山人,众说不一,本书从《辽史》所载。

③ 《旧五代史》卷98《赵延寿传》,第1311页:"延寿,本姓刘氏。父曰邟(《辽史·赵延寿传》作"祁"),常山人也,尝任蓚令。梁开平初,沧州节度使刘守文陷其邑,时德钧为偏将(《辽史·赵延寿传》作"裨将"),获延寿并其母种氏,遂养之为子。"《辽史》卷76《赵延寿传》,第1247页及《契丹国志》卷16《赵延寿传》,第163页,均有赵延寿生平记载,本节综合上述三项史料,记述赵延寿身份及获委任南京留守经过,省略详细出处。

④ 《旧五代史》卷98《赵德钧传》,第1310页。

经过：

　　赵延寿，本姓刘，恒山人，父邧，令蓨。梁开平初，沧州节度使刘守文陷蓨，其稗将赵德钧获延寿，养以为子。

　　少美容貌，好书史。唐明宗先以妻女之，及即位，封其女为兴平公主，拜延寿驸马都尉、枢密使。明宗子从荣恃权跋扈，内外莫不震慑，延寿求补外避之，出为宣武军节度使。清泰初，加鲁国公，复为枢密使，镇许州。石敬瑭发兵太原，唐遣张敬达往讨。会敬达败保晋安寨，延寿与德钧往救，闻晋安已破，走团柏峪。（辽）太宗追及，延寿与其父俱降。

　　明年，德钧卒，以延寿为幽州节度使，封燕王；及改幽州为南京，迁留守，总山南事。天显末，以延寿妻在晋，诏取之以归。（《契丹国志》卷2《太宗纪》曰：会同元年春正月，"辽帝遣使如洛阳，取延寿妻唐燕国长公主以归。"）自是益自激昂图报。[1]

　　赵延寿在辽朝历任幽州节度使、南京留守、卢龙节度使、魏博节度使、枢密使兼政事令、中京留守、大丞相，并曾代理（权）知南朝军国事，还曾获封为燕王及魏王，契丹大力笼络他。《资治通鉴》、《契丹国志》及《旧五代史》则称：赵德钧父子镇守幽州时与契丹早有私通，后来，因与石敬瑭争乞援立不果，而投降契丹。[2] 这也是石敬瑭割献"燕云十六州"，乞求契丹援立为王的原因之一。（详见第一章第二节"石敬瑭割献燕云十六州"）

三　刘晞：后唐将领，投降契丹

　　刘族是"燕地四大族"之一，刘家创始人、刘晞之父刘济雍是涿州最高的行政长官（本郡诸邑令长）。他曾是后唐将领周德威的部下，在一次战争中身陷于契丹，契丹用管治南面汉人的官职来引诱笼络他（以汉职縻之），终于使他投降。

---

① 《辽史》卷76《赵延寿传》，第1247页。
② 详见《资治通鉴》卷280《后晋纪》一，第9152—9157页；《契丹国志》，第16页，《赵延寿传》；以及《旧五代史》卷98，第1311—1313页《赵德钧传》。

《旧五代史·刘晞传》对事件之经过，有清楚的记载：

> 刘晞者，涿州人也。父济雍，累为本郡诸邑令长。晞少以儒学称
> 于乡里，尝为唐将周德威从事，后陷于契丹，契丹以汉职縻之。天福
> 中，契丹命晞为燕京留守，尝于契丹三知贡举，历官至同平章事兼
> 侍中。①

刘晞在后唐时代投降契丹，可能是投降辽太祖阿保机，也可能是投降
辽太宗耶律德光。因为，当时契丹正由辽太祖阿保机（916—926）时代向
太宗耶律德光时代（926—947）过渡；而中原王朝亦由后梁（907—923）
向后唐（923—936）过渡。但契丹到"天福中"（936—944之中期）才任
命他为燕京留守，那已经完全是耶律德光时代；其后，刘晞历官至同平章
事兼侍中，授洛京留守等，大获契丹重用，也是耶律德光经手的，故可推
断：后唐将领刘晞是向太宗耶律德光投降的。

四　马廷煦：后晋刺史之子，随父投降辽太宗

马廷煦之父马胤卿原为石晋青州刺史。有一次，在与辽太宗耶律德光
作战时，坚守不降，直至城破被执。

马胤卿为创始人的马族，为燕地四大族之一，在当地很有影响力。马
胤卿又是一位勇将，所以耶律德光俘获他之后"义而释之"，还迁徙其族
人于医巫闾山，让其家族继续繁衍生息。

第一代马胤卿降辽后，第二代马廷煦于穆宗应历年间获委任南京留
守；第三代马渊，任中京副留守；第四代马诠，任中京文思使；第五代马
人望，为辽朝有操守之"能吏"，历任要职。辽廷最后一位皇帝——天祚
帝曾手书"宣马宣徽"四字诏之，马人望卒后更获赐谥号"文献"。马族
五代人，极受辽廷宠信。② 马廷煦是与其父一起被辽太宗耶律德光擒获而
投降契丹的，故将他列为"降辽名将"之一。

---

① 详见《旧五代史》卷98《晋书》24《刘晞传》，第1317页。
② 马廷煦与其父马胤卿被辽太宗耶律德光擒获而降之详况，见《辽史》卷105《列传》第
35《能吏·马人望传》，第1461—1463页。

五　高勋：后晋北平王之子，投降辽太宗

高勋，后晋北平王信韬之子，太宗会同九年（946）与杜重威一起降辽，历任要职，于辽穆宗应历年间，获委任南京留守。

《辽史·高勋传》记载高勋生平及任南京留守经过：

> 高勋，字鼎臣，晋北平王信韬之子。性通敏。仕晋为阁门使。会同九年，与杜重威来降。太宗入汴，授四方馆使。好结权贵，能服勤大臣，多推誉之。
>
> 天禄间，为枢密使，总汉军事。五年，刘崇遣使来求封册，诏勋册崇为大汉神武皇帝。应历初，封赵王，出为上京留守，寻移南京。①

高勋投降契丹的经过，上引《辽史·高勋传》只有一句话："会同九年，与杜重威来降。"语焉不详。翻查《辽史》其他部分，亦无进一步的记载。但《旧五代史》及《新五代史》都有《杜重威传》，详载杜重威投降契丹的经过。由于高勋与杜重威一起降辽，故可从中觅知当时的一些情景。

在《旧五代史》中，杜重威的生平事迹列于《汉书·列传》之中，把他归为后汉的臣子，但文中毫不隐瞒他在后唐、后晋、后汉三个朝代更迭之中反反复复的经历："重威少事明宗（即后唐明宗李嗣源，926—933 在位），自护圣军校领防州刺史。其妻即晋高祖（后晋高祖石敬瑭）妹也，累封宋国大长公主。天福初，命重威典禁军，遥授舒州刺史……"②

在《新五代史》中，杜重威的生平事迹列于《杂传》之中，文中亦毫不隐瞒他在后唐、后晋、后汉以及契丹之间反反复复的经历，不把他归为任何一个朝代的臣子。③难怪《新五代史》要另作"死节传"，并且慨叹道："语曰：'世乱识忠臣。'诚哉！五代之际，不可以为无人，吾得全节

---

①　《辽史》卷85《高勋传》，第1317页记载高勋的生平。

②　《旧五代史》卷109《汉书》11《列传》第6《杜重威传》，第1433页。

③　《新五代史》卷52《杂传》第40，第591—594页《杜重威传》。

之士三人焉……"①

杜重威并非五代之际三位"全节之士"之一，他是多次投降不同主子的变节名将，有关细节在《旧五代史》及《新五代史》都有详细的描绘。在这些记录中虽然并无点出高勋之名，但他并非善类，不是三位"全节之士"之一。他与杜重威一起降辽，属于一丘之貉。

高勋降辽后，历任四方馆事、枢密使（总汉军事）、上京留守、南京留守、知南院枢密事、南院枢密使等要职，还曾获封赵王、秦王，但他还是有异心，最后走上谋杀朝廷命官的自绝之路。

第三节　重用契丹勋臣

辽世宗即位第二年（天禄二年，948），南京留守赵延寿薨，辽廷首次委派有能力之契丹勋臣名将，出任南京留守，他便是契丹的某大部族大王"六院夷离堇"② 蒲古只的后代、中台省右相耶律牒蜡。南京最高决策权，开始由汉人转入契丹族人手中。其后虽还有汉人任南京留守，但比例已迅速缩小。至圣宗朝之后，辽朝进入兴盛期，能够牢固控制南京，便不再用汉人当南京留守了。起此种承接作用之契丹勋臣名将，以耶律牒蜡、耶律休哥、耶律明、萧惟信及耶律仁先为典型，现逐一论述之。

自耶律阿保机"变家为国"之后，只有耶律阿保机建国后的九朝皇帝之子孙，才可称为宗室人员；其他也姓"耶律"的契丹人，虽为同族人，但是，已经划分出不同的血缘及政治关系了，只能称其为原契丹族的勋臣名将。

一　耶律牒蜡：六院夷离堇之后、中台省右相

耶律牒蜡，六院夷离堇蒲古只之后人，任中台省右相，有战功。又在世宗即位时效忠，故于世宗登基翌年（天禄二年，948），封燕王，授南京留守。

《辽史·耶律牒蜡传》记载耶律牒蜡生平及升任南京留守经过：

---

① 《新五代史》卷32《死节传》第20，第347页。

② 六院夷离堇为契丹某大部族之大王，其职权详见第八章"辽朝官制与辽代南京留守职掌"。

牒蜡，字述兰，六院夷离堇蒲古只之后。天显中，为中台省右相。会同元年，与赵思温持节册晋帝，及我师（辽军）伐晋，至滹沱河，降晋将杜重威，牒蜡功居多。大同元年（947），平相州之叛，斩首数万级。世宗即位，遣使驰报，仍命牒蜡执偏将术者以来。其使误入术者营，术者得诏，反诱牒蜡，执送太后。牒蜡亡归世宗。和约既成，封燕王，为南京留守。①

二　耶律休哥：契丹北院大王

乾亨四年（982）秋，12 岁的耶律隆绪，即帝位于其父景宗皇帝耶律贤灵柩前，是为圣宗。睿智皇后奉遗诏摄政。为了稳定南面局势，任命北院大王、于越耶律休哥为南面行军都统。越一年春正月，南京留守耶律道隐卒，马上任命耶律休哥接任南京留守这个重要职位，坐镇南面要塞。年幼的圣宗赐耶律休哥南面行营总管印绶，让他总管南面军务，可以"便宜从事"（即先斩后奏），可见辽廷对耶律休哥万分信任。② 耶律休哥任南京留守 16 年，治绩彪炳，自此，辽朝进入全盛时代，那是后话。

耶律休哥虽非皇族至亲，但他是担任南院夷离堇的契丹族勋臣绾思之子，而且少有公辅器，屡立大功，应历末已经官拜惕隐，乾亨元年（979）解南京围之役立下大功，景宗下诏任命他为北院大王，并且总南面戍兵；980 年莫州之役，耶律休哥斩获宋兵甚多，景宗大悦，赐御马、金盂，拜于越，给予很高的权力及礼遇。

《辽史・耶律休哥传》详载耶律休哥生平，及出任南京留守经过：

> 耶律休哥，字逊宁。祖释鲁，隋国王。父绾思，南院夷离堇。休哥少有公辅器。初乌古、室韦二部叛，休哥从北府宰相萧干讨之。应历末，为惕隐。
>
> 乾亨元年（979），宋侵燕……南京被围。帝（辽景宗）命休哥代奚底，将五院军往救……击败之。追杀三十余里，斩首万余级，休哥被三创……是年冬……休哥率本部兵从匡嗣等战于满城。翌日……休

---

① 《辽史》卷113《耶律牒蜡传》，第 1506 页。

② 12 岁的耶律隆绪即帝位于其父灵柩之前，以及重用耶律休哥的经过，详见《辽史》卷10《圣宗纪》一，第 107—108 页。

哥整兵进击，敌乃却。诏总南面戍兵，为北院大王。

明年（980），车驾亲征，围瓦桥关……帝亲督战，休哥斩师（宋守将张师）……休哥率精骑渡水，击败之，追至莫州。横尸满道，靫矢俱罄，生获数将以献。帝悦，赐御马、金盂……师还，拜于越。

圣宗即位（982）……令休哥总南面军务，以便宜从事。（越年春正月，南京留守耶律道隐卒，圣宗马上任命耶律休哥接任南京留守）①

三　耶律明：契丹皇族勋臣

耶律明于辽道宗耶律洪基清宁七年至九年（1061—1063）任南京留守，前后共3年。清宁九年（1063），时任燕京留守的耶律明，与圣宗耶律隆绪之子耶律宗元通谋，而遭道宗使者擒斩，死于南京留守任上。

耶律明有条件与圣宗耶律隆绪之子通谋篡位，可见其身份背景非凡：若非勋臣名将，必是皇亲国戚，否则难当上燕京留守。可是，在本书经常引用的《辽史》等几册史著中，都无耶律明的传记，而只有片言只语提及而已，因此，很难描述耶律明的身份；但是，契丹部族，本无姓氏，至阿保机变家为国之后，始取皇族宗室姓"耶律"，复赐后族外戚姓萧氏，故契丹建立的辽朝之"皇亲国戚"，唯耶律、萧氏二姓也。（详见第八章第一节"契丹族姓原始与初兴本末"）所以，本书权将他列为契丹皇族的勋臣之一，以方便讨论。

四　萧惟信：祖孙五代均为契丹后族勋臣

萧惟信因破重元之乱，保护道宗，而获封"竭忠定乱功臣"，并委任为南京留守，这种安排是报恩，也是借重。

萧惟信五世祖任南府宰相、曾祖任中书令、祖知平州、父拜南府宰相，祖孙五代为契丹后族之勋臣，背景强硬。如前所述，萧姓乃契丹后族外戚独有之姓氏。

《辽史·萧惟信传》详载其生平：

萧惟信，字耶宁，楮特部人。五世祖霞赖，南府宰相。曾祖乌

---

① 《辽史》卷82《耶律休哥传》，第1299—1301页。

古，中书令。祖阿古只，知平州。父高八，多智数，博览古今。开泰初，为北院承旨，稍迁右夷离毕，以干敏称，拜南府宰相。累迁倒塌岭节度使，知兴中府，复为右夷离毕。陵青诱众作乱，事觉，高八按之，止诛首恶，余并释之。归奏，称旨。

惟信资沉毅，笃志于学，能辨（辩）论。重熙初始仕，累迁左中丞。十五年（1046），徙燕赵国王傅，帝谕之曰：“燕赵左右多面谀，不闻忠言，浸以成性。汝当以道规诲，使知君父之义。有不可处王邸者，以名闻。”惟信辅道以礼。十七年（1048），迁北院枢密副使，坐事免官。寻复职，兼北面林牙。清宁九年（1063），重元作乱，犯滦河行宫，惟信从耶律仁先破之，赐竭忠定乱功臣。历南京留守、左右夷离毕，复为北院枢密副使。①

五　耶律仁先：契丹皇族孟父房之后

耶律仁先，是契丹重要皇族“孟父房”之后。其父瑰引曾任南府宰相，封燕王。

耶律仁先早年担任宫廷护卫，累官宿直将军、殿前副点校、鹤刺唐古部节度使、北面林牙、北院枢密副使、同知南京留守事、契丹行宫都部署、北院大王、知北院枢密事、东京留守、南院枢密使、南京兵马副元帅、太尉、北院大王（复任）、西北路招讨使、南院枢密使（复任）、北院枢密使、于越、共知北院枢密事、南京留守、西北路招讨使；曾获辽廷封吴王、隋王、许王、晋王、宋王、辽王。道宗耶律洪基曾亲制文褒扬他的功绩，并下诏画《滦河战图》以旌其功，还尊称他为“尚父”，赐他鹰纽印及剑，准他“便宜行事”，仁先可谓权倾朝廷。

可是到了道宗朝，耶律仁先与知北院枢密事耶律乙辛不和，被外放出任南京留守。把耶律仁先这样的重臣，调任南京留守，算是辽廷对其慰抚及特别的安排，也说明辽廷十分重视南京。

《辽史·耶律仁先传》详载其生平：

　　耶律仁先，字糺邻，小字查刺，孟父房之后。父瑰引，南府宰相，封燕王。仁先魁伟爽秀，有智略。重熙三年，补护卫。帝（兴

---

① 《辽史》卷96《萧惟信传》，第1400—1401页。

宗）与论政，才之。仁先以不世遇，言无所隐。授宿直将军，累迁殿
前副检，改鹤剌唐古部节度使，俄召为北面林牙。（重熙）十一年
（1042），升北院枢密副使……使宋（立功）……既还，同知南京留守
事……十六年（1047），迁北院大王……十八年（1049）……知北院
枢密事，迁东京留守……封吴王。（道宗）清宁初（1055），为南院枢
密使……六年（1060），复为北院大王，民欢迎数百里，如见父
兄……（道宗）咸雍元年（1065）加于越，改封辽王，与耶律乙辛共
知北院枢密事。乙辛持（恃）宠不法，仁先抑之，由是见忌，出为南
京留守。[①]

第四节　优待宗室外戚

辽朝圣宗、兴宗两代（983—1055）为"盛世"，已能牢固控制燕京重
镇，故自圣宗朝起，不再用汉人当南京留守，而委派皇亲国戚出任。其原
因还有，燕为千年古城、繁荣兴旺，优越的生活环境远非建于蒙古草原之
皇都及其他都城所能比，因此，辽廷安排皇亲国戚出任此"优差"，给予最
高权力，如同准皇位，甚至可以"世袭"[②]。

契丹部族，本无姓氏，至阿保机"变家为国"之后，始取王族宗室姓
"耶律"，复赐后族外戚姓萧氏，故契丹建立的辽朝之"宗室外戚"，唯耶
律、萧二姓也。此节所选辽朝的宗室，指九朝皇帝之兄弟子孙；外戚，指
九朝皇后及皇妃之父兄至亲。至于其他契丹皇族及其后人，如与上述两类
无直接亲戚关系者，均不列入皇亲国戚，而称为原契丹部族的勋臣名将，
在上一节讨论。

现按上述方法，将曾任南京留守之宗室外戚，逐次考证其身份及出任
南京留守的经过。其中宗室共九人，计为耶律娄国、耶律道隐、耶律隆
庆、耶律吴哥、耶律宗范、耶律重元、耶律和鲁斡、耶律洪道及耶律淳；

---

① 《辽史》卷96《耶律仁先传》，第1395—1397页。

② 辽南京最后一任留守耶律淳，"袭父（耶律和鲁斡）守南京"。耶律和鲁斡乃兴宗耶律宗真
次子、道宗耶律洪基之弟；耶律淳为耶律延禧之堂弟，耶律延禧继道宗为天祚皇帝……皇子、皇弟
等皇亲国戚出任南京留守之职者比比皆是，详见"辽代南京留守与辽朝皇室亲缘关系表"。以耶律
淳、耶律和鲁斡等皇子、皇弟为南京留守，颇有当南京留守为准皇位之味道，可见南京留守地位之
重要。

而外戚共四人，计为萧思温、韩制心、萧孝穆及萧孝先。

一　耶律娄国——太祖之孙、太宗之侄、穆宗堂兄弟

耶律娄国是"文献皇帝"耶律倍之子，在天禄五年（951）遥授武定军节度使。同一年（应历元年）察割作乱，耶律娄国"手刃察割"而获得刚刚即帝位的穆宗耶律璟（辽太宗耶律德光之子、辽太祖耶律阿保机之孙）的赏识，被封为南京留守，算是报答。另一项重要原因是，耶律娄国是皇亲国戚，他与穆宗耶律璟为同一个爷爷（辽太祖耶律阿保机）的堂兄弟。以下考证其皇亲关系：

（1）《辽史·耶律娄国传》载："娄国，字勉辛，文献皇帝之子。天禄五年（951），遥授武定军节度使。及察割作乱，穆宗与屋质从林牙敌猎计，诱而出之，娄国手刃察割，改南京留守。"①"文献皇帝"乃辽太祖耶律阿保机长子耶律倍的谥号，故耶律娄国为太祖耶律阿保机之孙。

耶律倍，小字图欲，辽太祖耶律阿保机的长子，淳钦皇后萧氏所生，性格外宽内忍，刻急，喜杀人。阿保机刚刚建立契丹国的神册元年（916）春，立为太子。天显元年（926）随辽太祖征讨渤海国获胜，获封为东丹国人皇王，建元甘露，称制行事，置左右大相及百官，一用汉法。983年（会同元年）淳钦皇后立其弟耶律德光为帝，违反"嫡长继位"的宗法体制，耶律倍愤而投降后唐。后唐明宗李嗣源赐其姓东丹，名慕华；其后又另赐姓李，名赞华。最终被后唐潞王（末帝）李从珂杀害，年仅38岁。

耶律倍遇害后，得到皇位的弟弟耶律德光（太宗），追封他为"文武元皇王"。耶律倍的长子耶律阮成为皇帝（世宗）之后，追谥他为"让国皇帝"、陵曰"显陵"，统和中又更谥"文献皇帝"。重熙二十一年（1052），耶律倍的玄孙耶律宗真当上皇帝（兴宗）后，又增谥他为"文献钦义皇帝"，庙号"义宗"。②

耶律倍虽然不能在"嫡长继位"宗法体制规则下，继位成为皇帝，但

---

① 《辽史》卷112《耶律娄国传》，第1501页。

② 耶律倍之生平，详见《辽史》卷64《皇子表》，第973—975页以及《辽史》卷72《宗室列传》，第1211页。但《皇子表》记载兴宗增谥耶律倍为"文献钦义皇帝"在重熙二十一年；而《辽史》卷72《宗室列传》则称在重熙二十年。

是，"终辽之代，贤圣继统，皆其（义宗）子孙。至德之报，昭然在兹矣"①。耶律倍育有五子，在辽一代都有显要的地位：长子耶律阮（世宗）、次子耶律娄国（曾任南京留守）、三子耶律稍、四子耶律隆先、五子耶律道隐（曾任南京留守）。②耶律倍长子耶律阮为世宗；孙耶律贤为景宗；曾孙耶律隆绪为圣宗；玄孙耶律宗真为兴宗；第四代孙耶律洪基为道宗；第五代孙耶律延禧为天祚皇帝，终辽之代，九朝皇帝之中，六朝皆其（义宗耶律倍）子孙也！③

（2）《辽史·皇子表》曰：辽太祖耶律阿保机与淳钦皇后萧氏生三子，长子耶律倍，神册元年（916）立为皇太子，天显元年（926）为东丹国人皇王。太宗耶律德光谥曰"文武元皇王"；世宗耶律阮谥"让国皇帝"，统和中更谥"文献皇帝"，重熙二十一年（1052）兴宗耶律宗真增谥"文献钦义皇帝"。④

（3）《辽史·皇子表》又曰：辽太祖耶律阿保机与淳钦皇后萧氏生三子，顺序为：长子耶律倍，次子耶律德光（即为辽太宗），故耶律倍与辽太宗耶律德光为亲兄弟。⑤

（4）《辽史·皇子表》再曰：辽太祖之子辽太宗耶律德光，与靖安皇后萧氏生二子，长子耶律璟（即为穆宗），故他为辽太祖之孙，他与耶律娄国为堂兄弟。⑥

耶律娄国于辽穆宗应历元年至二年（951—952）任南京留守，只做了二年。

二 耶律道隐——太祖之孙、太宗之侄、穆宗堂兄弟、景宗之叔

耶律道隐于辽景宗耶律贤即位那年（969）被封为蜀王，并委任为上

① 《辽史》卷72《宗室列传》，第1212页，所附《史论》。
② 《辽史》卷64《皇子表》，第973页只列出耶律倍有三个儿子："（辽）太祖与淳钦皇后萧氏生之长子倍，有子娄国、隆先、道隐。"但《辽史》卷72《宗室列传》，第1209—1211页则说耶律倍有五子："义宗，名倍……母淳钦皇后萧氏。（义宗有）五子：长世宗、次娄国、稍、隆先、道隐，各有传。"《宗室列传》原注指出："按隆先、道隐下有附传，娄国传见卷112，惟稍无传，此处当是沿袭耶律俨、陈大任旧史之文，而稍传实被删去。"
③ 辽代九朝皇帝的亲缘关系，详见附录"辽代南京留守与辽朝皇室亲缘关系表"。
④ 《辽史》卷64《皇子表》，第973—974页。
⑤ 同上书，第973页。
⑥ 同上书，第979页。

京留守；到了乾亨元年（979），迁任南京留守。《辽史·晋王道隐传》记载道隐的生平及出任南京留守之经过：

> 晋王道隐，字留隐，母高氏。道隐生于唐，人皇王遭李从珂之害，时年尚幼，洛阳僧匿而养之，因名道隐。太宗灭唐，还京，诏赐外罗山地居焉。性沉静，有文武才，时人称之。景宗即位，封蜀王，为上京留守。乾亨元年，迁守南京。①

道隐之获重用，盖因其父义宗（耶律突欲）虽为太祖长子，但却由其弟继位为太宗嗣圣皇帝（耶律德光）。义宗投奔后唐，38 岁被害。道隐生于唐，幼年匿养于僧门，童年遭遇很不幸。因为由僧匿养长大，故名道隐。辽廷为补偿其父子，一再重用其后人。道隐是景宗耶律贤之亲叔叔，获委重任仍看在皇亲的分上，照顾之意十分明显。

三　耶律隆庆——景宗次子、圣宗之弟

耶律隆庆为景宗次子、圣宗同父母之亲弟弟。他在圣宗统和中拜南京留守。

《辽史·皇子表》："景宗与睿智皇后萧氏生三子，圣宗第一，隆庆第二。"②

《契丹国志·孝文皇太弟传》记载耶律隆庆的生平如下：

> 孝文皇太弟隆庆，番名菩萨奴，母曰萧氏，景宗第二子。生而岐（歧）嶷（疑），俨若成人。幼时与群儿戏，为行伍战阵法，指挥意气，无敢违者。景宗奇之，曰："此吾家生马驹也。"长善骑射，骁捷如风。定州之战，隆庆封为梁王，加兵马大元帅，从其母萧后以行，力战深入，与擒王继忠有功，拜西京留守，封秦晋国王，又拜尚书令。寻薨，葬祖州，谥曰孝文皇太弟。③

---

① 《辽史》卷 64《列传》第 2《宗室·义宗倍》的附传之中有《晋王道隐传》，第 1212 页。
② 《辽史》卷 64《皇子表》，第 986 页。
③ 《契丹国志》卷 14，第 152 页《孝文皇太弟传》。

耶律隆庆在辽朝历任侍中、兵马大元帅、西京留守、南京留守、太师兼政事令、尚书令，先后获封为恒王、梁王、晋王、秦王，赐金券，死后追赠孝文皇太弟，这些显赫的履历，除了因为他英勇善战、屡立战功之外，实与有亲密的宗室关系分不开。①

四　耶律吴哥——圣宗第四子、兴宗异母弟

耶律吴哥于辽圣宗耶律隆绪开泰五年（1016）出任南京留守（第十三位），他是圣宗的第四子，是故，当时他是以皇子的身份出任南京留守。耶律吴哥，字洪隐，所以，不少史书称他为"吴哥洪隐"或"耶律洪隐"。《辽史·皇子表》简载其生平：

> 吴哥，字洪隐，圣宗（耶律隆绪）与仆隗氏所生第二子，排行第四。封燕王。开泰二年（1013），为惕隐，出为南京留守。薨于南京。四世孙敌烈、术烈。术烈继梁王雅里称帝。②

圣宗耶律隆绪与多名后妃共生育六子十四女：与钦哀皇后萧氏生二子，长子耶律宗真（兴宗），次子耶律重元；与仆隗氏生二子，耶律吴哥是其中之一，排行第四，故耶律吴哥与耶律宗真（兴宗）及耶律重元，均为同父异母之兄弟。③圣宗驾崩之后，帝位由老大耶律宗真继承，老二耶律重元及老四耶律吴哥先后获安排当南京留守，皇亲国戚裙带关系十分明显，也说明辽廷视南京为"大肥缺"，地位非常重要。

五　耶律宗范——景宗之孙、圣宗之侄、兴宗堂弟

耶律宗范是景宗第三子耶律隆祐之子，即是景宗耶律贤之孙、圣宗耶律隆绪之侄，兴宗耶律宗真之堂兄弟，故属于辽朝的宗室人员。但史书对他的记载语焉不详，如果他确实是于太平十一年（1031）圣宗驾崩之年任南京留守，那么，当时他的身份可能是皇侄。但是，同年耶律宗真继位为

---

①　耶律隆庆的官职与封号，《辽史·皇子表》第986页与《契丹国志·孝文皇太弟传》第152页记载有所不同，在此一并列出。

②　《辽史》卷64《皇子表》二，第990页。

③　圣宗耶律隆绪与多名后妃共生育六子十四女详况，见《辽史》卷64《皇子表》，第988—991页。

帝，并改元景福，那么，耶律宗范的身份也可能为皇弟（耶律宗真之堂兄弟）。以下现分析其身份背景：

据《契丹国志·耶律隆运传》记载：

> 隆运兄弟九人，缘翼载恩，超授官爵，皆封王。诸侄三十余人，封王者五人，余皆任节度使、部署等官。隆运薨，无子，帝（圣宗耶律隆绪）特以皇侄周王宗业绍其后。① 始封广王，未几徙封周王，历中京留守，平州、锦州节度使。宗业薨，葬乾陵侧。宗业无子，帝复以周王同母弟宗范继隆运后，历龙化州节度使、燕京留守，封韩王。②

以上是几册重要史籍之中，唯一记载耶律宗范曾任南京留守的，并且透露了他复杂的宗亲关系：

（1）《契丹国志·耶律隆运传》原文注称："宗业，本齐国王隆裕之子"。查《契丹国志·齐国王隆裕传》曰："齐国王隆裕，番名高七，母曰萧氏，景宗第三子。"③ 则宗业应为景宗耶律贤之孙。

（2）《辽史·皇子表》载："隆祐，小字高七，景宗与睿智皇后萧氏所生，排行第三……开泰初，改王齐……"④ 由此可见：《契丹国志》所载"隆裕"与《辽史·皇子表》所指"隆祐"，实为同一人。两者的读音及字形都十分接近。

（3）"皇侄周王宗业"：宗业封号周王，他是景宗耶律贤之孙（见第一项）；他又称为"皇侄"，即是说：他是圣宗耶律隆绪之弟耶律隆祐（隆裕）之子。

（4）"周王同母弟宗范"：宗范既然是"周王同母弟"，也即是"宗业的同母弟"，那么，他的宗室身份便与宗业一样，即景宗耶律贤之孙（景宗第三子耶律隆祐之子）、圣宗耶律隆绪之侄。故将他列为受优待出任南京留守的宗室人员。

---

① 原注：宗业，本齐国王隆裕之子。
② 《契丹国志》卷18《耶律隆运传》，第174—176页。
③ 《契丹国志》卷14《齐国王隆裕传》，第152页。
④ 《辽史·皇子表》，第986—987页。

六　耶律重元——圣宗次子、兴宗之弟

耶律重元于兴宗重熙年间任南京留守，因为他是兴宗耶律宗真同父母之长弟；又不与兴宗争帝位，故获重用。

（1）《辽史·皇子表》曰："圣宗六子：钦哀皇后萧氏生二子，兴宗第一；重元排行第二。"[①]

（2）《辽史·耶律重元传》记载耶律重元的出身及任南京留守的经过：

> 重元，小字孛吉只，圣宗次子。材勇绝人，眉目秀朗，寡言笑，人望而畏。
>
> 太平三年，封秦国王。圣宗崩，钦哀皇后称制，密谋立重元。重元以所谋白于上（兴宗），上益重之，封为皇太弟。历北院枢密使、南京留守、知元帅府事。重元处戎职，未尝离辇下。先是契丹人犯法，例须汉人禁勘，受枉者多。重元奏请五京各置契丹警巡使，诏从之，赐以金券誓书。[②]

上引耶律重元的前期履历，《辽史·皇子表》亦有类似记载。耶律重元与亲哥哥兴宗耶律宗真的关系不错；又遵守"嫡长继位"的宗法规则，以及"长幼有序"的儒家伦理，不与兴宗争帝位，故屡获重用，曾获"赐以金券誓书"，拥有先斩后奏的权力；但是，到了他的侄子耶律洪基继位为帝，因不服气而萌生篡位之心，结果成为"逆臣"，那是后话。

七　耶律和鲁斡——兴宗次子、道宗之弟、天祚帝之叔

耶律和鲁斡于辽道宗耶律洪基清宁年间，以及天祚皇帝耶律延禧乾统年间，两次任南京留守。首任时，耶律和鲁斡身份为在位皇帝（道宗）之亲弟弟；第二任时为在位皇帝（天祚帝）之叔叔，来头真不小。以下考其宗亲关系。

（1）《辽史·皇子表》载：

---

① 《辽史》卷64《皇子表》，第988页。

② 《辽史》卷112《耶律重元传》，第1501—1502页。

和鲁斡，字阿辇，兴宗与仁懿皇后萧氏所生，排行第二。重熙十七年（1048），封越王。清宁初，徙王鲁，进王宋魏。乾统三年（1103），册为皇太叔。

清宁（1055—1064）中，拜上京留守，改南京留守。乾统初，为天下兵马大元帅，加守太师，免拜，不名。三年（1103），加义和仁寿之号，复守南京。①

（2）《辽史》卷64《皇子表》，第991—992页载：

兴宗耶律宗真与仁懿皇后萧氏共生三子，长子耶律洪基后来成为道宗；次子耶律和鲁斡在其兄道宗在位的清宁（1055—1064）中，拜上京留守，改南京留守，故当时他的身份为皇帝（道宗）之亲弟弟。到了乾统三年（1103），他复守南京之时，身份是在位的天祚皇帝的亲叔叔，获册封为"皇太叔"。

（3）耶律和鲁斡为天祚皇帝之亲叔叔关系比较复杂，现据《辽史》卷64《皇子表》，第993页：

道宗一子，宣懿皇后萧氏生，名濬，小字耶鲁斡。（耶鲁斡之）子天祚皇帝，讳延禧。②

由上引获知，天祚皇帝乃道宗之孙。但道宗与和鲁斡为亲兄弟，故和鲁斡为天祚皇帝之亲叔叔。

耶律和鲁斡于乾统三年（1103），加义和仁寿之号，复守南京。乾统是天祚皇帝的年号，始于1101年（乾统元年），止于1111年（乾统十年），故此时"复守南京"的耶律和鲁斡为在位皇帝的亲叔叔。耶律和鲁斡两次任南京留守，都因为有强硬的皇室宗亲背景。

八　耶律洪道（耶律阿琏）——兴宗第三子、道宗之同母弟、天祚帝之叔

《契丹国志》卷14《燕王洪道传》，第154页曰：

---

① 《辽史》卷64《皇子表》，第991—992页。
② 同上书，第993页。

> 燕王洪道，番名叱地好，道宗同母弟也……终于燕京留守，封
> 燕王。①

由上引知，耶律洪道于道宗朝任南京留守，则其身份为皇弟。

耶律洪道，疑与耶律阿琏为同一人。据《辽史》、《皇子表》载：兴宗与仁懿皇后萧氏共生三子，长子即为道宗耶律洪基、次子耶律和鲁斡、第三子耶律阿琏。就是说：耶律阿琏与道宗耶律洪基亦为"同母弟"，那么，耶律阿琏与耶律洪道的出身背景相同，他之所以任南京留守，最重要的关系是在任皇帝"道宗同母弟也"。

九　耶律淳——兴宗之孙、道宗之侄、天祚皇帝之叔

耶律淳系兴宗耶律宗真的第四孙，天祚皇帝的叔叔。他于天祚皇帝乾统十年（1110），承袭其父和鲁斡，任南京留守。

《辽史·天祚皇帝纪》附有《耶律淳传》曰：

> 耶律淳者，世号为北辽。淳小字涅里，兴宗第四孙，南京留守、宋魏王和鲁斡之子。清宁初，太后鞠育之。既长，笃好文学。昭怀太子得罪，上欲以淳为嗣。上怒耶律白斯不，知与淳善，出淳为彰圣等军节度使。
> 天祚即位，进王郑。乾统二年，加越王。六年，拜南府宰相，首议制两府礼仪。上喜，徙王魏。其父和鲁斡薨，即以淳袭父守南京。冬夏入朝，宠冠诸王。②

耶律淳是最受辽廷宠幸之南京留守，然而物极必反，耶律淳后来拥南京自重，僭位称帝，那是后话（详见第五章"辽代南京留守的结局"）。

辽统治燕京187年，共用过24位留守，其中9位为辽朝宗室成员，均为九朝皇帝的兄弟或子侄等宗亲。嫡长继皇位，皇帝的兄弟叔伯，以及

---

① 《契丹国志》卷14《燕王洪道传》，第154页。
② 《辽史》卷30《天祚皇帝纪》附《耶律淳传》，第352页。

皇后的父兄至亲，则安排当南京留守。由此可见，南京留守职位之重要，堪称仅次于皇位。最后一任留守耶律淳，乃世袭其父和鲁斡之位，更加证明辽皇室重视南京留守之职位。

南京留守之位，成为辽朝最大肥缺，以致辽廷用它来安抚未能当上皇帝的皇子皇孙，避免争夺最高权力（皇位）。任用皇亲国戚镇守要津，自古以来都是有利有弊，利者有亲信把关；弊者，亲信亦会拥兵自重，谋反作乱。

事实上，24人南京留守之中，就有5位以拥有南京自重，对抗朝廷，其中耶律娄国、耶律淳为皇子，耶律淳僭位成功，号称天锡皇帝。

除了宗室，外戚也应该分享部分权力。在辽朝中期（穆宗、景宗、圣宗、兴宗四朝），共用过四位外戚为南京留守，以下逐一考证其身份背景。

一 萧思温——太宗女婿、穆宗的姐夫（或妹婿）、景宗之岳父

萧思温于辽穆宗耶律璟应历七年至十三年（957—963）任南京留守，前后共7年。他在太宗耶律德光时代娶"燕国公主"吕不古，成为当时的"驸马爷"，而吕不古是穆宗耶律璟之姐姐（或妹妹），故穆宗在位时他是皇上的姐夫或妹婿；萧思温又为景宗耶律贤之岳父，可见他与辽朝太宗、穆宗、景宗三朝皇帝的关系，非比寻常。

但是，萧思温何时"尚燕国公主"？是在他出任南京留守之前或之后？则关系到他与岳父太宗耶律德光、舅子穆宗耶律璟，以及女婿景宗耶律贤的政治血缘关系。

（1）《辽史·萧思温传》记载萧思温的生平：

> 萧思温……宰相敌鲁之族弟忽没里之子……太宗时为奚秃里太尉，尚燕国公主，为群牧都林牙。思温在军中，握鬠修边幅，僚佐皆言非将帅才。寻为南京留守。[1]

（2）《辽史》的《皇子表》及《公主表》记载：辽太宗耶律德光共有五子一女。其中与靖安皇后萧氏生二子二女：长子耶律璟（穆宗），次子罨撒葛；长女吕不古（应历间，封沂国长公主。保宁中，晋封燕国大长公

① 《辽史》卷78《萧思温传》，第1267—1268页。

主。下嫁萧思温），二女嘲瑰。①

（3）《辽史·公主表》曰："太宗长女吕不古，应历间，封沂国长公主。保宁中，晋封燕国大长公主。下嫁北府宰相萧思温，以疾薨。"由此可见，萧思温确为太宗耶律德光之女婿，即为太宗朝的驸马爷。但是，他并非以"驸马爷"的身份获委任为南京留守的，因为他是在穆宗耶律璟应历八年至十三年（958—936）才出任此职。当时，他是在位皇帝穆宗耶律璟的姐夫或妹婿。② 萧思温是景宗耶律贤之岳父，可见《辽史·外戚表》记载："景宗睿智皇后，父思温。"③《辽史·萧思温传》亦有载："保宁初，为北院枢密使，兼北府宰相，仿命世预其选。上（景宗）册思温女为后，加（思温）尚书令，封魏王。"④

萧思温一再获加官封爵，皆因与辽皇族有强硬的外戚关系。至于"思温处位优重，耽禄取容，真鄙夫"、"密戚预政"之状，将在第四章"辽代南京留守的功过"与第五章"南京留守的结局"之中详细论析。

备考：景宗皇后萧氏，另说系"侍中、守尚书令萧守兴之女"。《契丹国志》附注有考证，认为不确，故本书从"萧氏仍思温女之说"。⑤

二　韩制心——圣宗钦哀皇后之外弟

韩制心，又名耶律制心，由辽圣宗耶律隆绪开泰九年至太平三年（1020—1023）任南京留守，前后共 4 年。韩制心在圣宗开泰九年

---

① 《辽史》卷 64《皇子表》，第 979—980 页；以及《辽史》卷 65《公主表》，第 1000 页。

② 耶律璟和吕不古分别为太宗耶律德光与靖安皇后萧氏所生的长子与长女，但未知哪一位排行在前。《辽史》卷 65《公主表》，第 1000 页称："太宗二女，吕不古第一。应历间，封沂国长公主。保宁中，晋封大长公主。下嫁北府宰相萧思温。以病薨。"应历为穆宗耶律璟的年号，也就是说，吕不古的"沂国长公主"封号是哥哥或弟弟耶律璟封的。而保宁是景宗耶律贤的年号，耶律贤娶萧思温之女，故应称吕不古为岳母。也即是说景宗耶律贤为岳母吕不古进封"大长公主"。辽朝宗室耶律氏与外戚萧氏通婚十分普遍，但几代人互相联姻，关系就非常复杂了。为方便讨论，暂以吕不古排行于耶律璟之前，为其姐姐，则可称萧思温为穆宗耶律璟的姐夫。

③ 《辽史》卷 67《外戚表》，第 1028 页。

④ 《辽史》卷 78《萧思温传》，第 1268 页。

⑤ 《契丹国志》卷 13《后妃传》之《景宗萧皇后》载："景宗皇后萧氏，名燕燕，侍中、守尚书令萧守兴之女也。或以燕燕为北宰相萧思温女。"原文《附注》考证曰：《长编》卷十云契丹主景宗"纳守兴女燕燕为皇后"，注引《仁宗实录》曰"燕燕为北宰相萧思温女"。又《东都事略》卷 223《附录》一载：圣宗母"燕燕姓萧氏，宰相思温之女"，则与《仁宗实录》所载相同。

（1020）以漆水郡王晋升南京留守，兼析津府尹及兵马都总管，主要原因是：韩制心为钦哀皇后萧氏之外弟，此项外戚关系，对他仕途升迁影响巨大。

《辽史·韩制心传》记载：

> 制心，小字可汗奴。父德崇，善医，视人形色，辄决其病，累官至武定军节度使。制心善调鹰隼。统和中，为归化州刺史。开泰中，拜上京留守，进汉人行宫都部署，封漆水郡王。以皇后外弟，恩遇日隆。枢密副使萧合卓用事，制心奏合卓寡识度，无行检，上默然。每内宴欢洽，辄避之。皇后不悦曰："汝不乐耶？"制心对曰："宠贵鲜能长保，以是为忧耳！"
>
> 太平中，历中京留守、惕隐、南京留守，徙王燕，迁南院大王。[①]

韩制心受钦哀皇后萧氏庇荫，官运日隆，历任归化州刺史、上京留守、汉人行宫都部署、中京留守、惕隐、南京留守、南院大王，获封漆水郡王、燕王；他能洁身自爱，不与奸臣乱党苟合，兼具忠孝美德，被誉为"一代良臣"。死后获追赠政事令、追封陈国王，享尽人臣荣耀。有关韩制心之政绩操行，留待第四、五章再论。

三　萧孝穆——圣宗萧皇后之兄、兴宗之岳父

萧孝穆两次出任南京留守，第一次自圣宗太平三年至太平十年（1023—1030），前后 8 年；第二次由兴宗景福元年至重熙六年（1031—1037），前后 7 年，两次任期总共长达 15 年，皆因与在位的两朝皇帝有密切的外戚关系。

（1）《辽史·萧孝穆传》一开篇就点出他显赫的外戚关系："萧孝穆，小字胡独堇，淳钦皇后弟阿古只五世孙。父陶瑰，为国舅详稳。"[②]

（2）《契丹国志·萧孝穆传》简要地记载萧孝穆的生平：

---

① 《辽史》卷 82《韩制心传》，第 1292 页。

② 《辽史》卷 87《列传》第 17《萧孝穆传》，第 1331 页。

萧孝穆，番名陈六，法天皇后兄也。初，后选入宫为圣宗夫人，授大将军。后封元妃，迁北宰相，封燕王。孝穆机悟有才艺，驰马立射五的，时人莫能及。圣宗在位，喜其忠谨，与参军国大谋。时渤海反于东京，有众数万，命孝穆为行营兵马都统讨之。大酋宿石真栅于金间山上，险峻不可攻，孝穆为宣扬恩意，开其自新，凡所招降七万余户而还，以功授东辽王。圣宗疾亟，急召赴阙。圣宗崩，以辅立功封晋王，又纳女为兴宗后，授枢密使、楚国王。[①]

萧孝穆两次任南京留守，第一次为圣宗耶律隆绪太平三年（1023），被封为燕王、南京留守、兵马都总管。由于他是法天皇后（即圣宗萧皇后）[②]之兄，以及淳钦皇后弟阿古只五世孙。故当时在位的圣宗是他的妹夫（妹婿），也即是萧孝穆为圣宗的国舅。萧孝穆之父陶瑰，也曾为国舅详稳。

萧孝穆第二次系兴宗耶律宗真即位的景福元年（1031），徙（转任）王秦，寻（不久）复为南京留守。而兴宗仁懿皇后之父为萧孝穆。[③]故萧孝穆是当时在位的兴宗的岳父。

萧孝穆一生官运亨通，历任西北路招讨都监、遥授建雄军节度使加检校太保、九水诸部安抚使、北府宰相、检校太师、同政事门下平章事、知枢密院事、汉人行宫都部署、南京留守、兵部都总管、东京留守、南京留守（复任）、北院枢密使。大将军、行营兵马都统；先后获赐忠穆熙霸功臣、佐国功臣之号，获封燕王、秦王、吴国王、楚王、齐王、东辽王，死后获追赠大丞相、晋国王，谥贞。可见，萧孝穆仕途飞黄腾达，外戚关系起关键性作用，当然，还因有战功及辅立兴宗之功。关于孝穆之功过，留待第六、七章详论。

---

① 《契丹国志》卷15《后妃传·圣宗萧皇后》，第143—145页称：圣宗皇后萧氏是在圣宗驾崩之后，居哀未及一年……加尊号"法天皇太后"，而非生前就有"法天皇后"之名。但同书的《萧孝穆传》称："萧孝穆，番名陈六，法天皇后兄也。"在用语上有问题，不过，却证实萧孝穆是圣宗萧后之兄长。而据同书《后妃传·兴宗萧皇后》，第145页载："兴宗皇后萧氏……法天皇后弟枢密楚王萧孝穆之女也。"此处称萧孝穆是法天皇后之"弟"，而非"兄"也。

② 《契丹国志》卷13《后妃传》，第158页。

③ 《辽史》卷67《外戚表》，第1030页。

四　萧孝先——圣宗之女婿、圣宗萧皇后之兄、兴宗之妹夫

萧孝先是圣宗的女婿，又是圣宗萧皇后之兄（即国舅），还是兴宗之妹夫。如此复杂的亲上加亲关系，在汉人世界近似乱伦，但是，萧孝先盖因与兄长萧孝穆一样，和辽廷有亲密的外戚关系，才能屡获重任，其中，于兴宗重熙六年（1037）继其兄萧孝穆任南京留守，至重熙十年（1041），前后共 5 年。

（1）《辽史·萧孝穆传》附有《萧孝先传》，详载萧孝先生平，现照录如下：

> 孝先，字延宁，小字海里。统和十八年（1000），补祗候郎君。尚南阳公主（即圣宗第四女崔八），拜驸马都尉。
>
> 开泰五年（1016），为国舅详稳。将兵城东鄙。还，为南京统军使。太平三年（1023），为汉人行宫都部署，寻加太子太傅。五年（1025），迁上京留守。以母老求侍，复为国舅详稳。改东京留守。会大延琳反，被围数月，穴地而出。延琳平，留守上京。十一年（1031），帝不豫，钦哀召孝先总禁卫事。
>
> 兴宗谅阴，钦哀弑仁德皇后，孝先与萧泥卜、萧匹敌等谋居多。及钦哀摄政，遥授天平军节度使，加守司徒，兼政事令。重熙初，封楚王，为北院枢密使。孝先以椒房亲，为太后所重。在枢府，好恶自恣，权倾人主，朝多侧目。三年（1034），太后与孝先谋废立事，帝知之，勒卫兵出官，召孝先至，谕以废太后意。孝先震慑不能对。迁太后于庆州。孝先恒郁郁不乐。四年（1037），徙王晋。后为南京留守，卒，谥忠肃。①

萧孝先乃萧孝穆之弟、圣宗萧皇后之兄、兴宗之妹婿、圣宗之女婿。《辽史》的《萧孝先传》、《公主表》、《外戚表》及《契丹国志》，明确记载其复杂之外戚关系，以下详列之。

（2）《公主表》载：圣宗与萧氏生二女，崔八排行第四，封南阳郡主，

晋封公主，下嫁萧孝先……①故萧孝先为圣宗之女婿。而兴宗为圣宗之长子（见《辽史·皇子表》），则排位第四之崔八应为兴宗耶律宗真之妹，故萧孝先为兴宗之妹婿。

又据《辽史·列传》载，萧孝先乃萧孝穆之弟②，而萧孝穆乃圣宗皇后（法天皇后）之兄，故萧孝先亦应为圣宗萧皇后之兄或弟。《契丹国志·后妃传》载：

> 圣宗皇后萧氏……性慎静寡言，圣宗选入官，生木不孤，即兴宗……册为顺圣元妃。三兄二弟皆封王，姊妹封国夫人。弟徒古撒又尚燕国公主，兄解里尚平阳公主，陈六尚南阳公主，皆拜驸马都尉。又纳兄孝穆女为兴宗后，弟高九女为帝弟妃。前后恩赐，不可纪极；诸连姻娅，并擢显官。……
>
> （萧氏兄妹）淫虐肆行，刑政弛紊，南北面番汉公事率其弟兄掌握之。凡所呈奏，弟兄聚议，各各弄权，朝臣朋党，每事必知。太后临朝凡四年，兴宗方幽而废之，契丹已困矣。③

圣宗萧皇后"三兄二弟皆封王"，萧家五兄弟排行在孝先之下者尚有孝忠及孝友，故萧孝先应为圣宗萧皇后之兄。

萧孝先由于有强硬的外戚关系，而成为宫中权臣，他以"密戚预政"、"权倾人主、朝多侧目"。最后，萧孝先因与法天皇太后密谋废兴宗，事泄而被兴宗外放到南京任留守，时南京繁荣兴旺，故从职位上看，萧孝先系被贬，但贬任南京留守这个大肥缺，含有照顾之意，盖因萧孝先乃亲密之外戚。

辽廷重用外戚任南京留守，体现如此之规律：景宗萧皇后得势，其父萧思温能任南京留守；圣宗萧皇后弄权，其"三兄二弟皆封王、姐妹封国夫人"，其三位兄弟萧孝穆、萧孝先、韩制心，均获委任南京留守。

（3）《辽史·外戚表》一开篇就慨叹道："汉外戚有新室之患，晋宗室

---

① 《辽史》卷65《公主表》，第1004页。

② 《辽史》卷87《萧孝穆传》，第1332页曰：萧孝穆有三位弟弟，顺序是孝先、孝忠、孝友，各有传。

③ 《契丹国志》卷13《圣宗萧皇后传》，第143—145页。

有八王之难。《辽史》耶律、萧氏十居八九，宗室、外戚，势分力敌，相为唇齿，以翰邦家，是或一道。然以是而兴，亦以是而亡，又其法之弊也。"①

---

① 《辽史》卷67《外戚表》，第1027页。

第 四 章

辽代南京留守的功过

契丹（辽）统治燕京（南京）187年（936—1122），用过24位留守，他们在任内的表现，可从对辽廷的忠诚程度，以及文治、武功三个角度来探讨。具体地可分为五个方面，加以详细研究讨论，计为：1. 政绩优异者；2. 治绩庸劣者；3. 战功彪炳者；4. 战败误国者；5. 谋反作乱者。

远在两千年前的春秋时代，中国人就有了"三不朽"的思想。如何评价一个人的功绩，有"立德、立功、立言"的先后顺序。[①] 中国人追求"不朽"，认为物质生活方面只是暂时的，只有精神方面才是可以永存的。我们所熟悉的一些名言，如宋代范仲淹的"先天下之忧而忧，后天下之乐而乐"，文天祥的"人生自古谁无死，留取丹心照汗青"，都体现了这样的儒家思想。"三不朽"的思想为后人所继承，发展形成了中国古代传统的占主导地位的人生功过价值观。

中国历朝历代对于每一位官员（人臣）的要求，首先是"德"，即对朝廷忠诚，无二心；其后才是"文治"与"武功"。同时，在"文治"与"武功"两个方面，认为前者比后者更重要。故本章讨论24位南京留守的功过，先谈治绩，再谈战功。

而且，本章只讨论南京留守任期之内的表现，而不讨论任期之前或之后的表现。每位南京留守任前之表现，是他们获得委任的主要原因之一，

---

① 据《左传·襄公二十四年》记载：范宣子与叔孙豹讨论不朽的问题。范宣子说，他的家族从尧舜时期就已经受封为贵族，经历夏商周，一直到春秋时期，世代受封，延续千年以上，长盛不衰，这是不是可以说是不朽了？叔孙豹回答，这不能算不朽，只能说是世禄。他说："太上有立德，其次有立功，其次有立言。虽久不废，此之谓不朽。"详见王云五主编、李宗侗注释《春秋左传今注今译·襄公二十四年》（中册），台北：商务印书馆1982年版，第924—926页。

关于这方面，在上一章已经评述；而每位南京留守任期后之表现及其结局，留待下一章再讨论，故本章集中讨论其任内表现。为方便比较，若某留守同时兼具两方面事例，而又都突出，则在两个专项均列之；若只有一方面特别突出，而其他方面平凡，则只列一项；不详其表现者，列为待考，排于最后。以下逐一研讨之。

第一节　政绩优异者

24 位南京留守，政绩优异者有 9 人，计为：一、赵思温；二、耶律牒蜡；三、耶律道隐；四、耶律休哥；五、耶律吴哥；六、韩制心；七、萧孝穆；八、耶律重元；九、耶律仁先。以下逐一评介之。

一　赵思温

赵思温于辽太宗天显十一年至太宗会同元年（936—938）任南京留守。936 年辽太宗未正式下诏升幽州为南京（938 年才正式下诏），故晋人乃称赵思温为"幽州赵思温"，而非"南京留守赵思温"。然而，赵思温掌幽州实权 3 年，代表辽廷行使主权，从事外交活动，起到沟通后晋与契丹之间的桥梁作用，表现出色。以下试举三例：

1. 辽太宗会同元年（938），赵思温与耶律牒蜡（六院夷离堇蒲古只之后人、中台省右相）奉太宗耶律德光之命，持节册至晋，册封石敬瑭为后晋皇帝。[①] 此事说明，当时赵思温以辽朝重臣身份出使后晋，在沟通契丹与后晋朝廷最高层之间，起极重要作用。

赵思温原为镇守燕地的汉将，于辽太祖神册二年（917）降辽。赵思温在辽太祖耶律阿保机及太宗耶律德光两朝，屡立战功而累官检校太保、保静军节度使、南京留守、卢龙军节度使、管内观察处置等使、开府仪同三司兼侍中、临海军节度使，并获赐协谋静乱翊圣功臣封号。他以如此重要的身份，到中原为石敬瑭行册封礼，事成还辽之后，获太宗加封检校太师，以表彰他的功劳。

---

① 《辽史》卷 76《赵思温传》，第 1250 页载："会同初（按：即会同元年，938），从耶律牒蜡使晋行册礼，还，加检太师。"《辽史》卷 113《耶律牒蜡传》，第 1506 页亦载："会同元年（938），（耶律牒蜡）与赵思温持节册晋帝。"

2. 辽太宗天显十二年（937），赵思温已身为辽南京留守，仍然向后晋高祖石敬瑭奏事，从事外交活动。石敬瑭有奏必应，皆因赵思温代表辽廷。

据《旧五代史》记载：

> （后晋高祖）天福二年（937）……六月……癸巳……幽州赵思温（向后晋高祖）奏："瀛、莫两州，元系当道，其刺史常行周、白彦球乞发遣至臣本府。"（高祖）诏遣行周等赴阙。①

3. 赵思温以镇守幽州的契丹将领的身份监视后晋将领调职，诸将不敢违命，因为后晋高祖石敬瑭仍契丹所拥立的"儿皇帝"，畏惧契丹。司马光《资治通鉴》载：

> 春正月……诏以前北面招收指挥使安重荣为成德节度使，以秘琼为齐州防御使。遣引进使王景崇谕琼以利害。重荣与契丹将赵思温偕如镇州，琼不敢拒命。（原注：畏契丹也）②

二　耶律牒蜡

耶律牒蜡于辽世宗天禄二年（948）十月接替赵延寿任南京留守，至天禄五年（即穆宗应历元年，951）秋九月，参与察割谋反，事败不降，而被凌迟处死。

《辽史·耶律牒蜡传》简介其生平如下：

> 牒蜡，字述兰，六院夷离堇蒲古只之后。
> 天显中，为中台省右相。会同元年（938），与赵思温持节册晋帝（石敬瑭），及我师（辽军）伐晋，至滹沱河，降晋将杜重威，牒蜡功居多。大同元年（947），平相州之叛，斩首数万级。
> 世宗（耶律阮）即位，遣使驰报，仍命牒蜡执偏将术者以来。其使误入术者营，术者得诏，反诱牒蜡，执送太后。牒蜡亡归世宗。和

---

① 《旧五代史》卷76《晋书》2《高祖纪》，第1003页。
② 《资治通鉴》卷281《后晋纪》二，"高祖天福二年"（937），第9167页。

约既成，封燕王，为南京留守。①

耶律牒蜡是契丹重臣六院夷离堇蒲古只之后人，又官至中台省右相，因而甚得辽廷信任。在上引短短的简历之中，有两次代表辽廷出使南面汉人王朝的记录，他都顺利地完成了任务，因而将他列为政绩优异者之列。

第一次是会同元年（938），他以中台省右相身份，奉太宗耶律德光之命，与当时的燕京留守赵思温一起，持节册至晋，册封石敬瑭为后晋皇帝，顺利地完成了这一宗重要的外交使命。不过，此时他并非南京留守。

但是，世宗耶律阮天禄五年（951）六月，他是以燕王身份与枢密使高勋一起南下，册封后汉主刘崇为"大汉神武皇帝"②。此项重要的外交活动顺利完成。因辽世宗耶律阮争位时，耶律牒蜡投靠世宗，获封燕王，出使后汉行册礼，仍世宗对其之奖励，也正好证明：他于南京留守任期内，是有文治政绩的。

三　耶律道隐

耶律道隐自辽景宗乾亨元年至圣宗统和元年（979—983）任南京留守，前后共5年，任内"号令严肃，民获安业"，政绩甚佳。

《辽史·晋王道隐传》记载：

> 乾亨元年（979），（耶律道隐）迁守南京，号令严肃，民获安业。居数年，徙封荆王。③

---

① 《辽史》卷113，第1506页《耶律牒蜡传》。

② 《辽史》卷5《世宗本纪》第66页："（世宗天禄）五年（951）……六月辛卯朔，刘崇为周所攻，遣使称侄，乞援，且求封册。即遣燕王牒蜡枢密使高勋册为大汉神武皇帝。"《资治通鉴》卷290《后周纪一》"太祖广顺元年"（951），第9462页："（六月）契丹遣燕王述轧等册命后汉主为汉神武皇帝，妃为皇后。"

上述两史籍所载，时间、受封者、册封名称及出使者官衔（燕王）均相同，故可肯定为同一件事。但出使者的名称不同，相信为译音差异之关系，《辽史》之"牒蜡"与《资治通鉴》所载之"述轧"音近。至于"牒蝎"，实与"牒蜡"同为一人。有关耶律牒蜡的不同称呼，详见第二章"辽代南京留守的任免分期"之"耶律牒蜡"条。

③ 《辽史》卷72《列传》第2《宗室·晋王道隐传》，第1212页。

四　耶律休哥

耶律休哥由圣宗统和元年至十六年（983—998）任南京留守，前后长达16年之久，任内政绩亦佳，战功彪炳，获誉为"名将"。此处先述其政绩，其战功留待后论。

《辽史·耶律休哥传》载：

> 圣宗即位（983）……令休哥总南面军务，以便宜从事。休哥均戍兵，立更休法，劝农桑，修武备，边境大治。……休哥以燕民疲弊（敝），省赋役，恤孤寡，戒戍兵无犯宋境，虽马牛逸于北者悉还之。远近向化，边鄙以安。①

《辽史·圣宗纪》以编年体记载辽圣宗耶律隆绪的事迹，从中透露了耶律休哥在南京留守任内的累累政绩，现摘要如下：

> 统和元年（983）……九月……丙辰，南京留守（耶律休哥）奏，秋霖害稼，请权停关征，以通山西籴易，从之。
> 冬十月……乙未，以燕京留守于越休哥言，每岁诸节度使贡献，如契丹官例，止进鞍马，从之。
> 四年……六月……壬子，南京留守（耶律休哥）奏百姓岁输三司盐钱，折绢不如直，诏增之。②

五　耶律吴哥

耶律吴哥由圣宗开泰五年至九年（1016—1020）任南京留守，前后共5年。时值辽宋签订"澶渊之盟"（1004）后之太平时期，辽宋之间无战事，亦无重大冲突，故未见耶律吴哥出战记录。然而，耶律吴哥上任第二年，南京辖下诸县发生蝗灾，南京各地沿路到处可见饥民。耶律吴哥到附近的云、应、朔、弘等州，转运粟粮赈灾，可视为其政绩。

《辽史·圣宗本纪》载：

① 《辽史》卷83《耶律休哥传》，第1300—1301页。
② 《辽史》卷10至卷14《圣宗纪》，第107—123页。

（圣宗开泰）六年（1017）……六月……南京诸县蝗……冬十月丁卯，南京路饥，挽云、应、朔、弘等州粟振之。①

六　韩制心

韩制心，获辽主赐姓"耶律"，故又名耶律制心，另名耶律遂贞，由圣宗开泰九年至太平三年（1020—1023）任南京留守，前后共 4 年。他施政宽宏仁厚、无私心，又不以"皇后外弟，恩遇日隆"而骄宠，所以，甚得部民爱戴，被视若父母官。

《辽史·耶律制心传》记载：耶律制心"守上京时，酒禁方严，有捕获私酝者，一饮而尽，笑而不诘"②。由此例可见他施仁政的风格。

《辽史·耶律制心传》又记载，耶律制心不以外戚关系而恃宠生骄的事例：

> 开泰中，拜上京留守，进汉人行宫都部署，封漆水郡王。以皇后外弟，恩遇日隆。枢密副使萧合卓用事，制心奏合卓寡识度，无行检，上默然。每内宴欢洽，辄避之。皇后不悦曰："汝不乐耶？"制心对曰："宠贵鲜能长保，以是为忧耳！"③

以上所举乃耶律制心任上京留守时的事例，但可以推论他的廉洁施仁政作风是一贯的，他在南京留守任内亦是施仁政。所以，当他死于任上之时，"部民若丧父母"。

> 太平中，（耶律制心）历……南京留守（按，实由开泰九年起任），徙王燕，迁南院大王。或劝制心奉佛，对曰："吾不知佛法，惟心无私，则近之矣。"一日，沐浴更衣而卧，家人闻丝竹之声，怪而入视，则已逝矣……卒之日，部民若丧父母。④

---

① 《辽史》卷15《圣宗本纪》第六，第180页。挽，即挽运，转运米粮。振，即赈、赈济，救济灾民。

② 《辽史》卷82《耶律制心传》，第1292页。

③ 同上。

④ 同上。

七　萧孝穆

萧孝穆两次出任南京留守，第一次自圣宗太平三年至十年（1023—1030），前后8年；第二次由兴宗景福元年至重熙六年（1031—1037），前后7年，两次任期总共15年，任内政绩甚佳、战功彪炳，是一位文治武功均佳之南京留守。

《辽史·萧孝穆传》对他的施政作风有十分正面的评价：

> 孝穆廉谨有礼法。……太平三年（1023），封燕王、南京留守、兵马都总管。……为政务宽简，抚纳流徙，其民安之。①

重熙六年（1037），萧孝穆徙北院枢密使，封吴王，离开南京，成为京官；越二年即重熙八年（1039），仍不忘恤民之政，他向朝廷"表请籍天下户口以均徭役，又陈诸部及舍利军利害。（兴宗）从之。"②说明萧孝穆"廉谨有礼、为政务宽简"之仁政作风有连续性。

重熙三年（1034）萧孝穆曾作"画像发愿请事记碑"，再次证明，萧孝穆于南京留守任内，确为一爱民如子之父母官。

1951年，在北京北海天王殿展览京郊出土碑志。辽史专家陈述发现一块《画像发愿记事碑》。它是重熙三年（1034），当时年已54岁的萧孝穆以"燕京留守兵马大元帅守太师兼政事令秦王"名义所制，此碑文记录了萧孝穆当时的健康状况及心愿，抒发"顺忠置矫"、忧国忧民之情。此碑文再次证实，萧孝穆在南京留守任内"廉谨有礼、为政务宽简"的施政风格。③

---

① 《辽史》卷87《萧孝穆传》，第1331—1332页。

② 同上。

③ 陈述：《全辽文》卷七拓本《画像发愿记事碑》，第144页载："维重熙三年（1034）。年54。病染沉疴。身顿十分。爱有二子。长曰知足。次曰无由。眼前血泣。腹内心酸。虔愿焚香。敬亲启誓。舍财画像。发愿筵僧。于时秦王，其疾顿痊。安复如旧。不消神理。偶遇时通。然以二男。并蒙□愿。顺忠置矫。倏然一世。传斯万年。样咏岂微。后人可效。写容于寺。叙事在碑。东禅。"

（原注：原题"燕京留守兵马大元帅守太师兼政事令秦王 制文"，秦王即萧孝穆。1951年北海天王殿展览京郊出土碑志。此碑在阶前展出。余（陈述）因录其文。后见《燕京古刹纪游》（刊于《艺文杂志》二卷八期与《文物》1996年第4期）亦录此碑，交互勘对如右。

八 耶律重元

耶律重元由兴宗重熙十四年（1045）至重熙二十四年（即道宗清宁元年，1055）任南京留守，前后共 11 年之久。

耶律重元南京留守任期跨越兴宗及道宗两朝。他获兴宗耶律宗真封为"皇太弟"；获道宗耶律洪基册封为"皇太叔"。在兴宗朝历任北院枢密使、南京留守、知元帅府事；在道宗朝为天下兵马大元帅，要面见皇帝时不必事先通报（不名），也不必行汉人王朝臣僚晋见皇帝那样的跪拜礼（免拜），并且获赐金券，四顶帽、二色袍，受到的尊崇前所未有。他在外派当官之时（处戎职），仍然"未尝离辇下"（从未偏离皇帝意旨，比喻常为皇帝左右手）。他高居如此要津，想到的是如何纠正恶法对诸多汉人造成的冤狱。

《辽史·耶律重元传》记载：

> 先是契丹人犯法，例须汉人禁勘，受枉者多。重元奏请五京各置契丹警巡使，诏从之，赐以金券誓书。①

契丹人掌握政权，恃骄犯法，又禁止汉人查询（禁勘），因而使许多汉人受冤枉。耶律重元于兴宗朝曾奏请设置五京契丹警巡使，及时处理，以杜绝冤情，说明他在文治方面确有成绩。

九 耶律仁先

耶律仁先由道宗咸雍元年至八年（1065—1072）任南京留守。他在任内行"恤孤茕，禁奸慝"的善政，因而被褒为"于越休哥之后，惟仁先一人而已"。

《辽史·耶律仁先传》记载："咸雍元年，（耶律仁先）加于越，改封辽王……出为南京留守，改王晋。恤孤茕，禁奸慝，宋闻风震服。议者以为自于越休哥之后，惟仁先一人而已。"②

"茕"，音"琼"，意为"孤独无依"；"恤孤茕"，即体恤救济孤独无依者。"慝"，音"特"，意为"邪恶、邪念"；"禁奸慝"，即为禁止奸淫及一

---

① 《辽史》卷 112《耶律重元传》，第 1502 页。
② 《辽史》卷 96《耶律仁先传》，第 1397 页。

切邪恶、邪念。可见耶律仁先的文治风格。他因有大功大德，因而成为终辽之世仅有的三位"于越得重名者"之一。

《辽史·百官志》解释"于越"有崇高的地位："于越，班百僚之上，非有大功德者不授。"并说："终辽之世，以于越得重名者三人：耶律曷鲁、屋质、仁先，谓之三于越。"①

24位南京留守之中，有9人政绩优异，占近一半。若扣除4位备考者，则所占比例更高。说明南京留守有卓越治政能力者占颇重的分量。9位之中，有5位（赵思温、耶律牒蜡、耶律休哥、萧孝穆、耶律仁先）兼有卓越战功，是辽治南京的文武双全人才，其中，尤以耶律休哥及耶律仁先为佼佼者。

第二节　治绩庸劣者

24位南京留守之中，有2人治绩低劣，其一为萧思温，另一为萧惟信，所占比例不到十分之一，说明能坐上这个位子的，绝大多数并非庸才。以下逐一分析之。

一　萧思温

萧思温于辽穆宗耶律璟应历年间出任南京留守，据史载可推算准确时间在应历七年至十三年（957—963），前后共7年。萧思温为辽太宗耶律德光的驸马，又是穆宗耶律璟的姐夫，景宗耶律贤的岳父，是一位后台强硬的"外戚"，因而获委派为南京留守。但是，他并无将帅之才，在对后周的作战之中，胜少败多。更加恶劣的是，他凭借强硬的"外戚"后台，以"密戚预政"（即干政），造成恶劣的后果，所以，将他列为治绩庸劣者。

《辽史·萧思温传》记载："时穆宗湎酒嗜杀，思温以密戚预政，无所臣辅，士论不与。"②

《契丹国志·穆宗天顺皇帝》说："帝（穆宗）年少，好游戏，不亲国

---

① 《辽史》卷45《百官志》一，第694页。
② 《辽史》卷78《萧思温传》，第1267页。

事，每夜酣饮，达旦乃寐，日中方起，国人谓之'睡王'。"①

当时，萧思温作为穆宗耶律璟的姐夫，对于这位湎酒嗜杀的"睡王"，并未尽臣子之责劝阻，还以密戚干政，结果导致穆宗为庖人斯奴古等所弑。史论曰："穆宗沉湎失德……思温处位优重，耽禄取容，真鄙夫矣！"② 耽禄，酷嗜于享乐；取容，博取欢心。

二 萧惟信

萧惟信由道宗清宁九年至咸雍元年（1063—1065）任南京留守，前后3年。在他的任期之内，南京频生事故，朝廷屡次下达禁令。

《辽史·道宗本纪》记载："道宗清宁十年（1064）……二月，禁南京民泆水种粳稻。十一月……诏南京不得私造御用彩缎，私贷铁，及非时饮酒。命南京三司，每岁春秋以官钱飨将士。"③

南京多事，需由朝廷下达诏令才能解决，说明南京最高行政长官无能为力。发生此情况，南京留守或是无能庸才或因南京社会环境实在太差，难以治理。

《辽史·萧惟信传》描绘萧惟信的为人及工作能力：

> 惟信资沉毅，笃志于学，能辨（辩）论，重熙初始仕，累迁左中丞。十五年（1046），徙燕赵国王傅，帝（兴宗）谕之曰："燕赵左右多面谀，不闻忠言，浸以成性。汝当以规诲，使知君父之义，有不可处王邸者，以名闻。"惟信辅道以礼。十七年，迁北院枢密副使，坐事免官……④

可见，萧惟信能力不错，官运亦佳，也得皇帝特别的支持。兴宗耶律宗真对他说："有不可处王邸者，以名闻"，即是：如果有不受管束之王府属官，可把他们的名字告诉兴宗，由皇帝亲自处理。虽然，以上情况经常出现于任南京留守之前，但是，到了萧惟信任南京留守时，仍有不少贪赃枉法、私造御用彩缎、私铁的"不可处王邸者"，需要萧惟信经常呈告朝

① 《契丹国志》卷5《穆宗天顺皇帝》，第50页。
② 《辽史》卷78《萧思温传》，第1269页。
③ 《辽史》卷22《道宗本纪》，第263—264页。
④ 《辽史》卷96《萧惟信传》，第1401页。

廷，由皇帝直接下令处理。由此可以证明，萧惟信 3 年的南京留守任内，许多事管不了，政绩实在太差了。

综上所述，24 位留守之中，大多政绩优秀，唯萧思温及萧惟信两人治绩差，所占比例极少。萧思温因系密戚，处位优重，对"睡王"穆宗未加劝阻，且恃皇亲国戚身份乱朝政，导致"睡王"被庖人所杀，自己亦被人谋害。萧惟信虽有能力，但遇到为非作歹的皇亲国戚、王爷显贵从中作梗，不受管治，以致无法打开局面。

第三节　战功彪炳者

24 位南京留守，有 10 人战功彪炳，若扣除 4 位备考者，则恰好占一半，计为：一、赵思温；二、赵延寿；三、刘晞；四、萧思温；五、高勋；六、耶律休哥；七、耶律隆庆；八、萧孝穆；九、耶律和鲁斡；十、耶律仁先。说明要好好镇守南京，武功是最重要的基本要求。以下逐一举例说明之。

一　赵思温

赵思温于太宗天显十一年至会同元年（936—938）任南京留守。天显十一年（936），辽太宗耶律德光未正式下诏升幽州为南京（938 年才正式下诏），故时人乃称赵思温为"幽州赵思温"，而非"南京留守赵思温"。

赵思温自 936 年出兵援立石敬瑭获胜，罢兵后改任南京留守，至会同元年（938）契丹升幽州为南京，而改由赵延寿正式接任，前后虽然仅有三年，然而，赵思温代表辽廷行使主权，从事外交活动，起到沟通后晋与契丹之间的桥梁作用，表现出色。同时，在此期间，契丹为援立石敬瑭，与后唐交战激烈，《资治通鉴》、《旧五代史》、《新五代史》等史著，均有大量记载，特别是《辽史·赵思温传》记载最详。赵思温任南京留守后之首个重要职位为"卢龙军节度使"，此乃幽州地区最高军政长官①，他有

---

① 据《辽史》卷 39《地理志》四，第 493—494 页载：南京析津府，府曰幽都，军号卢龙。统州六、县十一。又据《辽史》卷 48《百官志》四，第 816 页载：南京道属下置幽州卢龙军节度使司，以及平州辽兴军节度使司。由此可见，赵思温担任之卢龙军节度使，实为南京幽都府最高军政长官，南京道两位军政长官之一。

突出的战功而获授"协谋静乱翊圣功臣"封号。

《辽史·赵思温传》曰：

> 天显十一年（936），唐兵攻太原，石敬瑭遣使求救，上（辽太宗）命思温自岚、宪间出兵援之。既罢兵，改南京留守、卢龙军节度使、管内观察处置等使、开府仪同三司，兼侍中，赐协谋静乱翊圣功臣……①

二　赵延寿

赵延寿自太宗会同元年（938）任南京留守，至世宗天禄二年（948）卒于任，其间有刘晞曾为南京留守。

赵延寿乃降辽唐将，曾与石敬瑭争乞契丹援立为帝。他降辽之后，努力为契丹南下攻打后晋，以报私仇。如此公私兼顾之下，立下不少战功，因此，获契丹主封赏甚多。

《旧五代史》、《新五代史》、《契丹国志》及《辽史》，均有《赵延寿传》，详载赵延寿的战功，因大同小异，故只引《辽史·赵延寿传》所载为证：

> 会同……六年（943）冬，晋人背盟，帝（辽太宗）亲征，延寿为先锋，下贝州，授魏、博等州节度使，封魏王。败晋军于南乐，获其将赛项羽。军元城，晋将李守贞、高行周率兵来逆，破之。至顿丘，会大霖雨，帝欲班师。延寿谏曰："晋军屯河滨，不敢出战，若径入澶州，夺其桥，则晋不足平。"上然之。适晋军先归澶州，高行周至柝城，延寿将轻兵逆战；上亲督骑士突其阵，敌遂溃。师还，留延寿徇贝、冀、深三州。
>
> 八年（945），再伐晋，晋主遣延寿族人赵行实以书来招。时晋人坚壁不出，延寿绐曰："我陷虏久，宁忘父母之邦。若以军逆，我即归。"晋人以为然，遣杜重威率兵迎之。延寿至滹沱河，据中渡桥，与晋军力战，手杀其将王清，两军相拒。太宗潜由他渡济，留延寿与耶律朔古据桥，敌不能夺，屡败之，杜重威扫厥众降。上喜，赐延寿

---

① 《辽史》卷76《赵思温传》，第1250—1251页。

龙凤赭袍，且曰："汉兵皆尔所有，尔宜亲往抚慰。"延寿至营，杜重威、李守贞迎谒马首。①

三　刘晞

刘晞原与后唐将领周德威共事，后因身陷契丹，契丹用管辖汉人的官职来引诱他投降，于太宗会同十年（947）任命他为南京留守。

不过，刘晞的确切任期史载不明，据《旧五代史·刘晞传》记载："刘晞……天福中，契丹命晞为燕京留守……随契丹入汴，授洛京留守。"② 刘晞在获得任命为燕京留守之后，随契丹大军攻入汴京（北宋及后晋首都，今河南开封）灭亡后晋，因功而获辽廷改授洛京留守，因此，对契丹来说，也可算是有战功之南京留守。

刘晞当上西京（洛京）留守后，转战许州、东京、镇州、定州等地，再建武功。不过，已不属南京留守任内所为，故留待下一章讨论。

四　萧思温

萧思温于穆宗应历七年至十三年（957—963）之间任南京留守，前后共7年。前节称：萧思温无将帅之才，在对后周的作战之中，胜少败多；不过，史料中还是记载了他在南京留守任内的一些战功。

《辽史·穆宗纪》载：

> （应历）八年（958）……夏四月甲寅，南京留守萧思温攻下沿边州县，遣人劳之。
>
> 九年（959）……夏四月丙戌，周来侵。戊戌，以南京留守萧思温为兵马都总管击之。是月，周拔益津、瓦桥、淤口三关。五月乙巳朔，（辽军）陷瀛、莫二州……辛未，周兵退。③

萧思温"胜少败多"，虽然胜败乃兵家常事，但他以密戚干政，影响极坏。最后，被同僚南院枢密使高勋所谋杀，算是一种报应。详待第

---

① 《辽史》卷76《赵延寿传》，第1247—1248页。

② 《旧五代史》卷98《刘晞传》，第1317页。

③ 《辽史》卷6《穆宗纪》上，第75页。

五章论述。

五　高勋

高勋于穆宗应历十三年（963）继萧思温任南京留守，至保宁三年（971）止，前后共9年。高勋任南京留守期间，多次与宋作战，立下战功，因而获晋升为知南院枢密事，并封秦王。

《辽史·高勋传》曰：

> 应历初，封赵王，出为上京留守，寻移南京。会宋欲城益津，勋上书请假巡徼以扰之（《辽史》卷七《穆宗纪》：应历十七年……二月甲子，高勋奏宋将城益津关，请以偏师扰之，上从之）帝（穆宗）然其奏，宋遂不果城。十七年（967），宋略地益津关，勋击败之，知南院枢密事。景宗即位，以定策功，进王秦。①

《辽史·穆宗纪》亦有记载：

> 应历十三年（963）春正月……丙寅，宋欲城益津关，（穆宗）命南京留守高勋、统军使崔廷勋以兵扰之……②

《续资治通鉴》记载更详：

> （辽穆宗应历十三年、936）春正月……丙寅……时议益津关，辽人知之。南京留守高勋上书，请假巡徼扰其境，辽主然其奏，命勋及统军使崔廷勋以兵扰之，乃不果城。③

上述记载显示，高勋于南京留守任内，确有不少战功。但他有异志，最后走上谋反之路，那是后话。

---

① 《辽史》卷85《高勋传》，第1317页。
② 《辽史》卷6《穆宗纪》，第77页。
③ 毕沅：《续资治通鉴》卷3《宋纪》三"太祖乾德元年"，中华书局1964年版，第54页。

六 耶律休哥

耶律休哥由圣宗统和元年（983）接耶律道隐任南京留守，至统和十六年（998）卒于任，任内多次对宋作战，战功彪炳，以致宋不敢北向。当时宋人欲止儿啼，乃曰："于越（休哥）至矣！"

《辽史·耶律休哥传》，详细记载耶律休哥在南京留守任内的彪炳战绩：

> 圣宗即位（983），太后称制，令休哥总南面军务（《辽史·圣宗本纪》：是年秋九月壬子，景宗崩，癸丑，（圣宗）即皇帝位于柩前，时年十二……冬十月……辛酉……以……北院大王、于越休哥为南面行军都统……），以便宜从事……统和四年，宋复来侵，其将范密、杨继业出云州；曹彬、米信出雄、易，取岐沟、涿州，陷固安，置屯。时北南院、奚部兵未至，休哥力寡，不敢出战。夜以轻骑出两军间，杀其单弱以胁众；昼则以精锐张甚势，使彼劳于防御，以疲其力。又设伏林莽，绝其粮道。曹彬等以粮运不继，退保白沟。月余，复至。休哥以轻兵薄之，伺彼蓐食，击其离伍单出者，且战且却。由是南军自救不暇，结方阵，堑地两边而行。军渴乏井，漉淖而饮，凡四日始达于涿。闻太后军至，彬等冒雨而遁。太后益以锐卒，追及之。彼力穷，环粮车自卫，休哥围之。至夜，彬、信以数骑亡去，余众悉溃。追至易州东，闻宋师尚有数万，濒沙河而爨，促兵往击之。宋师望尘奔窜，堕岸相蹂死者过半，沙河为之不流。太后旋旌，休哥收宋尸为京观。封宋国王。
>
> ……及太后南征，休哥为先锋，败宋兵于望都。时宋将刘廷让以数万骑并海而出，约与李敬源合兵，声言取燕，休哥闻之，先以兵扼其要地。会太后军至，接战，杀敬源，廷让走瀛州。七年（987），宋遣刘廷让等乘暑潦来攻易州，诸将惮之；独休哥率锐卒逆击于沙河之北，杀伤数万，获辎重不可计，献于朝。太后嘉其功，诏免拜、不名。自是宋不敢北向。时宋人欲止儿啼，乃曰："于越至矣！"[1]

---

① 《辽史》卷83《耶律休哥传》，第1299—1301页。

耶律休哥任南京留守 16 年之久。在他任南京留守期间，辽宋之间频频大战，宋朝败多胜少，有几次更以惨败收场，相信与耶律休哥为契丹名将有直接的关系。现摘录《辽史·圣宗纪》有关耶律休哥直接参战之记载如下：

统和元年春正月戊午朔……丙子（十九日），以于越休哥为南京留守，仍赐南面行营总印绶，总边事……壬午（二十五日）①，涿州刺史安吉奏宋筑城河北，诏留守于越休哥挠之，勿令就功。二月……己丑，南京奏，闻宋多聚粮边境及宋主将如台山，诏休哥严为之备。

四年……三月甲戌，于越休哥奏宋遣曹彬、进彦进、米信由雄州道，田重进飞狐道，潘美、杨继业雁门道来侵，岐沟、涿州、固安、新城皆陷。诏宣徽使蒲领驰赴燕南，与休哥议军事；分遣使者征诸部兵益休哥以击之……丙子，统军使耶律颇德败宋军于固安，休哥绝其粮饷，擒将吏，获马牛、器仗甚众。

夏四月……辛丑，宋潘美陷云州。壬寅，遣抹只、谋鲁姑、勤德等镇偏师以助休哥，仍赐旗鼓、枏窊印抚谕将校。癸卯，休哥复以捷报，上以酒脯祭天地，率群臣贺于皇太后……癸丑……宋将曹彬、米信北渡拒马河，与于越休哥对垒，挑战，南北列营长六七里……乙卯，休哥等败宋军，献所获器甲、货财，赐诏褒美。

六月……甲辰，诏南京留守休哥遣骁手西助斜轸。

秋七月……擒宋将杨继业……宋将杨继业初以骁勇自负，号杨无敌（杨继业），北据云、朔数州……遇斜轸，伏四起，中流矢，堕马被擒。疮发不食，三日死。遂函其首以献。诏详稳辖麦室传其首于越休哥，以示诸军……自是宋守云、应诸州者，闻继业死，皆弃城遁。

十二月己亥，休哥败宋军于望都，遣人献俘。壬寅……诏休哥以骑兵绝宋兵……

六年……九月丙申……休哥遣详稳意德里献所获宋谍者。

七年……六月……休哥、排亚破宋兵于泰州。

---

① 《辽史》卷 10《圣宗纪》一，第 108 页，载此时辰时于午字之上缺字，因丙子后支字午只得"壬午"二十五，故此缺字应为"壬"字。

十六年……十二月丙戌朔，宋国王休哥薨，辍朝五日。①

耶律休哥任南京留守 16 年期间，扶助 12 岁登基的圣宗耶律隆绪，总南面军务，多次打败宋军，包括宋骁将杨无敌（杨继业），使边境安宁、社稷稳固，奠定了辽朝圣宗、兴宗二代盛世之基。《辽史·耶律休哥传》称耶律休哥："休哥智略宏远，料敌如神。每战胜，让功诸将，故士卒乐为之用。身更百战，未尝杀一无辜。"史论更大赞耶律休哥无愧为名将，对社稷巩固、边境安宁，居功至伟：

> 论曰：宋乘下太原之锐，以师围燕，继遣曹彬、杨继业等分道来伐。是两役也，辽亦岌岌乎殆哉！休哥奋击于高梁，敌兵奔溃；斜轸擒继业于朔州，旋复故地。宋自是不复深入，社稷固而边境宁，虽配古名将，无愧矣。然非学古之在南京安其反侧，则二将之功，盖亦难致。故曰，国以人重，信哉。②

七　耶律隆庆

耶律隆庆由圣宗统和十六年至开泰五年（998—1016）任南京留守，长达 19 年之久。在任职南京留守期间，他屡与宋作战，战功赫赫，因此一再获辽廷加官晋爵，最高官拜兵马大元帅。

据《辽史·皇子表》记载：

> 隆庆……统和十七年（999）南征，为先锋，至瀛州，遇宋将范庭召列阵以待。隆庆遣萧柳击败之，逃入空墅，围而尽殪。十九年（1001），复败宋人于行唐。③

《契丹国志·孝文皇太弟传》亦有记载耶律隆庆的战功及所获得的封赏：

---

① 《辽史》卷 10—14《圣宗纪》——五，第 107—154 页。
② 《辽史》卷 83，第 1305 页。
③ 《辽史》卷 64《皇子表》二，第 986 页。

　　孝文皇太弟隆庆……幼时与群儿戏，为行伍战阵法，指挥意气，无敢违者……长善骑射，骁捷如风。定州之战，隆庆封为梁王，加兵马大元帅，从其母萧后以行，力战深入，与擒王继忠有功，拜西京留守，封秦晋国王，又拜尚书令。①

　　耶律隆庆擒王继忠②有功，而获辽廷重赏。王继忠乃宋朝戍边重臣，官拜云州观察使，陷契丹后契丹主待之甚厚，更名耶律忠，又改名宗信，封吴王，为契丹所用，成为沟通辽宋之和使者，在辽宋签订"澶渊之盟"③ 过程之中，卖力为契丹效劳。④

　　耶律隆庆任南京留守期间，辽宋连年战争，各有胜负，最后于辽圣宗统和二十二年（宋真宗景德元年，1004）十二月签订"澶渊之盟"，宋许岁输银10万两、绢20万匹，宋真宗称辽太后为叔母，辽班师北归。辽获大胜，多为耶律隆庆之战果。他因功获加守太师，兼政事令，寻拜大元帅，赐金券。有关耶律隆庆南京留守任内之战功，除上引之外，《辽史·圣宗本纪》等史料尚有不少记载，在此从略。

---

　　①　《契丹国志》卷14《孝文皇太弟传》，第152页。

　　②　（宋）王偁：《东都事略》卷42《列传》25，第647页有《王继忠传》，记载其生平如下："王继忠，开封人也，父为军校戍边而死，继忠因得补授……累擢至云州观察使。咸平末（王继忠传前一页之王超传：王超为宋将，帅定州路行营，王继忠副之……宋真宗咸平六年，契丹入寇，王继忠与战于望都，因王超不赴援而陷于契丹）契丹入寇，继忠帅定武出战于望都之北……转战累日，援兵不至，遂陷契丹。（宋）朝廷谓其死矣，赠大同军节度使。景德初（1004）契丹令继忠请修和好，朝廷允其请戢兵息民，继忠有力焉。自是，朝廷遣使至契丹，必厚赐继忠，继忠对使者亦必泣下，尝附表请召还。（宋）真宗以誓好既定，赐诏谕之。契丹主待之甚厚，更其姓名曰耶律显忠，又改名宗信，封为吴王，后不知其所终。"

　　③　关于"澶渊之盟"，许多史籍有详尽记载，本书研究辽南京留守之战功，故以辽人所载为准。据《辽史》卷14《圣宗纪》五，第160页："（辽圣宗统和）二十二年（1004）……十二月……癸未，宋复遣曹利用来，以无还地之意，遣监门卫大将军姚柬之持书往报。戊子，宋遣李继昌请和，以太后为叔母，愿岁输银十万两，绢二十万匹，许之，即遣阁门使丁振持书报聘。己丑，诏诸军解严。是月，班师。"

　　④　《宋史》卷七《真宗本纪》，第121—127页，记载王继忠在宋辽签订"澶渊之盟"过程中扮演的角色："（咸平）六年（1003）……四月……契丹来侵，战望都县，副都部署王继忠陷于敌。景德元年（1004）……月……王继忠致书于莫州石普以讲和。冬十月……癸卯……王继忠上言契丹请和……十一月……甲戌……王继忠数驰请和……"由上引可见，王继忠陷入契丹后，频频奔走于宋辽之间请和，这对是年（1004）十二月宋辽签订"澶渊之盟"，有直接促进作用。《资治通鉴》卷57及卷58，对王继忠之事记述亦甚详。

八　萧孝穆

萧孝穆两次出任南京留守，第一次自圣宗太平三年至十年（1023—1030），前后 8 年；第二次由兴宗景福元年至重熙六年（1031—1037），前后 7 年，两次任期总共 15 年。萧孝穆任职南京留守期间，战功赫赫，特别是太平九年（1029）东征平定大延琳之叛乱，最为重要。

据《辽史·萧孝穆传》记载：

> 太平九年，大延琳以东京叛，孝穆为都统讨之，战于蒲水。中军稍却，副部署萧匹敌、都监萧蒲奴以两翼夹击，贼溃，追败之于手山北。延琳走入城，深沟自卫。孝穆围之，筑重城，起楼橹，使内外不相通，城中撤屋以爨。其将杨详世等擒延琳以降，辽东悉平。改东京留守，赐佐国功臣。[①]

《辽史·圣宗本纪》亦载，萧孝穆平定大延琳之乱凯归，辽圣宗耶律隆绪大加宴劳，并且封官赐爵："太平十年（1030）……十一月辛亥，南京留守燕王萧孝穆以征将士凯还，戎服见上（辽圣宗），上大加宴劳。翌日，以孝穆为东平王、东京留守……"[②]

《契丹国志·萧孝穆传》也有记载萧孝穆平定"东京之乱"的战绩：

> 孝穆机悟有才艺，驰马立射五的，时人莫能及。圣宗在位，喜其忠谨，与参军国大谋。时渤海反于东京，有众数万，命孝穆为行营兵马都统讨之。大酋宿石真栅于金间山上，险峻不可攻，孝穆为宣扬恩意，开其自新，凡所招降七万余户而还，以功授东辽王[③]。

九　耶律和鲁斡

耶律和鲁斡两次任南京留守，首次由道宗清宁二年至七年（1056—1061），前后共 6 年；第二次由道宗寿隆元年，至天祚皇帝乾统十年

---

① 《辽史》卷 87《萧孝穆传》，第 1331—1332 页。
② 《辽史》卷 17《圣宗本纪》，第 205 页。
③ 《契丹国志》卷 15《萧孝穆传》，第 158 页。

（1095—1110），前后共 16 年。第一次任期之后，因功而获加官晋爵；第二次则卒于任上，故列入寿终正寝行列。

耶律和鲁斡在天祚皇帝时代"复守南京"16 年（1095—1110），史载他为安排天祚皇帝"巡幸"做了不少事。天祚即位，松弛了围场之禁。和鲁斡请问曰："天子以巡幸为大事，虽居阴，不可废也。"天祚皇帝听进了他的进谏，下令有关部门再备春水之行。和鲁斡追随天祚皇帝从猎于庆州，因公殉职。① 由于"天子巡幸"属于较大规模的军事保安工作，故将之列为耶律和鲁斡的战功之一。

十 耶律仁先

耶律仁先由道宗咸雍元年（1065）起任南京留守，至咸雍八年（1072）卒于任，前后共 8 年。

耶律仁先在南京留守任内战功彪炳，咸雍五年（1069）讨伐阻卜酋长之叛乱，获辽道宗钦准"便宜行事"（即"先斩后奏"）。逆击塔里干来寇，大获全胜，以至"北边遂安"。

《辽史·属国表》载："咸雍五年（1069）三月，阻卜酋长叛，以南京留守晋王仁先为西北路招讨使，领禁军讨之。"②

《辽史·耶律仁先传》详细描绘了耶律仁先讨伐阻卜酋长之叛乱的情景：

> 阻卜塔里干叛命，仁先为西北路招讨使，赐鹰纽印及剑。上（辽道宗）谕曰："卿去朝廷远，每俟奏行，恐失机会，可便宜从事。"仁先严斥候，扼敌冲，怀柔服从，庶事整饬。塔里干复来寇，仁先逆击，追杀八十余里。大军继至，又败之。别剖把里斯、秃没等来救，见其屡挫，不敢战而降。北边遂安。③

耶律仁先于南京留守任内治绩亦甚佳，是一位文武双全的良臣猛将，详见前述。

---

① 《辽史》卷 64《皇子表》，第 991—992 页。
② 《辽史》卷 70《属国表》，第 1166 页。
③ 《辽史》卷 96《耶律仁先传》，第 1397 页。

24 位南京留守之中，10 人战功彪炳，若扣除 4 位备考者，则恰好占一半，说明：

（1）南京最高行政长官——留守，多为能征善战之将领，包括几位谋反作乱的留守，都是将帅之才；纯粹的文官或不能作战者，必定是后台强硬的皇亲国戚，但也只占少数。

（2）南京留守之战功，主要是对南面汉人王朝作战；亦对东北面渤海王国、扶余（馀）王朝，以及附近的地方势力，可见，辽南京是契丹对南面及东北面用兵的军事重镇。

第四节　战败误国者

24 位南京留守之中，亦有 3 人吃过大败仗，计为：一、萧思温；二、韩匡嗣；三、耶律淳。兵书曰"胜败乃兵家常事"，然而，如何败法？值得追究。以下逐一分析之。

一　萧思温

萧思温于辽穆宗应历七年至十三年（957—963）任南京留守，前后共 7 年。萧思温握龊修边幅，并非将帅才，因而畏战，故于南京留任内，契丹南面边防失利。《辽史·萧思温传》记录详况：

> 思温在军中，握龊修边幅，僚佐皆言非将帅才。寻（辽太宗应历年间）为南京留守。
>
> 初，周人攻扬州，上遣思温蹑其后，惮暑不敢进，拔缘边数城而还。后周师来侵，围冯母镇，势甚张。思温请益兵，帝报曰："敌来，则与统军司并兵拒之；敌去，则务农作，勿劳士马。"会敌入束城，我军退渡滹沱而屯。思温勒兵徐行，周军数日不动。思温与诸将议曰："敌众而锐，战不利则有后患。不如顿兵以老其师，蹑而击之，可以必胜。"诸将从之。遂与统军司兵会，饰他说请济师，周人引退，思温亦还。
>
> 已而，周主复北侵，与其将傅元卿、李崇进等分道并进，围瀛州，陷益津、瓦桥、淤口三关，垂迫固安。思温不知计所出，但云车驾旦夕至，麾下士奋跃请战，不从。已而，陷易、瀛、莫等州，京畿

人皆震骇，往往遁入西山。思温以边防失利，恐朝廷罪己，表请亲征。会周主荣以病归，思温退至益津，伪言不知所在。遇步卒三千余人来拒，败之。是年，闻周丧，燕民始安，乃班师。①

萧思温畏战失利，并未受辽廷惩罚，因为萧思温乃辽廷密戚：他既是太宗的女婿，又是穆宗的姐夫，还是景宗的岳父。在文治方面，萧思温以密戚干政，政绩低差，声誉狼藉。史论辱骂他："处位优重，耽禄取容，真鄙夫矣！"

二 韩匡嗣

韩匡嗣于景宗保宁三年至乾亨元年（971—979）任南京留守，前后共9年。景宗乾亨元年（979），韩匡嗣与宋军战于满城，由于轻敌而大败。景宗怒责五罪，促令诛之，后因皇后引诸内戚劝解，才得幸免。

《辽史·韩匡嗣传》曰：

> 时耶律虎古使宋还，言宋人必取河东，合先事以为备。匡嗣诋之曰："宁有是！"已而宋人果取太原，乘胜逼燕。匡嗣与南府宰相沙、惕隐休哥侵宋，军于满城，方阵，宋人请降。匡嗣欲纳之，休哥曰："彼军气其锐，疑诱我也。可整士卒以御。"匡嗣不听。俄而宋军鼓噪薄我，众蹙践，尘起涨天。匡嗣仓卒谕诸将，无当其锋。众既奔，遇伏兵扼要路，匡嗣弃旗鼓遁，其众走易州山，独休哥收所弃兵械，全军还。帝（辽景宗）怒匡嗣，数之曰："尔违众谋，深入敌境，尔罪一也；号令不肃，行伍不整，尔罪二也；弃我师旅，挺身鼠窜，尔罪三也；侦候失机，守御弗备，尔罪四也；捐弃旗鼓，捐威辱国，尔罪五也。"促令诛之。皇后引诸内戚徐为开解，上重违其请。良久，威稍霁，乃杖而免之。②

《辽史·景宗本纪》记载，宋军围困南京，韩匡嗣战败满城，被降封为秦王的详细时间表：

---

① 《辽》卷78《萧思温传》，第1267页。
② 《辽史》卷74《韩匡嗣传》，第1234页。

乾亨元年（979）六月……己巳，宋主（宋太宗）围南京……九月己卯，燕王韩匡嗣为都统……各率所部兵南伐……冬十月乙丑，韩匡嗣与宋兵战于满城，败绩……乙亥，诏数韩匡嗣五罪，赦之……十二月乙卯，燕王韩匡嗣遥授晋昌军节度使，降封秦王。壬戌，蜀王道隐（接任）南京留守。①

宋朝更不会放过这个宣扬军威的大好机会，《宋史·太宗本纪》详载宋军大败辽军，辽将纷纷投降，宋军斩获甚多的情况：

（宋太宗太平兴国）四年（979）……六月，以将伐幽蓟……庚申，帝（宋太宗）复自将伐契丹……庚午，次幽州城南……契丹军城北，帝率众击走之。壬申……契丹铁林厢主李札卢存以所部来降。癸酉……督诸将进兵，获马三百。幽州神武厅直并乡兵四百人来降……秋七月庚辰，契丹建雄军节度使，知顺州刘廷素来降。壬午，知蓟州刘守恩来降……九月……丙午，镇州都钤辖刘廷翰及契丹战于遂城西，大败之，斩首万三百级，获三将、马万匹……十一月……辛卯……关南言破契丹，斩首万余级。②

辽景宗乾亨元年（宋太宗太平兴国四年，979）宋军围攻幽蓟之战，辽军惨败。当时，负责守卫辽南京的最高军政长官韩匡嗣惨败。他虽不应负全部责任，但是，辽景宗责备他五宗罪，实不为过。

三 耶律淳

耶律淳为最后一位辽南京留守，由天祚皇帝乾统十年（1110）袭其父耶律和鲁斡守南京，至保大二年（1122），南京被金攻陷为止，前后共13年。

耶律淳任内与宋、金频频作战，屡吃败仗，以致辽朝元气尽失。辽天祚帝保大二年（1122），南京为金兵所陷，越三年（1125）辽亡。

---

① 《辽史》卷9《景宗本纪》，第101—102页。
② 《宋史》卷4《太宗本纪》，第62—63页。

宋、金联手攻陷辽南京，导致辽亡，许多史籍有详尽记载。以下摘举几例，已经可以看出当时辽南京最高行政长官耶律淳惨败情况。

《辽史·属国表》载：

辽天祚帝天庆七年（1117）……十二月，都元帅秦晋国王淳遇女直军，战于蒺藜山，败绩。女直军复攻拔显州。是岁，女直国主即皇帝位，建元天辅，国号金。①

《宋史·太祖本纪》曰：

（金太祖）天辅元年（辽天庆七年），十二月甲子，斡鲁古（金南路都统）等败耶律捏里（辽秦晋国王，即耶律淳，对照《金史》、《辽史》，因官名、时间同，故知为同一人）兵于蒺藜山，拔显州，干、懿、豪、徽、成、川、惠等州皆降。②

《宋史》卷22《徽宗本纪》曰：

（宋徽宗宣和）四年（辽天祚帝保大二年，1122）……三月……丙子，辽人立燕王淳为帝。金人来约夹攻，命童贯为河北、河东路宣抚使，屯兵于边以应之，且招谕幽燕。③

《三朝北盟会编》亦记载：有不少宋臣讨论燕云兵事，从中也可以看到宋大败辽的情况。如政和八年（1118）五月二十七日安尧臣上书"乞寝燕云兵事"，童贯上"平燕策"等，都有明确记载，在此从略。④

24位南京留守，仅三人吃败仗，所占比例甚小，说明绝大多数南京留守，并非军事庸才。三位吃败仗的南京留守之中，萧思温败于后周，韩匡嗣败于宋，耶律淳败于金，正好是契丹统治燕云187年之间遭受的三次

---

① 《辽史》卷70《属国表》，第1184页。
② 《宋史》卷2《太祖本纪》，第30页。
③ 《宋史》卷22《徽宗本纪》，第409页。
④ 《三朝北盟会编》卷2《政宣上帙》二，第9—15页。

大挫折：前两次失去若干州；第三次失燕京，最终导致辽亡。

由此可见，南京之得失，与整个辽朝的兴衰息息相关。

第五节　谋反作乱者

儒家从立德、立言、立功三个标准来衡量某人的功绩，并且认为：立德最为重要。对于人臣来说，"德"即是对朝廷忠诚，无二心。

在五代 53 年（907—960）的乱世，朝代频频更迭，城头变换大王旗，能够完全按照儒家忠孝仁义原则而尽"全节"者，只有三人而已。《新五代史》特辟《死节传》，列出其名字顺序为王彦章、裴约、刘仁赡，并且慨叹道："语曰：'世乱识忠臣。'诚哉！五代之际，不可以为无人，吾得全节之士三人焉。"[1] 又叹曰：

> 自开平讫于显德（907—960），终始五十三年，而天下五代，士之不幸而生其时，欲全其节而不二者，固鲜矣。于此之时，责士以死与必去，则天下无士矣……君子之于人也，乐成其美而不求其备，况死者人之所难乎？吾于五代，得全节之士三人而已。其初无卓然之节，而终以死人之事者，得十有五人焉……[2]

宋代大文学家欧阳修被誉为"唐宋八大家"之一，由他"私撰"的《新五代史》，非常讲究"义理体例"，重视士（知识分子）的"节"，因此，在他的《新五代史》之中，只有三人能"全节"，十五人能尽"死事"。如果按照他的准则来衡量，在 24 位南京留守之中，恐无一人符合忠义之节了。所以，本节以对主人是否反叛为忠与不忠，而不分正朔。

在 24 位南京留守之中，有 5 人于任内谋反作乱，计为：赵延寿、耶律牒蜡、耶律娄国、耶律明及耶律淳。他们南京留守任外可能是另一个样子；但在任内不是"忠臣义士"，而是"无德"的乱臣贼人。现考证其南京留守任内谋反事实，分析其作乱经过，探讨其叛逆原因。

---

① 《新五代史》卷 32《死节传》第 20，第 347 页。
② 《新五代史》卷 33《死事传》第 21，第 355 页。

一　赵延寿

赵延寿原为后唐将领，与石敬瑭争乞契丹立为汉主，因为争不过石敬瑭而降辽，为契丹人效劳。赵延寿降辽后，屡获封官晋爵，于辽太宗会同元年至世宗天禄二年（938—948）之间，担任南京留守。但是，他的反叛自立之心未灭，在契丹与汉人王朝之间，反反复复谋反作乱，在南京留守任内亦有谋反举动，最终被诱捕禁闭，家财充公。

会同九年（946），赵延寿曾密修一书给杜威（时任后晋天雄节度使）曰："久处异域，思归中国，乞发大军应接，拔身南去。"① 此书函证明，身在辽朝、任职高官的赵延寿，有私通敌国（后晋）之举。

《资治通鉴》将此事经过，详细记载如下：

> 后晋开运三年（辽会同九年，946）秋七月……有自幽州来者，言赵延寿有意归国；枢密使李崧、冯玉信之，命天雄节度使杜威致书于延寿，具述朝旨，啖以厚利，洛州军将赵行实尝事延寿，遣赍书潜往遗之。延寿复书言："久处异域，思归中国。乞发大军应接，拔身南去。"辞旨恳密。朝廷欣然，复遣行实诣延寿，与为期约。②

上引原注虽云："晋人自此堕赵延寿计中矣。"但赵延寿私函通外国（后晋）言明"思归"且"乞发大军应接"，即可"拔身南去"，这一连串许诺，已属叛乱行为。

薛居正《旧五代史》亦有相似记载：

> （后晋开运三年）七月，行实自燕回，得延寿书，且言："久陷边廷，愿归中国，乞发大军应接，即拔身南去。"叙致恳功，辞旨绵密，时朝廷欣然信之，复遣赵行实计会延寿大军应接之所……③

---

① 赵延寿：《复后晋杜威书》（会同九年），载陈述辑校《全辽文》卷4，中华书局1982年版，第69页。

② 《资治通鉴》卷285《后晋纪》六，第9306页。

③ 《旧五代史》卷84《晋书》10《少帝纪》第四，第1118页。

当时，后晋少帝石重贵与契丹主太宗耶律德光翻脸，在幽燕两州边境大打出手。双方交战之际，后晋少帝一再派遣边将送书于幽州，劝令赵延寿归国[①]。赵延寿在晋少帝再三劝诱下，重燃归晋之心。辽太宗为笼络赵延寿，大力加官晋爵，升延寿坐在契丹左右相之上，还以赵延寿之子匡赞为河中节度使。

可是，赵延寿不满辽太宗答应扶立他取代晋王，而其后又负约，所以，于天禄元年（947）四月太宗耶律德光驾崩于栾城之后，伪称受太宗遗诏，权知南朝军国事，全面掌控契丹对南部汉人王朝的军事大权。

年幼的永康王耶律兀欲，即帝位于太宗耶律德光灵柩之前，是为世宗。[②] 由于担心赵延寿占据要津（南京）而谋反，因而诱捕关禁之，并没收赵的家财，分给诸部。

赵延寿与契丹人的恩恩怨怨，由来已久。《旧五代史》、《契丹国志》及《辽史》均有《赵延寿传》，详述其经过。《旧五代史》乃将赵延寿列为晋臣，详载其生平，兹引录如下：

> 天福末，契丹既与少帝（石重贵）绝好，契丹主（太宗耶律德光）委延寿以图南之事，许以中原帝之。延寿乃导诱蕃戎，蚕食河朔。晋军既降于中渡，戎王命延寿就寨安抚诸军，仍赐龙凤赭袍，使衣之而往。谓之曰："汉儿兵士，皆尔有之，尔宜亲自慰抚。"延寿至营，杜重威、李守贞已下皆迎谒于马前。
>
> ……
>
> 延寿在汴久之，知戎王无践言之意，乃遣李崧达语于戎王，求立为皇太子，崧不得已而言之。戎王曰："我于燕王，无所爱惜，但我皮肉堪与燕王使用，亦可割也，何况他事！我闻皇太子，天子之子合作，燕王岂得为之也！"因命与燕王加恩。时北来翰林学士承旨张砺，拟延寿为中京留守、大丞相、录尚书事、都督中外诸军事，枢密使、

燕王如故。① 戎王览拟状，索笔涂却"录尚书事、都督中外诸军事"
之字，乃付翰林院草制焉。又以其子匡赞为河中节度使。

……契丹主自汴回至邢州，命升延寿坐在契丹左右相之上。契丹
主死，延寿下教诸道，称权知南朝军国事。是岁六月一日，为永康王
兀欲所锁，籍其家财，分给诸部，寻以延寿入国，竟卒于契丹。②

二　耶律牒蜡

耶律牒蜡于辽世宗天禄二年（948）十月接替赵延寿任南京留守，至
天禄五年（应历元年，951）秋九月，因胁从参与察割谋反不降，而被凌
迟而死。

耶律牒蜡是契丹重臣六院夷离堇蒲古只之后人，又官至中台省右相，
还有不俗的文治政绩，两次奉辽廷之命，持节册出使汉人王朝行册封大
礼，都顺利完成任务。而且，在他任南京留守之前，还有彪炳的武功：
"及我师（辽军）伐晋，至滹沱河，降晋将杜重威，牒蜡功居多。大同元
年（947），平相州之叛，斩首数万级。"③ 可见，他是契丹大族之中一位
文武皆能的人才。

但是，他在辽世宗天禄五年（951）九月，因参与察割谋反而被凌迟
至死。当时，他的身份是南京留守，所以，将他列为在南京留守任内谋反
作乱者。

《辽史》将耶律牒蜡列为逆臣之一，但并未详记他是如何背叛辽廷的。
不过，《辽史·耶律察割传》详细记载这次谋反经过，其中，提及耶律牒
蜡如何参与其事，可作参考。现摘录如下：

> 察割，字欧辛，明王安端之子。……
> 察割以诸族属杂处，不克以逞，渐徙庐帐迫于行宫……
> 天禄五年（951）七月，帝（世宗）幸太液谷，留饮三日，察割
> 谋乱不果。帝伐周，至详古山，太后与帝祭文献皇帝（太宗耶律德光

---

① 原文注：案辽史云：会同七年正月己丑，授延寿魏、博等州节度使，封魏王。延寿本传
亦言其先封燕王，改封魏王，是延寿入汴时已为魏王也。薛史始终称为燕王，与辽史异。（旧五
代史考异）案：辽史载张砺拟状，无"枢密使、燕王如故"七字。（孔本）
② 《旧五代史》卷98《晋书》24《赵延寿传》，第1311—1313页。
③ 《辽史》卷113《耶律牒蜡传》，第1506页。

之兄耶律倍)于行宫,群臣皆醉。察割归见寿安王(耶律璟,其后为穆宗),邀与语,王弗从。察割以谋告耶律盆都,盆都从之。是夕,同率兵入弑太后及帝,因僭位号。百官不从者,执其家属……寿安遣人谕曰:"汝等既行弑逆,复将若何?"有夷离堇划者委兵归寿安王,余众望之,徐徐而往。察割知其不济,乃系群官家属,执弓矢胁曰:"无过杀此曹尔!"……时林牙耶律敌猎亦在系中,进曰:"不有所废,寿安王何以兴。借此为辞,犹可以免。"察割曰:"诚如公言,谁当使者?"敌蜡请与罨撒葛同往说之,察割从其计。

寿安王复令敌猎诱察割,齐杀之。诸子皆伏诛。[①]

《辽史·耶律察割传》还称:耶律牒蜡虽然"亦在系中"参与谋反,但在关键时候充当和解说客,寿安王反令他诱捕察割,但并未交代他的下场;但是,在《辽史·耶律牒蜡传》中,则有明确的记载:

天禄五年(951),察割弑逆,牒蜡方醉,其妻扶入察割之幕,因从之。明旦,寿安王(穆宗耶律璟)讨乱,凡胁从者皆弃兵降;牒蜡不降,凌迟而死。妻子皆诛。[②]

三　耶律娄国

耶律娄国于世宗天禄五年(951)九月,手刃谋杀世宗之察割,而获晋升南京留守,但翌年七月,却因谋反被执,八月被杀。他担任南京留守,前后计算有2年,但是,实际上只有11个月。

耶律娄国任南京留守期间,因穆宗耶律璟(耶律娄国之堂兄弟)沉湎于酒,不恤政事,而有篡位之心。

《辽史·耶律娄国传》记载:

穆宗沉湎,不恤政事,娄国有觊觎之心,诱敌猎(即牒蜡)及群不逞谋逆。事觉,按问不服。帝(穆宗)曰:"朕为寿安王时,卿数

---

① 《辽史》卷111《逆臣》上,第1499—1501页,《耶律察割传》。文中所说的耶律敌蜡,即耶律牒蜡,详见前注。

② 《辽史》卷113《耶律牒蜡传》,第1506页。

以此事说我，今日岂有虚乎?"娄国不能对。及余党尽服，遂缢于可汗州西谷，诏有司择绝后之地以葬。[1]

耶律娄国任南京留守不足一年，未见记载其政绩或武功，但由上引可知，耶律娄国篡夺堂兄弟帝位之心，由来已久，但是，等到出任南京留守之时才举事，结果，留下逆臣的臭名。

四　耶律明

耶律明于道宗清宁七年至九年（1061—1063）任南京留守，前后共3年。

清宁九年（1063）鲁王宗元（辽圣宗耶律隆绪之子）谋反，耶律明参与其事，战败被擒斩。

《契丹国志·道宗纪》记载这场宗室要员争位谋反，互相杀戮的残酷经过：

> （辽道宗）清宁九年（1063）……鲁王宗元（圣宗之子）……谋作乱……秋七月……燕京留守耶律明与宗元通谋，闻其（宗元）败，领奚兵入城授甲，欲应之。副留守某将汉兵拒焉。会使者以金牌至，遂擒斩耶律明，帝寻亦至，陈王萧孝友等皆坐诛。其先遣来南宋使者数人，悉宗元之党也，过白沟，悉以槛车载至，诛之。[2]

只据上述史料，即可以将耶律明列入在南京留守任内谋反作乱者。

五　耶律淳

耶律淳由天祚皇帝乾统十年（1110）袭其父耶律和鲁斡任南京留守，至保大二年（1122）僭位称号，同年六月死亡，前后共做了13年南京留守。

天庆五年（1115），敌里等策划废立事，耶律淳知道此阴谋之后，斩下敌里的首级献给天祚皇帝，因而获赐金券、拜都元帅，并可以自择将

---

① 《辽史》卷112《列传》第42《逆臣》上《耶律娄国传》，第1501页。
② 《契丹国志》卷9《道宗纪》，第88页。

士。于是，他利用此项特权，私自招募燕、云精兵，策划谋反。

《辽史·天祚帝本纪》记载耶律淳谋反自立为帝的经过：

> 天庆五年（1115），东征，都监章奴济鸭子河，与淳子阿撒等三百余人亡归，先遣敌里等以废立之谋报淳，淳斩敌里首以献，进封秦晋国王，拜都元帅，赐金券，免汉拜礼，不名。许自择将士，乃募燕、云精兵……
>
> 保大二年（1122），天祚入夹山，奚王回离保、林牙耶律大石等引唐灵武故事，议欲立淳。淳不从，官属劝进曰："主上蒙尘，中原扰攘，若不立王，百姓何归？宜熟计之。"遂即位。百官上号天锡皇帝，改保大二年为建福元年，大赦。放进士李宝信等一十九人，遥降天祚为湘阴王。①

耶律淳称帝三个月即死亡，而且，留下"忘恩负义"的骂名。《辽史》《天祚纪四》"史论"，指责耶律淳篡帝位是忘恩负义：

> 耶律淳在天祚之世，历王大国，受赐金券，赞拜不名。一时恩遇，无与为比。当天祚播越，以都元帅留守南京，独不可奋大义以激燕民及诸大臣，与勤王之师，东拒金而迎天祚乎？乃自取之，是篡也。②

24 位留守，就有 5 人任内谋反（尚有 2 人——高勋及耶律重元任后谋反），比例甚大。可见南京地位重要，逆臣利用此地为据点，拥兵自重，对抗朝廷。谋反之南京留守的结局，留待下一章继续讨论。

待　考

24 位南京留守之中，有 4 位任期未考实，故无法确定其任内功过，留待以后进一步考证。这四位留守是：一、马廷煦；二、萧孝先；三、耶

---

① 《辽史》卷 30《天祚皇帝纪》四，第 352 页。
② 《辽史》卷 30《天祚皇帝纪》四之"史论"，第 358 页。

律宗范；四、耶律洪道。以下逐一分析之。

一　马廷煦

本书考证，马廷煦于穆宗应历三年至六年（953—956）任南京留守，前后共 4 年。

本书所涉及史籍，仅《辽史·马人望传》有一句"曾祖马廷煦，南京留守"。此外，未见再有关于马廷煦的记载。因此，很难进一步讨论其南京留守任内的功过。

二　萧孝先

萧孝先于兴宗重熙六年（1037）三月，继其兄萧孝穆任南京留守（详见"萧孝穆条"），至重熙十年（1041）由耶律重元取代，前后共 5 年。

未见史载其任内表现。萧孝先乃因与法天皇后合谋废兴宗，事泄之后被外放到南京当留守。由于他有强硬的外戚关系，故未受到惩罚，只是外放到南京，算是一种照顾。他郁郁寡欢远离京师，故可推测其于南京留守任内，不会有大作为。

三　耶律宗范

耶律宗范是景宗第三子耶律隆祐之子，即是景宗耶律贤之孙、圣宗耶律隆绪之侄。他于太平十一年（1031）圣宗耶律隆绪驾崩、兴宗耶律宗真即位的景福元年（1031），曾任燕京留守。但史载不详，只能从其他人的传记及皇子表中，获得零星的资料，且疑耶律宗范与敖鲁斡为同一人，故其任内功过，无从讨论。

四　耶律洪道

耶律洪道是兴宗第三子、道宗之同母弟、天祚帝之叔。他曾于道宗大康元年（1075）任南京留守，但确期待考，且怀疑耶律洪道与耶律阿琏为同一人。

由于耶律洪道之南京留守确切任期未能考实，又疑耶律洪道与耶律阿琏为同一人，故任内功过，没有准确的证据来考证。

第 五 章

辽代南京留守的结局

辽南京24位留守，宗室占9位，外戚占4位，其余或为勋臣名将，或为燕地望族名人，或为辽廷需要笼络之降辽汉将，可见辽南京留守之职位，极为重要。

24位留守于任期内，际遇不同，功过参差，有的政绩优异，有的战功彪炳；相反地，有的政绩庸劣，有的战败误国或谋反作乱，下场可悲。

24位南京留守卸任后结局如何？本章详加探讨。就其性质，分为三类：1. 加官封爵；2. 卒任善终；3. 叛逆自绝。有关官衔职掌及封赏之具体含意，详见第八章"辽朝官制与辽代南京留守职掌"。

第一节　加官封爵者

担任辽南京留守之后，获升迁至更高职位者，计有赵思温、刘晞、萧思温、高勋、韩匡嗣、韩制心、萧孝穆、耶律重元、耶律和鲁斡（第一次出任）、萧惟信及耶律宗范共11人。其中，萧孝穆两次任南京留守，任后均获加官封爵；耶律和鲁斡二次任南京留守，首任后加官，次任卒于职；耶律重元因叛逆遭诛，为南京留守任后发生之事，故仍属本节讨论范围。以下逐一评述之。

11 南京留守任后获加官晋爵及封赏统计表

序号	姓名	主要官职及南京留守任后之升职	获封爵位、赏赐及谥号
1	赵思温	汉军都团练使、检校太保、保静军节度使、南京留守、卢龙军节度使、管内观察处置等使、开府仪同三司兼侍中、临海军节度使、	赐协谋静乱翊圣功臣、

续表

序号	姓名	主要官职及南京留守任后之升职	获封爵位、赏赐及谥号
		检校太师	追赠太师、封魏国公①
3	刘晞	燕京留守、洛京留守、同平章事兼侍中	
7	萧思温	奚秃里太尉、南京留守、北院枢密使兼北府宰相、尚书令	封魏王
8	高勋	四方馆使、枢密使、上京留守、南京留守、知南院枢密事、南院枢密使	封赵王、秦王
9	韩匡嗣	太祖庙详稳②、上京留守、南京留守并以留守摄③枢密使、遥授晋昌军节度使、西南面招讨使	封燕王、追赠尚书令④
14	韩制心	归化州刺史、上京留守、汉人行宫都部署、中京留守、惕隐、南京留守、南院大王	封漆水郡王、燕王、追赠政事令、追封陈国王⑤
15	萧孝穆	西北路招讨都监、遥授建雄军节度使加检校太保、九水诸部安抚使、北府宰相、检校太师、同政事门下平章事、知枢密院事、汉人行宫都部署、南京留守、兵部都总管、东京留守、南京留守（复任）、北院枢密使（二次担任）⑥、大将军、行营兵马都统⑦	赐忠穆熙霸功臣、封燕王、赐佐国功臣、封秦王、吴国王、楚王、齐王、东辽王，追赠大丞相、晋国王，谥号贞⑧
16	耶律宗范	龙化州节度使、燕京留守	封韩王

① "太师"原为有实权之职，"魏国公"原为封号，但此两个名号均为赵思温死后辽太宗"追赠"的，故属于谥号。

② "详稳"，在其他地方又写作"详隐"，应为同音词，其职权别列。

③ "摄"，含有代理、兼任、节制、辅助之意。

④ "尚书令"原为有实权之职，但于韩匡嗣死后由睿智皇后"追赠"，故属于谥号。

⑤ "政事令"及"陈王"都是于韩制心死后获"赠"及"追封"的，故均属于谥号。

⑥ 《辽史·萧孝穆传》第1332页称："（重熙）六年，（萧孝穆）拜北院枢密使……十二年，复为北院枢密使。"故萧孝穆应是二次担任北院枢密使。

⑦ 《契丹国志·萧孝穆传》第158页载：萧孝穆曾获授大将军、行营兵马都统；但《辽史·萧孝穆传》并无此两项记载。

⑧ 《辽史·萧孝穆传》第1332页称：萧孝穆死后才获"追赠大丞相、晋国王"，故这两个名称与"谥号贞"一样，都属于死后追封的谥号；但《契丹国志·萧孝穆传》，第158页则称："圣宗崩，（萧孝穆）以辅立功封晋王"，属于生前的封号。

续表

序号	姓名	主要官职及南京留守任后之升职	获封爵位、赏赐及谥号
18	耶律重元	北院枢密使、南京留守、知元帅府事、天下兵马大元帅	封秦国王、皇太弟、册封皇太叔，诏免拜不名，赐金券誓书、复赐金券、四顶帽、二色袍
19	耶律和鲁斡	上京留守、南京留守、天下兵马大元帅、太师、惕隐、南京留守（复任）	越王、鲁王、宋魏王，册封皇太叔，诏免拜不名、封义和仁寿之号
21	萧惟信	左中丞、燕赵国王傅、北院枢密副使、北面林牙、南京留守、左右夷离毕、北院枢密副使（复任）	赐竭忠定乱功臣、加守司徒①

一　赵思温

赵思温于辽太祖神册二年（917）降辽，天显十一年（936）奉辽太宗之命出兵南援石敬瑭，同年兵罢后获委南京留守，其后，历任卢龙军节使、管内观察处置等使、开府仪同三司，兼侍中等等，最后累官至检校太师。

《辽史·赵思温传》记载：

> （辽太宗）天显十一年（936）……上（太宗）命思温……出兵援之（石敬瑭）。既罢兵，改南京留守、卢龙军节使、管内观察处置等使、开府仪同三司，兼侍中……寻改临海军节度使。会同初，从耶律牒蜡使晋行册礼，还，加检校太师。②

二　刘晞

刘晞于天福中（936年至947年之间）曾经担任过南京留守，但具体任期不详。根据多籍史料零星的记载，可考证刘晞在天福十二年（会同十

---

① 萧惟信告老后才获辽廷"加守司徒"，即为他加上三司之一的"司徒"之名，但他并未履行此职务。

② 《辽史》卷76《赵思温传》，第1250—1251页。

年，947）二月，曾接替赵延寿腾出的南京留守职位，最多一年。刘晞原为后唐将领周德威的部下，在一次战争中身陷于契丹。契丹用管治南面汉人的重要官职来引诱笼络他，终于使他投降。其后，契丹任命他为燕京留守，并历官至同平章事兼侍中等，大加重用。

《旧五代史·刘晞传》记载：

> 天福中，契丹命晞为燕京留守，（刘晞）尝于契丹三知贡举，历官至同平章事兼侍中。随契丹入汴，授洛京留守。会河阳军乱，晞走许州，又奔东京，萧翰遣兵送晞至洛下。契丹主死，晞自洛复至东京，随萧翰北归，遂留镇州。汉初，与麻答同奔定州，后卒于北蕃。①

三　萧思温

萧思温于辽穆宗耶律璟应历七年至十年（957—960）任南京留守，前后共 4 年。保宁元年（969）景宗耶律贤继位。由于景宗册封萧思温之女为皇后，萧思温变为国丈大人而受皇帝恩宠，晋升为北院枢密使，兼任北府宰相，加尚书令，封魏王。

《辽史·萧思温传》记载：

> 保宁（辽景宗即位后首个年号）初，（萧思温）为北院枢密使，兼北府宰相，仍命世预其选。上（景宗）册思温女为后，加尚书令，封魏王。②

萧思温获女婿景宗所封者，除魏王为爵号外，均为掌握实权之宫廷要职。

四　高勋

高勋于辽穆宗应历十三年（963）继萧思温任南京留守，至保宁三年（971）止，前后共 9 年。高勋是后晋北平王信韬之子，会同九年（946）

---

① 《旧五代史》卷 98《晋书》24《列传》第 13《刘晞传》，第 1317 页。
② 《辽史》卷 78《列传》第 8《萧思温传》，第 1268 页。

降辽。由于他性通敏，好结权贵，能服勤大臣，而多获推誉，官运亨通。应历初任南京留守，应历十七年知南院枢密事，后又迁南院枢密使。

从履历看，高勋于南京留守任后，官至南院枢密使，是为升官，故将他列为南京留守任后获加官封爵者。但高勋迁官，与奏请南京疏畦种稻，受疑有异志有关，结果，高勋升任南院枢密使之后，因谋害萧思温而遭诛，因此，又可以将他同时列入本章第三节的叛逆自绝者之一。《辽史·高勋传》记载：

> 高勋……会同九年……降（辽）……应历初，封赵王，出为上京留守，寻移南京……十七年（967），宋略地益津关，勋击败之，知南院枢密事。景宗即位，以定策功，进王秦。
>
> 保宁中，以南京郊内多隙地，请疏畦种稻，帝（景宗）欲从之。林牙耶律昆宣言于朝曰："高勋此奏，必有异志。果令种稻，引水为畦，设以京叛，官军何自而入？"帝疑之，不纳。寻迁南院枢密使。以毒药馈驸马都尉萧啜里，事觉，流铜州。寻又谋害尚书令萧思温，诏狱诛之，没其产，皆赐思温家。①

高勋的命运与南京密切相关，他于南京留守任内上书："请以南京郊内疏畦种稻"，是否有异志？未见有确证。然而，当时宋辽武力冲突，高勋为主和派。他经常主张不要正面作战，可能因此而为辽臣所怀疑；加上高勋为降辽汉将，便更难自我清白。现举例说明之：

1. 毕沅《续资治通鉴》曰："宋太祖乾德元年（辽穆宗应历十三年，936）春，正月……丙寅……时议城益津关，辽人知之。南京留守高勋上书，请假巡徼扰其境，辽主然其奏，命勋及统军使崔廷勋以兵扰之，乃不果城。"②

2.《辽史·穆宗纪》载："应历十七年（967）……二月甲子，高勋奏宋将城益津关，请以偏师扰之，上从之。"③

---

① 《辽史》卷85《高勋传》，第1317页。

② 毕沅：《续资治通鉴》卷3《宋纪》三，"太祖乾德元年"，中华书局1964年版，第54页。

③ 《辽史》卷7《本纪》第七《穆宗》下，第84页。

3. 毕沅《续资治通鉴》有同样的记载："宋太祖乾德五年（应历十七年，967）二月，甲子，辽南京留守高勋，请以偏师扰益津关，从之。"①

从来，降将容易受猜疑，如果言行和顺软弱，更加容易使主人怀疑他对敌人宽容，对新主人欠缺忠心。所以，自古以来，聪明的降将，大都明哲保身，宁左勿右。

五　韩匡嗣

韩匡嗣于辽景宗保宁三年至乾亨元年（971—979）任南京留守。保宁末，以南京留守摄枢密使，其后，遥授晋昌军节度使。乾亨三年（981）改西南面招讨使，卒后追赠尚书令。

《辽史·韩匡嗣传》记载：

> 初，（辽）景宗（耶律贤）在藩邸，善匡嗣。即位，拜上京留守。顷之，王燕，改南京留守。保宁末，以留守摄枢密使。
>
> 既而遥授晋昌军节度使。乾亨三年（981），改西南面招讨使，卒。睿智皇后闻之，遣使临吊，赙赠甚厚，后追赠尚书令。②

六　韩制心

韩制心（又名耶律制心）于辽圣宗开泰九年至太平三年（1020—1023）任南京留守，因其为皇后外弟，而又不利用外戚关系弄权，故获升官晋爵，迁南院大王，封燕王。无私而得好死，卒后获追赠政事令，追封陈王。

《辽史·圣宗本纪》记载，韩制心在南京留守任上，被提升为南院大王、兵马都总管：

> 圣宗太平三年（1023）十一月辛卯朔，以……南京留守韩制心（为）南院大王、兵马都总管（原注：按《辽文汇》六《韩橁墓志》称制心为"四十万兵马都总管兼侍中、南大王"，则此"兵马都总管"

---

① 前引毕沅《续资治通鉴》卷5《宋纪》五，"太祖乾德五年"，第105页。
② 《辽史》卷74《韩匡嗣传》，第1234页。

当属制心所任官)①。

《辽史·韩制心传》记载，韩制心年 53 英年早逝，获辽廷追赠政事令，追封陈王，深受恩典；他的民望极高，死时，他管辖地的人民"若哀父母"：

> 太平中，历中京留守、惕隐、南京留守，徙王燕，迁南院大王。或劝制心奉佛，对曰："吾不知佛法，惟心无私，则近之矣。"一日，沐浴更衣而卧，家人闻丝竹之声，怪而入视，则已逝矣。年五十三。赠政事令，追封陈王。
>
> 守上京时，酒禁方严，有捕获私酝者，一饮而尽，笑而不诘。卒之日，部民若哀父母。②

七　萧孝穆

萧孝穆两次出任南京留守，任后均获升官封爵，卒后追赠大丞相、晋国王，赐谥号贞。萧孝穆为法天皇后兄，而又战功彪炳，且廉谨有礼法，故时人称之"国宝臣"。

萧孝穆首任南京留守自圣宗太平三年至十年（1023—1030），再任由兴宗景福元年至重熙六年（1031—1037），两次任期前后共 15 年之久。萧孝穆首任南京留守后，迁守东京、封东平王、赐佐国功臣；次年后拜北院枢密使，晋封吴国王。

《辽史·萧孝穆传》记载萧孝穆第一任南京留守之后的升官图：

> 三年（1023），封燕王、南京留守、兵马都总管。九年（1029），大延琳以东京叛，孝穆为都统讨之，战于蒲水。中军稍却，副部署萧匹敌、都监萧蒲奴以两翼夹击，贼溃，追败之于手山北。延琳走入城，深沟自卫。孝穆围之，筑重城，起楼橹，使内外不相通，城中撤屋以爨。其将杨详世等擒延琳以降，辽东悉平。改东京留守，赐佐国功臣。为政务宽简，抚纳流徙，其民安之。③

---

① 《辽史》卷 16《本纪》第 16《圣宗》七，第 192 页。
② 《辽史》卷 82《列传》第 12《韩制心传》，第 1292 页。
③ 《辽史》卷 87《萧孝穆传》，第 1331—1332 页。

《辽史·萧孝穆传》续载萧孝穆第二任南京留守之后的升官图：

> 　　兴宗即位，徙王秦，寻复为南京留守。重熙六年，（萧孝穆）进
> 封吴国王，拜北院枢密使。八年，表请籍天下户口以均徭役，又陈诸
> 部及舍利军利害。从之。由是政赋稍平，众悦。九年，徙王楚。时天
> 下无事，户口蕃息，上富于春秋，每言及周取十县，慨然有南伐之
> 志。群臣多顺旨。孝穆谏曰："昔太祖南伐，终以无功。嗣圣皇帝仆
> 唐立晋，后以重贵叛，长驱入汴；銮驭始旋，反来侵轶。自后连兵二
> 十余年，仅得和好，蒸（烝）民乐业，南北相通。今国家比之曩日，
> 虽曰富强，然勋臣、宿将往往物故。且宋人无罪，陛下不宜弃先帝盟
> 约。"时上意已决，书奏不报。以年老乞骸骨，不许。十二年，复为
> 北院枢密使，更王齐，薨。追赠大丞相、晋国王，谥曰贞。①

萧孝穆于两任南京留守内，屡立战功，且政绩亦佳，故获封赏甚丰。
他离开南京，升任朝官后，继续积极参政，忠君爱民，故声誉甚隆。《辽
史·萧孝穆传》云：

> 　　孝穆虽椒房亲，位高益畏。太后有赐，辄辞不受。妻子无骄色。
> 与人交，始终如一。所荐拔皆忠直士。尝语人曰："枢密选贤而用，
> 何事不济？若自亲烦碎，则大事凝滞矣。"……时称为"国宝臣"。②

八　耶律宗范

《辽方镇年表》称：耶律宗范曾于圣宗太平十一年（即兴宗景福元年，
1031），任南京留守。③

《契丹国志·耶律隆运传》记载："宗业无子，帝后以周王同母弟宗范
继隆运后，历龙化州节度使、燕京留守，封韩王。"④ 耶律宗范任燕京留
守后，获封韩王。韩王只是荣誉性爵位，并无实权，但也可以算是升官

---

①　《辽史》卷87《萧孝穆传》，第1332页。

②　同上。

③　《辽方镇年表》，第53页。

④　《契丹国志》卷18《耶律隆运传》，第174页。

封爵。

九 耶律重元

耶律重元乃圣宗耶律隆绪次子，因不与兄长（辽兴宗耶律宗真）争皇位而获信任，被封为皇太弟，并于兴宗重熙十四年至二十四年（1045—1055）获委任为南京留守。耶律重元在任内治绩优异，获兴宗升任知元帅府事，赐以金券誓书。道宗耶律洪基即位，再升为天下兵马大元帅，尊称为皇太叔，获得免拜不名的礼遇，又一次获赐金券、四顶帽、二色袍，受尊崇的程度前所未有。

《辽史·耶律重元传》记载：

> 太平三年（1023），封秦国王。圣宗崩，钦哀皇后称制，密谋立重元。重元以所谋白于上（兴宗），上益重之，封为皇太弟。历北院枢密使、南京留守、知元帅府事。重元处戎职，未尝离辇下。先是契丹人犯法，例须汉人禁勘，受枉者多。重元奏请五京各置契丹警巡使，诏从之，赐以金券誓书。道宗即位，册封皇太叔，免拜不名，为天下兵马大元帅，复赐金券、四顶帽、二色袍，尊宠（崇）未有。[①]

十 耶律和鲁斡

耶律和鲁斡两次任南京留守，首次由道宗清宁二年至七年（1056—1061），前后共 6 年；第二次由道宗寿昌元年至天祚皇帝乾统十年（1095—1110），前后共 16 年。两次任期共有 22 年之久，为所有 24 位南京留守中任期最长者。耶律和鲁斡第一次出任后获加官封爵；第二次出任后则卒于任上，寿终正寝。

耶律和鲁斡于南京留守第一次任期之后，最重要的战功是平定耶律重元之乱。道宗耶律洪基清宁九年（1063），耶律洪基的亲叔叔耶律重元参与篡位叛乱，耶律洪基的亲弟弟耶律和鲁斡"夜赴战"，平定了耶律重元之乱。[②] 这虽是一场辽廷宗亲帝位之争，但从军事角度来看，也可算是耶

---

① 《辽史》卷 112《耶律重元传》，第 1502 页。

② 《辽史》卷 64《皇子表》，第 991 页。

律和鲁斡为当政者立下战功，因此，和鲁斡获多项加官封爵，包括：天下兵马大元帅加守太师，封越王、鲁王、宋魏王，册封为皇太叔，赐赠惕隐加义和仁寿之号。

《辽史·皇子表》记载：

> （和鲁斡）清宁中，拜上京留守，改南京留守。乾统初，为天下兵马大元帅，加守太师，免拜，不名。三年，为惕隐，加义和仁寿之号，复守南京。
>
> 重熙十七年，封越王。清宁初，徙王鲁。进王宋魏。乾统三年，册为皇太叔。[①]

耶律和鲁斡第二次任南京留守是死于任上，由其子耶律淳世袭。二任后之结局属于"卒任善终"，详待后述。

十一　萧惟信

萧惟信平定耶律重元之乱有功，获辽道宗赐竭忠定乱功臣，并获委任为南京留守，由道宗清宁九年至咸雍元年（1063—1065）任南京留守，前后共3年。萧惟信南京留守任后，获晋升为左右夷离毕，复任北院枢密副使；告老之后，获加守司徒。

《辽史·萧惟信传》记载：

> 清宁九年（1063），重元作乱……惟信从耶律仁先破之，赐竭忠定乱功臣。历南京留守、左右夷离毕，复为北院枢密副使。大康中，以老乞骸骨，不听。枢密使耶律乙辛谮废太子，中外知其冤，无敢言者，惟信数延争，不得复。告老，加守司徒，卒。[②]

上述11位南京留守，任后均晋升任朝官或封爵，说明南京地位重要，南京留守乃迈进中央高职位之重要台阶。

第二节 卒任善终者

24 位辽南京留守，寿终正寝、卒于任者共 9 人，以下顺序考证其卒任情况，及辽廷对其态度。此 9 位留守为：马廷煦、耶律道隐、耶律休哥、耶律隆庆、吴哥洪隐、萧孝先、耶律和鲁斡（第二次出任）、耶律仁先及耶律洪道，现先表列其主要资料如下，再逐一分析讨论。

辽南京 9 位"卒任善终"留守的官职及封号统计表

序号	姓名	主要官职	获封爵位、赏赐及谥号
6	马廷煦	南京留守	马族五代受辽廷恩宠
10	耶律道隐	上京留守、南京留守	封蜀王、荆王、追封晋王①，皇上遣使抚慰其遗属
11	耶律休哥	惕隐、北院大王（总南面戍兵）、于越、南京留守、总南面军务（可便宜行事②）	赐御马金盂、封宋国王、诏免拜不名③、诏立祠南京
12	耶律隆庆	侍中、兵马大元帅、西京留守、南京留守、太师兼政事令、尚书令	封恒王、梁王、晋王、秦王、赐金券、追赠孝文皇太弟④、葬祖宗陵地
13	耶律吴哥	惕隐、南京留守	封燕王
17	萧孝先	驸马都尉、国舅详稳、南京统军使、汉人行宫都部署、太子太傅、上京留守、国舅详稳（复任）、东京留守、总禁卫、遥授天平军节度使、加司徒兼政事令、北院枢密使、南京留守	封楚王、晋王，谥号忠肃

① "晋王"是于道隐死后获"追封"的，故属于谥号。

② "便宜行事"即"先斩后奏"。帝王派遣大臣到遥远复杂的地方办事，给予信得过大臣的特权。

③ 契丹主沿用汉王朝礼仪，臣属晋见要先预约报名，见面时要行跪拜大礼。"免拜不名"是契丹主给勋臣名将的礼遇：随时可以晋见，不必事先预约报名，见面时不必行跪拜大礼。

④ "孝文皇太弟"是于耶律隆庆死后获"追赠"的，故属于谥号。耶律隆庆的官职与封号，《辽史·皇子表》与《契丹国志·孝文皇太弟传》记载有所不同，在此一并列出。

续表

序号	姓名	主要官职	获封爵位、赏赐及谥号
19	耶律和鲁斡	上京留守、南京留守、天下兵马大元帅、太师、惕隐、南京留守（复任）	越王、鲁王、宋魏王，册封皇太叔，诏免拜不名、封义和仁寿之号
22	耶律仁先	护卫、宿直将军、殿前副点校、鹤刺唐古部节度使、北面林牙、北院枢密副使、同知南京留守事、契丹行宫都部署、北院大王、知北院枢密使、东京留守、南院枢密使、南京兵马副元帅、太尉、北院大王（复任）、西北路招讨使、南院枢密使（复任）、北院枢密使、于越、共知北院枢密事、南京留守、西北路招讨使	封吴王、隋王、许王、晋王，道宗亲制文以褒之，诏画《滦河战图》以旌其功，尊称尚父，进封宋王、改封辽王、赐鹰纽印及剑，可便宜行事
23	耶律洪道	燕京留守	追封燕王

本节所论 9 位卒于任上之南京留守之中，马廷煦、耶律吴哥（圣宗第四子）与耶律和鲁斡（圣宗次子）3 人，未见史籍记录其卒后之结局，仅能推而论之；其余 6 人，均有史籍明确记载，死后获辽廷厚待的细节。其中，耶律和鲁斡第一次出任后获加官封爵；第二次出任后则寿终正寝。现简列各人结局如下。

一　马廷煦

马廷煦的南京留守任期，推测在应历三年至六年（953—956）之间，前后共 4 年。《辽史》只在马廷煦的曾孙马人望的专传中记下"曾祖廷煦，南京留守"寥寥 8 个字，但却记录了"燕山四大族"之一的马氏家族五代的辉煌历史，透露了马廷煦的子孙三代受辽廷重用的详况：其子马渊，任中京副留守；孙马诠，中京文思使；曾孙马人望成为辽朝统治燕云地区 210 年中仅有的 6 位"能吏"之一，一生历任要职，包括上京副留守、保静军节度使、南院枢密使……卒后获辽廷加封谥号"文献"，享受人臣极高的荣誉。①

---

①　马廷煦子孙四代受辽廷优待的历史，详见《辽史》卷 105《列传》第 35，第 1461—1463 页，"能吏传"之《马人望传》。

由此可见，马廷煦在南京留守任上应有一番作为，起码没有做出得罪辽廷的事，而是寿终正寝，否则，辽廷必迁怒其子孙，而不可能让其子孙担任要职。因此，权把马廷煦南京留守任后的结局，归为"卒任善终"一类。

二　耶律道隐

耶律道隐自辽景宗乾亨元年至圣宗统和元年（979—983）任南京留守，前后共5年。耶律道隐于统和初病逝于南京留守任上，圣宗痛失良臣，辍朝三日，追封晋王，遣使抚慰其家。耶律道隐乃圣宗之叔公，加之南京留守任内治绩颇佳，故获辽廷宠信。

《辽史·晋王道隐传》记载：

> 景宗即位，封蜀王，为上京留守。乾亨元年（979），迁守南京，号令严肃，民获安业。居数年，徙封荆王。统和初，病薨，追封晋王。①

耶律道隐于统和初病逝，但是，是否死于南京留守任上呢？查《辽史·圣宗纪》记载："（圣宗）统和元年（983）……丙寅，荆王道隐有疾，诏遣使存问。是日，皇太后幸其邸视疾……甲戌，荆王道隐薨，辍朝三日，追封晋王，遣使抚慰其家。"②圣宗听到荆王耶律道隐病逝后，因痛感失去良臣而辍朝三日，并且追封道隐为晋王，还遣使抚慰其家属。荆王、晋王均为荣誉性爵位，"追封晋王"只是锦上添花而已，南京留守才是耶律道隐的正职。所以，耶律道隐属于卒任善终者。

三　耶律休哥

耶律休哥于辽圣宗统和元年至十六年（983—998）任南京留守。统和十六年（998）卒于南京任上，圣宗下诏立祠南京，受此殊荣之南京留守，仅耶律休哥一人。

《辽史·耶律休哥传》记载："统和十六年（998），（耶律休哥）薨，

---

① 《辽史》卷72《列传》第2《宗室·义宗倍》，第1212页之附传《晋王道隐传》。
② 《辽史》卷10《本纪》第十《圣宗》一，第108页。

是夕，雨木冰。圣宗诏立祠南京。"①

耶律休哥共任南京留守长达 16 年，吏治武功成绩均彪炳，为辽朝圣宗、兴宗盛世，奠定基础。圣宗特准许耶律休哥"便宜行事"（先斩后奏）；太后嘉奖其功，诏免拜、不名，官至"于越"，班百僚之上，终辽之世，获封于越如此重要职衔者仅得 3 人。② 耶律休哥仕途辉煌，对辽廷鞠躬尽瘁，卒于南京留守任上，才能获得辽圣宗下诏，于南京为他立祠纪念；终辽之世，获此殊荣之南京留守，仅耶律休哥 1 人。

四　耶律隆庆

耶律隆庆于圣宗开泰五年（1016）卒于任，圣宗耶律隆绪追封他"孝文皇太弟"谥号，并让他葬于辽朝祖先风水宝地祖州③医巫闾山，这亦是一种殊荣。

《辽史·圣宗本纪》记载：

> （圣宗开泰）五年（1016）……九月癸卯，皇弟南京留守秦晋王隆庆来朝……十二月乙酉，秦晋王隆庆还，至北安薨，讣闻，上（圣宗）为哀恸，辍朝七日。④

《辽史·皇子表》亦载：

> 景宗第二子隆庆……入觐，还至北安州，浴温泉，疾薨，葬医巫闾山。⑤

---

① 《辽史》卷 83《列传》第 13《耶律休哥传》，第 1299 页。

② 《辽史》卷 45《百官志》，第 694 页载于越之职权，并明确记载终辽之世，以于越得重名者仅三人，现将原载列下："大于越府。无职掌，班百僚之上，非有大功德者不授，辽国尊官，犹南面之有三公。太祖以遥辇氏于越受禅。终辽之世，以于越得重名者三人：耶律曷鲁、屋质、仁先，谓之三于越。"

③ 《辽史》卷 37《志》第七《地理志》一，第 442 页："祖州……本辽右八部世没里地。太祖秋猎多于此，始置西楼。后因建城，号祖州。以高祖昭烈皇帝、曾祖庄敬皇帝、祖考简献皇帝、皇考宣简皇帝所生之地，故名。"

④ 《辽史》卷 15《本纪》第 15《圣宗》六，第 178—179 页。

⑤ 《辽史》卷 64《表》第 2《皇子表》，第 986 页。

《契丹国志·孝文皇太弟传》曰：

孝文皇太弟隆庆……葬祖州，谥曰孝文皇太弟。①

五　耶律吴哥

圣宗耶律隆绪第四子耶律吴哥于圣宗开泰五年至九年（1016—1020）任南京留守，"薨于南京"。由于未见记载耶律吴哥死后有特别封赐；亦无记载任何处罚，故乃将他列入"卒任善终"行列。

《辽史·皇子表》记载：

圣宗第四子吴哥……开泰二年②，为惕隐，出为南京留守……薨于南京。③

六　萧孝先

萧孝先于兴宗重熙六年至十年（1037—1041）任南京留守，卒后获追谥忠肃。

《辽史·萧孝先传》记载：

孝先……（重熙）四年（1035），徙王晋。后为南京留守，卒，谥忠肃。④

七　耶律和鲁斡

耶律和鲁斡两次任南京留守，首次由道宗清宁二年至七年（1056—1061），前后共6年；第二次由道宗寿昌元年，至天祚皇帝乾统十年（1095—1110），前后共16年。两次任期共有22年之久，为所有24位南京留守之中，任期最长者。

耶律和鲁斡于南京留守第一次任期之后，因立下战功，而获多项加官

---

① 《契丹国志》卷14《诸王传》《孝文皇太弟传》，第152页。
② 应为"五年"之误，详见第三章"辽代南京留守的委任背景"。
③ 《辽史》卷64《表》第二《皇子表》，第990页。
④ 《辽史》卷87《列传》第17《萧孝先传》，第1333—1334页。

封爵，包括：天下兵马大元帅加守太师，封越王、鲁王、宋魏王，册为皇太叔，为惕隐加义和仁寿之号。而耶律和鲁斡第二次任南京留守期间，于乾统十年（1110）随从天祚皇帝巡猎庆州而暴薨，即卒于任上。

《辽史·皇子表》记载耶律和鲁斡乃跟随天祚皇帝巡猎于庆州而暴毙：

> 和鲁斡，兴宗子……从猎于庆州，薨。①

《辽史·天祚皇帝本纪》记载皇太叔和鲁斡死亡的具体日期：

> 乾统……十年（1110）……秋七月……闰月……壬戌，皇太叔和鲁斡薨。②

本书所用史籍，均无耶律和鲁斡专传；亦无记载他死后，辽廷对他有何封赏或处罚，故第二次任南京留守之后的结局，列入卒任善终行列。

八　耶律仁先

耶律仁先由道宗咸雍元年至八年（1065—1072）任南京留守。咸雍八年因病死于任上。道宗耶律洪基听到讣闻后，十分震惊及哀悼，辍朝三日，下诏厚葬耶律仁先，以表示痛惜失去忠良。

《耶律仁先墓志铭》描述耶律仁先死后得到的哀荣：

> （咸雍）八年（1072）四月二十日，（耶律仁先）以疾薨于位，享年六十。皇上闻讣，震悼，辍朝三日。是岁二月二十四日夜，太白犯昴。识者曰太白犯昴，大将死期，惟宋王（按：耶律仁先封号）乎。诏崇义军节度使左散骑常侍李翰充敕葬使，长宁军节度使检校太傅杨庶绩充敕祭发引使。以其年九月丙午朔十九日某甲子归葬于葛蓁母山之胞原。从先茔，礼也。呜呼！王之于国忠也。于家孝也。于民惠也。于官廉也。于人信也。而五德兼备。贵处人臣之极。天之报施不

---

① 《辽史》卷64《表》第二《皇子表》，第991页。
② 《辽史》卷27《本纪》第二十七《天祚皇帝》一，第325页。

为薄也。惜夫寿靡及耆。而国栋坏也。苍生何望之哉。①

《耶律仁先墓志铭》还附词曰："……天遣奇才……皇上闻讣。震悼兹久。如期忠良。万代曷有。送终之礼。宠贵逾厚。刊于贞琅。流懿不污。"

九　耶律洪道

耶律洪道，道宗同母弟，前考他曾于道宗大康元年（1075）出任燕京留守。耶律洪道担任南京留守准确任期待考，但他终于燕京留守，却有明确的记载。

《契丹国志·燕王洪道传》曰："（燕王洪道）终于燕京留守，封燕王。"② 故将他列入卒任善终之南京留守行列。

第三节　叛逆自绝者

辽南京地位重要，辽廷任用留守，若非宗室外戚，必为勋臣名将或燕地望族又肯投降契丹者，都是辽廷信得过的忠臣。但是，在你死我活的争权夺利之中，亦还是有人背叛朝廷，谋反作乱。据本人之考证，在南京留守任上叛逆者有 5 位，计有：赵延寿、耶律牒蜡、耶律娄国、耶律明、耶律淳；另有高勋及耶律重元，于南京留守任后，参与造反。

以下逐一记述其谋反经过，分析其叛逆原因。

一　赵延寿

赵延寿于辽太宗会同元年至世宗天禄二年（938—948）之间任南京留守，其间曾调任卢龙、魏博等州节度使，中京留守，大丞相兼政事令，枢密使等要职。赵延寿曾权倾一时，"坐在契丹左右相之上"。

赵延寿乃降辽汉将，曾与石敬瑭争乞契丹立为汉主，因契丹主未能兑现承诺而生出谋反自立野心。契丹主利用他领兵南下灭晋，赵延寿求立为皇太子，契丹主无践言之意，赵延寿极为不满，虽位在契丹左右相之上，仍不满足，至辽太宗卒，赵延寿伪称受太宗遗诏，权知南朝军国事，拥南

---

①　陈述辑校：《全辽文》卷八《耶律仁先墓志铭》，第 198 页。
②　《契丹国志》，《燕王洪道传》，第 154 页。

京自重，谋对抗朝廷，于是，永康王兀欲（太宗之侄，后继太宗称帝为世宗）诱捕关禁他二年，直至他死亡。并且没收赵延寿家财，分给诸部。

《辽史》、《契丹国志》、《旧五代史》均有赵延寿传，对赵延寿降辽、谋反、被锁经过，记载甚详。这是辽金关系史上一件大事，《资治通鉴》及《辽史》本纪，亦有完整记载。兹摘《旧五代史·赵延寿传》描述如下：

> 延寿在汴久之，知戎王（辽太宗）无践言之意，乃遣李崧达语于戎王，求立为皇太子，崧不得已而言之。戎王曰："我于燕王，无所爱惜，但我皮肉堪与燕王使用，亦可割也，何况他事！我闻皇太子，天子之子合作，燕王岂得为之也！"因命与燕王加恩。时北来翰林学士承旨张砺，拟延寿为中京留守、大丞相、录尚书事、都督中外诸军事、枢密使、燕王如故。戎王览拟状，索笔涂却"录尚书事、都督中外诸军事"之字，乃付翰林院草制焉……契丹主自汴回至邢州（按：《辽史》卷四《太宗本纪》载：辽太宗于大同元年夏四月丙辰朔离开汴州），命升延寿坐在契丹左右相之上。
>
> ……契丹主死，延寿下教于诸道，称权知南朝军国事，是岁六月一日，为永康王兀欲所锁，籍其家财，分给诸部，寻以延寿入国，竟卒于契丹。[①]

降将叛逆谋反，自古以来屡见不鲜，盖因降者未必真心，接受者未必真信，互相猜疑、互相利用，一旦有机会，定会反目相残，此乃千年不变之规律也。

二　耶律牒蜡

耶律牒蜡，六院夷离堇蒲古只之后，辽世宗天禄二年（948）至天禄五年（即应历元年，951）任南京留守。

耶律牒蜡在天显中为中台省右相。会同元年（938），与赵思温持节册封晋帝（石敬瑭），在外交上立了一大功；在辽军讨伐后晋，逼降晋将杜重威，立大功；在大同元年（947），平定相州之叛，斩首数万级，再立彪

---

① 《旧五代史》卷98《晋书》24《赵延寿传》，第1312页。

炳战功。但是，天禄五年（951）还担任南京留守之际，因参与察割谋反不肯投降，而遭凌迟处死。

《辽史·耶律牒蜡传》记载：

> 天禄五年，察割弑逆，牒蜡方醉，其妻扶入察割之幕，因从之。明旦，寿安王讨乱，凡胁从者皆弃兵降；牒蜡不降，陵（凌）迟而死，妻子皆诛。①

向来，功臣恃功犯上，虽可将功赎罪，但是，如果所犯之罪危及皇帝的性命及权位，则难得饶恕。再者，胁从者本来可以从轻发落，但若不肯投降认错，则是罪无可赦。此即为功臣耶律牒蜡被凌迟而死之主因也。

三　耶律娄国

耶律娄国乃义宗耶律倍次子，于世宗天禄五年（951）九月至穆宗应历二年（952）八月，担任南京留守，前后计算有2年，但是，实际上只有11个月。

穆宗应历元年（951），耶律娄国平定察割之乱，手刃察割而获委任南京留守。可是越一年，即应历二年（952），耶律娄国图谋篡夺堂弟穆宗耶律璟之位，事觉受责不服，被缢而死，而且，选择"绝后之地"埋葬他，堪称一绝也！

《辽史·耶律娄国传》记载：

> 穆宗沉湎，不恤政事，娄国有觊觎之心，诱敌猎及群不逞谋逆。事觉，按问不服。帝（穆宗）曰："朕为寿安王时，卿数以此事说我，今日岂有虚乎？"娄国不能对。及余党尽服，遂缢于可汗州西谷，诏有司择绝后之地以葬。②

穆宗耶律璟无德无能，醉色嗜杀，时人称之"睡王"。其堂兄耶律娄国觊觎其位，可是谋篡不遂，反而变成逆臣。前载皇子耶律重元，亦因参与

---

① 《辽史》卷113《耶律牒蜡传》，第1506页。
② 《辽史》卷112《耶律娄国传》，第1501页。

谋篡，军溃自杀。自古皇室操戈屡见不鲜，总是"成者为王，败者为寇"。

四　耶律明

耶律明于道宗清宁七年至九年（1061—1063）任南京留守。清宁九年与圣宗耶律隆绪之子、鲁王宗元通谋作反。道宗耶律洪基派遣特使持金牌赶到，擒斩耶律明。

《契丹国志·道宗天福皇帝纪》，详细描述耶律明参与鲁王宗元谋反的经过：

> （道宗）清宁九年（1063）……鲁王宗元①怙宠益恣，与其相某谋作乱……燕京留守耶律明与宗元通谋，闻其败，领奚兵入城授甲，欲应之。副留守某将汉兵拒焉。会使者以金牌至，遂擒斩耶律明，帝寻亦至，陈王萧孝友等皆坐诛。其先遣来南宋使者数人，悉宗元之党也，过白沟，悉以槛车载至，诛之。独萧福延以兄萧福美有功，得免。②

圣宗之子宗元（重元）作反，选择南京留守耶律明作同谋者，其实亦是看中南京之地位重要，可据此与朝廷对抗。

五　耶律淳

耶律淳自天祚帝乾统十年（1110）袭其父耶律和鲁斡之位、出任南京留守，至保大二年（1122）三月于留守任上僭位称帝，但是，只做了三个月皇帝梦即病死于南京，故亦可以归之为叛逆自绝者行列。

耶律淳于南京留守任上，晋封秦晋国王，拜都元帅（以都元帅留守南京），赐金券，免汉拜礼，不名，冬夏入朝，宠冠诸王，但仍不满足，要割据南京，僭称帝号，私授天官，遥降天祚皇帝为湘阴王。耶律淳称帝闹剧，导致辽朝分裂，金人乘虚而入。耶律淳无力抵抗，遣使乞为附庸。金人尚未答复，于同年六月病死于南京。契丹失去南京后两年多，辽朝

---

①　原注："鲁王宗元，圣宗之子"。但并未指明是哪一个儿子。圣宗共有六子。详见附录二《辽南京留守与辽皇室亲缘关系表》。

②　《契丹国志》卷9《道宗天福皇帝》，第88页。

灭亡。

《辽史·天祚纪》记载耶律淳僭位称帝经过：

> 耶律淳者……兴宗第四孙，南京留守、宋魏王和鲁斡之子……
>
> 天祚即位，进王郑。乾统二年，加越王。六年，拜南府宰相，首议制两府礼仪。上喜，徙王魏。其父和鲁斡薨，即以淳袭父守南京，冬夏入朝，宠冠诸王……
>
> 保大二年，天祚入夹山，奚王回离保、林牙耶律大石等引唐灵武故事，议欲立淳。淳不从，官属劝进曰："主上蒙尘，中原扰攘，若不立王，百姓何归？宜熟计之。"遂即位。百官上号天锡皇帝，改保大二年为建福元年，大赦。放进士李宝信等一十九人，遥降天祚为湘阴王。以燕、云、平、上京、中京、辽西六路，淳主之；沙漠以北、南北路两都招讨府、诸蕃部族等，仍隶天祚。自此辽国分矣。①

耶律淳对篡位之事自称"事非得已"②，还颁《即位革弊诏》，声言欲革弊兴祖宗之业③，但篡位之事，自古受责。《辽史·史论》曰：

> 耶律淳在天祚之世，历王大国，受赐金券，赞拜不名。一时恩遇，无与为比。当天祚播越，以都元帅留守南京，独不可奋大义以激燕民及诸大臣，兴勤王之师，东拒金而迎天祚乎？乃自取之，是篡也。况忍王天祚哉？④

辽治南京187年，用过24位留守，5人于任内谋反叛逆，2人于任后

---

① 《辽史》卷30《天祚皇帝纪》四，第352—353页。

② 《三朝北盟会编》卷5《政宣上帙五》，第34页记载，耶律淳颁遥降天祚帝为湘阴王诏，现引录如下："大道既隐，不行选授之公。皇天无私，自有废兴之数。事系德致，人难力为。朕幼保青宫，长归朱邸。系谁云：神器之可求？常欲避周公之嫌，未曾忘季札之节。奈何一旦之无主，致使兆民之求君。推戴四从，讴歌百和，不敢负祖宗之业，勉与揽帝王之权……呜呼，命不于常，事非得已，岂予小子，敢专位号之尊，盖徇众心，以为社稷之计……"

③ 耶律淳：《即位革弊诏》（保大三年），载陈述辑校《全辽文》卷3，中华书局1982年版，第60页有云："自我烈祖肇创造之功……传二百祀之逾远……朕以久处王藩，历更政务，凡民疾苦，与事便宜，靡所不知，亦曾熟虑，自今以后，革弊为先……"

④ 《辽史》卷30《天祚皇帝纪》四，第358页。

参与反乱，比例之大，令人咂舌。足证南京地位重要：南京最高行政长官，既是登上朝廷当高官之台阶，又是野心家拥兵自重、与中央对抗的险恶之地。

现再将 7 名谋反者的可悲下场及其曾任官职和所获封赏，表列如下：

辽南京七位叛逆留守的官职及封号统计表

序号	姓名	历任主要官职	爵位、赏赐及谥号	下场
2	赵延寿	幽州节度使、南京留守、卢龙节度使、魏博节度使、枢密使兼政事令、中京留守、大丞相、权知南朝军国事	封燕王、魏王	软禁而死
4	耶律牒蜡	中台省右相、南京留守	封燕王	凌迟而死
5	耶律娄国	遥授武定军节度事、南京留守		自缢身亡
8	高勋	四方馆使、枢密使、上京留守、南京留守、知南院枢密事、南院枢密使	封赵王、秦王	诏狱诛之
18	耶律重元	北院枢密使、南京留守、知元帅府事、天下兵马大元帅	封秦国王、皇太弟、册封皇太叔，诏免拜不名，赐金券誓书，复赐金券、四顶帽、二色袍	军溃自杀
20	耶律明	南京留守		擒获斩首
24	耶律淳	彰圣等军节度使、南府宰相、南京留守、都元帅	封郑王、加越王、晋封秦晋国王，赐金券，免汉拜礼，不名，诏南京刻石记功，自立为天锡皇帝，谥孝章皇帝、庙号宣宗	僭位称帝，百日病死，遗臭万年

第 六 章

辽代南京留守的任用规律

前面几章考证辽南京留守之个人出身、资历履历、与辽廷的关系、任期起讫与长短、获委任之背景、任内的功过、任后之结局，得出一些结论，除每章小结之外，有必要综观全局，再摸索出一些规律，升华到更高境界，也即是分析契丹任用南京留守之规律，以及契丹如何通过南京留守的任免，来控制治理南京及应付南面的汉人王朝。

辽太宗天显十一年（936），契丹得石敬瑭献燕云十六州，其中包括幽州，契丹即命赵思温为首任留守；太宗会同元年（938），契丹升幽州为南京，委任赵延寿为首位正式留守；其后，南京留守更迭相继，在187年间前后共用过24位留守；最后一任为耶律淳，至天祚帝保大二年（1122）结束。

从以上几章的考证、分析，可以得出契丹任用南京留守，有以下三项很明显的规律：一、从汉人过渡到契丹人；二、从降将、燕地望族过渡到皇亲国戚；三、从频频除罢到世袭。以下逐一分析之。

第一节　从汉人过渡到契丹人

24位南京留守，第一位南京留守赵思温是汉人，其后23位之种族由汉人渐转为契丹人。24位南京留守之中，汉人只有6位，比例仅占四分之一。而且，6位汉人留守，集中于"抚绥期"（由辽太宗天显十一年至圣宗统和元年，936—983，共48年）。这一时期契丹刚得幽燕，需要安抚汉人，利用投降的汉人及燕地望族来管理新得之地。

兹详列每位留守的籍贯及种族，资料来源均根据第七章的个人传记，如无特别之处，不再加注。

一　赵思温（汉人）

《辽史·赵思温传》第一句话就说："赵思温，字文美，卢龙人。""卢龙"属于石晋割献给契丹的"燕云十六州"。因此，赵思温毫无疑义是汉人。

二　赵延寿（汉人）

《契丹国志·赵延寿传》曰："赵延寿，相州人也。父德钧，唐为卢龙节度使。"①

《旧五代史》将赵延寿列为晋臣，揭示其出生背景："延寿，本姓刘氏。父曰祁，常州人也，尝任蓨令。梁开平初，沧州节度使刘守文陷其邑，时德钧为偏将，获延寿并其母种氏，遂养之为子。"②

《辽史·赵延寿传》载："赵延寿，本姓刘，恒山人，父祁，令蓨。梁开平初，沧州节度使刘守文陷蓨，其裨将赵德钧获延寿，养以为子。"③

以上三册史著的记载虽然略有差别，但都肯定赵延寿是汉人。

三　刘晞（汉人）

《旧五代史·刘晞传》说："刘晞者，涿州人也。父济雍，累为本郡诸邑令长。晞少以儒学称于乡里，尝为唐将周德威从事，后陷于契丹，契丹以汉职縻之。天福中，契丹命晞为燕京留守。"

涿州乃"燕云十六州"之一，即今北京南面的涿州市一带。刘晞之父刘济雍是"燕地四大族"之一刘族的创始人。刘晞自然亦是燕地汉人。他投降契丹后并未改名换姓，归化为契丹人，仍然保留汉人身份。

四　耶律牒蜡（契丹人）

耶律牒蜡，又作耶律牒葛、耶律牒蝎、耶律敌猎、耶律敌烈等，自辽世宗天禄二年至五年（948—951）任南京留守，前后共 4 年。

---

① 《契丹国志》卷 16《列传·赵延寿传》，第 163 页。

② 《旧五代史》卷 98《晋书》二十四《列传》十三，将赵延寿列为晋臣，在第 1311—1313 页其父《赵德钧传》之后，附有《赵延寿传》。

③ 《辽史》卷 76，第 1247—1248 页有《赵延寿传》。

《辽史·耶律牒蜡传》云："牒蜡，字述兰，六院夷离堇蒲古只之后。"
"六院"是契丹的大族之一；"夷离堇"即该族之大王，是掌管该族族务的
最高领导人。因此，耶律牒蜡为契丹人，毫无疑问。

五　耶律娄国（契丹人）

耶律娄国，于世宗天禄五年（951）九月至穆宗应历二年（952）八
月，担任南京留守，前后计算有2年，但是，实足只有11个月。

《辽史·耶律娄国传》称："娄国，字勉辛，文献皇帝（耶律倍）之
子。"很显然，他是契丹族建立的辽朝的宗室人员。

六　马廷煦（汉人）

马廷煦在辽穆宗应历二年至七年（952—957）任南京留守，前后共
6年。

几册重要的史著包括《辽史》，都没有马廷煦的专传，但在《辽史》
列传的"能吏传"之中，却有马廷煦的曾孙马人望的专传，其中记录"燕
地四大族"之一的马氏家族五代的辉煌历史：第一代马胤卿降辽后，第二
代廷煦于穆宗应历年间获委任南京留守；第三代马渊，任中京副留守；第
四代马诠，任中京文思使；第五代马人望，为辽朝有操守之"能吏"。所
以，马廷煦是祖籍燕山的汉人。虽然，其父马胤卿降辽后，其家族被徙于
医巫闾山，五代人受尽辽廷恩宠，但仍保持汉人的身份，并无改姓归附契
丹宗族。

七　萧思温（契丹人）

萧思温于辽穆宗应历八年至十三年（958—963）任南京留守，前后共
5年。

《辽史·萧思温传》曰："萧思温，小字寅古，宰相敌鲁之族弟忽没里
之子。"辽朝宰相敌鲁及其族弟忽没里都是契丹人，忽没里之子萧思温当
然也是契丹人。自从耶律阿保机"变家为国"后，皇族宗室姓"耶律"；
后族外戚姓"萧"，整个契丹皇朝只有"耶律"与"萧"两种姓氏，所以，
萧思温是属于后族，毫无疑问。辽朝皇族与后族几代人互相通婚，"肥水
不流外人田"，以保护两族人的特权及荣耀。萧思温在太宗耶律德光时代
娶"燕国公主"吕不古，成为太宗的"驸马爷"；而吕不古是穆宗耶律璟

之姐姐（或妹妹），故穆宗在位时他是皇上的姐夫或妹婿；萧思温又为景宗耶律贤之岳父，可见他与辽朝太宗、穆宗、景宗三朝皇帝的关系，非比寻常。从中国儒家传统的观念来看，萧思温家族与辽朝皇室的关系可能辈分不清，甚至出现乱伦的情况。但是，游牧民族契丹人，在这方面并未完全"汉化"。

八　高勋（汉人）

高勋于辽穆宗应历十三年至景宗保宁三年（963—971）任南京留守，前后共 9 年。

《辽史·高勋传》记载："高勋，字鼎臣，晋北平王信韬之子。"晋北平王信韬是汉人，于会同九年（946）与杜重威一起降辽，其后并无改姓归附契丹，故仍为汉人身份，其子高勋亦然。

九　韩匡嗣（降辽汉人，其子孙已改名换姓变为契丹人）

韩匡嗣于辽景宗保宁三年至乾亨元年（971—979）任第 9 位南京留守，前后共 9 年。

韩族是"燕地四大族"中最兴旺之一族，韩家四代自韩知古为佐命功臣后，第二代韩匡嗣任南京留守；第三代韩德让以功赐国姓耶律，又赐名隆运，变为耶律隆运，成为辽朝宗室人员，他曾代其父（韩匡嗣）守过南京；第四代韩德让之侄子韩制心，为本书所讨论的第 14 位南京留守。由此可见，韩家四代之中，第一代韩知古及第二代韩匡嗣还保留汉人身份；但第三代的韩德让则改姓耶律，又改名隆运，变为耶律隆运，列入辽朝宫籍，隶属于横帐季父房，变为契丹人。

十　耶律道隐（契丹人）

耶律道隐自辽景宗乾亨元年至圣宗统和元年（979—983）任南京留守，前后共 5 年。

《辽史·晋王道隐传》记载其生平："晋王道隐，字留隐，母高氏。道隐生于唐，人皇王遭李从珂之害，时年尚幼，洛阳僧匿而养之，因名道隐。太宗灭唐，还京，诏赐外罗山地居焉。"耶律道隐是义宗倍之子，属于辽宗室人员。

十一　耶律休哥（契丹人）

耶律休哥自辽圣宗统和元年（983）起任南京留守，至统和十六年（998）卒于南京任上，前后共任南京留守16年。

《辽史·耶律休哥传》载："耶律休哥，字逊宁。祖释鲁，隋国王。父绾思，南院夷离堇。""南院"是契丹大族之一，"夷离堇"为该族大王，耶律休哥之父绾思是"南院"掌管族务的大王"南院夷离堇"，故他为契丹大族之后。

十二　耶律隆庆（契丹人）

耶律隆庆由圣宗统和十六年（998）起任南京留守，圣宗开泰五年（1016）年卒于任上，前后共19年。

耶律隆庆乃景宗耶律贤（在位14年，969—982）的第二子，《辽史·皇子表》记载："隆庆，字燕隐，小字普贤奴，景宗（耶律贤）与睿智皇后萧氏所生，排行第二，其兄隆绪（圣宗），弟隆祐、药师奴。"由此可见，耶律隆庆是契丹宗室人员。

十三　耶律吴哥（契丹人）

耶律吴哥之南京留守任期，应由圣宗开泰五年至九年（1016—1020），前后共5年。

耶律吴哥仍圣宗（耶律隆绪）的第四子，其兄长耶律宗真后立为兴宗。《辽史·皇子表》记载他的宗室身份："吴哥，字洪隐，圣宗与仆隗氏所生，排行第四。其大哥耶律宗真（兴宗）；二哥耶律重元（第17位南京留守）；三哥别古特，字撒懒；同母弟狗儿，字屠鲁昆；异母弟侯古，字讹里本。"

十四　韩制心（契丹人，降辽第四代传人，已由汉人变为契丹人）

韩制心，由辽圣宗开泰九年至太平三年（1020—1023）任南京留守，前后共4年，为本书所述的第14位南京留守。

韩制心是"燕地四大族"韩族第四代传人韩德让之侄子。韩家四代自韩知古为佐命功臣后，第二代韩匡嗣任第7位南京留守；第三代韩德让以功赐国姓耶律，又赐名隆运，变为耶律隆运，成为皇亲国戚，身份亦由汉人变为契丹人。他曾代其父（韩匡嗣）守过南京。

韩家第三代传人韩德让以功赐国姓耶律，列入宫籍，隶属于横帐季父房，而且获辽廷赠尚书令、赐建文忠王府，与辽廷九朝皇帝及主要皇后、皇太弟，并称为"十二宫一府"，最高官至大丞相、封晋国王，宠冠投靠契丹之汉臣。耶律隆运无子，辽廷以皇族魏王贴不子耶鲁为其继嗣，但贴不子耶鲁早卒；天祚皇帝又以皇子敖鲁斡继之；耶律隆运死后，辽廷给葬具，建庙乾陵侧，谥号"文忠"，建文忠王府为纪念。

由于叔父韩德让易名耶律隆运，成为皇亲国戚；韩制心，亦获辽主赐姓耶律，更名耶律制心，另名耶律遂贞，成为皇后的外弟，身份亦由汉人变为契丹人。

十五　萧孝穆（契丹人）

萧孝穆两次出任南京留守，第一次自圣宗太平三年至十年（1023—1030），前后8年；第二次由兴宗景福元年至重熙六年（1031—1037），前后7年，两次任期总共15年。

《契丹国志·萧孝穆传》曰："萧孝穆，番名陈六，法天皇后兄也。初，后选入宫为圣宗夫人，授大将军。后封元妃，迁北宰相，封燕王。"萧孝穆之妹妹被选入宫成为圣宗的夫人，他获授大将军；其妹封为元妃，进一步升迁为北宰相，封燕王。由此可见，萧孝穆是位高权重的辽廷"外戚"。契丹人建立的辽朝之皇亲国戚，唯"耶律"及"萧"二姓也。

十六　耶律宗范（契丹人）

耶律宗范应在道宗大安三年至天祚帝乾统十年（1087—1110）之间出任南京留守，前后共14年。

《契丹国志·耶律隆运传》记载："隆运薨，无子，帝（天祚）特以皇侄周王宗业（原注：宗业，本齐国王隆裕之子）绍其后。始封广王，未几徙封周王，历中京留守，平州、锦州节度使。宗业薨，葬乾陵侧。宗业无子，帝后以周王同母弟宗范继隆运后，历龙化州节度使、燕京留守，封韩王。"

周王宗业，本为齐国王隆裕之子，他是天祚皇帝的皇侄。而宗范是周王的同母弟，他亦应为天祚皇帝的皇侄。

《辽史·敖卢斡传》云："晋王，小字敖卢斡，天祚皇帝长子，母曰文妃萧氏。"疑耶律宗范与敖鲁斡为同一人。从以上记录都说明：不论耶律宗范或敖鲁斡，都是辽朝的皇族宗室人员，当然是契丹人。

十七　萧孝先（契丹人）

萧孝先于兴宗重熙六年（1037）继其兄萧孝穆，出任第16位南京留守，至重熙十年（1041），前后共5年。前述萧孝穆是位高权重的辽廷"外戚"，契丹人建立的辽朝之皇亲国戚，唯"耶律"及"萧"二姓。"外戚"身份的萧孝先娶圣宗第四女"南阳公主"而成为圣宗的驸马都尉，亲上加亲，关系十分密切。

十八　耶律重元（契丹人）

耶律重元由兴宗重熙十年至道宗清宁二年（1041—1056）任南京留守，前后共16年。

耶律重元为辽圣宗耶律隆绪之次子，属于辽朝重要的皇室人员。

十九　耶律和鲁斡（契丹人）

耶律和鲁斡两次任南京留守，首次由辽道宗清宁二年至七年（1056—1061），前后共6年；第二次由天祚帝乾统三年至十年（1103—1110），前后共8年，两次任期共14年。

耶律和鲁斡是兴宗（耶律宗真）与仁懿皇后萧氏所生，排行第二。其亲兄长耶律洪基立为道宗，他则为皇弟。耶律洪基之子耶律延禧成为天祚皇帝之后，他被册封为皇太叔。

二十　耶律明（契丹人）

耶律明于辽道宗清宁七年至九年（1061—1063）任南京留守，前后共3年。

耶律明于清宁九年（1063）以燕京留守身份，与圣宗之子宗元通谋，而遭道宗使者擒斩，死于南京留守任上。辽朝皇亲国戚唯"耶律"及"萧"二姓，故耶律明应为契丹人。

二十一　萧惟信（契丹人）

萧惟信由辽道宗清宁九年至咸雍元年（1063—1065）任南京留守，前后共 3 年。

《辽史·萧惟信传》记载：萧惟信是契丹八大族之一楮特部人。其父高八，开泰初为北院承旨，稍后迁任右夷离毕，以干敏称，拜南府宰相。累官迁升为倒塌岭节度使，知兴中府，其后复为右夷离毕。"夷离毕"是辽朝主管刑狱的最高行政机构。

二十二　耶律仁先（契丹人）

耶律仁先由道宗咸雍元年至八年（1065—1072）任南京留守。

耶律仁先，是契丹八大部族之一"孟父房"之后。其父瑰引曾任南府宰相，封燕王。

二十三　耶律洪道（契丹人）

耶律洪道于道宗咸雍八年（1072）任南京留守，至大安三年（1087）卒于任上，前后共 16 年。

《契丹国志·燕王洪道传》云："燕王洪道，番名叱地好，道宗同母弟也。"由此可见，耶律洪道是辽朝重要的皇室人员。

二十四　耶律淳（契丹人）

耶律淳为最后一位辽南京留守，由天祚皇帝乾统十年（1110）袭其父耶律和鲁斡守南京，至保大二年（1122）六月死亡为止，前后共 13 年。

《辽史·耶律淳传》记载："耶律淳者，世号为北辽。淳小字涅里，兴宗第四孙。"由此可见，耶律淳是辽朝重要的皇室人员。

民族认同显示对当权者是否忠心，在辽廷选用南京留守的要求上起重大的作用。最突出的例子是："燕地四大族"韩族四代人有两代当过南京留守，还有一代曾经代父守过南京。韩族四代，自创始人韩知古降辽成为佐命功臣后，第二代韩匡嗣获委任为第 7 位南京留守；第三代韩德让赐国姓耶律，又赐名隆运，变为耶律隆运，归化契丹成为皇亲国戚，列入宫籍，隶属于横帐季父房，身份亦由汉人变为契丹人，他曾代其父（韩匡嗣）守过南京。同时，韩德让之侄子、韩族第四代传人韩制心，亦获辽主赐姓耶律，更名耶律制心，另名耶律遂贞，成为皇后的外弟，身份亦由汉人变为契丹人。他获辽廷重用，成为本书所讨论的第 14 位南京留守。

抚绥期（936—983）辽南京留守共 10 位，其中，汉人 6 位，占
60%；契丹人 4 位，占 40%。如果包括前后任职年数来计算，6 位汉人
留守累计担任 37 年，占本期实际任期总年数 55 年的 67%；4 位契丹留
守累计担任 18 年，占本期实际任期总年数的 33%。以下列表详细统
计之。

表 1　　　　抚绥期十位辽南京留守民族身份与任期比例统计表

序号	姓名	任职年数	民族
1	赵思温	3	汉人
2	赵延寿	11	汉人
3	刘　晞	1	汉人
4	耶律牒蜡	4	契丹人
5	耶律娄国	2	契丹人
6	马廷煦	4	汉人
7	萧思温	7	契丹人
8	高勋	9	汉人
9	韩匡嗣	9	汉人
10	耶律道隐	5	契丹人

辽朝统治之下的燕京，经过 48 年动荡的"抚绥期"（936—983）之
后，已摆脱初并入异邦之不稳定状况，为辽廷所牢固控制。南京成为辽朝
的五京之一，与其他辽土逐渐互相融合，而进入"调和期"。此时期，辽
廷经历了圣宗、兴宗两朝，是辽朝全盛时期，即圣宗统和（983—1012）、
开泰（1012—1021）、太平（1021—1031），以及兴宗景福（1031—1032）、
重熙（1032—1053）五个朝代，前后共 73 年。

在调和期，辽廷共任用了 8 位辽南京留守，不再任用汉人做南京留
守，全部都用契丹人，占 100%。现将调和期 8 位南京留守的民族身份以
及任职的年数，列表如下：

表 2　　　　　　调和期八位辽南京留守民族身份与任职年数统计表

序号	姓名	任职年数	民族
11	耶律休哥	16	契丹
12	耶律隆庆	19	契丹
13	耶律吴哥	5	契丹
14	韩制心	4	契丹
15（2次）	萧孝穆	15	契丹
16	耶律宗范	1	契丹
17	萧孝先	5	契丹
18	耶律重元	11	契丹

　　调和期之后的"同化期"，由道宗清宁二年至天祚帝保大二年（1056—1122），前后共 67 年，此时期，辽廷共任用南京留守 6 人，乃全部采用契丹人，占 100％。直至辽亡，都不再需要汉人，而用契丹本族人，担任南京的最高行政长官。现将同化期 6 位辽南京留守的民族身份与任职年数列表如下：

表 3　　　　　　同化期六位辽南京留守民族身份与任职年数统计表

序号	姓名	任职年数	民族
19（2次）	耶律和鲁斡	22	契丹
20	耶律明	3	契丹
21	萧惟信	3	契丹
22	耶律仁先	8	契丹
23	耶律洪道	1	契丹
24	耶律淳	13	契丹

第二节　从望族、降将过渡到皇亲国戚

　　24 位南京留守之身份演变，亦有明显规律。初期利用降将赵思温、赵延寿、刘晞、马廷煦、高勋，以及"燕地四大望族"来控制；其后，过渡到由宗室、外戚及契丹族的勋臣来担任。

一　利用降将及燕地望族

降将背叛家国，已无退路，命令他们掉转枪口，对付本族人，可收一举两得之效。当然，有些"前朝余孽"、"孤臣孽子"，在有机会时亦会兴风作浪、谋反作乱。所以，降将只在新政权成立的初期即"抚绥期"被利用，而且数量有限，24 位留守之中，降将只有 5 人，占全部的比例只有五分之一多一点点，用百分比来准确表示是 20.8%。

同时，降将之中，包括了"燕地韩、刘、马、赵四大望族"或其后人。笼络当地大族，借重其威望、能力及对旧政府运作的熟悉，有利于稳定局面。在辽得十六州初期，赵族之赵思温、刘族之刘晞、韩族之韩匡嗣、马族之马廷煦，均获辽廷罗致当过南京留守。详见第三章"辽代南京留守的委任背景"之第一节"笼络燕地望族"。

现根据第七章南京留守之传记，将 5 位降辽汉将出任南京留守之背景，表列综述如下（详细经过可参阅第三章"辽代南京留守的委任背景"之第二节"利用降辽名将"）：

表 4　　　　　　　五位降辽汉将出任南京留守背景统计表

序号	姓名	身份	任职年数	降辽经过及背景
1	赵思温	燕地四大族之一、降辽名将	3	赵思温为"燕地四大族"之一赵族的创始人，神册二年（917）投降契丹太祖耶律阿保机。
2	赵延寿	降辽名将	11	赵延寿之养父赵德钧为后梁沧州节度使之裨将，在后梁时代镇守幽州十余年，赵延寿经常跟随义父出征，因战败而投降辽太宗耶律德光。
3	刘晞	燕地四大族之一、降辽名将	1	刘晞之父刘济雍是"燕地四大族"之一刘族创始人。刘晞为后唐将领周德威的部下。在一次战争中身陷于契丹，契丹用管治南面汉人的官职来引诱笼络他，终于使他投降。
6	马廷煦	燕地四大族之一、降辽名将	4	燕地四大族马族的第二代传人马廷煦，随其父降辽，其后获委任为南京留守。
8	高勋	降辽名将	9	高勋是后晋北平王信韬之子，会同九年（946）与后晋名将杜重威一起降辽。

二 重用勋臣

辽南京的统治权，从第 4 位留守耶律牒蜡起，逐步由降将、燕地望族，过渡到有能力的契丹族功臣名将身上。在 24 位留守之中，共有 5 位契丹族勋臣当过南京留守，顺序是：耶律牒蜡、耶律休哥、耶律明、萧惟信、耶律仁先。他们的文治武功都十分了得，为契丹王朝有效地治理南京作出了贡献。特别是耶律休哥，任南京留守 16 年，为辽朝圣宗、兴宗两朝之"盛世"，奠定了基础。

现根据第七章"辽代南京留守传记"，将 5 位契丹族勋臣出任南京留守之背景，列表如下（详细经过可参阅第三章"辽代南京留守的委任背景"之第三节"重用契丹勋臣"）：

表 5　　　　　　　五位契丹族勋臣出任南京留守背景统计表

序号	姓名	出身及重要履历	任职年数	出任南京留守背景
4	耶律牒蜡	六院夷离堇蒲古只之后。天显中，为中台省右相。会同元年，与赵思温持节册册晋帝，及伐晋降晋将杜重威功居多。	4	世宗即位，遣使驰报，仍命牒蜡执偏将者以来。其使误入术者营，术者得诏，反诱牒蜡，执送太后。牒蜡亡归世宗。和约既成，封燕王，为南京留守。
11	耶律休哥	父绾思，南院夷离堇。应历末，为惕隐。圣宗即位，令休哥总南面军务，以便宜从事。	16	983 年，南京留守晋王耶律道隐死，圣宗任命时于越的耶律休哥接任南京留守。
20	耶律明	耶律明有条件与圣宗耶律隆绪之子通谋篡位，可见其身份非凡。	3	《辽方镇年表》载：1061 年及 1062 年耶律明任南京留守。
21	萧惟信	萧惟信五世祖任南府宰相、曾祖任中书令、祖知平州、父拜南府宰相，祖孙五代为辽廷之勋臣。	3	1063 年，重元作乱，惟信随仁先破之，赐竭忠定乱功臣，历南京留守等要职。
22	耶律仁先	耶律仁先，是契丹重要部族"孟父房"之后。其父曾任南府宰相。耶律仁先由宫廷护卫，累官至东京留守、南京兵马副元帅、太尉、于越等要职。	8	到了道宗朝，耶律仁先与北院枢密使耶律乙辛不和，被外放出任南京留守。这是辽廷对他的特别照顾。

契丹原有八部，耶律阿保机"变家为国"后，始取皇族宗室姓"耶律"，复赐后族外戚姓"萧"，故契丹建立的辽朝，以耶律、萧氏二姓为"皇亲国戚"，掌握绝大多数权力，但是，仍然将部分要职，留给其他大部落的能人，以及曾经为契丹打天下立下汗马功劳的勋臣。功臣名将有能力、忠于朝廷，加以重用，则国家必兴。所以，24位南京留守之中，留下5位给契丹族的勋臣名将。但是，所占比例只有五分之一强，用百分比来准确表示是20.8%。超过半数南京留守职位，仍然"肥水不流外人田"，由宗室及外戚占据。

三　皇亲国戚争肥缺

南京局面稳定之后，辽廷逐渐安插皇亲国戚任南京留守，开始时外戚居多（萧思温、韩制心、萧孝先、萧孝穆），其后宗室为主，后期大多数由仅次于太子的皇子出任南京留守，而最后一任以世袭方式接任。

辽统治燕京187年，共用过24位留守，其中9位为辽宗室人员，计为耶律娄国、耶律道隐、耶律隆庆、耶律吴哥、耶律宗范、耶律重元、耶律和鲁斡、耶律洪道，以及耶律淳，均为九朝皇帝的叔伯兄弟或子孙宗亲。南京留守之中宗室比例甚大，24人之中有9人，占37.5%。如果加上4位外戚，则宗室外戚共有13位，占留守总数的54%，超过半数。

现将4位外戚任南京留守之时与在位皇帝的关系，以及9位宗室人员任南京留守时与在位皇帝的关系，列表如下（详情可参阅第三章"辽代南京留守的委任背景"之第四节"优待宗室外戚"）：

表6　　　　　　　　四位任南京留守之外戚与九朝皇帝关系表

序号	姓名	任职起讫年份	任职年数	在任南京留守时与在位皇帝的关系
7	萧思温	穆宗应历七年至十三年（957—963）	7	穆宗的姐夫
14	韩制心	圣宗开泰九年至太平三年（1020—1023）	4	圣宗钦哀皇后之外弟
15	萧孝穆	首任由圣宗太平三年至十年（1023—1030）；第二任由兴宗景福元年至重熙六年（1031—1037）	15	首任时为圣宗萧皇后之兄；第二任时为兴宗之岳父

续表

序号	姓名	任职起讫年份	任职年数	在任南京留守时与在位皇帝的关系
17	萧孝先	兴宗重熙六年至十年（1037—1041）	5	兴宗之妹夫

表7　　　　　九位宗室人员任南京留守之时与在位皇帝关系表

序号	姓名	任职起讫年份	任职年数	在任南京留守时与在位皇帝的关系
5	耶律娄国	穆宗应历元年至二年（951—952）	2	穆宗的堂兄弟
10	耶律道隐	景宗乾亨元年至五年（979—984）	5	景宗的亲叔叔
12	耶律隆庆	圣宗统和十六年至开泰五年（998—1016）	19	圣宗的亲弟弟
13	耶律吴哥	圣宗开泰五年至九年（1016—1020）	5	圣宗的第四子
16	耶律宗范	兴宗景福元年（1031）	1	兴宗之堂弟
17	耶律重元	兴宗重熙十四年至清宁二年（1045—1056）	12	兴宗的亲大弟弟
19（2次）	耶律和鲁斡	首任道宗清宁二年至七年（1056—1061）；第二任道宗寿昌元年至天祚皇帝乾统十年（1095—1110）	22	首任南京留守时为道宗的亲大弟弟；第二任时为天祚皇帝之皇太叔
23	耶律洪道	道宗大康元年（1075）	1	道宗的同母弟
24	耶律淳	天祚帝乾统十年至保大二年（1110—1122）	13	天祚皇帝之堂兄弟

辽统治南京187年，共任用过24位留守，其中，汉人6人，仅占四分之一，其余均为契丹人。汉人均为降将或燕地望族，因受笼络而出任南京留守，而且是在辽刚得南京、局势还不稳定之"抚绥期"。但是，到了辽朝中期，他们的利用价值消失后，便不再获任用（详见第二章"辽代南

京留守的任期分期")。

18 位契丹人任南京留守之中,宗室占 9 人,居首位,说明辽廷对南京这块大肥肉十分重视。除宗室占一半外,外戚 4 人。还有 5 人为契丹各大部族的勋臣名将,他们与辽皇族虽无直接的姻亲关系,但在辽太祖阿保机"变家为国"之前,他们同为契丹的部族之一,阿保机夺取控制权后,对其他大部族的勋臣名将,亦择优重用,可见辽王朝对南京最高行政长官之权力分配,尚能兼顾各方利益。

从任用时间看,辽得南京之初三朝(太宗、世宗、穆宗),因尚未能牢固控制燕京,故采用抚绥政策,利用降辽汉将,笼络燕地望族,起用为南京留守。然而,景宗朝末期开始,即不再用汉人当南京留守,因其时辽廷已可牢固控制南京。

辽代圣宗与兴宗两朝为盛世,此时,辽南京留守虽均由宗室、外戚担任为多,但尚能因才而用,借重契丹勋臣名将,使南京进入升平之世。

到了最后二朝(道宗及天祚帝),南京留守由皇子和鲁斡及其子耶律淳世袭,因而腐败衰弱,终被金人攻占。辽南京留守之任用,体现了辽廷之用人政策;辽朝失去此战略要地三年之后就灭亡,可见辽南京之得失,与整个辽朝之兴衰,恰成正比。

《辽史·外戚表》一开篇就慨叹道:"汉外戚有新室之患,晋宗室有八王之难。《辽史》耶律、萧氏十居八九,宗室、外戚,势分力敌,相为唇齿,以翰邦家,是或一道。然以是而兴,亦以是而亡,又其法之弊也。"[1]

第三节　从频频除罢到世袭

从太宗天显十一年至天祚帝保大二年(936—1122)的 187 年之间,辽廷共用过 24 位南京留守,他们的任期长短不一,相差甚大,出现以下两项重要的规律:(1)初期(抚绥期)南京留守频频除罢;中期(调和期)任期明显增长;后期(同化期)任期又缩短,出现由短至长、再由长至短,两头短中间长的特色;(2)后期留守视南京为独立王国,最后出现世袭。

---

[1]　《辽史》卷 67《外戚表》,第 1027 页。

以下先列出24位南京留守任期长短（以头尾年计任职年数，不计月）综合统计表，再评析以上两大规律：

表8　　　　　　　　**二十四位南京留守任期长短一览表**

序号	姓名	任期起讫年份	任职年数
1	赵思温	太宗天显十一年至会同元年（936—938）	3
2	赵延寿	太宗会同元年至世宗天禄二年（938—948）	11
3	刘晞	太宗会同十年（947）	1
4	耶律牒蜡	世宗天禄二年至五年（948—951）	4
5	耶律娄国	穆宗应历元年至二年（951—952）	2
6	马廷煦	穆宗应历二年至六年（953—956）	4
7	萧思温	穆宗应历七年至十三年（957—963）	7
8	高勋	穆宗应历十三年至景宗保宁三年（963—971）	9
9	韩匡嗣	景宗保宁三年至乾亨元年（971—979）	9
10	耶律道隐	景宗乾亨元年至圣宗统和元年（979—983）	5
		（以上为抚绥期，共55年。以下为调和期）	
11	耶律休哥	圣宗统和元年至十六年（983—998）	16
12	耶律隆庆	圣宗统和十六年至开泰五年（998—1016）	19
13	耶律吴哥	圣宗开泰五年至九年（1016—1020）	5
14	韩制心	圣宗开泰九年至太平三年（1020—1023）	4
15	萧孝穆	首任圣宗太平三年至十年（1023—1030）；第二任兴宗景福元年至重熙六年（1031—1037）	15
16	耶律宗范	兴宗景福元年（1031）	1
17	萧孝先	兴宗重熙六年至十四年（1037—1045）	9
18	耶律重元	兴宗重熙十四年至清宁二年（1045—1056）	12
		（以上为调和期，共81年。以下为同化期，共50年）	
19（2次）	耶律和鲁斡	首任道宗清宁二年至七年（1056—1061）；第二任道宗寿隆元年至天祚乾统十年（1095—1110）	22
20	耶律明	道宗清宁七年至九年（1061—1063）	3
21	萧惟信	道宗清宁九年至咸雍元年（1063—1065）	3
22	耶律仁先	道宗咸雍元年至八年（1065—1072）	8
23	耶律洪道	道宗大康元年（1075）	1
24	耶律淳	天祚帝乾统十年至保大二年（1110—1122）	13

一　初期频频除罢，中期明显增长，后期又缩短，出现两头短、中间长的特色

24 位南京留守之任期，由频频更迭，到最后变成世袭，时间由短至长，地位由不稳到稳定，此正反映了契丹对南京之控制，由松弛到严实，再由牢固到不牢固，最后衰亡。

抚绥期（936—983）10 位留守，其中赵延寿最长（11 年），最短不足 1 年（刘晞）。以前后年实际任职年数计算总共 55 年，平均每位任职 5.5 年。

调和期（983—1056）共 8 位留守（其中萧孝穆两次出任），以前后年实际任职年数计算共有 81 年，其中，耶律隆庆任 19 年，耶律休哥任 16 年，萧孝穆任 15 年，耶律重元任 12 年，平均每位任职 10.125 年。

同化期（1056—1122）总共只有 6 位留守（其中耶律和鲁斡两次出任），以前后年实际任职年数计算共有 50 年，平均每位任职 8.33 年。但若扣除耶律和鲁斡两父子占去的 35 年，其他 4 位平均任职只有 3.75 年；而且，从大康二年至大安十年（1076—1094）前后 19 年未知何人出任南京留守，所以真正的平均数应该更少。

南京留守任期，两头短，中间长，与南京政局变化相吻合，即刚得南京政局不稳，留守频频除罢、更换，10 位留守平均任期只有 5.5 年；中期盛世，政局稳定，8 位留守任期，平均 10.125 年；到了最后的同化期，6 位留守平均亦只有 8.33 年。

二　后期视南京为独立王国，出现世袭

同化期只有 6 位留守，耶律和鲁斡两次出任多达 22 年，为所有 24 位留守之中任期最长者。他做完之后，还不放权，而是再由其子耶律淳世袭，又做了 13 年。两父子世袭相传共达 35 年，占去同化期七成的时间，视南京为自己的独立王国，但还不满足，而是要进一步"僭位称帝"。

南京留守后期，出现子袭父位，争权夺利，互相倾轧的乱局。终于，导致南京被金人攻陷，越三年，辽朝灭亡。

第 七 章

辽代南京留守传记

为了更全面地了解187年（936—1122）间在辽南京出现过的24位留守之背景，现按照出任南京留守先后顺序，将这24位留守的传记及相关之背景资料，整理如下。（另有1位同知留守及2位权留守，则附于同一时代正位留守之后）

这些传记多数为单传，少数是附传，都十分集中地记录了传主的生平事迹。某些传主在几册史著中都有传，但因作者的正统观念不同，资料详略选择不同，甚至称谓褒贬都有异，因此，将其同时列出，以便比较。

这些资料多数选自元脱脱的《辽史》，以及该书的主要参考资料——三册宋代人撰写的正史：薛居正《旧五代史》、欧阳修《新五代史》、叶隆礼《契丹国志》。《契丹国志》，又称《契丹志》或《辽志》，它比元代官修的《辽史》约早百年，又是《辽史》的重要参考书之一。[①] 此四册应用广泛的史著有许多版本，本书采用的《辽史》、《旧五代史》及《新五代史》是中华书局版本；而《契丹国志》是上海古籍出版社的版本。由于打字编排等技术性问题，本书改为横排，数字尽量采用阿拉伯数字（特别是表格），某些标点符号作了调整，原有的文内注，改为页下注；皇帝纪年加注公元年，帝号加注该位皇帝的本身姓名，以方便理解。

第一节　赵思温传

赵思温是于辽太宗天显十一年至十二年（936—937）出任南京留守，

---

① 　叶隆礼：《契丹国志》"点校说明"，上海古籍出版社1985年版，第1页。

前后共 2 年。

《辽史》卷 76，第 1250—1251 页《赵思温传》，对赵思温任南京留守的经过及其生平事迹，有明确的记载：

> 赵思温，字文美，卢龙人。少果锐，膂力兼人，隶燕帅刘仁恭幕。李存勖问罪于燕，思温统偏师拒之。流矢中目，裂裳渍血，战犹不已。为存勖将周德威所擒，存勖壮而释其缚。久之，日见信用。与梁战于莘县，以骁勇闻，授平州刺史，兼平、营、蓟三州都指挥使。
>
> 神册二年（917），太祖（耶律阿保机）遣大将经略燕地，思温来降。及伐渤海，以思温为汉军都团练使，力战拔扶馀城。身被数创，太祖亲为调药。
>
> 太宗（耶律德光）即位，以功擢检校太保、保静军节度使。天显十一年（936），唐兵攻太原，石敬瑭遣使求救，上命思温自岚、宪间出兵援之。既罢兵，改南京留守、卢龙军节度使、管内观察处置等使、开府仪同三司，兼侍中，赐协谋静乱翊圣功臣，寻改临海军节度使。
>
> 会同初，从耶律牒蜡使晋行册礼，还，加检太师。二年（939），有星陨于庭，卒。上遣使赙祭，赠太师、魏国公。子延照、延靖，官至使相。

第二节　赵延寿传

赵延寿于辽太祖天显十三年（938）契丹升幽州为南京时，首次获委任为南京留守，至会同七年（944）；第二次出任南京留守，由大同元年（947）至天禄二年（948）。两次前后任期共达 14 年。在他两次任南京留守之间，有刘晞曾任南京留守。

《旧五代史》、《契丹国志》、《辽史》均有赵延寿传，对赵延寿降辽、谋反、被锁经过，记载甚详。《资治通鉴》及《辽史》本纪，亦有详细的记载，以下分列之。

一 《旧五代史》卷98《晋书》24《列传》13，将赵延寿列为晋臣，在第1311—1313页其父《赵德钧传》之后，附有《赵延寿传》，详载其生平：

延寿，本姓刘氏。父曰邟，常山人也，常任蓨令。梁开平初，沧州节度使刘守文陷其邑，时德钧为偏将，获延寿并其母种氏，遂养之为子。延寿姿貌妍柔，稍涉书史，尤好宾客，亦能为诗。① 及长，尚明宗女兴平公主。初为汴州司马，明宗即位，授汝州刺史，历河阳、宋州节度使，入为上将军，充宣徽使，迁枢密使，兼镇徐州。及高祖起义于晋阳，唐末帝幸怀州，委延寿北伐。后高祖至潞州，延寿与父德钧俱陷北庭。未几，契丹主以延寿为幽州节度使，封燕王，② 寻为枢密使兼政事令。③

天福末，契丹既与少帝（后晋末帝石重贵）绝好，契丹主（太宗耶律德光）委延寿以图南之事，许以中原帝之。延寿乃导诱蕃戎，蚕食河朔。晋军既降于中渡，戎王命延寿就寨安抚诸军，仍赐龙凤赭袍，使衣之而往。谓之曰："汉儿兵士，皆尔有之，尔宜亲自慰抚。"延寿至营，杜重威、李守贞已下皆迎谒于马前。

及戎王入汴，时南北降军数万，皆野次于陈桥，戎王虑其有变，欲尽杀之。延寿闻之，遽请见戎王，曰："臣伏见今日已前，皇帝百战千征，始收得晋国，不知皇帝自要治之乎？为他人取之乎？"戎王变色曰："尔何言之过也，朕以晋人负义，举国南征，五年相杀，方得中原，岂不自要为主，而为他人耶？卿有何说，速奏朕来！"延寿曰："皇帝尝知吴、蜀与晋朝相杀否？"曰："知。"延寿曰："今中原南自安、申，西及秦、凤，沿边数千里，并是两界守戍之所。将来皇

① 原注：案《太平广记》引《赵延寿传》云：延寿幼习武略，即戎之暇，时复以篇什为意，尝在北庭赋诗曰："占得高原肥草地，夜深生火折林梢。"（原文再注：夜深生火折林梢"折"原作"挂"，据《太平广记》卷200改。殿本、刘本作"拆"）南人闻者传之。（《旧五代史考异》）

② 原注：案《辽史》云：德钧卒，以延寿为幽州节度使，封燕王。与"薛史"同。《契丹国志》：会同六年，以延寿为卢龙节度使。八年，南征，以延寿为魏、博节度使，封燕王。与"薛史"异。（《旧五代史考异》）

③ 原文：案《辽史》云：天显末，以延寿妻在晋，诏取之以归。自是益自激昂图报。会同初，帝幸其第，加政事令。不言延寿为枢密使。考《契丹国志》云：会同改元，参用番汉，以延寿为枢密使兼政事令。与"薛史"异。（《旧五代史考异》）

帝归国时，又渐及炎蒸，若吴、蜀二寇交侵中国，未知如何许大世界，教甚兵马御捍？苟失隄防，岂非为他人取也。”戎王曰：“我弗知也，为之奈何？”延寿曰：“臣知上国之兵，当炎暑之时，沿吴、蜀之境，难为用也。未若以陈桥所聚降军团并，别作军额，以备边防。”戎王曰：“我念在壶关、阳城时①，亦曾言议，未获区分，致五年相杀，此时入手，如何更不翦除？”延寿曰：“晋军见在之数，如今还似从前尽在河南，诚为不可，臣请迁其军，并其家口于镇、定、云、朔间以处之，每岁差伊分番，于河沿边防戍，斯上策也。”戎王忻然曰：“一取大王商量。”由是陈桥之众获免长平之祸焉。

延寿在汴久之，知戎王无践言之意，乃遣李崧达语于戎王，求立为皇太子，崧不得已而言之。戎王曰：“我于燕王，无所爱惜，但我皮肉堪与燕王使用，亦可割也，何况他事！我闻皇太子，天子之子合作，燕王岂得为之也！”因命与燕王加恩。时北来翰林学士承旨张砺，拟延寿为中京留守、大丞相、录尚书事、都督中外诸军事，枢密使、燕王如故。②戎王拟状，索笔涂却“录尚书事、都督中外诸军事”之字，乃付翰林院草制焉。又以其子匡赞为河中节度使。

延寿在汴州，复娶明宗小女为继室。先是，延州节度使周密为其子广娶焉，已纳财毕，亲迎有日矣，至是延寿夺取之。契丹主自汴回至邢州③，命升延寿坐在契丹左右相之上。契丹主死，延寿下教诸部道，称权知南朝军国事。是岁六月一日，为永康王兀欲所锁④，籍其家财，分给诸部，寻以延寿入国，竟卒于契丹。⑤

匡赞，历汉、周两朝，累授节镇及统军使，仕皇朝，历庐、延、

---

① 原注："我念在壶关阳城时"。卢本同。殿本、刘本作"我念在壶关失断阳城时"。

② 原注：案《辽史》云：会同七年正月己丑，授延寿魏、博等州节度使，封魏王。延寿本传亦言其先封燕王，改封魏王，是延寿入汴时已为魏王也。"薛史"始终称为燕王，与《辽史》异。（《旧五代史考异》）案：《辽史》载张砺拟状，无"枢密使、燕王如故"七字。（孔本）

③ 按：《辽史》卷4《太宗本纪》载：辽太宗于大同元年夏四月丙辰朔离开汴州。

④ 原注："兀欲"：原作"鄂约"，注云："旧作兀欲，今改正。"按此系辑录《旧五代史》时据《辽史索伦国语解》所改，今恢复原文。殿本作乌裕。

⑤ 原注：案《辽史·世宗纪》：天禄二年（948）十月壬午，南京留守、魏王赵延寿薨。"薛史汉高祖纪"：天福十二年（947），起复其子赞，盖传闻之误。案《辽史》云：世宗即位，以朔戴功，授枢密使。天禄二年（948）薨。考延寿谋自主，为永康王所锁，《辽史》为之讳言，纪传皆不载。（孔本）

邠、鄜等四镇焉。①

二 《契丹国志》卷16，第163页《列传·赵延寿传》记载：

赵延寿，相州人也。父德钧，唐为卢龙节度使。

石敬瑭叛，与契丹会击张敬达，潞王令德钧将幽州兵由飞狐出契丹军后。德钧密与契丹通，许以厚赂，云："若立己为帝，即请以见兵南平洛阳，与契丹为兄弟国。"契丹以晋安未下，欲许德钧之请。晋高祖（石敬瑭）亟使桑维翰入说太宗，太宗从之，指帐前石谓德钧使者曰："我已许石郎，此石烂，方可改也。"会太宗至潞州，德钧父子迎谒于高河。太宗问德钧曰："汝在幽州所置银鞍契丹直何在？"德钧指示之，太宗命尽杀之于西郊，凡三千人。遂锁德钧、延寿，送归其国。德钧见述律太后，悉以所赉宝货并籍其田宅献之，太后问曰："汝近者何为往太原？"德钧曰："奉唐主命。"太后指天曰："汝从吾儿求为天子，何妄语耶？"又指其心曰："此不可欺也。"又曰："吾儿将行，吾戒之云：'赵大王若引兵向渝关'，亟须引兵归，太原不可救也。汝欲为天子，何不先击退吾儿，徐图亦未晚。汝为人臣，既负其主，不能击敌，又欲乘乱邀利，所为如此，何面目复求生乎？"德钧俛首不能对。又问："器玩在此，田宅何在？"德钧曰："在幽州。"问："今属谁？"②德钧曰："属太后。"太后曰："然则又何献焉？"德钧益惭，自是郁郁不多食，逾年而死。

三 《辽史》卷76，第1247—1248页有《赵延寿传》曰：

赵延寿，本姓刘，恒山人，父邠，令蓨。梁开平初，沧州节度使刘守文陷蓨，其裨将赵德钧获延寿，养以为子。

少美容貌，好书史。唐明宗先以妻之，及即位，封其女为兴平公主，拜延寿驸马都尉、枢密使。明宗子从荣恃权跋扈，内外莫不震慑，延寿求补外避之，出为宣武军节度使。清泰初，加鲁国公，复为

---

① 原注：《永乐大典》卷一万六千九百九十一。
② 原注："问今属谁"。"问"字原脱，据席本补。

枢密使，镇许州。石敬瑭发兵太原，唐遣张敬达往讨。会敬达败保晋安寨，延寿与德钧往救，闻晋安已破，走团柏峪。太宗追及，延寿与其父俱降。

明年，德钧卒，以延寿为幽州节度使，封燕王；及改幽州为南京，迁留守，总山南事。天显末，以延寿妻在晋，诏取之以归。自是益自激昂图报。

会同初，帝幸其第，加政事令。六年冬，晋人背盟①，帝亲征，延寿为先锋，下贝州，授魏、博等州节度使，封魏王。败晋军于南乐，获其将赛项羽。军元城，晋将李守贞、高行周率兵来逆，破之。至顿丘，会大霖雨，帝欲班师。延寿谏曰："晋军屯河滨，不敢出战，若径入澶州，夺其桥，则晋不足平。"上然之。适晋军先归澶州，高行周至析城②，延寿将轻兵逆战；上亲督骑士突其阵，敌遂溃。师还，留延寿徇贝、冀、深三州。

八年，再伐晋，晋主遣延寿族人赵行实以书来招。时晋人坚壁不出，延寿绐曰："我陷虏久，宁忘父母之邦。若以军逆，我即归。"晋人以为然，遣杜重威率兵迎之。延寿至滹沱河，据中渡桥，与晋军力战，手杀其将王清③，两军相拒。太宗潜由他渡济，留延寿与耶律朔古据桥，敌不能夺，屡败之，杜重威扫厥众降。上喜，赐延寿龙凤赭袍，且曰："汉兵皆尔所有，尔宜亲往抚慰。"延寿至营，杜重威、李守贞迎谒马首。

后太宗克汴，延寿因李崧求为皇太子，上曰："吾于魏王虽割肌肉亦不惜，但皇太子须天子之子得为，魏王岂得为也？"盖上尝许灭晋后，以中原帝延寿，以故摧坚破敌，延寿常以身先。至是以崧达意，上命迁延寿秩。翰林学士承旨张砺进拟中京留守、大丞相、录尚书事、都督中外诸军事；上涂"录尚书事、都督中外诸军事"。

世宗即位，以翊戴功，授枢密使。天禄二年薨。

---

①　原注："六年冬晋人背盟"。"六年"二字原脱，据"纪"会同六年十二月补。

②　原注："高行周至析城"。按《旧五代史》82，《新五代史》9，《弘简录》203及《通鉴》并称战高行周于戚城。

③　原注："手杀其将王清"。"清"原作"靖"。据《纪》会同九年十一月、《旧五代史》95、《新五代史》33本传、《国志》3及《通鉴》改。

第三节 刘晞传

刘晞于会同八年至九年（945—946）担任南京留守。刘晞是降辽汉将，刘族是"燕地四大族"之一，契丹任命他为燕京留守，历官至同平章事、兼侍中，授洛京留守等，大加重用。刘族三代人（刘济雍、刘晞、刘珂）的事迹，在《旧五代史》及《契丹国志》都有记载。

一 《旧五代史》卷98《晋书》24《刘晞传》，第1317页记载如下：

刘晞者，涿州人也。父济雍，累为本郡诸邑令长。晞少以儒学称于乡里，尝为唐将周德威从事，后陷于契丹，契丹以汉职縻之。天福中，契丹命晞为燕京留守，尝于契丹三知贡举，历官至同平章事、兼侍中。随契丹入汴，授洛京留守。会河阳军乱，晞走许州，又奔东京，萧翰遣兵送晞至洛下。契丹主死，晞自洛复至东京，随萧翰北归，遂留镇州。汉初，与麻答奔定州，后卒于北蕃。①

二 刘晞之事迹，史载不详，然从其子刘珂获辽太宗重用来看，已可见刘家之三代，在辽朝之地位。《契丹国志》卷15《刘珂传》第157页曰：

刘珂，平章事晞之次子也。尚世宗妹燕国公主。少善射，以材能称。赋性谨重，未尝有过，为太宗（耶律德光）所知。太宗忿石晋负恩，连年南牧，战定州，时深入，帝马陷泥泞中，珂下马奉帝出，身被数十疮，流血满体，太宗壮之。迁林牙、行宫都部署、西北路兵马招讨使。从入大梁，授同知京府事，寻授汉人枢密使，封吴王。

---

① 原注：《永乐大典》卷九千九十九。案《契丹国志》：刘珂，晞之子也，尚世宗妹燕国公主。（《旧五代史考异》）

第四节　耶律牒蜡传

耶律牒蜡，又作耶律牒葛、耶律牒蝎、耶律敌猎、耶律敌烈等，自辽世宗天禄二年至五年（948—951）任南京留守，前后共 4 年。

《辽史》卷 113《列传》第 43《逆臣》，第 1506 页《耶律牒蜡传》曰：

> 牒蜡，字述兰，六院夷离堇蒲古只之后。
>
> 天显中，为中台省右相。会同元年（938），与赵思温持节册晋帝（石敬瑭）①，及我师（辽军）伐晋，至滹沱河，降晋将杜重威，牒蜡功居多。大同元年（947），平相州之叛，斩首数万级。
>
> 世宗（耶律阮）即位，遣使驰报，仍命牒蜡执偏将术者以来。其使误入术者营，术者得诏，反诱牒蜡，执送太后。牒蜡亡归世宗。和约既成，封燕王，为南京留守。
>
> 天禄五年（951），察割弑逆，牒蜡方醉，其妻扶入察割之幕，因从之。明旦，寿安王②讨乱，凡胁从者皆弃兵降；牒蜡不降，凌迟③而死。妻子皆诛。

第五节　耶律娄国传

耶律娄国于世宗天禄五年（951）九月，至穆宗应历二年（952）八月，担任南京留守，前后计算有 2 年，但是，实足只有 11 个月。

《辽史》卷 112 第 1501 页《耶律娄国传》曰：

> 娄国，字勉辛，文献皇帝（耶律倍）之子。天禄五年（951），遥授武定军节度使。及察割作乱，穆宗（耶律璟）与屋质从林牙敌猎计，诱而出之，娄国手刃察割，改南京留守。

---

① 原注："会同元年与赵思温持节册晋帝"。"元"，原误"二"。按《纪》此事在会同元年七月，《新五代史》、《旧五代史》、《通鉴》并同，据改。

② 辽太宗皇帝耶律德光之长子耶律璟，会同二年（939）封寿安王。天禄五年（951），世宗耶律阮被察割杀害。耶律璟讨乱，诛杀察割，继位为穆宗。

③ 原文为"陵迟"，与"凌迟"本可相通，按常用词改。俗称"剐刑"。

穆宗沉湎，不恤政事，娄国有觊觎之心，诱敌猎及群不逞谋逆。事觉，按问不服。帝（穆宗）曰："朕为寿安王时，卿数以此事说我，今日岂有虚乎？"娄国不能对。及余党尽服，遂缢于可汗州西谷，诏有司择绝后之地以葬。

第六节　马廷煦传

马廷煦在辽穆宗应历三年至六年（953—956）任南京留守，前后共4年。

《辽史》没有马廷煦的专传，但在列传的"能吏传"之中，却有马廷煦的曾孙马人望的专传，其中记录"燕地四大族"之一的马氏家族五代的辉煌历史：第一代马胤卿降辽，第二代马廷煦于穆宗应历年间获委任南京留守；第三代马渊，任中京副留守；第四代马诠，任中京文思使；第五代马人望，为辽朝有操守之"能吏"，历任要职，辽廷最后一位皇帝——天祚帝亦曾手书"宣马宣徽"四字褒奖他。马人望卒后更获赐谥号"文献"。马族五代人，极受辽廷宠信。

《辽史》卷105《列传》第35第1461—1463页《能吏·马人望传》，透露了曾祖马廷煦曾任南京留守的一些史料：

> 马人望，字俨叔，高祖胤卿，为石晋青州刺史，（辽）太宗（耶律德光）兵至，坚守不降。城破被执，太宗义而释之，[①] 徙其族于医巫闾山，因家焉。曾祖廷煦，南京留守。祖渊，中京副留守。父诠，中京文思使。
>
> 人望颖悟。幼孤，长以才学称。咸雍中，第进士，为松山县令。岁运泽州官炭，独役松山，人望请于中京留守萧吐浑均役他邑。吐浑怒，下吏，系几百日；复引诘之，人望不屈。萧喜曰："君为民如此，后必大用。"以事闻于朝，悉从所请。
>
> 徙知涿州新城县。县与宋接境，驿道所从出。人望治不扰，吏民畏爱。近臣有聘宋还者，帝问以外事，多荐之，擢中京度支司盐铁判

---

① 原注："太宗兵至"至"太宗义而释之"。"宗"原误"祖"。按用兵石晋为太宗时事，据改。

官。转南京三司度支判官，公私兼裕。迁警巡使。京城狱讼填委，人望处决，无一冤者。会检括户口，未两旬而毕。同知留守萧保先怪而问之，人望曰："民产若括之无遗，他日必长厚敛之弊，大率十得六七足矣。"保先谢曰："公虑远，吾不及也。"

先是，枢密使乙辛窃弄威柄，卒害太子。及天祚嗣位，将报父仇，选人望与萧报恩究其事。人望平心以处，所活甚众。改上京副留守。会剧贼赵钟哥犯阙，劫宫女、御物，人望率众捕之。右臂中矢，炷以艾，力疾驰逐，贼弃所掠而遁。人望令关津讥察行旅，悉获其盗。寻擢枢密都承旨。

宰相耶律俨恶人望与己异，迁南京诸官提辖制置。岁中，为保静军节度使。有二吏凶暴，民畏如虎。人望假以辞色，阴令发其事，黥配之。是岁诸处饥乏，惟人望所治粒食不阙，路不鸣桴。遥授彰义军节度使。迁中京度支使，始至，府廪皆空；视事半岁，积粟十五万斛，钱二十万缗。徙左散骑常侍，累迁枢密直学士。

未几，拜参知政事，判南京三司使事。时钱粟出纳之弊，惟燕为甚。人望以缣帛为通历，凡库物出入，皆使别籍，名曰"临库"。奸人黠吏莫得轩轾，乃以年老扬言道路。朝论不察，改南院宣徽使，以示优老。逾年，天祚手书"宣马宣徽"四字诏之。既至，谕曰："以卿为老，误听也。"遂拜南院枢密使。人不敢干以私，用人必公议所当与者。如曹勇义、虞仲文尝为奸人所挤，人望推荐皆为名臣。当时民所甚患者，驿递、马牛、旗鼓、乡正、厅隶、仓司之役，至破产不能给。人望使民出钱，官自募役，时以为便。久之请老，以守司徒、兼侍中致仕。卒，谥曰文献。

人望有操守，喜怒不形，未尝附丽求进。初除执政，家人贺之。人望愀然曰："得勿喜，失勿忧。抗之甚高，挤之必酷。"其畏慎如此。

第七节　萧思温传

萧思温于辽穆宗应历七年至十年（957—960）任南京留守，前后共 4 年。《辽史》卷 78《列传》第 8，第 1267—1269 页《萧思温传》记载其生平：

萧思温，小字寅古，宰相敌鲁之族弟忽没里之子，通书史。

太宗时为奚秃里太尉，尚燕国公主，为群牧都林牙。思温在军中，握齱修边幅，僚佐皆言非将帅才。寻为南京留守。

初，周人攻扬州，上遣思温蹑其后，惮暑不敢进，拔缘边数城而还。后周师来侵，围冯母镇，势甚张。思温请益兵，帝报曰："敌来，则与统军司并兵拒之；敌去，则务农作，勿劳士马。"会敌入束城，我军退渡滹沱而屯。思温勒兵徐行，周军数日不动。思温与诸将议曰："敌众而锐，战不利则有后患。不如顿兵以老其师，蹑而击之，可以必胜。"诸将从之。遂与统军司兵会，饰他说请济师。周人引退，思温亦还。

已而，周主复北侵，与其将傅元卿、李崇进等分道并进①，围瀛州，陷益津、瓦桥、淤口三关，垂迫固安。思温不知计所出，但云车驾旦夕至；麾下士奋跃请战，不从。已而，陷易、瀛、莫等州，京畿人皆震骇，往往遁入西山。思温以边防失利，恐朝廷罪己，表请亲征。会周主荣以病归，思温退至益津，伪言不知所在。遇步卒二千余人来拒，败之。是年，闻周丧，燕民始安，乃班师。

时穆宗湎酒嗜杀，思温以密戚预政，无所匡辅，士论不与。十九年（969），春蒐，上（穆宗）射熊而中，思温与夷离毕牙里斯等进酒上寿，帝醉还宫。是夜，为庖人斯奴古等所弑。② 思温与南院枢密使高勋、飞龙使女里等立景宗。

保宁初，为北院枢密使，兼北府宰相，仍命世预其选。上（景宗）册思温女为后，加尚书令，封魏王。从帝（景宗）猎闾山，为贼所害。

……

论曰：呜呼！人君之过，莫大于杀无辜。汤之伐桀也，数其罪曰"并告无辜于上下神祇"；武王之伐纣也，数其罪曰"无辜吁天"；尧之伐苗也，吕侯追数其罪曰"杀戮无辜"。迹是言之，夷腊葛之谏，凛凛庶几古君子之风矣。

虽然，善谏者不谏于已然。盖必先得于心术之微，如察脉者，先其病而治之，则易为功。穆宗沉湎失德，盖其资富强之势以自肆久

---

① 原注："与其将傅元卿、李崇进等分道并进"。李崇进，《旧五代史》119作"李重进"。
② 原注："为庖人斯奴古等所弑"。按《纪》应历十九年二月作庖人辛古。

矣。使群臣于造次动作之际，此谏彼诤，提而警之，以防其甚，则亦
讵至是哉。于以知护思、思温处位优重，耽禄取容，真鄙夫矣！若海
璃之折狱，继先之善治，可谓任职臣欤。

第八节　高勋传

高勋于辽穆宗应历十一年至十八年（961—968）任南京留守，前后共
8年。

一　《辽史》卷85《列传》第15，第1317页《高勋传》，记载高勋的生平。

　　高勋，字鼎臣，晋北平王　信韬之子。性通敏。仕晋为阁门使。
会同九年（946），与杜重威来降。（辽）太宗（耶律德光）入汴，授
四方馆使。好结权贵，能服勤大臣，多推誉之。

　　天禄间，为枢密使，总汉军事。五年（951），刘崇遣使来求封
册，诏勋册崇为大汉神武皇帝。应历初，封赵王，出为上京留守，寻
移南京。会宋欲城益津，勋上书请假巡徼以扰之[①]，帝然其奏，宋遂
不果城。十七年（967），宋略地益津关，勋击败之，知南院枢密事。
景宗即位，以定策功，进王秦。

　　保宁中，以南京郊内多隙地，请疏畦种稻，帝（景宗）欲从之。
林牙耶律昆宣言于朝曰：“高勋此奏，必有异志。果令种稻，引水为
畦，设以京叛，官军何自而入？”帝疑之，不纳。寻迁南院枢密使。
以毒药馈驸马都尉萧啜里，事觉，流铜州。寻又谋害尚书令萧思温，
诏狱诛之，没其产，皆赐思温家。

**二　清毕沅《续资治通鉴》卷8《宋纪》八“太祖开宝九年”（976），
第204页：**

　　开宝九年（辽保宁九年，977）……六月……辽南京留守秦王高

---

①　原注：“勋上书请假巡徼以扰之”。按《纪》，勋上书在应历十七年二月。

勋，怙宠而骄，尝以南京郊内多隙地，请疏畦种稻。辽主欲从之，林牙耶律昆宣言于朝，曰："高勋此奏有异志，果令种稻，引水为畦，设以京叛，官兵何自而入！"辽主疑之，不果。会宁王质睦（旧作只没）之妻私造鸩毒，勋亦以毒药馈驸马都尉萧默哩（旧作啜里），事觉，秋，七月，丙寅朔，质睦夺爵，贬乌库部（旧作乌古都），勋除名流铜州。

第九节　韩匡嗣传

韩匡嗣于辽景宗保宁元年至十年（969—978）任南京留守，前后共10年。

韩族是"燕地四大族"中最兴旺之一族，韩家自韩知古为佐命功臣后，第二代韩匡嗣任南京留守；第三代韩德让以功赐国姓耶律，又赐名隆运，变为耶律隆运，成为皇亲国戚，他曾代其父（韩匡嗣）守过南京；第四代韩德让之侄子韩制心，为本书所述的第14位南京留守。

《辽史·韩知古传》，记载韩家四代受宠的显赫历史：首先介绍韩族创始人（第一代）韩知古的辉煌历史；紧接着是其子（第二代）韩匡嗣的附传；再下来是其孙（第三代）德源、德凝的附传紧接其后。与此同时，《辽史》还为韩知古之孙韩德让（耶律隆运）列有专传，以更高的规格，更加详细地记载耶律隆运的事迹；而在《辽史·耶律隆运传》还有韩族第四代传人、耶律隆运之侄子韩制心的附传。

韩家第三代、韩知古之孙韩德让以功赐国姓耶律，列入宫籍，隶属于横帐季父房，而且获辽廷赠尚书令、赐建文忠王府，与辽廷九朝皇帝及主要皇后、皇太弟，并称为"十二宫一府"，最高官至大丞相、封晋国王，宠冠投靠契丹之汉臣。耶律隆运无子，辽廷以皇族魏王贴不子耶鲁为其继嗣，但贴不子耶鲁早卒；天祚皇帝又以皇子敖鲁斡继之；耶律隆运死后，辽廷给葬具，建庙乾陵侧，还追封谥号"文忠"，建文忠王府为纪念。由此可见，燕地最兴旺之韩族，获辽廷之崇重，简直到了无以复加的地步。《辽史》及《契丹国志》都有《耶律隆运传》专传，记载其显赫的历史，其中亦谈及韩家四代与辽廷的密切关系。

一　《辽史》卷 74《列传》第 4，第 1233—1234 页《韩知古传》及附传《韩匡嗣传》如下：

韩知古，蓟州玉田人，善谋有识量。（辽）太祖（耶律阿保机）平蓟（燕云十六州之一，今天津蓟县）时，知古六岁，[①] 为淳钦皇后兄欲稳所得。后来嫔，知古从焉，未得省见。久之，负其有[②]，怏怏不得志，挺搓身逃庸保，以供资用。

其子匡嗣得亲近太祖，因间言。太祖召见与语，贤之，命参谋议。神册初，遥授彰武军节度使。久之，信任益笃，总知汉儿司事，兼主诸国礼仪。时仪法疏阔，知古援据故典，参酌国俗，与汉仪杂就之，使国人易知而行。

顷之，拜左仆射，与康默记将汉军征渤海有功，迁中书令。天显中卒，为佐命功臣之一。子匡嗣。

匡嗣以善医，直长乐官，皇后视之犹子。应历十年（960），为太祖庙详稳。后宋王喜隐谋叛，辞引匡嗣，上置不问。

初，（辽）景宗（耶律贤）在藩邸，善匡嗣。即位，拜上京留守。顷之，王燕，改南京留守。保宁末，以留守摄枢密使。

时耶律虎古使宋还，言宋人必取河东，合先事以为备。匡嗣诋之曰："宁有是！"已而宋人果取太原，乘胜逼燕。匡嗣与南府宰相沙、惕隐休哥侵宋，军于满城，方阵，宋人请降。匡嗣欲纳之，休哥曰："彼军气甚锐，疑诱我也。可整顿士卒以御。"匡嗣不听。俄而宋军鼓噪薄我，众蹙践，尘起涨天。匡嗣仓卒谕诸将，无当其锋。众既奔，遇伏兵扼要路，匡嗣弃旗鼓遁，其众走易州山，独休哥收所弃兵械，全军还。

帝怒匡嗣，数之曰："尔违众谋，深入敌境，尔罪一也；号令不肃，行伍不整，尔罪二也；弃我师旅，挺身鼠窜，尔罪三也；侦候失机，守御弗备，尔罪四也；捐弃旗鼓，损威辱国，尔罪五也。"促令诛之。皇后引诸内戚徐为开解，上重违其请。良久，威稍霁，乃杖而

---

① 原注："太祖平蓟时，知古六岁"。按下文其子匡嗣已得"亲太祖，因间言"，则六岁被掠不合，疑有漏字。

② 原注："负其有"。疑为"负其才"或"负其有才"。

免之。

既而遥授晋昌军节度使。乾亨三年（981），改西南招讨使，[①]卒。睿智皇后闻之，遣使临吊，赙赠甚厚，后追赠尚书令。五子：德源，德让——后赐名隆运，德威，德崇，德凝。[②] 德源，德凝附传，余各有传。

二　附传——同知燕京留守耶律隆运传

韩族是"燕地四大族"中最兴旺之一族，韩家第三代韩德让，以功赐国姓耶律，又赐名隆运，变为耶律隆运，成为皇亲国戚。以辽为正朔的《辽史》之《列传》，以专传形式，记载他的生平事迹。他曾于乾亨元年（979）同知燕京留守，代其父（韩匡嗣）守过南京。

1.《辽史》卷82《列传》第12，第1289—1291页《耶律隆运传》曰：

耶律隆运，本姓韩，名德让，西南面招讨使匡嗣之子也。统和十九年（1001），赐名德昌；二十二年（1004），赐姓耶律；二十八年（1010），复赐名隆运。重厚有智略，明治体，喜建功立事。

侍景宗（耶律贤），以谨饬闻，加东头承奉官，补枢密院事，转上京皇城使，遥授彰德军节度使，代其父匡嗣为上京留守，权知京事，甚有声。寻复代父守南京，时人荣之。宋兵取河东，侵燕，五院糺详稳奚底、统军萧讨古等败归，宋兵围城，招胁甚急，人怀二心。隆运登城，日夜守御。援军至，围解。及战高梁河，宋兵败走，隆运邀击，又破之。以功拜辽兴军节度使，征为南院枢密使。

景宗疾大渐，与耶律斜轸俱受顾命，立梁王为帝，皇后为皇太后，称制，隆运总宿卫事，太后益宠任之。统和元年（983），加开府仪同三司，兼政事令。四年（986），宋遣曹彬、米信将十万众来侵，

---

①　原注："乾亨三年，改西南招讨使"。"三"，原作"二"。按《纪》：改西南招讨使在乾亨三年三月，据改。

②　原注："五子：德源，德让、德威、德崇、德凝"。德崇，按《纪》统和十二年五月作德冲。又下文称"德源，德凝附传，余各有传"，今按德让，德威传见卷82，德崇仅于其子韩制心传中追叙，无传。此处当是沿袭耶律俨或陈大任旧史之文，而德崇传实已删去。

隆运从太后出师败之，加守司空①，封楚国公。师还，与北府宰相室昉共执国政。上言山西四州数被兵②，加以岁饥，宜轻税赋以来流民，从之。六年（988），太后观击鞠，胡里室突隆运坠马，命立斩之。诏率师伐宋，围沙堆，敌乘夜来袭，隆运严军以待，败走之，封楚王。九年（991），复言燕人挟奸，苟免赋役，贵族因为囊橐，可遣北院宣徽使赵智戒谕，从之。

十一年（993），丁母忧，诏强起之。明年，室昉致政，以隆运代为北府宰相，仍领枢密使，监修国史，赐兴化功臣。十二年（994）六月③，奏三京诸鞠狱官吏，多因请托，曲加宽贷，或妄行搒掠，乞行禁止。上可其奏。又表请任贤去邪，太后喜曰：“进贤辅政，真大臣之职。”优加赐赍，服阕，加守太保、兼政事令。会北院枢密使耶律斜轸薨，诏隆运兼之。久之，拜大丞相，进王齐，总二枢府事。以南京、平州岁不登，奏免百姓农器钱，及请平诸郡商贾价，并从之。

二十二年（1004），从太后南征，及河，许宋成而还。徙王晋，赐姓，出宫籍，隶横帐季父房后，乃改赐今名，位亲王上，赐田宅及陪葬地。

从伐高丽还，得末疾，帝与后临视医药。薨，年七十一。赠尚书令，谥文忠。官给葬具，建庙乾陵侧。无子，清宁三年（1057），以魏王贴不子耶鲁为嗣。天祚立，以皇子敖鲁斡继之。弟德威，侄制心。

2.《契丹国志》卷18《耶律隆运传》第174—176页载：

耶律隆运，本汉人，姓韩名德让。祖知古，加右仆射、中书令。父匡嗣，追封秦王。隆运性忠愿谨愨，智略过人。景宗婴疾，后燕燕与决国事，雅重隆运，擢授东头供奉官，充密院通事，寻转上京皇城使，超授辽州节度使，改授同知燕京留守，又迁平州节度使，改枢密

---

① 原注：“加守司空”。守司空，按《纪》统和四年十一月作“守司徒”。

② 原注：“山西四州数被兵”。“山”、“四”二字原脱，据《纪》统和四年八月及《食货志》上补。

③ 原注：“十二年六月”。按上文已有“十一年”之“明年”，即十二年。此“十二年”三字当有衍误。

使，兼行营都部署。①

隆运自景宗（耶律贤）朝翼决庶政，帝后少年，有辟阳之幸。

景宗疾亟，隆运不俟诏，密召其亲属等十余人并赴行帐。时诸王宗室二百余人拥兵握政，盈布朝廷。后当朝虽久，然少姻媛助，诸皇子幼稚，内外震恐。隆运请于后，易置大臣，敕诸王归第，不得私相燕会，随机应变，夺其兵权。时赵王等俱在上京，隆运奏召其妻子赴阙。景宗崩，事出仓卒，布置已定，乃集番汉臣僚，立梁王隆绪为皇帝，时年十二，后为圣宗，②仍尊后曰仁慈翊圣应天皇太后。寻以辅立功守司徒、同政事，进封楚王，赐姓耶律氏及赐今名。未几，拜大丞相，充契丹、汉儿枢密使，南北面诸行宫都部署，改封齐王。

隆运孜孜奉国，知无不为，忠孝至诚，出于天性。帝以隆运辅翼功前后少比，乃赐铁券誓文，躬自亲书，斋戒焚香，于北斗星下读之，宣示番汉诸臣。又以隆运一族附籍横帐，列于景宗庙位。契丹横帐，犹宋朝玉牒所也。

隆运自为相以来，结懽③宋朝，岁时修睦，无少间隙，帖服中外，靡有邪谋。

未几，改封晋王，授尚书令，赐以几杖，入朝不拜，上殿不趋，左右护卫特置百人④。北法，护卫惟国主有之。帝以隆运勋大，恩数优渥，见则尽敬，至父事之，秦国王每日一问起居⑤，至隆运所居帐二里外，已去盖下车，徒步而进；暨其回也，列揖于帐外，隆运坐而受之。帝或至其帐，亦五十余步下车，隆运出迎尽礼，帝亦先为之揖；及入，内同家人礼，饮膳服食，尽一时水陆珍品。诸国争为奇怪入贡，动骇耳目。隆运疾，帝与太后祷告山川，召番汉名医胗（诊）视，朝夕不离左右。

---

① 原注："改枢密使，兼行营都部署"。"行营都部署"，据《东都事略》卷123附录一作"行营都统"。

② 原注："立梁王隆绪为皇帝，时年十二，后为圣宗"。"隆绪"原作"宗真"；"圣宗"原作"兴宗"，均据《席》本及本书《纪年》改。

③ "懽"，"欢"的异体字。"结懽"，即"结欢"。

④ 原注："左右护卫特置百人"。"卫"原误"位"，据《长篇》卷23改，下同。

⑤ 原注："秦国王每日一问起居"。"秦国王"原作"秦国二王"。《长篇》卷23载此事：圣宗"日遣其弟隆裕一问起居"。隆裕封秦国王，故"二"字乃衍文。《席》本作"秦、齐二王"，亦误。

及薨，帝与后、诸王、公主已下并内外臣僚制服行丧，葬礼一依承天太后故事。灵柩将发，帝自挽辒车哭送，群臣泣谏，百余步乃止。葬乾陵侧，诏影堂制度一同乾陵。又诏诸处应有景宗御容殿，皆以隆运真容置之殿内，其眷遇始终，无与比伦有如此者。

隆运兄弟九人，缘翼载恩，超授官爵，皆封王。诸侄三十余人，封王者五人，余皆任节度使、部署等官。隆运薨，无子，帝（圣宗耶律隆绪）特以皇侄周王宗业绍其后。① 始封广王，未几徙封周王，历中京留守，平州、锦州节度使。宗业薨，葬乾陵侧。宗业无子，帝复以周王同母弟宗范继隆运后，历龙化州节度使、燕京留守，封韩王。

论曰：古今天下有权臣，有重臣。权臣之权，其君危如缀旒；重臣之重，其国安如泰山。耶律隆运因缘中宫，策立明睿，镇服内外，无有邪谋，不可谓之非权臣，亦不可谓之非重臣也。遂乃释肺腑之戚，玉谱联名；席茅土之封，金枝入继。斯不谓之千载之逢而非常之遇欤！

第十节　耶律道隐传

耶律道隐自辽景宗乾亨元年至圣宗统和元年（979—983）任南京留守，前后共 5 年。耶律道隐是义宗耶律倍之子，曾任上京、南京留守，封蜀王、荆王、晋王。

《辽史》卷 72《列传》第 12《宗室·义宗倍》，第 1212 页附有《晋王道隐传》，记载其生平：

晋王道隐，字留隐，母高氏。

道隐生于唐，人皇王遭李从珂之害，时年尚幼，洛阳僧匿而养之，因名道隐。太宗灭唐，还京，诏赐外罗山地居焉。性沉静，有文武才，时人称之。

景宗即位，封蜀王，为上京留守。乾亨元年（979），迁守南京，

----

① 原注：宗业，本齐国王隆裕之子。

号令严肃，民获安业。居数年，徙封荆王。① 统和初，病薨，追封晋王。

第十一节 耶律休哥传

耶律休哥自辽圣宗统和元年（983）起任南京留守，至统和十六年（998）卒于任上，前后共任南京留守16年。

一 《辽史》卷83，第1299—1301页《耶律休哥传》，详载其生平：

耶律休哥，字逊宁。祖释鲁，隋国王。父绾思，南院夷离堇。休哥少有公辅器。初乌古、室韦二部叛，休哥从北府宰相萧干讨之。应历末，为惕隐。

乾亨元年（979），宋侵燕，北院大王奚底、统军使萧讨古等败绩，南京被围。帝（景宗耶律贤）命休哥代奚底，将五院军往救。遇大敌于高梁河，与耶律斜轸分左右翼，击败之。追杀三十余里，斩首万余级，休哥被三创。明旦，宋主遁去，休哥以创不能骑，轻车追至涿州，不及而还。

是年冬，上命韩匡嗣、耶律沙伐宋，以报围城之役。休哥率本部兵从匡嗣等战于满城。翌日将复战，宋人请降，匡嗣信纳之。休哥曰："彼军整而锐，必不肯屈，乃诱我耳。宜严兵以待。"匡嗣不听。休哥引兵凭高而视，须臾南兵大至，鼓噪疾驰。匡嗣仓卒不知所为，士卒弃旗鼓而走，遂败绩。休哥整兵进击，敌乃却。诏总南面戍兵，为北院大王。

明年，车驾亲征，② 围瓦桥关。宋兵来救，守将张师突围出。帝亲督战，休哥斩师，余众退走入城。宋阵于水南。将战，帝以休哥马介独黄，虑为敌所识，乃赐玄甲、白马易之。休哥率精骑渡水，击败

① 原注："乾亨元年，迁守南京，号令严肃，民获安业。居数年，徙封荆王。"按据《纪》乾亨元年十二月，蜀王道隐南京，徙封荆王。又四年十二月道隐奏事，亦称南京留守荆王。统和元年正月道隐疾，亦作荆王。是非迁南京留守后数年始封荆王。

② 原注："明年，车驾亲征"："明年"二字原脱。《续通志》乾亨二年十月合，据补。

之，追至莫州。横尸满道，馘矢俱罄，生获数将以献。帝悦，赐御马、金盂，劳之曰："尔勇过于名，若人人如卿，何忧不克？"师还，拜于越。

圣宗（耶律隆绪）即位，太后称制，令休哥总南面军务，以便宜从事。休哥均戍兵，立更休法，劝农桑，修武备，边境大治。统和四年（986），宋复来侵，其将范密、杨继业出云州①；曹彬、米信出雄、易，取岐沟、涿州，陷固安，置屯。时北南院、奚部兵未至，休哥力寡，不敢出战。夜以轻骑出两军间，杀其单弱以胁余众；昼则以精锐张其势，使彼劳于防御，以疲其力。又设伏林莽，绝其粮道。曹彬等以粮运不继，退保白沟。月余，复至。休哥以轻兵薄之，伺彼蓐食，击其离伍单出者，且战且却。由是南军自救不暇，结方阵，堑地两边而行。军渴乏井，漉淖而饮，凡四日始达于涿。闻太后军至，彬等冒雨而遁。太后益以锐卒，追及之。彼力穷，环粮车自卫，休哥围之。至夜，彬、信以数骑亡去，余众悉溃。追至易州东，闻宋师尚有数万，濒沙河而爨，促兵往击之。宋师望尘奔窜，堕岸相躁死者过半，沙河为之不流。太后旋斾，休哥收宋尸为京观。封宋国王。

又上言，可乘宋弱，略地至河为界。书奏，不纳。及太后南征，休哥为先锋，败宋兵于望都。时宋将刘廷让以数万骑并海而出，约与李敬源合兵，声言取燕，休哥闻之，先以兵扼其要地。会太后军至，接战，杀敬源，廷让走瀛州。七年（989），宋遣刘廷让等乘暑潦来攻易州，诸将惮之；独休哥率锐卒逆击于沙河之北，杀伤数万，获辎重不可计，献于朝。太后嘉其功，诏免拜、不名。自是宋不敢北向。时宋人欲止儿啼，乃曰："于越至矣！"

休哥以燕民疲弊（散），省赋役，恤孤寡，戒戍兵无犯宋境，虽马牛逸于北者悉还之。远近向化，边鄙以安。十六年（998），薨。是夕，雨木冰。圣宗诏立祠南京。

休哥智略宏远；料敌如神。每战胜，让功诸将，故士卒乐为之用。身更百战，未尝杀一无辜。二子：高八，官至节度使；高十，终

---

① 原注："其将范密、杨继业出云州"：《罗校》，考《宋史》、《长编》诸书，当时宋将无"范密"，疑"潘美"之误。《索隐》，"范密"为"潘美"译音。

于越。孙马哥。

二　《辽史·耶律休哥传》，第 1305 页 "史论"，称赞休哥不愧为名将，对国家社稷居功至伟：

> 论曰：宋乘下太原之锐，以师围燕，继遣曹彬、杨继业等分道来伐。是两役也，辽亦岌岌乎殆哉！休哥奋击于高梁，敌兵奔溃；斜轸擒继业于朔州，旋复故地。宋自是不复深入，社稷固而边境宁，虽配古名将，无愧矣。然非学古之在南京安其反侧，则二将之功，盖亦难致。故曰，国以人重，信哉。

第十二节　耶律隆庆传

耶律隆庆由圣宗统和十六年（998）起任南京留守，至圣宗开泰五年（1016）卒于任上，前后共 19 年。

耶律隆庆仍景宗耶律贤（在位 14 年，969—982）的第二子，八岁封恒王，历任要职，但整部《辽史》并未为他立专传，只在其父景宗及其亲兄长圣宗耶律隆绪（在位 49 年，982—1031）的本纪及《皇子表》之中，有所记载；不过，《契丹国志》却为他立有专传。

一　《契丹国志》卷 14，第 152 页《孝文皇太弟传》：

> 孝文皇太弟隆庆，番名菩萨奴，母曰萧氏，景宗第二子。生而岐（歧）嶷（疑），俨若成人。幼时与群儿戏，为行伍战阵法，指挥意气，无敢违者。景宗奇之，曰："此吾家生马驹也。"长善骑射，骁捷如风。定州之战，隆庆封为梁王，加兵马大元帅，从其母萧后以行，力战深入，与擒王继忠有功，拜西京留守，封秦晋国王，又拜尚书令。寻薨，葬祖州，谥曰孝文皇太弟。

二　《辽史》卷 64，第 986—987 页《皇子表》第二：

> 隆庆，字燕隐，小字普贤奴，景宗（耶律贤）与睿智皇后萧氏所

生，排行第二，其兄隆绪（圣宗），弟隆祐、药师奴。

八岁封恒王。统和十六年（998），徙王梁国。开泰初，更王晋国，进王秦晋，追赠皇太弟。

初兼侍中。统和中，拜南京留守。开泰初，加守太师，兼政事令，寻拜大元帅，赐金券。

统和十七年（999）南征，为先锋，至瀛州，遇宋将范庭召列阵以待。隆庆遣萧柳击败之，逃入空墅，围而尽殪。十九年（1001），复败宋人于行唐。

入觐，还至北安州，浴温泉，疾薨，葬医巫闾山。有子五人：查葛、遂哥、谢家奴、驴粪、苏撒。

第十三节　耶律吴哥传

耶律吴哥由圣宗开泰五年至九年（1016—1020）任南京留守，前后共5年。

吴哥，字洪隐，因此，又称为"吴哥洪隐"；如果冠上姓"耶律"，则为"耶律吴哥"或"耶律洪隐"。耶律吴哥乃圣宗（耶律隆绪）的第四子，其兄长耶律宗真后立为兴宗，其兄耶律重元为本书所列之第17位南京留守；但是，在整部《辽史》之中并未为他立专传，只在《皇子表》有简单提及。

《辽史》卷64，第990—991页《皇子表》，简介耶律吴哥生平如下：

吴哥，字洪隐，圣宗与仆隗氏所生，排行第四，封燕王。开泰二年（1013）为惕隐，出为南京留守。薨于南京。四世孙敌烈、术烈。术烈继梁王雅里称帝。[其大哥耶律宗真（兴宗）；二哥耶律重元（第17位南京留守）；三哥别古特，字撒懒；同母弟狗儿，字屠鲁昆；异母弟侯古，字讹里本。]

第十四节　韩制心传

韩制心，获辽主赐姓耶律，故又名耶律制心，另名耶律遂贞，由辽圣宗开泰九年至太平三年（1020—1023）任南京留守，前后共4年。

《辽史》卷82《列传》12、页1292《耶律隆运传》附有其侄子韩制心之传，记载其生平。

> 制心，小字可汗奴。父德崇，善医，视人形色，辄决其病，累官至武定军节度使。制心善调鹰隼。统和中，为归化州刺史。开泰中，拜上京留守，进汉人行宫都部署，封漆水郡王。以皇后外弟，恩遇日隆。枢密副使萧合卓用事，制心奏合卓寡识度，无行检，上默然。每内宴欢洽，辄避之。皇后不悦曰："汝不乐耶？"制心对曰："宠贵鲜能长保，以是为忧耳！"

> 太平中，历中京留守[①]、惕隐、南京留守，徙王燕，迁南院大王。或劝制心奉佛，对曰："吾不知佛法，惟心无私，则近之矣。"一日，沐浴更衣而卧，家人闻丝竹之声，怪而入视，则已逝矣。年五十三。赠政事令，[②]追封陈王。

> 守上京时，酒禁方严，有捕获私酝者，一饮而尽，笑而不诘。卒之日，部民若哀父母。

第十五节　萧孝穆传

萧孝穆两次出任南京留守，第一次自圣宗太平三年至十年（1023—1030），前后8年；第二次由兴宗景福元年至重熙六年（1031—1037），前后7年。两次任期总共15年。《契丹国志》有《萧孝穆传》记载其生平。

一　《契丹国志》卷15，第158页《萧孝穆传》曰：

> 萧孝穆，番名陈六，法天皇后兄也。初，后选入宫为圣宗夫人，授大将军。后封元妃，迁北宰相，封燕王。孝穆机悟有才艺，驰马立射五的（目标），时人莫能及。圣宗在位，喜其忠谨，与参军国大谋。

---

① 原注："太平中，历中京留守"：按《纪》开泰八年二月，以前南院枢密使韩制心为中京留守。非太平中。

② 原注："赠政事令"：《辽文汇》六《韩橁墓志》："南大王赠政事令讳遂贞，赐名直心，谱系于国姓，再从兄也。"

时渤海反于东京，有众数万，命孝穆为行营兵马都统讨之。大酋宿石真栅于金间山上，险峻不可攻，孝穆为宣扬恩意，开其自新，凡所招降七万余户而还，以功授东辽王①。圣宗疾亟，急召赴阙。圣宗崩，以辅立功封晋王，又纳女为兴宗后，授枢密使、楚国王。

二 《辽史》卷 87《列传》第 17、第 1331—1332 页《萧孝穆传》，更详细地记录其履历事迹：

萧孝穆，小字胡独董，淳钦皇后弟阿古只五世孙。父陶瑰，为国舅详稳。

孝穆廉谨有礼法。统和二十八年（1010），累迁西北路招讨都监。开泰元年（1012），遥授建雄军节度使，加检校太保。是年术烈等变，孝穆击走之。冬，进军可敦城。阻卜结五群牧长查剌、阿睹等，谋中外相应，孝穆悉诛之，乃严备御以待，余党遂溃。以功迁九水诸部安抚使。②寻拜北府宰相，赐忠穆熙霸功臣，检校太师，同政事门下平章事。八年（1019），还京师。

太平二年（1022），知枢密院事，充汉人行宫都部署。三年（1023），封燕王、南京留守、兵马都总管。九年（1029），大延琳以东京叛，孝穆为都统讨之，战于蒲水。中军稍却，副部署萧匹敌、都监萧蒲奴以两翼夹击，贼溃，追败之于手山北。延琳走入城，深沟自卫。孝穆围之，筑重城，起楼橹，使内外不相通，城中撤屋以爨。其将杨详世等擒延琳以降，辽东悉平。改东京留守，赐佐国功臣。为政务宽简，抚纳流徙，其民安之。

兴宗（耶律宗真）即位，徙王秦，寻复为南京留守。重熙六年（1037），进封吴国王，拜北院枢密使。八年（1039），表请籍天下户口以均徭役，又陈诸部及舍利军利害。从之。由是政赋稍平，众悦。九年（1040），徙王楚。时天下无事，户口蕃息，上富于春秋，每言

---

① 原注："以功授东辽王"："东辽王"应改"东平王"。《辽史·圣宗纪八》太平十年十一月，以萧孝穆"为东平王、东京留守"。

② 原注："九水诸部安抚使"：按《纪》开泰二年十二月作"西北路招讨使"，三年四月作"西北路招讨都监"，官名各异。

及周取十县，慨然有南伐之志。群臣多顺旨。孝穆谏曰："昔太祖南伐，终以无功。嗣圣皇帝仆唐立晋，后以重贵叛，长驱入汴；銮驭始旋，反来侵轶。自后连兵二十余年，仅得和好，蒸（烝）民乐业，南北相通。今国家比之曩日，虽曰富强，然勋臣、宿将往往物故。且宋人无罪，陛下不宜弃先帝盟约。"时上意已决，书奏不报。以年老乞骸骨，不许。十二年（1043），复为北院枢密使，① 更王齐，薨。追赠大丞相、晋国王，谥曰贞。

孝穆虽椒房亲，位高益畏。太后有赐，辄辞不受。妻子无骄色。与人交，始终如一。所荐拔皆忠直士。尝语人曰："枢密选贤而用，何事不济？若自亲烦碎，则大事凝滞矣。"自萧合卓以吏才进，其后转效，不知大体。叹曰："不能移风易俗，偷安爵位，臣子之道若是乎。"时称为"国宝臣"，目所著文曰《宝老集》。二子阿剌、撒八，弟孝先、孝忠、孝友，各有传。

附传1　权燕京留守萧惠传

萧惠自太平九年（1029）十月至十年（1030）十一月，南京留守燕王萧孝穆为都统讨伐大延琳之叛的 13 个月期间，"权"（代理）南京留守；其后，再由马保忠代理南京留守。本书只讨论正任留守，其他权留守及副贰留守，不列专条讨论。但是，为了增加对萧孝穆任南京留守背景的了解，现将萧惠代理南京留守的背景资料，以附传形式列出，以供参考。

一　《辽史》卷 17《本纪》第十七《圣宗纪》八，第 204—206 页记载：

（圣宗）太平九年（1029）冬十月丙朔，（大延琳以东京叛）以南京留守燕王萧孝穆为都统，国舅详稳萧匹敌为副统，奚六部大王萧蒲奴为都监以讨之。

十年（1030）十一月辛亥，南京留守燕王萧孝穆以东征将士凯

---

① 原注："十二年，复为北院枢密使"；"十二年"原作"十一年"。按《纪》孝穆复为此官在十二年六月，据改。

还，戎服见上，上大加宴劳。翌日，以孝穆为东平王、东京留守，国舅详稳、驸马都尉萧匹敌封兰陵郡王，吴王蒲奴加侍中；以权燕京留守兼侍中萧惠为燕京统军使，前统军委窊大将军、节度使，宰相兼枢密使马保忠权知燕京留守……

二　《辽史》卷93《列传》第23，第1373—1375页之《萧惠传》曰：

萧惠，字伯仁，小字脱古思，淳钦皇后弟阿古只五世孙。初以中宫亲，为国舅详稳。从伯父排押征高丽，至奴古达北岭，高丽阻险以拒，惠力战，破之。及攻开京，以军律整肃闻，授契丹行宫都部署。开泰二年，改南京统军使。未几，为右夷离毕，加同中书门下平章事。朝议以辽东重地，非勋戚不能镇抚，乃命惠知东京留守事。改西北路招讨使，封魏国公。

太平六年，讨回鹘阿萨兰部，征兵诸路，独阻卜酋长直剌后期，立斩以徇。进至甘州，攻围三日，不克而还。时直剌之子聚兵来袭，阻卜酋长乌八密以告，惠未以信。会西阻卜叛，袭三克军，都监涅鲁古、突举部节度使谐理、阿不吕等将兵三千来救，遇敌于可敦城西南。谐理、阿不吕战殁，士卒溃散。惠仓卒列阵，敌出不意攻我营。众请乘时奋击，惠以我军疲散，未可用，弗听。乌八请以夜斫营，惠又不许。阻卜归，惠乃设伏兵击之。前锋始交，敌败走。惠为招讨累年，屡遭侵掠，士马疲困。七年，左迁南京侍卫亲军马步军都指挥使，寻迁南京统军使。

兴宗即位，知兴中府，历顺义军节使、东京留守、西南面招讨使，加开府仪同三司、检校太师，兼侍中，封郑王，赐推诚协谋竭节功臣。重熙六年，复为契丹行宫都部署，加守太师，徙王赵。拜南院枢密使，更王齐。

是时帝欲一统天下，谋取三关，集群臣议。惠曰："两国强弱，圣虑所悉。宋人西征有年，师老民疲，陛下亲率六军临之，其胜必矣。"萧孝穆曰："我先朝与宋和好，无罪伐之，其曲在我；况胜败未可逆料。愿陛下熟察。"帝从惠言，乃遣使索宋十城，会诸军于燕。惠与太弟帅师压宋境，宋人重失十城，增岁币请和。惠以首事功，进王韩。十二年，兼北府宰相，同知元帅府事，又为北枢密使。

十三年，夏国李元昊诱山南党项诸部，帝亲征。元昊惧，请降。

惠曰："元昊忘奕世恩，萌奸计，车驾亲临，不尽归所掠。天诱其衷，使彼来迎。天与不图，后悔何及?"帝从之。诘旦，进军。夏人列拒马于河西，蔽盾以立，惠击败之。元昊走，惠麾先锋及右翼邀之。夏人千余溃围出，我师逆击。大风忽起，飞沙眯目，军乱，夏人乘之，踩践而死者不可胜计。诏班师。

十七年，尚帝姊秦晋国长公主，拜驸马都尉。明年，帝复征夏国。惠自河南进，战舰粮船绵亘数百里。既入敌境，侦候不远，铠甲载于车，军士不得乘马。诸将咸请备不虞，惠曰："谅祚必自迎车驾，何暇及我? 无故设备，徒自弊耳。"数日，我军未营。候者报夏师至，惠方诘妄言罪，谅祚军从阪而下。惠与麾下不及甲而走。追者射惠，几不免，军士死伤尤众。师还，以惠子慈氏奴殁于阵，诏释其罪。

十九年，请老，诏赐肩舆入朝，策杖上殿。辞章再上，乃许之，封魏国王。诏冬夏赴行在，参决疑议。既归，遣赐汤药及他锡赉不绝。每生日，辄赐诗以示尊宠。清宁二年薨，年七十四，遗命家人薄葬。讣闻，辍朝三日。

惠性宽厚，自奉俭薄。兴宗使惠恣取珍物，惠曰："臣以戚属据要地，禄足养廉，奴婢千余，不为阙乏。陛下犹有所赐，贫于臣者何以待之。"帝以为然。故为将，虽数败衄，不之罪也。

弟虚列，武定军节度使。二子：慈氏奴，兀古匿。兀古匿终北府宰相。

附传 2 权燕京留守马保忠传

马保忠由圣宗太平十年（1030）十一月萧孝穆东征凯归起，至兴宗景福元年（1031）三月，曾经"权"（代理）南京留守不到半年，其后，由萧孝穆复为南京留守。本书对权留守不列专条讨论，但是，以附传形式列出相关资料，以供参考。

一 《辽史》卷 17《本纪》第十七《圣宗纪》八，第 205—206 页记载：

圣宗太平十年（1030）十一月辛亥，南京留守燕王萧孝穆以东征将士凯还，戎服见上，上大加宴劳。翌日……宰相兼枢密使马保忠权知燕京留守……

二 《契丹国志》卷19，第180页《马保忠传》曰：

马保忠，营州人也。疏眉目丰下，谨重寡欲，斤斤自修，士人贤其行。自力读书，不谒州县，节用以给亲里，大穰则赈其余于乡党。太平年间，授洗马，改著作郎，殿中丞。兴宗朝为枢密使、尚父、守太师兼政事令，封燕国公。时朝政不纲，溺志浮屠，僧至有正拜三公、三师者，官爵非人，妄有除授。保忠尝从容进谏，帝至怫然怒之，详见《帝纪》。又尝上言："强天下者，儒道；弱天下者，吏道。今之授官，大率吏而不儒。崇儒道，则乡党之行修；修德行，则冠冕之绪崇。自今其有非圣帝明王孔、孟圣贤之教者，望下明诏，痛禁绝之。"其笃意风教如此。后数年，保忠卒，赐谥曰刚简。

第十六节　耶律宗范传

耶律宗范是景宗第三子耶律隆祐之子，即是景宗耶律贤之孙、圣宗耶律隆绪之侄，属于辽朝的宗室成员。他于圣宗耶律隆绪太平十一年，即兴宗耶律宗真景福元年（1031），曾任燕京留守，但史载不详，只能从其他人的传记及皇子表中，获得零星的资料。

一 《契丹国志》卷18，第174—176页《耶律隆运传》之摘要（全文见第九位留守韩匡嗣时代之"同知留守耶律隆运传"）：

耶律隆运，本汉人，姓韩名德让。祖知古，加右仆射、中书令。父匡嗣，追封秦王。隆运性忠愿谨慤，智略过人。景宗婴疾，后燕燕与决国事，雅重隆运，擢授东头供奉官，充密院通事，寻转上京皇城使，超授辽州节度使，改授同知燕京留守，又迁平州节度使，改枢密使，兼行营都部署。①

隆运兄弟九人，缘翼载恩，超授官爵，皆封王。诸侄三十余人，封王者五人，余皆任节度使、部署等官。隆运薨，无子，帝（圣宗耶律隆绪）特以皇侄周王宗业绍其后。②始封广王，未几徙封周王，历中京留守，平州、锦州节度使。宗业薨，葬乾陵侧。宗业无子，帝复以周王同母弟宗范继隆运后，历龙化州节度使、燕京留守，封韩王。

二　《辽方镇年表》根据《契丹国志·耶律隆运传》的记载认为：

耶律宗范曾于圣宗耶律隆绪驾崩的太平十一年，也即是兴宗耶律宗真继位的景福元年（1031），曾任南京留守。③

《契丹国志·耶律隆运传》是唯一记载耶律宗范曾任南京留守的，并且透露了他复杂的宗亲关系。现分析如下。

（1）《契丹国志·耶律隆运传》原文注称："宗业，本齐国王隆裕之子"。查《契丹国志·齐国王隆裕传》曰：齐国王隆裕，景宗第三子，则宗业应为景宗耶律贤之孙。现将《契丹国志·齐国王隆裕传》全文列下，作为背景资料，以备参考：

> 齐国王隆裕，番名高七，母曰萧氏，景宗第三子。性沉毅，美姿容。始封郑王，遥授西南面招讨使，拜吴国王。自少时慕道，见道士则喜。后为东京留守，崇建宫观，备极辉丽，东西两廊，中建正殿，接连数百间。又别置道院，延接道流，诵经宣醮，用素馔荐献，中京往往化之。后萧太后一年而薨，追封齐国王。④

（2）《辽史·皇子表》载："隆祐，小字高七，景宗与睿智皇后萧氏所生，排行第三……开泰初，改王齐……"由此可见：《契丹国志》所载"隆裕"与《辽史·皇子表》所指"隆祐"，实为同一人。两者的读音及字形亦十分接近。《辽史·皇子表》所载全文如下：

---

① 原注："改枢密使，兼行营都部署"；"行营都部署"，据《东都事略》卷123附录一作"行营都统"。
② 原注：宗业，本齐国王隆裕之子。
③ 《辽方镇年表》，第53页。
④ 《契丹国志》卷14《齐国王隆裕传》，第152页。

隆祐，小字高七，一字胡都堇。景宗与睿智皇后萧氏所生，排行第三。乾亨初，封郑王。统和中，徙王吴，更王楚。开泰初，改王齐。谥仁孝。重熙间，改谥孝靖。

统和中伐宋，留守京师拜西南面招讨使。及征高丽，复留守京师，权知北院枢密使。出守东京。赠守太师。

开泰元年薨。子三人：胡都古、合禄、贴不。①

（3）"皇侄周王宗业"：意为宗业封"周王"；他又是"皇侄"。此处之"皇"，乃指圣宗耶律隆绪。他与耶律隆祐（隆裕）同为景宗耶律贤之子，分别排行第一及第三。排行第二的耶律隆庆，为本书所列的第 12 位南京留守。

景宗耶律贤有四子：长子耶律隆绪（圣宗），次子耶律隆庆，三子耶律隆祐（隆裕），四子药师奴。② 宗业是耶律隆祐（隆裕）之子，因此亦为圣宗耶律隆绪之侄，即"皇侄"。同时，他也是景宗耶律贤之孙。

（4）"周王同母弟宗范"：宗范既然是"周王同母弟"，也即"宗业的同母弟"，那么，他的宗室身份便与宗业一样，即景宗耶律贤之孙（景宗第三子耶律隆祐之子）、圣宗耶律隆绪之侄。

三 《辽史》卷 72《敖卢斡传》第 1216—1217 页：

晋王，小字敖卢斡，天祚皇帝长子，母曰文妃萧氏。

甫髫龀，驰马善射。出为大丞相耶律隆运后，封晋王。性乐道人善，而矜人不能。时宫中见读书者辄斥。敖卢斡尝入寝殿，见小底茶剌阅书，因取观。会诸王至，阴袖而归之，曰："勿令他人见也。"一时号称长者。

及长，积有人望，内外归心。保大元年（1121），南军都统耶律余睹与母文妃密谋立之，事觉，余睹降金，文妃伏诛，敖卢斡实不与谋，免。二年（1122），耶律撒八等复谋立，不克。上（天祚皇帝）

---

① 《辽史·皇子表》，第 987—988 页。

② 同上。

知敖卢斡得人心，不忍加诛，令缢杀之。或劝之亡，敖卢斡曰："安忍为蕞尔之躯，而失臣子之大节。"遂就死。闻者伤之。

论曰：天祚不君，臣下谋立其子，适以杀之。敖卢斡重君父之命，不亡而死，申生其恭矣乎！

四　《辽史》卷64，第994—995页《皇子表》：

《皇子表》记载天祚皇帝与文妃所生皇子"敖鲁斡"的事迹，其名字与前引《辽史·敖卢斡传》之"敖卢斡"中间一字，音同而字不同，但所记史料则相似，故应为同一人。现引列如下，以作比较：

敖鲁斡，天祚皇帝与文妃所生，排行第一。出继大丞相耶律隆运后。初封晋王。喜扬人善，劝其不能，中外称其长者。

保大元年（1121），南军都统耶律余睹以敖鲁斡有人望，与文妃密谋立之，不果，余睹降金，文妃伏诛，敖卢斡不与谋，得免。耶律撒八等复谋立敖卢斡，事觉，或劝之亡，曰："安忍为蕞尔之躯，失臣子之节。"闻者伤之。保大二年（1122），以得人心缢死。

第十七节　萧孝先传

萧孝先于兴宗重熙六年（1037）继其兄萧孝穆任南京留守，至重熙十四年（1045）由耶律重元取代，前后共9年。

《辽史》卷87《列传》17，第1333—1334页《萧孝穆传》，附有萧孝穆之弟《萧孝先传》曰：

孝先，字延宁，小字海里。统和十八年（1000），补只候郎君。尚南阳公主[①]，拜驸马都尉。

开泰五年（1016），为国舅详稳。将兵城东鄙。还，为南京统军使。太平三年（1023），为汉人行宫都部署，寻加太子太傅。五年（1025），迁上京留守。以母老求侍，复为国舅详稳。改东京留守。会

---

① 南阳公主即圣宗第四女崔八。

大延琳反，被围数月，穴地而出。延琳平，留守上京。十一年
（1031），帝不豫，钦哀召孝先总禁卫事。

兴宗（耶律宗真）谅阴①，钦哀弑仁德皇后，孝先与萧浞卜、
萧匹敌等谋居多。②及钦哀摄政，遥授天平军节度使，加守司徒，
兼政事令。重熙初，封楚王，为北院枢密使。孝先以椒房亲③，为
太后（钦哀）所重。在枢府，好恶自恣，权倾人主，朝多侧目。三
年（1034），太后与孝先谋废立事，帝（兴宗）知之，勒卫兵出宫，
召孝先至，谕以废太后意。孝先震慑不能对。迁太后于庆州。④孝
先恒郁郁不乐。四年（1035），徙王晋。后为南京留守，卒，谥
忠肃。

第十八节　耶律重元传

耶律重元由兴宗重熙十四年至二十四年（1045—1055）任南京留守，
前后共 11 年。

耶律重元为辽圣宗耶律隆绪之子，历任要职，最后因参加谋反篡位不
遂，而自杀身亡。故《辽史》将他列入"逆臣"行列。

**《辽史》卷 112《逆臣》上，第 1501—1502 页《耶律重元传》，记载
其生平：**

重元，小字孛吉只，圣宗（耶律隆绪）次子。材勇绝人，眉目秀

---

① "谅阴"，亦作"谅暗"、"凉阴"、"梁暗"、"亮阴"，古代指帝王居丧；其后亦指高级官
员居丧。古制：君王死后，继承王位的嫡子处于丧庐中守孝，三年不言国政，由宰相代理。

② 原注："钦哀弑仁德皇后，孝先与萧浞卜、萧匹敌等谋居多。"按此处似有错。萧浞卜、
即萧助不里，与萧匹敌以党仁德已于景福元年为钦哀所杀，仁德被杀于后一年即重熙元年，浞
卜、匹敌何能预其谋？应作："钦哀弑仁德皇后及杀萧浞卜、萧匹敌等，孝先谋居多。"

③ 椒房：汉代后妃所住的宫殿，用椒和泥涂壁，取其温暖有香气，兼有多子之意。其
后，以椒房作为后妃的代称；而椒房亲，是指皇帝几个后妃之间的亲戚（外戚）关系。萧孝先
之妹为圣宗耶律隆绪的萧皇后萧氏；与钦哀皇后同为圣宗的妻子。所以，钦哀与孝先是椒房亲
关系。

④ 原注："三年太后与孝先谋废立事"至"迁太后于庆州"："三年"原作"二年"。按
《纪》，"皇太后还政于上、躬守庆陵"在三年五月，据改。

朗，寡言笑，人望而畏。

太平三年（1023），封秦国王。圣宗崩，钦哀皇后称制，密谋立重元。重元以所谋白于上（兴宗），上益重之，封为皇太弟。历北院枢密使[①]、南京留守、知元帅府事。重元处戎职，未尝离辇下。先是契丹人犯法，例须汉人禁勘，受枉者多。重元奏请五京各置契丹警巡使，诏从之，赐以金券誓书。道宗（耶律洪基）即位，册封皇太叔，诏免拜不名，为天下兵马大元帅，复赐金券、四顶帽、二色袍，尊宠未有。

清宁九年（1063），车驾猎滦水，以其子涅鲁古素谋，与同党陈国王陈六、知北院枢密事萧胡睹等凡四百余人，诱胁弩手军阵于帷宫外。将战，其党多悔过效顺，各自奔溃。重元既知失计，北走大漠，叹曰："涅鲁古使我至此！"遂自杀。

先是重元将举兵，帐前雨赤如血，识者谓败亡之兆。子涅鲁古。

第十九节　耶律和鲁斡传

耶律和鲁斡两次任南京留守，首次由辽道宗清宁二年至七年（1056—1061），前后共 6 年；第二次由寿昌元年至天祚帝乾统十年（1095—1110），前后共 16 年。两次任期共有 22 年之久。

耶律和鲁斡是兴宗（耶律宗真）次子，其亲兄长耶律洪基立为道宗，他则被立为太子。

《辽史》卷 64，第 991—992 页《皇子表》，简要记载其生平：

和鲁斡，字阿辇，兴宗与仁懿皇后萧氏所生，排行第二。重熙十七年（1048），封越王。清宁初，徙王鲁，进王宋魏。乾统三年（1103），册为皇太叔。

清宁（1055—1064）中，拜上京留守，改南京留守。乾统初，为天下兵马大元帅，加守太师，免拜，不名。三年（1103），为惕隐加

---

① 原注："历北院枢密使"。按《纪》重熙七年十二月作"判北南院枢密院事"；《皇子表》作"历南、北院枢密使"。

义和仁寿①之号，复守南京。②

　　重元乱，和鲁斡夜赴战。天祚即位，弛围场之禁。和鲁斡请曰："天子以巡幸为大事，虽居谅阴，不可废也。"上以为然，复命有司促备春水之行。从猎于庆州，薨。

　　子三人：石笃、远、淳。淳封秦晋王，称帝。

第二十节　耶律明传

　　耶律明于辽道宗清宁七年至九年（1061—1063）任南京留守，前后共3年。耶律明于清宁九年（1063）以燕京留守身份，与圣宗之子宗元（即耶律重元，详见上一任南京留守）通谋，而遭道宗使者擒斩，死于南京留守任上。他属于逆臣，但翻遍《辽史》（包括《逆臣传》）都无耶律明的专传，更无只字记载其生平，故只能从其他史籍，寻找某些旁证资料。

　　一　《契丹国志》第 88 页《道宗天福皇帝纪》，详细描述耶律明参与耶律重元谋反的经过，可作为耶律明个人品行的参考：

　　（道宗）清宁九年（1063）……鲁王宗元③怙宠益恣，与其相某谋作乱。及相某以贪暴黜，宗元惧，谋愈急。帝（道宗）知其谋，阴为之备。秋七月戊午，宗元从帝猎于凉淀，帝让宗元先行，宗元不可，帝乃先行，依山而左，宗元之子楚王洪孝以百余骑直前，射帝伤臂，又伤乘马，马仆。某太师某下马掖帝，使乘己马。殿前都点检萧福美引兵遮帝④，与洪孝战，射杀之。帝与宗元战，宗元不胜而遁，南趣幽州，一日行五百里，明日自杀⑤。燕京留守耶律明与宗元通

───────────

　　①　"仁寿"，《道宗本纪》乾统六年（1106）十一月记为"仁圣"。

　　②　原注："三年"至"复守南京"：按《纪》乾统六年十月，以皇太叔、南京留守和鲁斡兼惕隐。义和仁寿之号，《纪》作义和仁圣。"复守"应作仍守，因惕隐为兼官，并未离去南京留守。

　　③　原注："鲁王宗元，圣宗之子"。又据相关之资料可知：宗元即重元。

　　④　原注："殿前都点检萧福美引兵遮帝"："都"、"福"二字原阙，均据《长编》卷 199 补。

　　⑤　原注："明日自杀"："自"原作"被"，从《长编》卷 199 改。案《辽史·道宗纪》及《重元传》，均言重元亡入沙漠自杀。

谋，闻其败，领奚兵入城授甲，欲应之。副留守某将汉兵拒焉。会使者以金牌至，遂擒斩耶律明，帝寻亦至，陈王萧孝友等皆坐诛。其先遣来南宋使者数人，悉宗元之党也，过白沟，悉以槛车载至，诛之。独萧福延以兄萧福美有功，得免。

二　《辽海丛书》第一册《辽方镇年表》第53日页：

耶律明于清宁七年及九年（1061及1063）为南京留守。

第二十一节　萧惟信传

萧惟信由辽道宗清宁九年至咸雍元年（1063—1065）任南京留守，前后共3年。

《辽史》卷96，第1400—1401页《萧惟信传》，记载其生平：

萧惟信，字耶宁，楮特部人。五世祖霞赖，南府宰相。曾祖乌古，中书令。祖阿古只，知平州。

父高八，多智数，博览古今。开泰初，为北院承旨，稍迁右夷离毕，以干敏称，拜南府宰相。累迁倒塌岭节度使，知兴中府，复为右夷离毕。陵青诱众作乱，事觉，高八按之，止诛首恶，余并释之。归奏，称旨。

惟信资沉毅，笃志于学，能辨（辩）论。重熙初始仕，累迁左中丞。十五年（1046），徙燕赵国王傅，帝谕之日："燕赵左右多面谀，不闻忠言，浸以成性。汝当以道规诲，使知君父之义。有不可处王邸者，以名闻。"惟信辅导以礼。十七年（1048），迁北院枢密副使，坐事免官。寻复职，兼北面林牙。

清宁九年（1063），重元作乱，犯滦河行宫，惟信从耶律仁先破之，赐竭忠定乱功臣。历南京留守、左右夷离毕，复为北院枢密副使。大康中，以老乞骸骨，不听。枢密使耶律乙辛谮废太子，中外知其冤，无敢言者，惟信数廷争，不得复。告老，加守司徒，卒。

第二十二节　耶律仁先传

耶律仁先于道宗咸雍元年（1065）任南京留守，至八年（1072）卒于任上，前后共担任南京留守 8 年。

耶律仁先，是契丹重要部族"孟父房"之后。其父瑰引曾任南府宰相，封燕王。

耶律仁先早期担任宫廷护卫，累官宿直将军、殿前副点校、鹤剌唐古部节度使、北面林牙、北院枢密副使、同知南京留守事、契丹行宫都部署、北院大王、知北院枢密事、东京留守、南院枢密使、南京兵马副元帅、太尉、北院大王（复任）、西北路招讨使、南院枢密使（复任）、北院枢密使、于越、共知北院枢密事、南京留守、西北路招讨使；曾获辽廷封吴王、隋王、许王、晋王、宋王、辽王。道宗耶律洪基曾亲制文褒扬他的功绩，并下诏画《滦河战图》以旌其功，还尊称他为"尚父"，并赐他鹰纽印及剑，准他"便宜行事"，权倾朝廷。

可是到了道宗朝，因与北院枢密事耶律乙辛不和，外放出任南京留守，算是辽廷对其慰抚及特别的安排。

一　《辽史》卷 96，第 1395—1397 页《耶律仁先传》，载其生平：

耶律仁先，字糺邻，小字查剌，孟父房之后。父瑰引，南府宰相，封燕王。

仁先魁伟爽秀，有智略，重熙三年（1034），补护卫。帝（兴宗）与论政，才之。仁先以不世遇，言无所隐。授宿直将军，累迁殿前副点检，改鹤剌唐古部节度使，俄召为北面林牙。

十一年（1042），升北院枢密副使。时宋请增岁币银绢以偿十县地产，仁先与刘六符使宋，仍议书"贡"。宋难之。仁先曰："曩者石晋报德本朝，割地以献，周人攘而取之，是非利害，灼然可见。"宋无辞以对。乃定议增银、绢十万两、匹，仍称"贡"，既还，同知南京留守事。

十三年（1044），伐夏，留仁先镇边。未几，召为契丹行宫都部署，奏复王子班郎君及诸官杂役。十六年（1047），迁北院大王，奏今两院户口殷庶，乞免他部助役，从之。十八年（1049），再举伐夏，仁先与皇太弟重元为前锋。萧惠失利于河南，帝犹欲进兵，仁先力谏，乃止。后知北院枢密使，迁东京留守。女直恃险，侵掠不止，仁先乞开山通道以控制之，边民安业。封吴王。

清宁初，为南院枢密使。以耶律化哥谮，出为南京兵马副元帅，守太尉，更王隋。六年（1060），复为北院大王，民欢迎数百里，如见父兄。时北、南枢密官涅鲁古、萧胡睹等忌之，请以仁先为西北路招讨使。耶律乙辛奏曰："仁先旧臣，德冠一时，不宜补外。"复拜南院枢密使，更王许。

九年（1063）七月①，上猎太子山，耶律良奏重元谋逆，帝召仁先语之。仁先曰："此曹凶狠，臣固疑之久矣。"帝趣仁先捕之。仁先出，且曰："陛下宜谨为之备！"未及介马，重元犯帷宫。帝欲幸北、南院，仁先曰："陛下若舍扈从而行，贼必蹑其后；且南、北大王心未可知。"仁先子挞不也曰："圣意岂可违乎？"仁先怒，击其首。帝悟，悉委仁先以讨贼事。乃环车为营，拆行马，作兵仗，率官属近侍三十余骑阵柢枑外。及交战，贼众多降。涅鲁古中矢堕马，擒之，重元被伤而退。仁先以五院部萧塔剌所居最近，亟召之，分遣人集诸军。黎明，重元率奚人二千犯行宫，萧塔剌兵适至。仁先料贼势不能久，俟其气沮攻之。乃背营而阵，乘便奋击，贼众奔溃，追杀二十余里，重元与数骑遁去。帝执仁先手曰："平乱皆卿之功也。"加尚父，进封宋王，为北院枢密使，亲制文以褒之，诏画《滦河战图》以旌其功。

咸雍元年（1065）加于越，改封辽王，与耶律乙辛共知北院枢密事。乙辛恃宠不法，仁先抑之，由是见忌，出为南京留守，改王晋。恤孤茕，禁奸慝，宋闻风震服。议者以为自于越休哥之后，惟仁先一人而已。

阻卜塔里干叛命，仁先为西北路招讨使，赐鹰纽印及剑。上谕曰："卿去朝廷远，每俟奏行，恐失机会，可便宜从事。"仁先严斥候，扼敌冲，怀柔服从，庶事整饬。塔里干复来寇，仁先逆击，追杀八十余里。大军继至，又败之。别部把里斯、秃没等来救，见其屡

挫，不敢战而降。北边遂安。

八年（1072）卒，年六十，遗命家人薄葬。弟义先、信先，俱有传。子挞不也。

二　赵孝严《耶律仁先墓志铭》（咸雍八年），载陈述辑校《全辽文》卷 8，中华书局 1982 年版，第 197—199 页，详载耶律仁先生平事迹，现照录如下：

差戏。天炳五星而高明。地载五岳而博□□①厚。人禀五行而□有故国王汉其钟昂阿卫在殿。盖出莘野。逢展则絮。何代无人。有辽宋王兼富精缊。王讳仁先。字一得。□□□我其□□□远祖曰仲父述剌实鲁于越。即第二横帐。太祖皇帝之龙父也。王父讳思忠。圣宗皇帝朝。品南宰相。朝而其敏。落落有礼貌。　兴宗皇帝始在储邸。一见如旧。暨登龙位。诏从銮舆。升授左千牛卫将军。出入禁闱。给事左右。再授崇德宫使。总辖图赧。兼领禁卫。又迁殿前副点检。　上曰。唐有大亮。我有仁先。古今二人。彼此一时。假授北面林牙。又迁副枢密使。时　朝廷以高丽女真等五国人入寇闻。　上曰。仁先可往。命驰驿安定之。因奏保定二帅联于北鄙。宜置开鉔以为备守。有诏报。自是五国绝不敢窥扰。　上嘉之。赐予甚厚。重熙十一年大兵南举。宋国遣奏乞旧好。命王使之。故太尉刘宋公为之副。是日临遣。　上曰。彼自统和之后。岁贡金帛。通未国情不诚。汝可往。庶毕联命。王至宋廷。甚承礼敬。宋帝与大臣议著信誓。书纳。每岁添纳金帛二十万。永愿鸣好。报命　上悦之。授□□□□功臣。中书门下平章事。诏曰。王师方举。邻国乞盟。奉贡交欢。卿之力也。因授燕京留守②同知兼权析津府尹事。下车之后。都邑肃清。又驰奏松边置产堡。诏允之。时武清李宜儿以左道惑众。伪称帝及立伪相。潜构千余人。劫掳居民。王侦捕获之。驿送阙下。迁契丹诸行宫都部署。

---

① □□为原文缺字，下同。而在皇帝名字之前，或代表皇帝的"上"、"帝"、"御"等字之前留空一个字位，仍表示尊重之意，本书照录。

② "因授燕京留守"有误，《辽史》卷 96《耶律仁先传》，第 1395 页作"同知南京留守事"。

又拜尚①王。兴宗皇帝亲宣制曰。唐室之玄龄。如晦。忠节仅同。我朝之信你。室宁。壮猷宜此。又赐诗曰。自古贤臣耳所闻。今来良佐眼亲见。十八年。大兵西举讨夏国。命王为都统军。李元昊举国大去。不遇敌而还。授东京留守。判辽阳府事。论如燕。今皇帝嗣位之初岁。诏王赴阙。授同知燕□②留守事。旋拜枢密使。凡命□六。封王五。制词皆曰 御制。王又与相国姚秦公相善。军国大事。上多召二人议定。时 帝叔宗元与子涅里骨。恃宠跋扈。秦公谓王曰。观此人父子。内怀逆节。外示谨色。万一窃弄。是昧早图。意者亲王阴检其事以闻于 上也。未几。副部署耶律良奏得宗元父子诗知章等反状。 上召王谓曰。□辈承朕大恩。岂有是耶。王具言其事。宗元已侦知之。涅里骨授军领数骑来袭 御幄。王呼蒙舍拔挞木以御之。徐得弓矢。涅里骨中流镝。殪于地。刃其首以进。君曰与宗元合战。大败之。宗元遁去。缢死于林莽中。 上遣使抚谕诸道。姚秦公等驰至行在。既抃且泣。 上曰。尔等无畏此者。平定内乱。宋王忠力第一。秦公奏曰。疾风知劲草。世乱见忠臣。 帝嘉叹久之。授北面枢密。加尚父。守太傅。安邦卫社尽忠平乱同德功臣。清宁九年七月十九日。 皇上以北鄙达打术不姑等部族寇边。命王为西北路招讨使往讨之。斩首万余级。俘其酋长图没里同瓦等。驰送阙下。无何。八年四月二十日。③以疾薨于位。享年六十,皇上闻讣。震悼。辍朝三日。是岁二月二十四日夜。太白犯昴。识者□太白犯昴。大将死期。惟宋王乎。诏崇义军节度使左散骑常侍李翰充敕葬使。长宁军节度使检校太傅杨庶绩充敕祭发引使。以其年九月丙午朔十九日某甲子归葬于葛萋母山之肮原。从先茔。礼也。呜呼。王之于国忠也。于家孝也。于民惠也。于官廉也。于人信也。而五德兼备。贵处人臣之极。天之报施不为薄也。惜夫寿靡及者。而国栋坏也。苍生何望之哉。王之弟曰义先。大内惕隐。富春郡王。曰礼先。盒州④团练使。曰智先。果州防御使。曰信先。南面林牙。果

---

① 原注曰："尚",疑为"宋"。
② 原注曰：此处之□,疑脱"京"字。
③ 原注曰："八年以上应有脱文"。
④ 原注曰："盒字疑误"。

州居闲养素。余三弟先于王逝。王之子曰庆嗣。见任北面林牙。女并适于名家。悲慕若不胜处。神枢特定前一日。果州林牙使驰驿有请于秦公。因托李严为其志。既健让靡遑。遂倚马挥翰。不暇停辍。词曰。

天炳五星。大图以清。地崎五岳。大方以贞。国产元佐。鸿业以成。堂堂宋王。万人之英。夹辅两朝。茂疑丕绩。周虎壮兽。舜龙忠力。巨鱼鼗毓。高鸿凤翼。尘扫叛乱。岳安社稷。帝曰尚父。天遣奇才。命讨北鄙。廓清氛霾。勋隆太常。位拯元台。胡不眉寿。泰山其颓。皇上闻讣。震悼兹久。如期忠良。万代曷有。送终之礼。宠贵逾厚。刊于贞珉。流懿不污。

咸雍八年九月九日。（抄本）

（辑校者陈述按：文前原题《大辽国尚父于越宋王墓志铭》十二字。又"殿试进士李光书前崇义军节度副使银青崇禄大夫散骑常□□□骑尉赵孝严撰"三十三字。此志有契丹字志文，尚未拓出。志文经友人辗转移录，容有讹脱。本文（原以行文方位写作"右文"）曾与朱子方同志推榷。志称刘宋公即刘六符，《辽史》卷八六有传。姚秦公即姚景行，《辽史》卷98有传。又王之子庆嗣，即仁先传附传之挞不也）

第二十三节　耶律洪道传

耶律洪道于道宗大康元年（1075）曾任南京留守，但确切任期待考，且怀疑耶律洪道与耶律阿琏为同一人。

一　《契丹国志》卷14，第154页出现罕见的《燕王洪道传》，披露了耶律洪道的生平：

燕王洪道，番名叱地好，道宗同母弟也。颇有武略，库莫奚侵扰，诏洪道讨之。洪道伏兵林中，佯败而走，奚掠辎重，洪道与伏兵合击之，尽殪。后渤海高颣乐反，又命洪道讨之。终于燕京留守，封燕王。

二 《辽方镇年表》第 54 页引述《契丹国志》所载：

"燕王洪道，道宗同母弟。海高颓乐反，命洪道讨之。终于燕京留守，封燕王。"

由上述可载，可认为燕王洪道于道宗大康元年（1075）曾出任南京留守。

其他几册史著都没有燕王耶律洪道的传记。耶律洪道有如此重要的宗室关系（道宗同母弟）；还曾历任如此重要的职位（燕京留守，封燕王）；能力又如此高强（颇有武略，奉王命平定渤海高颓乐之反）；且是忠于职守、死于重要的职位（终于燕京留守，封燕王），没有避讳问题，但是，以辽朝为正统的《辽史》却没有他的传记，合理的解释是弄错了名字，或张冠李戴。本书疑耶律洪道与耶律阿琏为同一人。故将《辽史·皇子表》有关耶律阿琏的记载列下，以便对照比较。

* 《辽史》卷 64《皇子表》，第 992—993 页，有关耶律阿琏的记载如下：

阿琏，字讹里本，兴宗与仁懿皇后萧氏所生，排行第三。重熙十七年（1048），封许王。清宁初，徙陈王、秦王，进封秦越国。追封秦魏国王，谥钦正。

清宁中，出为辽兴军节度使。咸雍间，历西京、上京留守。从车驾秋猎，以疾薨。

第二十四节 耶律淳传

耶律淳为最后一位辽南京留守，由天祚皇帝乾统十年（1110）袭其父耶律和鲁斡守南京，至保大二年（1122）自立为帝，辽南京政制改变为止，前后共 13 年。

一 《辽史》卷 30《天祚皇帝纪》四，第 352—353 页附有《耶律淳传》，详载其生平：

耶律淳者，世号为北辽。淳小字涅里，兴宗第四孙，南京留守、

宋魏王 和鲁斡之子。清宁初，太后鞠育之。① 既长，笃好文学。昭怀太子得罪，上欲以淳为嗣。上怒耶律白斯不，知与淳善，出淳为彰圣等军节度使。

天祚即位，进王郑。② 乾统二年（1102），加越王。③ 六年（1106），拜南府宰相，首议制两府礼仪。上喜，徙王魏。其父和鲁斡薨，即以淳袭父守南京。冬夏入朝，宠冠诸王。

天庆五年（1115），东征，都监章奴济鸭子河，与淳子阿撒等三百余人亡归，先遣敌里等以废立之谋报淳，淳斩敌里首以献，进封秦晋国王，拜都元帅，赐金券，免汉拜礼，不名。许自择将士，乃募燕、云精兵。东至锦州，队长武朝彦作乱，劫淳。淳匿而免，收朝彦诛之。会金兵至，聚兵战于阿里轸斗，败绩，收亡卒数千人拒之。淳入朝，释其罪，诏南京刻石纪功。

保大二年（1122），天祚入夹山，奚王回离保、林牙耶律大石等引唐灵武故事，议欲立淳。淳不从，官属劝进曰："主上蒙尘，中原扰攘，若不立王，百姓何归？宜熟计之。"遂即位。百官上号天锡皇帝，改保大二年为建福元年，大赦。放进士李宝信等一十九人，遥降天祚为湘阴王。以燕、云、平、上京、中京、辽西六路，淳主之；沙漠以北、南北路两都招讨府、诸藩部族等，仍隶天祚。自此辽国分矣。封其妻普贤女为德妃，以回离保知北院枢密使事，军旅之事悉委大石。又遣使报宋，免岁币，结好。宋人发兵问罪，击败之。寻遣使奉表于金，乞为附庸。事未决，淳病死，年六十。百官伪谥曰孝章皇帝、庙号宣宗，葬燕西香山 永安陵。

遗命遥立秦王 定以存社稷，德妃为皇太后，称制，改建福为德兴元年，放进士李球等百八人。时宋兵来攻，战败之，由是人心大悦，兵势日振。宰相李纯等潜纳宋兵④，居民内应，抱关者被杀甚众。翌日，攻内东门，卫兵力战，宋军大溃，逾城而走，死者相借。五表于金，求立秦王，不从。而金兵大至，德妃奔天德军，见天祚。

---

① 原注："清宁初，太后鞠育之"。按淳死于保大二年，若"年六十"无误，则当生于清宁九年，"清宁初"有误。

② 原注："天祚即位，进王郑"。按《纪》乾统元年六月，以北平郡王淳晋封郑王。

③ 原注："乾统二年，加越王"。按《纪》乾统三年十一月，以郑王淳晋封越国王。

④ 原注："宰相李纯"。按《纪》保大二年三月及卷102本传并作李处温。

天祚怒，诛德妃，降淳庶人，除其属籍。

二 《辽史·天祚皇帝纪》"史论"，第358页，指责耶律淳篡帝位是忘恩负义：

耶律淳在天祚之世，历王大国，受赐金券，赞拜不名。一时恩遇，无与为比。当天祚播越，以都元帅留守南京，独不可奋大义以激燕民及诸大臣，与勤王之师，东拒金而迎天祚乎？乃自取之，是篡也。况忍王天祚哉？

第 八 章

辽朝官制与辽代南京留守职掌

辽朝的祖先契丹部族，原为居无定所的游牧民族。至耶律阿保机"变家为国"之后，习用汉法唐制，有了国号、帝号、皇帝纪年，努力实行"嫡长继位"的法统，"诏正班爵"（下诏理清各级官员职权），建立起类似于中原历代王朝的中央集权官僚体制。

太祖耶律阿保机建国初期（916—937），国号"大契丹"。太宗耶律德光时期（938—982）实行双重国号：在燕云汉地称"大辽"；在草原地区仍称"大契丹"。圣宗耶律隆绪时期（983—1030）和兴宗耶律宗真时期（1031—1054）直至道宗耶律洪基前期（1055—1065），复用"大契丹"国号；道宗咸雍二年（1066）起，又改回用"大辽"国号，直至天祚帝保大五年（1125）辽亡。而在契丹文和女真文之中，始终称辽朝为"哈喇契丹"或"大契丹"、"契丹国"，简称"契丹"。①

契丹部族建立"家天下"王朝之后，实行的"官分南北，因俗而治"制度。其官僚体制可探讨的问题甚多，本章试以其南面京官之制度，来解释 24 位辽南京留守的职掌。

第一节　契丹族姓原始与初兴本末

耶律阿保机"变家为国"的故事很有可读性，它描述中国北方一个松散的、以公推方式选举领导人的游牧民族，如何通过阴谋的血腥厮杀兼并，

---

① 辽朝国号的变迁，详见刘浦江《辽朝国号考释》，原载《历史研究》2001 年第 1 期，第 30—44 页；转引自《宋辽金元史》季刊 2002 年第 2 期，第 3—17 页，中国人民大学书报资料中心出版。

建立起强大的、统一的、以血统为继承权最重要取舍标准的强大国家。

一　耶律阿保机"变家为国"

《契丹国志》详细记录耶律阿保机"变家为国"的经过：

> 初契丹有八部，族之大者曰大贺氏，后分为八部，部之长号"大人"，而常推一人为王，建旗鼓，以统八部。每三年则以次相代，或其他部有灾疾而畜牧衰，则八部聚议，以旗鼓立其次而代之。被代者以为元约如此，不敢争。及阿保机，乃曰"中国之主无代立者"。由是阿保机益以威制诸国，不肯代。其立九年，诸部共责诮之。阿保机不得已，传其旗鼓，而谓诸部曰："吾立九年，所得汉人多矣。吾欲别自为一部以治汉城，可乎？"诸部将许之。汉城在炭山东南滦河上，有盐铁之利，乃后魏滑盐县也。其地可植互谷，阿保机率汉人耕种，为治城郭屋廛如幽州制，汉人安之，不复思归。阿保机知众可用，用其妻述律策，使人告诸部大人曰："我有盐池之利，诸部所食。然诸部知食盐之利，而不知盐有主人，可乎？当来犒我。"诸部以为然，共以牛酒会盐池。阿保机伏兵其旁，酒酣伏发，尽杀诸部大人，复并为一国，东北诸夷皆畏服之。[①]

契丹八个部族自耶律阿保机"变家为国"之后，只有耶律阿保机的子孙，才可称为宗室人员；其他部族及其后人，虽乃为同姓族人，但是，已经划分出不同的血缘系统及政治关系网了。

二　辽朝的"宗室外戚"

《辽史·外戚表》详细记载自太祖（耶律阿保机）至圣宗（耶律隆绪），历代辽皇室划分"宗室"与"外戚"之始末：

> 契丹外戚，其先曰二审密氏：曰拔里，曰乙室已。至辽太祖，娶述律氏。述律，本回鹘糯思之后。大同元年（947），太宗（耶律德光）自汴将还，留外戚小汉为汴州节度使，赐姓名曰萧翰，以从中国

---

① 《契丹国志》卷23，第222—223页《并合部落》。

之俗，由是拔里、乙室已、述律三族皆为萧姓。拔里二房，曰大父、少父；乙室已亦二房，曰大翁、小翁；世宗（耶律阮）以舅氏塔列葛为国舅别部。三族世预北宰相之选，自太祖（耶律阿保机）神册二年（917）命阿骨只始也。圣宗（耶律隆绪）合拔里、乙室已二国舅帐为一，与别部为二。此辽外戚之始末也。①

《契丹国志》也有记载契丹王族宗室姓"耶律"，以及后族外戚姓"萧氏"之始末，与上引《辽史·外戚表》所载，大同小异：

> 契丹部族，本无姓氏，惟各以所居地名呼之，婚嫁不拘地里。至阿保机变家为国之后，始以王族号为"横帐"，仍以所居之地名曰世里著姓。世里者，上京东二百里地名也。② 复赐后族姓萧氏。番法，王族惟与后族通婚，更不限以尊卑；其王族、后族二部落之家，若不奉北主之命，皆不得与诸部族之人通婚；或诸部族彼此相婚嫁③，不拘此限。④ 故北番惟耶律、萧氏二姓也。⑤

为明确起见，本书所选辽朝的"皇亲国戚"，只限于其中之二类：一曰宗室，指耶律阿保机于 916 年开创契丹国之后的九朝皇帝之叔伯、兄弟、子孙；二曰外戚，指九朝皇后及皇妃之父兄至亲。至于其他契丹部族及其后人，即使仍保留宗室及外戚的姓氏，如与上述两类无直接亲戚关系者，均不列入皇族国戚系，而称为原契丹族人。这样，才不会把范围摊得太大，难以评述。

契丹原为居无定所的游牧民族部族，至阿保机变家为国之后，习用汉法，搞"家天下"宫廷制度，按照"嫡长继位"（以嫡长子为皇位第一继承人）的法统安排接班继位，有血缘关系的"皇亲国戚"享受种种特权及优厚待遇；相反的，如果不按此宗法规则行事，会引起兄弟阋墙，骨肉相残。

最典型的例子是：辽太祖耶律阿保机不把帝位传给长子耶律倍，而是

---

① 《辽史》卷 66《外戚表》，第 1027 页。

② 原注曰："今有世里没里，以汉语译之，谓之耶律氏。"

③ 原注曰："或诸部族彼此相婚嫁"。原无"此"字，用席本、明抄本补。

④ 原注曰："汉人等亦同此。"

⑤ 《契丹国志》卷 23，第 221 页《族姓原始》。

传给次子耶律德光，违反了"嫡长继位"、"建元称制"法则，结果引起亲兄弟争位，互相残杀。

辽太祖耶律阿保机的长子耶律倍，淳钦皇后萧氏所生。阿保机刚刚建立契丹国的神册元年（916）春，立为太子。耶律倍随辽太祖征伐渤海国获胜，获封为人皇王。可是，淳钦皇后不遵守"嫡长继位"的法则，改立其弟耶律德光为太宗。耶律倍愤而投降后唐，获赐姓东丹，名慕华；复赐姓李，名赞华，38 岁被害。后来，其弟太宗耶律德光追谥他为文武人皇王；其后由其相继当上皇帝的子孙先后追谥为让国皇帝、文献皇帝、文献钦义皇帝，庙号义宗，享尽死后尊荣。他的亲生子女大多获辽廷补偿，获委重任。耶律倍与两位妻子共育有五子：长子耶律阮，其后成为世宗；次子耶律娄国、三子耶律稍、四子耶律隆先、五子耶律道隐，均获要职，其中，耶律娄国及耶律道隐都曾任南京留守。①

《辽史·宗室列传》"史论"很有感慨地道：

> 自古新造之国，一传而太子让，岂易得哉？辽之义宗，可谓盛矣！然让而见疑，岂不兆于建元称制之际乎？斯则一时君臣昧于体制之过也。

> 束书浮海，寄迹他国，思亲不忘，问安不绝，其心甚有足谅者焉。……终辽之代，贤圣继统，皆其（义宗）子孙。至德之报，昭然在兹矣。②

三　契丹的营卫宫卫与皇室宫帐制度

上古之世，草衣木食，巢居穴处，熙熙于于，不求不争。自黄帝轩辕氏起，始设营卫；夏后始制城郭。契丹本是居无定所的游牧民族，但是，自从耶律阿保机建立契丹国后，即仿照历朝历代中原王朝的做法，建城郭设宫卫。居有宫卫，谓之"斡鲁朵"；出有行营，谓之"捺钵"；分镇边圉③，谓之部族。有事则以攻战为务，闲暇则以畋④渔为生。无日不营，

---

① 耶律倍及其子孙之生平，详见《辽史》卷64《皇子表》，第 973—974 页。
② 《辽史》卷72《宗室列传》，第 1212 页，所附《史论》。
③ 圉：养马，也指养马的人；通"御"，即防卫。
④ 畋：音同"恬"；意通"佃"，即耕种，又可解作"打猎"。畋渔：即耕种、打猎、打鱼等农耕活动。

无在不卫。立国规模，莫重于此。①

辽国之法：天子践位②置宫卫，分州县，析部族，设官府，籍户口，备兵马。崩则扈从后妃宫帐，以奉陵寝。有调发，则丁壮从戎事，老弱居守。

辽朝九朝皇帝都设置专门的宫卫：太祖曰弘义宫，太宗曰永兴宫，世宗曰积庆宫，穆宗曰延昌宫，景宗曰彰愍宫，圣宗曰兴圣宫，兴宗曰延庆宫，道宗曰太和宫，天祚曰永昌宫。某些皇后或皇弟亦置宫卫，如应天皇后曰长宁宫，承天太后曰崇德宫，孝文皇太弟有敦睦宫等。

不仅九朝皇帝各有独立的"宫帐"③，一些重要的皇亲国戚，甚至功臣名将，亦可以获分封为王侯，得到一些州县，并可设置独立的衙门、建护卫，成为九朝宫帐之外相对独立的户籍。户主死后，连同遗属一起并入宫帐，还可以世袭，代代相传。但是，如果谋反作乱，则会被取消宫帐，抄没财产，连同家属、随从、佣人，一起收归当朝国有，或是拨归其他皇族的宫帐。

如"燕地四大族"之一的韩族第三代传人韩德让，以功赐国姓耶律，又赐名隆运，变为耶律隆运，成为皇亲国戚，列入宫籍，隶属于横帐季父房，与辽廷九朝皇帝及主要皇后、皇太弟设立的宫帐，并称为"十二宫一府"。耶律隆运无子，辽廷以皇族魏王贴不子耶鲁为其继嗣，但贴不子耶鲁早卒；天祚皇帝又以皇子敖鲁斡继之；耶律隆运死后，辽廷给葬具，建庙乾陵侧，还追封谥号"文忠"，建文忠王府为纪念。④

又如，后晋北平王信韬之子高勋，降辽后历任要职。穆宗应历十三年至景宗保宁三年（963—971）任南京留守，前后共9年；其后官至南院枢密使。但他以毒药馈赠驸马都尉萧啜里，阴谋毒害之；不久，又谋害尚书令萧思温。因此，景宗耶律贤下诏捉其入狱诛杀之，抄没其家产，全部赏赐给萧思温家人。⑤

---

①　《辽史》卷31《宫卫志》上，第361—362页。
②　践：登上、承袭。天子践位：天子登基当上皇帝。
③　"宫帐"、"宫籍"，用现在的话来说，相当于在皇室里设立的专门户口、户籍帐户。
④　耶律隆运的生平，详见《辽史》卷82《耶律隆运传》，第1289—1291页。
⑤　事件经过详见《辽史》卷85《高勋传》，第1317页。

第二节　辽朝官制与因俗而治

耶律阿保机于916年"变家为国"后，在群臣再三劝进之下，学习汉法唐制，即皇帝位，尊号曰"大圣大明神烈天皇帝"、年号神册、国号契丹。[①] 登上帝位第六年——神册六年（921），耶律阿保机即下诏令明确规定各类官员的等级及封号爵位。耶律阿保机建立契丹国的第二十个年头（936），他的第二个儿子耶律德光继承帝位，帝号太宗，开始兼制中国，官分南北，以国制治契丹，以汉制待汉人。因俗而治，得其宜矣。

一　辽太宗"兼制中国，官分南北"

耶律德光继承耶律阿保机的帝位之后，由于管治的汉人区域越来越多，因此开始官分南北，兼制中国，以国制治契丹，以汉制待汉人。

《辽史·百官志》曰：

> 契丹旧俗，事简职专，官制朴实，不以名乱之，其兴也勃焉。太祖神册六年（921），诏正班爵[②]。至于太宗，兼制中国，官分南、北，以国制治契丹，以汉制待汉人。国制简朴，汉制则沿名之风固存也。辽国官制，分北、南院。北院治宫帐、部族、属国之制，南面治

---

　　① 《契丹国志》卷1《太祖大圣皇帝》，第1页曰：神册元年（梁均王贞明二年，916），阿保机始自称皇帝；《辽史》卷1《太祖上》，第2页则曰："群臣奉遗命请立太祖。曷鲁等劝进。太祖三让，从之。"《契丹国志》称：国人谓之"天皇王"；《辽史》则称：北宰相萧辖剌、南宰相耶律欧里思率群臣上尊号"天皇帝"（《辽史》卷1《太祖上》一开篇便称阿保机为"大圣大明神烈天皇帝"）；但是，《契丹国志》明确记载：阿保机建元曰神册，国号契丹。契丹族建立辽朝的国号改变经过，详见前引刘浦江《辽朝国号考释》一文。

　　② 班爵：各类官员的等级及封号爵位。自太祖神册六年（921），开始下诏令明确规定各类官员的等级及封号爵位，即为"诏正班爵"；但是，《契丹国志》卷1《太祖大圣皇帝》，第2页曰：阿保机建元神册当年，即已"置百官"。

汉人州县、租赋、军马之事。因俗而治，得其宜矣。①

《契丹国志》描述契丹族的"北面官"与"南面官"制度如此划分：

> 其官有契丹枢密院及行宫都总管司②，谓之北面，以其在牙帐之北，以主蕃事；又有汉人枢密院、中书省、行宫都总管③，谓之南面，以其在牙帐之南，以主汉事。④

"牙帐"即契丹主办公兼居住的地方，当时称为"大内帐殿"，相当于现在所说的契丹主"官邸"。契丹乃游牧民族，以家庭为单位住在帐篷（蒙古包）里，门口插有牙状彩旗，故称为"牙帐"。古代军营门口都插有牙旗，故军营也叫"牙门"；其后，"牙"字谐音美化为"衙"字，"牙门"改称"衙门"，且沿用至今。

也即是说：办公处设于契丹主"官邸"北面的北面官府简称为"北院"，主理"蕃事"，包括契丹王室的宫帐、其他契丹部族，以及北方其他民族、属国之事，主要官位有契丹枢密院及行宫都总管司等；而办公处设于契丹主"官邸"南面的官府简称为"南院"，主理"汉事"，包括中原地区原属于汉人王朝的州县、征收租赋、对南用兵所需的军马，主要官位有汉人枢密院、中书省、行宫都总管司等。

《辽史·百官志》对北、南院主要职位的职权记述如下：

> 凡辽朝官，北枢密视兵部、南枢密视吏部，北、南二王视户部，夷离毕视刑部，宣徽视工部，敌烈麻都视礼部，北、南府宰相总之。惕隐治宗族，林牙修宗文告，于越坐而论议以象公师。朝廷之上，事

---

① 《辽史》卷45《百官志》一，第685页。该文续曰："初，太祖分迭剌夷离堇为北、南，二大王，谓之北、南院。宰相、枢密、宣徽、林牙，下至郎君、护卫，皆分北、南，其实所治皆北面之事。语辽官制者不可不辨。"也即是说："官分南北，以国制治契丹，以汉制待汉人。"是太宗朝才真正实施的；"太祖分迭剌夷离堇为北、南"并非真正的"官分南北"，他将其父统率的迭剌部所分出来的官，"其实所治皆北面之事"。本书所引南北院朝官制度若出于此，一般不再另注出处，或只简注页码。

② 原注曰："及行宫都总管司"：《长编》卷110无"管"字，当脱。

③ 原注曰："行宫都总管司"：《长编》卷110亦无"管"字。

④ 《契丹国志》卷23，第224页，《建官制度》。

简职专，此辽所以兴也。①

二　辽朝的北面朝官制度

《辽史·百官志》对北面朝官的设置及主要职掌记述如下②：

1. 契丹北枢密院：掌兵机、武铨、群牧之政，凡契丹军马皆属焉，即北枢密院总管兵部。其最高长官为北院枢密使；其下顺序为知北院枢密使使、知枢密院事、北院枢密副事、知北院枢密副事、同知北院枢密使事、签书北枢密院事等。

2. 北枢密院中丞司：契丹北枢密院之下的办事机构，内设主要职位有：北南枢密院点检中丞司事、总知中丞司事、北院左中丞、北院右中丞、同知中丞司事、北院侍御。

3. 北宰相府：掌佐军国大政，皇族四帐世预其选。不论是北宰相府或南府宰相，大多由皇族宗室四帐或外戚国舅四代、五代宫帐之中预先选定的；如果既非宗室，也不是外戚，殊难坐上这个协助皇帝"掌佐军国大政"的重要职位。

4. 北大王院：分掌部族军民之政。在太祖耶律阿保机之父率领迭剌部时代，名为夷离堇，阿保机将它分为北、南院，但是，其实所治皆北面之事。到了太宗耶律德光会同元年（938），改夷离堇为大王。③ 但某族大王在辽太宗建立中央集权的朝官制度后，只能"分掌部族军民之政"，其权力在契丹北枢密院、北枢密院中丞司和宰相府之下。④

---

① 《辽史·百官志》，第685—686页。

② 《辽史》卷45《百官志》一，第685—697页。

③ 《辽史·百官志》，第691页云："北院大王。初名迭剌部夷离堇，太祖分为北、南院，太宗会同元年（938），改夷离堇为大王。"第723页亦说："某部大王。本名夷离堇。""夷离堇"与掌管刑狱的"夷离毕"，有明确的分别。但是，由于"堇"与"毕"、"巾"等同音，故某些史著往往弄错。如《契丹国志》卷1《太祖大圣皇帝》，第1页说："夷离巾，犹中国刺史。"上引《契丹国志》说：辽太祖耶律阿保机之父"为夷离巾，犹中国刺史"。应为错解。因为古代中国之"刺史"为监察性质的官员。"刺"即"刺举不法"；"史"，即官吏或使者。辽太祖耶律阿保机之父所处时代，仍为居无定所的游牧部族，尚未建立官制，哪会有"犹中国之刺史"？辽太祖之父当时带领整个迭剌部南征北战，为该部之首领即大王，与《辽史》所称"为迭剌部的夷离堇"，含意相同。

④ 《辽史》，《百官志·北面朝官》，第686—692页，将北、南枢密院排在第一位；第二位是北枢密院中丞司；第三位是北南宰相府；第四位才是北大王院，很明确地分别出其重要性。但是，若以职掌之大小来分，宰相府应该排第一位；枢密院排在第二位；掌北院部族军马政令的北院详稳司，以及掌北院部族军民之事的北院都部署司，由于有权指挥北院各部族的军马及军民，其权力超越北、南院大王，故均排在其前面。这是耶律阿保机"变家为国"实行中央集权的朝官制度的结果。

5. 北院都统军司：掌北院从军之政令。

6. 北院详稳司：掌北院部族军马之政令。

7. 北院都部署司：掌北院部族军民之事。

8. 宣徽北院：掌北院御前只应之事，太宗会同元年（938）置。因为该年起，契丹改幽州为南京，开始置官管治，与南面汉人王朝的外交往来日趋频繁，只应酬酢之事日多，故需要设立此机构。

9. 大于越府：无职掌，班百僚之上，非有大功德者不授，辽国尊官，犹南面之有三公。太祖耶律阿保机以遥辇氏于越受禅，故于越成为最尊贵的勋衔。《辽史·百官志》曰："终辽之世，以于越得重名者三人：耶律曷鲁、耶律屋质、耶律仁先，谓之三于越。"① 但是，据《辽史·耶律休哥传》载：耶律休哥也曾获景宗"拜于越"。②

10. 大惕隐司：掌皇族之政教，太祖耶律阿保机置。兴宗重熙二十一年（1052）③耶律义先拜惕隐，戒族人曰："国家三父房最为贵族，凡天下风化之所自出，不孝不义，虽小不可为。"其妻晋国长公主之女，每见中表，必具礼服。义先以身率先，国族化之。辽国设官之实，于此可见。太祖有国，首设此官，其后百人，必先宗姓。

辽太祖耶律阿保机搞阴谋"变家为国"后，重视以儒家的"忠孝仁义"道德观来教化臣民、匡正"天下风化"。他首设大惕隐司，掌管皇族之政教，对皇族的"忠孝仁义"道德观，管教尤严。选拔官员，首先考虑本宗本姓，亦是以"忠孝仁义"为最重要的标准。

11. 夷离毕院：掌刑狱，相当于中原王朝的"刑部"。由于"夷离毕"与"夷离堇"（某部大王）、"夷离巾"（刺史）读音相近，故两者容易相混淆。（详见前"北大王院"条）

12. 大林牙院：掌文翰之事，即处理朝廷的文书工作。《契丹国志·建官制度》称："林牙，翰林学士也"④。

13. 敌烈麻都司：掌礼仪。"敌烈麻都"，应为"礼仪"之音译。该司

---

① 《辽史》卷45《百官志》一，第694页。

② 详见《辽史》卷83，第1299—1301页，《耶律休哥传》。

③ 原注曰：兴宗重熙二十一年：二十一年，原误"二十二年"。据《纪》重熙二十一年十二月、卷九〇《耶律义先传》改。

④ 《契丹国志》卷23，第224页，《建官制度》。翰：原指红羽毛的天鸡。古人常用羽毛做笔写字，如此写出之文辞叫"翰"，或"文翰"、"书翰"。在此转意为文书工作。

首长名叫"敌烈麻都"，下设"总知朝廷礼仪"、"总礼仪"诸官，名称则已经完全汉化了。

14. 天下兵马大元帅府：掌管、总理全国军政。辽宫帐、部族、属国，各自为军，体统相承，分数秩然。雄长二百余年，凡以此也。北面军官编制，以天下兵马大元帅府为最高，由太子、亲王总军政，其最高长官曰"天下兵马大元帅"；第二级设"大元帅府"，由大臣总军马之政；第三级设"都元帅府"，由大将总军马之事，其长官依次为兵马都元帅、副元帅、同知元帅府事。[①] 多位南京留守以皇子或亲王身份出任天下兵马大元帅。

15. 详稳：来自汉语"将军"的转译又写作"详隐"，应为同音词。掌部族军民政令，但不同时期有不同职掌：（1）辽太宗会同元年（938）定制：鹰坊、监、冶等局长官为详稳。（2）北面帐官：皇族、国舅及遥辇、诸帐，均设详稳司，掌军马之事。有详稳、都监、将军、小将军等官。皇族宫帐设有都详稳。（3）北面军官：元帅府属下设大详稳司，统领军马。置有大详稳、都监、将军、小将军、军校、队帅诸职。各军各设详稳司。（4）部族官：各部族设某部详稳，亦设详稳、都监等官。[②]

三　辽朝的爵位、封赏、谥号与特权制度

24 位辽南京留守，除曾历任许多其他官职之外，还拥有某些特权，并获封不少荣誉性的王位、爵位、官衔，死后获追赠一些谥号。现举其要者综合说明，即可管见辽朝的封赏制度。

1. 封王：

契丹主为皇亲国戚或功臣名将加上"某某王"，或"某某国王"，基本上属于荣誉性封号，以表示受封者是在他（皇帝）一人之下的某地之王，史称"虚封"，并无规定职权，亦无实际的封地，但有某些礼遇或特权，许多被封之地名，是随意钦点，未必真有此地，如恒王、梁王、晋王、秦王、魏王等等；但是，某些王号，却含有实意，有实权，也有实际封地，史称"实封"。譬如"燕王"，往往是具体指燕京一带之王，通常为燕京留守（或南京留守）同时兼得。至于"燕京"、"幽州"、"卢龙"、"燕云"、

---

① 《辽史》卷 46《百官志》一，第 734—742 页。

② 蔡美彪主编：《中国历史大辞典》（辽夏金元史分册），上海辞书出版社 1986 年版，第 325 页。

"辽南京"等名称之由来及分别，详见第一章《燕云十六州的割献及其沿革》。

2. 入"横帐"与"四帐世预其选"：

"契丹横帐，犹宋朝玉牒所也。"①玉牒即皇室的谱牒。契丹横帐，即契丹人建立的辽朝皇室的谱牒。辽太祖的祖父生四子：长子麻鲁早逝；次子岩木及其后人称为"孟父房"；三子释鲁及其后人称为"仲父房"；四子为德祖，其长子耶律阿保机成为太祖，谓之横帐，其余四子剌葛、迭剌、安端及苏，则统统归入"季父房"，如此"一帐三房"，谓之"四帐皇族"，均为辽朝最显赫的皇族。②

辽朝一些重要的职位，如北、南府宰相，都必须由此"四帐世预其选"，即是只有这"四帐皇族"的后人才可出任。《辽史·百官志》第720页原注2称："北宰相府皇族四帐世预其选及南宰相府皇族五帐世预其选：按《纪》、《传》所见，北府宰相多出于国舅五帐，南府宰相多出于皇族四帐。"也即是说：不论是北宰相府或南府宰相，大多由皇族宗室或外戚国舅四代、五代宫帐之中，预先选定的；如果既非皇族宗室人员，也不是外戚国舅，殊难坐上这两个协助皇帝"掌佐军国大政"的重要职位。③

某些并非出身"四帐皇族"或"外戚国舅四代、五代宫帐"的汉臣名将，可获赐国姓"耶律"，改变身份；死后列入某某房的"横帐"，享受皇族的生前死后荣华富贵。如"燕地四大族"最兴旺之韩族，四代受尽辽廷恩宠。韩家第三代传人韩德让，获赐国姓耶律，又赐名隆运，变为耶律隆运，其一族附籍横帐，列入宫籍，隶属于横帐季父房，死后获赐建文忠王府，列于景宗庙位，与辽廷九朝皇帝及主要皇后、皇太弟，并称为"十二宫一府"。④

---

① 《契丹国志》卷18《耶律隆运传》，第175页。玉牒，原为古代帝王封禅祭祀所用的文书，后转意为帝王的谱牒；而一般平民家族的历史，只可称为族谱、家谱。

② 《辽史》卷45《百官志》一，第707页。

③ 辽朝的"世预其选"接班制度，是十分值得研究的课题，既有学术价值，又具现实意义。可参阅王德忠《辽朝世选制度的贵族政治特色及其影响》，原载《东北师范大学学报》（哲社版）2003年6月，第71—77页；杨茂盛《试论契丹的宗族——家族斗争及其世选制》，原载《北方文物》1996年1月，第52—60页；漆侠《契丹辽国建国初期的皇位继承问题》，原载《河北师范学院学报》（哲社版）1989年3月，第38—43页。

④ 耶律隆运之事迹，详见《辽史》卷74《列传》第4，第1233—1234页《韩知古传》及其附传《韩匡嗣传》。

3. 谥号：

古代帝王、勋臣名将、社会名人死后，由别人替他加上去的称号，多为褒意；亦可以是本来具有实权的职衔，但受封者已无法享用，唯有留名于后。清代张溥《五人墓碑记》曰："赠谥美显，荣于身后。"

4. 庙号：

古代帝王死后，在太庙立室奉祀，并追尊以某祖、某宗的名号，称为"庙号"，其安葬之陵墓有的亦沿用此称号。始于殷代，直至清朝。《旧唐书·太祖本纪》曰："群臣上谥曰大武皇帝，庙号高祖。"不少史著常以庙号记述某某皇帝，与这位皇帝生前的称号"帝号"、"年号"混淆不清。

5. 便宜行事：

又称"便宜从事"，即"先斩后奏"之意。在北面军官系统之中，设有便宜行事府。辽廷给镇守南京要镇之重臣或外派出征之将领，有遇重要急事可以先自行处理，事后才奏报的权力，显示对该臣僚之信任。譬如，耶律休哥、耶律仁先、耶律淳等，都可以"便宜行事"。详见各人之传。

6. 免拜、不名：

契丹主沿用"汉拜礼"（汉王朝参拜礼仪，泛指中原王朝实行的礼仪），下属晋见要先预约通报姓名，见面时要行跪拜大礼。"免拜不名"是契丹主给勋臣名将的礼遇：他们随时可以晋见，不必事先通报，见面时不必行跪拜大礼。契丹人所称之"汉礼"，其实是中原自周朝以来，历朝历代衙门按照"周礼"的规定，实施的礼仪。

譬如，《辽史·耶律淳传》记载："兴宗第四孙、天祚帝之堂兄弟耶律淳者，天庆五年（1115），进封秦晋国王，拜都元帅，赐金券，免汉拜礼，不名。"[①] 此处明确指出是"免汉拜礼"，此外，还有耶律休哥、耶律和鲁斡等人，都曾获得在位辽帝下诏享受"免拜、不名"的礼遇。

第三节　南面朝官与方州官

契丹自太祖耶律阿保机、太宗耶律德光初兴，四出征战 40 余年，吞并诸番，割据燕、云，南北开疆五千里，东西千里，共得二百余州。[②] 为

---

① 《辽史》卷 30《天祚皇帝纪》，第 352—353 页。
② 《契丹国志》卷 22《州县载记》，第 208 页。

了有效统治这些辽阔的疆土，辽廷重整行政区域编制；同时，设置南面朝官及南面方州官。太宗以皇都为上京，升幽州为南京，改南京为东京，圣宗城中京，兴宗升云州为西京，于是五京备焉。又以征伐俘户建州襟要之地，多因旧居名之；加以私奴置投下州。总京五，府六，州、军、城百五十有六，县二百有九，部族五十有二，属国六十。① 辽廷的南面朝官，基本上是与北面朝官相对应而设置的"对口单位"，虽然职权相同，各管北南，但南面同名同级之朝官，应受北面同名同级朝官之"节制"（管辖）。

一　辽朝的南面朝官制度

《辽史·百官志》对南面朝官的设置及主要职权记述如下：

1. 契丹南枢密院：

掌文铨、部族、丁赋之政，凡契丹人民皆属焉。北枢密院总管兵部；南枢密院并无兵权，而只是总管吏部。所以，元好问谓："北衙不理民；南衙不主兵"。其最高长官为南院枢密使；其下职位顺序为知南院枢密事、知南院枢密事、南院枢密副事、知南院枢密副事、同知南院枢密使事、签书南枢密院事等。

2. 南枢密院中丞司：

南枢密院之下的办事机构，内设主要职位有：北南枢密院点检中丞司事、总知中丞司事、南院左中丞、南院右中丞、同知中丞司事、南院侍御。与北枢密院中丞司所设职位完全对称。

3. 南宰相府：

掌佐军国大政，国舅五帐世预其选。与北府宰相一样，都要由皇族或外戚"世预其选"。在南宰相府之下，不像北面朝官那样，还要再设置南枢密院、南院详稳司、南院都部署司，而是直接设置南大王院。

4. 南大王院：

分掌部族军民之政。由于辽太宗之后，得到不少汉地（如燕云十六州），某些契丹部族迁移到汉地，故需要设立南大王院，来分掌南面部族的军民之政。

5. 南院都统军司：掌南院从军之政令。

6. 南院详稳司：掌南院部族从军之政令。

---

① 《辽史》卷37《地理志》一，第438页。

7. 南院都部署司：掌南院部族军民之事。

二　辽得燕云十六州后增设的南面朝官

自太祖耶律阿保机"变家为国"后，即"诏正班爵"，建立朝官制度（即中央政府机构）；太宗耶律德光继帝位后，开始"官分南北，以国制治契丹，以汉制待汉人"，并习用"汉法"、"唐制"，设立"三公府"或"三师府"①；契丹得"燕云十六州"后，乃沿用唐制②，在南面衙门增设南面三省、六部、台、院、寺、监、诸卫、东宫之官。诚有帝王之盛制，亦以此招徕中国人③也。

1. 御史（御史大夫、太保）：

春秋战国时代列国都有御史，掌管文书记事。秦朝起，御史开始有弹劾纠察之权。汉唐承袭秦朝建立三公制，但其后三巨头的职权及名衔，累有变化。秦朝及西汉时代④，御史称"御史大夫"，拥有监察、弹劾、纠察、执法之权，又兼管皇室文书，其地位仅处于丞相之下，与太尉合称"三公"。东汉将"三公"的三大巨头更名大司徒、大司马、大司空。唐朝

---

① 《辽史》，《百官志·南面朝官》，第772—773页云："三师府本名三公府"，其意为三公府乃由三师府易名。但是，从委用官员的时间来看，终辽之世，两个名称实际上是混合重复使用。现对比如下：（1）太宗朝：天显十一年（936），首位南京留守赵思温被委任为"三公府"的"太尉"。会同元年（938），冯道被委任为"三师府"的"太傅"。说明在太宗耶律德光时代，既有"三公府"，又有"三师府"。（2）世宗朝：天禄元年（947），划设被委任为"三公府"的"司徒"。说明已被易名的"三公府"又重现。（3）穆宗朝：应历三年（953），唐骨德被委任为"三师府"的"太师"。说明在穆宗耶律璟时代置有"三师府"。（4）圣宗朝：统和三十年（1012），邢抱质被委任为"三公府"的"司空"。说明已被易名的"三公府"又重现。

② 《辽史》，《百官志·南面朝官》，第772页曰："辽有北面朝官朝矣，既得燕、代十六州，乃用唐制……""燕、代十六州"即"燕、云十六州"的一种说法，详见第一章。

③ "中国人"，泛指历代中原王朝统治之下的汉人。契丹人所说的"汉法"、"唐制"，泛指历代中原王朝"一脉相承"的中央集权官僚体制，但未必能弄清楚，何为"汉法"，何为"唐制"。由于"汉"、"唐"是两个强盛的朝代，故外族以其为历代中原王朝的代表。而事实上，契丹人建立的辽朝，从太祖耶律阿保机916年"变家为国"起，至最后一位皇帝天祚保大五年（1125）亡国，前后210年，所面对的中原王朝顺序为"五代"的后梁（907—923）、后唐（923—936）、后晋（936—947）、后汉（947—950）、后周（951—960），以及北宋（960—1279）。

④ 《辽史》，《百官志·南面朝官》，第773页称刘邦建立的汉朝为"先汉"（公元前206—公元8）；而其后刘秀建立的汉朝为"后汉"（25—178），乃以其存在时间先后来划分。近代以来，则以刘邦建立的汉朝首都在西边的长安（今西安）而称之为"西汉"；而刘秀建立的汉朝首都在东边的洛阳（今洛阳）而称之为"东汉"。本书采用近代以来的说法。

将"三公"更名为"三司",其三大巨头更名为司徒、太尉、司空。汉唐承袭秦制,但其后御史之职权名衔累有变化。唐朝之后,易名"御史台",专掌监察、执法。明朝改"御史台"为"都察院",清朝改称"监察御史",只拥有监察权。辽承"汉法"、"唐制",也即是承袭秦制,御史拥有监察、弹劾、纠察、执法之权,地位仅处于丞相之下,与丞相、太尉合称"三公"。

2. 太尉①(太傅):

太宗耶律德光天显十一年(936),首位南京留守赵思温被委任为"太尉"。当时的"三公府"中仅设太尉、司徒及司空,故太尉成为"三公府"中最高职位的官员。其后,"三公府"易名"三师府",习用汉制,以丞相、太尉、御史大夫为三公,改称三师,即太师、太傅、太保。太师成为"三师府"中相当于丞相的最高级官员。太尉(或称太傅)居第二位;御史大夫(或称太保)则居于第三位。

3. 丞相(太师):

秦朝起设丞相,以辅助天子,秉承皇上旨意,综理全国政务,为朝廷最高职级之官员,其权力在一人之下、万人之上。又称为宰相,相当于近代以来中央政府的总理。秦朝起各级政府相应地设立郡丞、府丞、县丞,为各级政府的最高级僚佐。辽朝的北面朝官与南面朝官之中,都设有丞相府,但其职权却在枢密院及枢密院中丞司之下。

4. 汉人枢密院:

本兵部之职,在周为大司马,汉为太尉。唐季宦官用事内置枢密院,后改用士人。辽晋天福中废,开运元年(944)复置。辽太祖耶律阿保机初设汉儿司,"燕地四大族"之"韩族"的创始者韩知古,得耶律阿保机信任,"总知汉儿司事,兼主诸国礼仪"②。韩知古之子韩匡嗣,为本书讨论的第九位辽南京留守。946年辽太宗耶律德光攻入后晋首都汴梁后,因习晋朝体制,置汉人枢密院,掌汉人兵马之政,初兼尚书省。在契丹北面朝官体制之中,枢密院权力最大,居于宰相府及大王

____

① "尉",其本字为"慰",本意为"安慰"。秦朝起朝廷设"太尉",寓意为在皇帝身边安慰、勤王之职位,由于长伴君侧,其权力名义地位与丞相相伯仲。秦朝起许多朝代,除朝廷设有"太尉"之外,郡有"都尉",县有"县尉",其级别有高低,但其职能类同。

② 《辽史》卷74《列传》第4《韩知古传》,第1233页。

院等之上；但在南面朝官体制，汉人枢密院权力在"三公府"或"三师府"之下。

5. 中书省：

始设于魏、晋，掌朝廷制诰诏令。唐代为朝廷政务机构，长官为宰相。中书省与门下省、尚书省合称"三省"，且列于"三省"之首。契丹得"燕云十六州"后，乃沿用唐制，在南面朝官增设南面"三省"，但职级名衔与唐不同，其长官为中书令。

辽世宗天禄四年（950）建政事省。兴宗重熙十三年（1044）改称中书省。天显初，韩知古为中书令；会同五年（942）又见本书所讨论的第二位南京留守赵延寿任政事令。开泰初，本书所讨论的第十二位南京留守耶律隆庆"加守太师，兼政事令"。

中书令之下，置大丞相、左丞相、右丞相、知中书省事、中书侍郎、同中书门下平章事、参知政事等，太宗大同元年（947）见赵延寿改称大丞相。从字意来看，加下一个"大"字的"大丞相"，其职权应在"丞相"之上；但从《辽史·百官志》所列之中书省编制，则完全相反。①

6. 门下省：

始设于晋。掌按复诏令、赞相礼仪、参议朝政，为中枢政务机构之一。唐代为朝廷政务机构，与中书省、尚书省合称"三省"。契丹得"燕云十六州"后，乃沿用唐制设"三省"，但职级名衔有所不同，其长官为侍中，其下置常侍、散骑常侍、给侍中、门下侍郎等。本书所讨论的第12位南京留守耶律隆庆（景宗耶律贤第二子、圣宗耶律隆绪之弟），曾经兼任侍中；第6位南京留守马廷煦之曾孙马人望，于天祚乾统中为左散骑常侍。

7. 尚书省：

与中书省、门下省合称"三省"。东汉始设尚书台；南北朝改称尚书省；唐与中书省、尚书省合称"三省"，作为专门负责皇帝要事以及执行朝廷政务的总机构。② 辽太祖耶律阿保机"变家为国"后，建立朝官制度，尝置左右尚书。契丹得"燕云十六州"后，乃沿用唐制设"三省"，

---

① 详见《辽史》卷17《百官志》三，第774—775页。

② "尚"，在此解作"主管"，特指管理皇帝的事务，如尚衣、尚食、尚书，分别特指管理皇帝的衣饰、饮食、文书等。

但职级名衔有所不同，其长官为尚书令，下置左仆射、右仆射，左丞、右丞，左司郎中、右司郎中，左司员外郎、右司员外郎，等等。本书所讨论的第 7 位南京留守萧思温，于景宗保宁初为尚书令。

三　辽朝的南面方州官

契丹人东征西伐、南侵北讨，建立起疆域辽阔的国土。其所征服的地区，如辽东、辽西、燕云十六州等地，原已置郡县设官职，契丹人"大略采用唐制"因袭之。《辽史·百官志》云：

> 辽东、西，燕、秦、汉、唐已置郡县，设官职矣。高丽、渤海因之。至辽，五京列峙，包括燕、代，番为畿甸。二百余年，城郭相望，田野益辟。冠以节度，承以观察、防御、团练等使，分以刺史、县令，大略采用唐制。其间宗室、外戚、大臣之家筑城赐额，谓之"头下州军"；唯节度使朝廷命之，后往往皆归王府。……①

在二百余年间，辽朝前后设立的五个京都，其官员种类及体制，略有不同。《辽史·南面京官》曰：

> 辽有五京。上京为皇都，凡朝官、京官皆有之；余四京随宜设官，为制不一。大抵西京多边防官，南京、中京多财赋官。②

五个京城还有不少朝廷（中央政府）的派出机构，以及皇亲国戚、勋臣名将的办事处，但是，最高行政长官留守，则是由朝廷直接任免的命官。

五京之外，在各地划分几个府、道，作为一级行政区域；下辖若干个州，并设立节度使为最高地方军政长官。节度使与留守一样，都由朝廷任免。在州之外，不能划分为州一级行政区域者谓之军，不能划分为县一级行政区域者谓之城，不能划分为县一级行政区域者谓之堡，并分设观察使、防御使、团练使、州刺史、县令等衙门。在正式行政区域之外，某些

---

① 《辽史》卷 48《百官志》四《南面方州官》，第 812 页。
② 《辽史》卷 48《百官志》四《南面京官》，第 801 页。

宗室、外戚、勋臣、名将，另外筑城赐额，谓之"头下州军"。

四　南京留守司、南京析津府

辽南京的建立、名称的改变、辖区的划分、文武官员职位及职掌的设置等，都时有变化，因此必须具体加以探讨。《辽史·南面京官》曰：

> 南京留守司。太宗天显三年升东平郡为南京，治辽阳。十三年（938）以幽州为南京，治析津。圣宗开泰元年（1012）改幽都府为析津府。[1]

《辽史》之《地理志四·南京道》载：

> 南京析津府……府曰幽都，军号卢龙，开泰元年（1012）落军镇。（原注：按《纪》开泰元年十一月，改幽州府为析津府）统州六、县十一……[2]（包括：石晋割献契丹之顺州、檀州、涿州、蓟州，至于这些州之变迁，详见第一章）

《辽史·百官志》"五京留守司兼府尹职名总目"载："某京留守行某府尹事"，以兼管某府留守司之最高长官，某京留京必须注明行某府尹事，才兼治该京及该府，否则，只为该京之最高行政长官。

又《辽史·南面方州官》所列"节度使职名总目"称：南京道置两个节度使司：一为幽州卢龙军节度使司，另一为平州辽兴军节度使司，赵思温曾为其中之一幽州卢龙军节度使司的节度使。

第四节　南京留守的职掌、封号与特权

为加深了解每一位辽南京留守的生平事迹，并进一步考证辽朝的官制及其职掌，现根据以上之考证，将 24 位南京留守历任的主要官职、曾拥有的特权、获封的王位、爵位、官衔，以及死后获追赠一些谥号，综合表

---

① 《辽史》卷 48《百官志》四《南面京官》，第 804 页。
② 《辽史》卷 40《地理志》四《南京道》，第 493 页。

列如下，并定以下规则，再逐一加以解读：

1. 所列官职及称号和其他封赏，大多为在契丹及其后建立的辽朝获得；极少数是在降辽之前，在其他王朝所得。

2. 所列官职及称号和其他封赏，按其获得的先后顺序排列，官职如有重复者注明为"复任"。

3. 所列官职及称号和其他封赏，根据本书经常引用的《辽史》等几册史籍所载，按其原名列出，一般不再注明出处。

4. 所列官位之主要职掌，尽量多作解释说明；但只限于北、南面朝官，而未能进一步深究以下职级地方官的职掌。

辽南京 24 位留守历任官职与所获封赏统计表

序号	姓名	历任主要官职	获封爵位、谥号及赏赐
1	赵思温	汉军都团练使、检校太保、保静军节度使、南京留守、卢龙军节度使、管内观察处置等使、开府仪同三司兼侍中、临海军节度使、检校太师	赐协谋静乱翊圣功臣；938年卒，太宗遣使赙祭，追赠太师，封魏国公
2	赵延寿	幽州节度使、南京留守、卢龙军节度使、魏博节度使、枢密使兼政事令、中京留守、大丞相、权知南朝军国事	封燕王、魏王
3	刘晞	燕京留守、洛京留守、同平章事兼侍中	
4	耶律牒蜡	中台省右相、南京留守	封燕王
5	耶律娄国	遥授武定军节度使、南京留守	
6	马廷煦	南京留守	
7	萧思温	奚秃里太尉、群牧都林牙、南京留守、北院枢密使兼北府宰相、尚书令	封魏王
8	高勋	四方馆使、枢密使、上京留守、南京留守、知南院枢密事、南院枢密使	封赵王、秦王
9	韩匡嗣	太祖庙详稳、上京留守、南京留守并以留守摄①枢密使、遥授晋昌军节度使、西南面招讨使	封燕王、追赠尚书令

---

① "摄"，此处解作节制、代理、兼任；但亦解作辅助，如《史记·燕召公世家》曰："成王既幼，周公摄政。"

续表

序号	姓名	历任主要官职	获封爵位、谥号及赏赐
10	耶律道隐	上京留守、南京留守	封蜀王、荆王，追封晋王
11	耶律休哥	惕隐、北院大王（总南面戍兵）、于越、南京留守、总南面军务，可便宜行事	赐御马金盂、封宋国王、诏免拜不名、诏立祠南京
12	耶律隆庆	侍中、兵马大元帅、西京留守、南京留守、太师兼政事令、尚书令	封恒王、梁王、晋王、秦王，赐金券，追谥孝文皇太弟，葬于祖宗陵地祖州
13	耶律吴哥	惕隐、南京留守	封燕王
14	韩制心	归化州刺史、上京留守、汉人行宫都部署、中京留守、惕隐、南京留守、南院大王	封漆水郡王、燕王、追赠政事令、追封陈国王
15	萧孝穆	西北路招讨都监、遥授建雄军节度使加检校太保、九水诸部安抚使、北府宰相、检校太师、同政事门下平章事、知枢密院事、汉人行宫都部署、南京留守、兵部都总管、东京留守、南京留守（复任）、北院枢密使（二次担任）、大将军、行营兵马都统①	赐忠穆熙霸功臣，封燕王，赐佐国功臣，封秦王、吴国王、楚王、齐王、东辽王，追赠大丞相，晋国王，谥号贞
16	耶律宗范	燕京留守	封韩王
17	萧孝先	驸马都尉、国舅详稳、南京统军使、汉人行宫都部署、太子太傅、上京留守、国舅详稳（复任）、东京留守、总禁卫、遥授天平军节度使、加司徒兼政事令、北院枢密使、南京留守	封楚王、晋王，谥号忠肃
18	耶律重元	北院枢密使、南京留守、知元帅府事、天下兵马大元帅	封秦国王、皇太弟、册封皇太叔，诏免拜不名，赐金券誓书，复赐金券、四顶帽、二色袍
19	耶律和鲁斡	上京留守、南京留守、天下兵马大元帅、太师、惕隐、南京留守（复任）	越王、鲁王、宋魏王，册封皇太叔，诏免拜不名，封义和仁寿之号

① 《契丹国志·萧孝穆传》第158页载：萧孝穆曾获授大将军、行营兵马都统；但《辽史·萧孝穆传》并无此两项记载。

续表

序号	姓名	历任主要官职	获封爵位、谥号及赏赐
20	耶律明	南京留守	
21	萧惟信	左中丞、燕赵国王傅、北院枢密副使、北面林牙、南京留守、左右夷离毕、北院枢密副使（复任）	赐竭忠定乱功臣、加守司徒
22	耶律仁先	护卫、宿直将军、殿前副点校、鹤剌唐古部节度使、北面林牙、北院枢密副使、同知南京留守事、契丹行宫都部署、北院大王、知北院枢密使、东京留守、南院枢密使、南京兵马副元帅、太尉、北院大王（复任）、西北路招讨使、南院枢密使（复任）、北院枢密使、于越、共知北院枢密事、南京留守、西北路招讨使	封吴王、隋王、许王、晋王，道宗亲制文以褒之，诏画《滦河战图》以旌其功，尊称尚父，晋封宋王、改封辽王，赐鹰纽印及剑，可便宜行事
23	耶律洪道	燕京留守	追封燕王
24	耶律淳	彰圣等军节度使、南府宰相、南京留守、都元帅	封郑王、加越王、晋封秦晋国王，赐金券，免汉拜礼，不名，诏南京刻石纪功，自立为天锡皇帝，谥孝章皇帝

一　赵思温之官职及封号

赵思温是卢龙（燕云十六州的别称）人。神册二年（917），投降辽太祖耶律阿保机。其后以思温为汉军都团练使，力战拔扶余（馀）城。身被数创，太祖亲为调药。

太宗耶律德光即位，以功擢检校太保、保静军节度使。天显十一年（936），奉命攻打太原援石敬瑭，罢兵后改任南京留守、卢龙军节度使、管内观察处置等使、开府仪同三司，兼侍中，赐协谋静乱翊圣功臣，不久改临海军节度使。会同初，从耶律牒蜡使晋行册礼，还，加检校太师。二年（939）卒。太宗遣使赙祭，赠太师、魏国公。

现分析赵思温历任重要职位的职掌，以及所得封赏、荣号之含义。

1. 汉军都团练使：契丹诸军都设有团练使，负责编组教练士兵；南面军官的编制，将俘虏的汉人编入汉军都团练司，其最高长官为汉军都团练使，神册二年（917），赵思温任此职。[①]

2. 太师、太尉、太保：自秦至西汉，太尉为掌全国兵权的最高级武官，与丞相齐位。契丹得"燕云十六州"后，乃沿用汉唐制，在南面朝官增设"三师府"，为南面最高行政机构；以太师、太尉、太保为三位最高首长，号称"三师"。赵思温于太宗天显十一年（936）被委任为太尉[②]；太宗耶律德光即位，以功擢检校太保；会同初，加检太师。会同二年（939）赵思温卒，太宗把赵思温最喜欢的职称"太师"赠送给他，但是，这只是谥号而已。

3. 某军节度使：赵思温所担任的保静军节度使、卢龙军节度使、临海军节度使，分别为三个州一级行政单位保静军、卢龙军、临海军的最高军政长官。临海军是兴中府属下之锦州，军号临海，统州一、县二。卢龙军为南京析津府（开泰元年改名幽州府），管治范围由南京扩大至六州十一县。赵思温于南京留守后所加之"卢龙军节度使"，成为南京道两位节度使之一，管辖范围扩大。

4. 侍中：辽南面朝官主要衙门"三省"之一"门下省"的最高长官。

5. 开府仪同三司：此乃文职官名。金、元皆置，四十二阶之第一阶。金从一品上。元正一品，宣授。[③]"侍中"为辽南面朝官"门下省"的最高长官。赵思温以"开府仪同三司"之职来兼"侍中"，可见前者职衔比后者大。

6. 管内观察处置等使：辽廷于五京均设处置使司，归中央朝廷直接管辖。最高长官为处置使。

7. "魏国公"为封号，此仍赵思温死后辽太宗"追赠"的，故均属于谥号。而"协谋静乱翊圣功臣"这个衔头，是太宗（耶律德光）为表彰赵思温的战功而封赏的，属于无实权的荣号。

---

① 《辽史》卷48《百官志·南面军官》，第827页。

② 《辽史》卷47《百官志》三，第772—773页。但《辽史》卷76，第1250—1251页，《赵思温传》并无记载赵思温任此衔，只有检校太保与太师衔。

③ 蔡美彪主编：《中国历史大辞典》（辽夏金元史分册），上海辞书出版社1986年版，第40页。原文无解释在辽朝"开府仪同三司"的职掌，但辽为元之前身，故职掌应该雷同。"宣授"，即由皇帝宣召上大殿接受委任者。

二 赵延寿之官职及封号

赵延寿与其养父赵德钧投降契丹，契丹主以延寿为幽州节度使。会同元年（938），契丹升幽州为南京，命赵延寿为留守、封燕王。其后还屡委重任，包括卢龙、魏博节度使，中京留守；会同五年（942）委任赵延寿为政事令；大同元年（947）为大丞相；其后大丞相、枢密使、燕王如故，更命升延寿坐在契丹左右相之上。

现分析赵思温历任重要职位的职掌，以及所得封赏、荣号之含意：

1. 赵延寿曾任三个州的节度使，分别为幽州、卢龙、魏博的最高行政长官。至于三个州名称的转变、辖地之沿革，详见第一章。

2. 赵延寿当过南京留守及中京留守，即为这两个京的最高军政长官。

3. 封燕王、魏王："燕王"及"某某王"，或"某某国王"，大多数为皇帝给皇亲国戚或功臣名将的荣誉性封号；但亦有实质性分封的职位，如赵延寿获委任幽州节度使、燕京留守、再加封"燕王"，一为实权，一为封号，相得益彰，使他在燕京一带具有更高的权威。其后，赵延寿官至枢密使兼政事令、中京留守、大丞相，但仍"燕王如旧"，同时兼得，可见此封号为有实权的封赏，十分重要。

4. 枢密使兼政事令：枢密使为枢密院的最高长官，政事令为政事省（后改称中书省）的最高长官，两个都是南面朝官的最高层长官。

5. 大丞相：中书省的最高长官，辽太宗命升延寿坐在契丹左右相之上，即是大丞相之职权高于左右丞相，权倾满朝。

6. 赵延寿曾"权知南朝军国事"：即是"暂时署理南朝军国事"[①]，其权力在南朝至高无上。但是，此职位是他"下教诸部道称"，是自己告诉部下的，并未经辽廷正式任命。

三 刘晞之官职

刘晞乃"燕地四大族"刘族之后，投降契丹获重用。刘晞奔波于兵乱，到过洛京、许州、东京、洛下、镇州、定州，随契丹攻占汴梁，授洛

---

① "知"，管理、主持；"权知"即代理、署理、暂时管理；"同知"或"同"某某职位，即与某人同时担任或管理主持此项职务；如果在某某职位之前取消（或不加）上述限制，才是"真除"（完全担任）此职位。

京留守；天福中，契丹命晞为燕京留守，历官至同平章事兼侍中。

刘晞历任几个重要职位的职掌如下：

1. 燕京留守、洛京留守：即此两个京城的最高行政长官。燕京后为辽南京；洛京即洛阳，它是仅次于西安的多个朝代的首都。

2. 同平章事：南面朝官中书省之中排行第七位的高官。

3. 侍中：南面朝官门下省最高行政长官。[①]

四 耶律牒蜡之官职及封号

耶律牒蜡乃契丹六院夷离堇（部族大王）蒲古只之后。天显中，为中台省右相。世宗（耶律阮）即位后为南京留守，封燕王。

1. 中台省右相：中台省是辽太祖（耶律阿保机）天显元年（926）设置的北面朝官，掌政务，设左大相（左相）、右大相（右相）、左次相、右次相，圣宗耶律隆绪登基（1012）后废除。[②]

2. 南京留守、封燕王：前者为南京最高行政长官；后一个为封号。

五 耶律娄国之官职

耶律娄国于天禄五年（951）遥授武定军节度使。平定察割叛乱立功，改任南京留守。

耶律娄国担任的两个重要职位的职掌如下：

1. 武定军节度使：即是"武定军"这个州级行政区的最高军政长官，为有实权之方州官；但是"遥授"则可能未必到任。

2. 南京留守：即南京最高行政长官。

六 马廷煦之官职

马廷煦曾在应历三年至六年（953—956）间任南京留守，前后共4年。《辽史》没有马廷煦的专传，但在列传的"能吏传"之中，却有马廷煦的曾孙马人望的专传，其中记录"燕地四大族"之一的马氏家族五代的辉煌历史，透露其曾祖马廷煦，曾任南京留守，其他资料则全缺。

---

① 《辽史》卷47《百官志》三《南面朝官》，第772—797页。

② 前引蔡美彪主编《中国历史大辞典》（辽夏金元史分册），第72页。

七　萧思温之官职及封号

萧思温为宰相敌鲁之族弟忽没里之子。太宗时为奚秃里太尉,尚燕国公主,为群牧都林牙,不久为南京留守。保宁初,为北院枢密使兼北府宰相,景宗下命令享受世预其选特权。景宗册思温女为后,加尚书令,封魏王。以上职衔除魏王为封号之外,均为掌握实权之要职。以下逐一述之:

1. 奚秃里太尉:“奚”为契丹一个分支的族名;“秃里”,又译作“吐里”,它是辽代管理边疆诸部族、部落的官职,掌理词讼和防察背叛之事。[①] 太尉为该机构之最高长官。

2. 群牧都林牙:“群牧”乃辽朝官署名,掌马政与边政,又称为“群牧所”、“群牧监”。辽朝北面朝官设有“大林牙院”:掌文翰之事,即处理朝廷的文书工作。其最高长官为“都林牙”,其下属职位是“北面林牙”、“北面林牙承旨”、“左林牙”与“右林牙”。[②]

3. 北院枢密使:契丹北枢密院,掌兵机、武铨、群牧之政,凡契丹军马皆属焉。其最高负责人为北院枢密使。以其牙帐居大内帐殿之北,故名北院。元好问所谓“北衙不理民”是也。其最高负责人为北院枢密使。

4. 北府宰相:北面朝官宰相府之最高长官,该府掌佐理军国之大政,此职位由皇族后族世预其选。

5. 尚书令:南面朝官三省之一“尚书省”之最高长官。

八　高勋之官职及封号

高勋乃后晋北平王信韬之子。会同九年(946),与后晋名将杜重威一起降辽。随辽太宗(耶律德光)攻陷汴梁,授四方馆使。天禄间,为枢密使,总汉军事。应历初,封赵王,出为上京留守,不久改任南京留守。应历十七年(967),知南院枢密事。景宗即位,以功获封为秦王。

高勋历任要职之职掌,分述如下:

1. 四方馆使:辽朝南面朝官三省、六部之下有四方馆之设,负责招待四方宾客,其首长是四方馆使,属下有四方馆副使、引进使、同签点签司事、勾当礼信司、礼宾使诸职位。高勋于辽太宗进入汴梁灭后唐之后,

---

① 前引蔡美彪主编《中国历史大辞典》(辽夏金元史分册),第227、403—404页。

② 《辽史》卷45《百官志》一,第695—696页。

获委任为四方馆使。

2. 枢密事、总汉军事：契丹北面朝官设有北枢密院，掌文铨、部族、丁赋之政，凡契丹人民皆属焉。辽朝北面朝官又设"南枢密院"，其最高长官为南院枢密使，其下属顺序为：知南院枢密使事、知南院枢密事。高勋因战功而获授"知南院枢密使"，为南枢密院之第三号人物。后来，高勋获"迁南院枢密使"，是在"南枢密院"中升官一级。高勋任枢密事还"总汉军事"，应是担任北枢密院的枢密使，为该院的最高长官。

3. 知南院枢密事：契丹北面朝官衙门，设南枢密院，掌文铨、部族、丁赋之政，凡契丹人民皆属焉。以其牙帐居大内之南，故名南院。元好问所谓"南衙不主兵"是也。南枢密院之长官，顺序为：南院枢密使、知南院枢密使事、知南院枢密事……可见，高勋所任"知南院枢密事"，为南枢密院之第三号人物。

4. 南院枢密使：南枢密院最高长官。

5. 秦王：这只是封号而已，并无实权。

九　韩匡嗣之官职及封号

韩匡嗣随其父韩知古降辽，韩族是"燕地四大族"中最兴旺之一族，韩家四代自韩知古为佐命功臣后，均受重用。韩匡嗣于应历十年（960）为太祖庙详稳。景宗既位，拜上京留守。不久封燕王，改南京留守。保宁末，以南京留守摄枢密使。

在太原之战，韩匡嗣弃旗鼓遁走。景宗大怒，数匡嗣五罪，促令诛之。皇后引诸内戚徐为开解，良久乃杖而免之，但被外放遥授晋昌军节度使。乾亨三年（981），改西南招讨使。卒，睿智皇后闻之，遣使临吊，赙赠甚厚，后追赠尚书令。

现分析韩匡嗣历任重要职位的职掌，以及所得封赏、荣号、特权之含意：

1. 太祖庙详稳：详稳，来自汉语"将军"的音译。太祖庙详稳，即为驻守辽太祖耶律阿保机陵墓，负责保安工作的将军。

2. 枢密使：北面朝官北枢密院的最高长官，掌兵机、武铨、群牧之政，凡契丹军马皆属焉。

3. 上京留守、南京留守：即为这两个京的最高行政长官。韩匡嗣获封燕王后，由上京留守改为南京留守，一个封号加一个实衔，相辅相成。

他又以南京留守"摄"枢密使。"摄"意为节制、代理、兼任，更说明他这个南京留守职权之重要。

4.晋昌军节度使：为晋昌军这个州级行政单位的最高军政长官。"遥授"则未必到任，只是增加一个头衔。

5.西南面招讨使：辽、金、元朝的边境地区都设招讨司，负责边防工作，编练降兵，其最高长官为招讨使。

6.尚书令：原为南面朝官三省之一"尚书省"之最高长官，韩匡嗣卒后获赠尚书令，属于谥号。

十　耶律道隐之官职及封号

耶律道隐生于唐，其父"人皇王"耶律倍遭李从珂之害，时年尚幼，洛阳僧匿而养之，因名道隐。其叔父太宗耶律德光灭后唐之后，让耶律道隐还京，并下诏赐外罗山地让他一族人繁衍生息。乾亨元年（979），耶律道隐的侄子景宗耶律贤即位，封他为蜀王，并委任为上京留守。居数年，徙封荆王。统和初，耶律道隐病薨，获圣宗耶律隆绪追封为晋王，则是谥号。

现分析耶律道隐历任重要职位的职掌，以及所得封赏、荣号、特权之含意：

1.上京留守及南京留守：均为该京有实权的最高行政长官。

2.蜀王、荆王：均为荣誉性封号；晋王，则是耶律道隐死后获追封的谥号。

3.诏赐外罗山地：因耶律道隐生之父"人皇王"耶律倍，原为太祖的嫡长子，但却不能继位，反而死于汉地。耶律倍之弟、道隐之叔父耶律德光继位为太宗。为补偿耶律倍一房的损失，耶律德光下诏，赐水草丰盛的外罗山地，让他一族人居住，繁衍后代，算是一种赏赐，也是一种特别的补偿照顾。

十一　耶律休哥之官职及封号

耶律休哥父亲为南院夷离堇（即南院大王），他即为辽皇族成员。应历末，为惕隐。

乾亨元年（979）冬，大败宋军，景宗下诏休哥总南面戍兵，为北院大王。翌年，景宗御驾亲征，围瓦桥关。休哥斩宋统帅，生获数将以献。

帝悦，赐御马、金盂。师还，拜于越。圣宗（耶律隆绪）即位，太后称制，令休哥总南面军务，以便宜行事，封宋国王。

统和七年（989），宋军来攻易州，休哥率锐卒杀伤数万。太后嘉其功，诏免拜、不名。统和十六年（998）薨。圣宗诏立祠南京。

现分析耶律休哥历任重要职位的职掌，以及所得封赏、荣号之含意：

1. 惕隐：耶律休哥在穆宗应历末为惕隐，此乃大惕隐司的最高首长。大惕隐司：掌皇族之政教，太祖耶律阿保机置。

2. 于越：无职掌，但是班百僚之上，非有大功德者不授，辽国尊官，犹南面之有三公。太祖耶律阿保机以遥辇氏于越受禅，故于越成为最尊贵的勋衔。终辽之世，以于越得重名者只有四人：耶律曷鲁、耶律屋质、耶律休哥、耶律仁先。

3. 北院大王、总南面戍兵：北院大王为北大王院最高首长；北大王院为北面重要的朝官，分掌部族军民之政，其职权仅居于枢密院及宰相府之下。在太祖耶律阿保机之父率领迭剌部时代，名为夷离堇，阿保机将它分为北、南院，但是，其实所治皆北面之事。到了太宗耶律德光会同元年（938），改夷离堇为大王。耶律休哥以北院大王身份总南面戍兵，乃当时正在对宋作战的需要。

4. 便宜行事：又称便宜从事，即有权先行后奏。耶律休哥任南京留守长达16年，吏治武功成绩均彪炳，为辽朝圣宗、兴宗盛世，奠定基础。圣宗特准许休哥"便宜行事"，说明朝廷十分信任他。

5. 赐御马、金盂：景宗赐休哥御马、金盂，是一种殊荣；景宗亲自慰劳之曰："尔勇过于名，若人人如卿，何忧不克？"太后嘉其功，诏免拜、不名；圣宗下诏，于南京为休哥立祠纪念，以上都是朝廷各种不同形式的嘉奖。终辽之世，获立祠南京此种殊荣之南京留守，仅耶律休哥一人。

十二　耶律隆庆之官职及封号

耶律隆庆仍景宗（耶律贤）与睿智皇后萧氏所生，排行第二，其兄隆绪为圣宗。耶律隆庆八岁获封恒王，其后又陆续获封梁王、晋王、秦王，赐金券，这些都是荣誉性封号。统和十六年（998），徙王梁国。开泰初，更王晋国，进王秦晋，也是荣号而已。他死后获追谥孝文皇太弟，是一种谥号；葬于祖宗墓地医巫闾山，乃因为他有特殊的宗室身份而获得的殊荣。

但是，他初兼侍中；统和中，拜南京留守；开泰初，加守太师，兼政事令，不久又拜大元帅，却都是有实权的要职，以下逐一分析之：

1. 侍中：门下省的最高长官。契丹得"燕云十六州"后，乃沿用唐制设中书、门下、尚书"三省"。门下省掌按复诏令、赞相礼仪、参议朝政，为中枢政务机构之一。

2. 太师：又称为宰相，辽朝的北面朝官与南面朝官之中，都设有丞相府，其最高首长为太师，有时称为丞相。

3. 政事令：辽世宗天禄四年（950）建政事省，其最高长官为政事令。兴宗重熙十三年（1044）改称中书省。

4. 大元帅：耶律隆庆于开泰初，以太师兼政事令，不久拜大元帅，应是天下兵马大元帅府的天下兵马大元帅，而不是大元帅府的大元帅。因为前者，需由太子或亲王亲自掌管；而后者则只需由大臣出任。耶律隆庆仍景宗耶律贤次子，圣宗之弟，开泰为圣宗年号，故他被任命"拜大元帅"时的身份为亲王。另一理由是，耶律隆庆"拜大元帅"之前的职位是"太师兼政事令"，都是与天下兵马大元帅同级的行政职位，但天下兵马大元帅则掌全国兵权。

十三　耶律吴哥之官职及封号

耶律吴哥（字洪隐）乃圣宗（耶律隆绪）的第四子，其兄长耶律宗真后立为兴宗，他于开泰二年（1013）为惕隐，出为南京留守、封燕王。

惕隐：掌皇族之政教。

南京留守、燕王。任南京留守之同时又封燕王，一有实权，一为荣衔，相辅相成，相得益彰。

十四　韩制心之官职及封号

韩制心获辽主赐姓耶律，故又名耶律制心，他是皇后外弟，而恩遇日隆：统和中，为归化州刺史；开泰中，拜上京留守，进汉人行宫都部署，封漆水郡王；太平中，历中京留守、惕隐、南京留守，徙燕王，迁南院大王、兵马都总管。

现分析韩制心历任重要职位的职掌：

1. 归化州刺史：刺史为南面方州官，地位在县令之上，节度使、观察使、防御使、团练使之下。

2. 上京留守、中京留守、南京留守：分别为上京、中京、南京三个京的最高行政长官。韩制心获封的燕王，虽为荣誉性之爵位，但他同时又是南京留守，所以，有名又有权。

3. 汉人行宫都部署：辽契丹贵族蔑称汉族人为"汉儿"。辽太祖耶律阿保机时代始设"汉儿司"，管治降服的汉人。其后，在辽南面宫官之中，设有"汉人（汉儿）行宫都部署院"，或曰"南面行宫都部署司"，负责管理降服的汉人事务，其最高行政长官为"汉人行宫都部署"。在十二宫亦设有"南面行宫都部署司"，为南面宫官的下属对口单位，职权类似。[①]

4. 漆水郡王：辽廷封的荣誉性爵位，前后受封者除韩制心之外，还包括耶律颏昱、耶律景、耶律合葛、韩涤鲁、耶律敌鲁古、耶律不笃、耶律阿思、耶律斡特剌、耶律俨等。

5. 惕隐：掌皇族政教。

6. 南院大王、兵马都总管：《辽史·圣宗本纪》记载，韩制心在南京留守任上，被提升为南院大王、兵马都总管。南院大王，为契丹北面朝官南大王院（分掌部族军民之政）之最高长官。至于"兵马都总管"之职掌，《辽史·百官志》缺载，但是据《辽文汇》的解释，它是带兵 40 万的军事首领。[②]

7. 侍中：为南面朝官"门下省"之最高长官。

8. 韩制心获封的燕王及追封之陈王，均为爵位。卒后所赠"政事令"，原为"中书省"之最高长官，然而人已经死了才得此名位，变为荣誉性谥号。

十五 萧孝穆之官职及封号

萧孝穆乃法天皇后之兄长，其妹被选入宫为圣宗夫人，后获封元妃，故屡受皇帝恩宠。萧孝穆获授大将军。统和二十八年（1010），累迁西北路招讨都监。开泰元年（1012），遥授建雄军节度使，加检校太保。是年

---

① 蔡美彪主编：《中国历史大辞典》（辽夏金元史分册），上海辞书出版社 1986 年版，第 126 页；以及《辽史》卷 47《百官志》三《南面宫官》，第 795—796 页。

② 《辽史》卷 16《本纪》第十六《圣宗》七，第 192 页目：圣宗太平三年（1023）十一月辛卯朔，以……南京留守韩制心（为）南院大王、兵马都总管。原注称：按《辽文汇》六《韩橁墓志》称制心为"四十万兵马都总管兼侍中、南大王"。

冬，以功迁九水诸部安抚使。其后，萧孝穆累迁为北宰相、检校太师、同政事门下平章事。

太平二年（1022），知枢密院事，充汉人行宫都部署。三年（1023），封燕王、南京留守、兵马都总管。九年（1029），平定东京叛乱有功，获授东平辽王、任东京留守，赐忠穆熙霸功臣、赐佐国功臣。圣宗驾崩、兴宗（耶律宗真）即位后，以辅立有功徙王秦，寻复为南京留守。重熙六年（1037），晋封吴国王，拜北院枢密使。九年（1040），徙楚王。十二年（1043），复为北院枢密使，更王齐。卒后获追赠大丞相、晋国王，谥号贞，时称为"国宝臣"。

萧孝穆一生历任重要职位及封号甚多，现分析主要者如下：

1. 荣誉性质的封号、荣衔、谥号：萧孝穆先后获封的燕王、秦王、吴国王、楚王、齐王、楚国王都是为荣誉性质的爵位；获赐忠穆熙霸功臣及佐国功臣为荣号；卒后获追赠大丞相、晋国王与"贞"，均为谥号；而"国宝臣"是时人所称，并非官方所封。

2. 东京留守、南京留守（复任）：分别为东京与南京的最高行政长官。

3. 北院枢密使：北枢密院之最高行政长官。

4. 北府宰相：北宰相府之最高行政长官。

5. 遥授建雄军节度使：建雄军节度使为"建雄军"这个州一级行政单位的最高军政长官，但是"遥授"则显示未必到职。

6. 大将军：北面军官在大元帅府、都大元帅府等之下，设大将军府，其职掌是各统所治军之政令，其最高长官为大将军。

7. 行营兵马都统[①]：在大将军府之下，设有护军司、卫军师、诸路兵马统署司等不同级别的军官。行营兵马都统之职掌，乃负责皇家在外地行营的保安工作。

8. 检校太保：太保乃三师府的三公之一。"检校"，意为"查核"、"约束　之意。

9. 西北路招讨都监：辽在边境设立招讨司，作为负责边境保安的军政机构。辽将俘虏的军兵，编入军籍，隶属招讨司管辖。招讨司最高军政长官为招讨使，下设招讨副使、招讨都监等。"西北路"是高于州的行政单位。

---

① 《契丹国志·萧孝穆传》，第 158 页载：萧孝穆曾获授大将军、行营兵马都统；但《辽史·萧孝穆传》并无此两项记载。

10. 九水诸部安抚使：安抚司为地方官署名，职责是镇抚人民、审录重要刑事案件、支援边防军队；其最高长官为安抚使。"九水诸部"是位于"九水"一带的契丹各个部族。

十六　耶律宗范之官职及封号

耶律宗范是景宗第三子耶律隆祐之子，即是景宗耶律贤之孙、圣宗耶律隆绪之侄，兴宗耶律宗真之堂兄弟。他曾为耶律隆运之继子，历龙化州节度使、燕京留守，封韩王。

1. 韩王：荣誉性爵位，并无实权。

2. 龙化州节度使：为龙化州这个州级行政区域的最高军政长官。

3. 燕京留守：燕京即南京；燕京留守，即为辽南京的最高军政长官。

十七　萧孝先之官职及封号

萧孝先是萧孝穆的弟弟，圣宗的驸马，故屡受皇帝恩宠。统和十八年（1000），补祗候郎君，拜驸马都尉。开泰五年（1016），为国舅详稳、南京统军使。太平三年（1023），为汉人行宫都部署，加太子太傅。五年（1025），迁上京留守，复为国舅详稳，改东京留守。十一年（1031），圣宗驾崩，钦哀召孝先总禁卫事。钦哀摄政，遥授天平军节度使，加守司徒，兼政事令。重熙初，封楚王，为北院枢密使。重熙四年（1035），徙王晋。后为南京留守，卒，谥忠肃。

萧孝先一生历任重要职位及封号甚多，现分析主要者如下：

1. 上京留守、东京留守、南京留守：分别为上京、东京、南京的最高军政长官。

2. 封楚王、晋王：楚王、晋王都是荣誉性称号；"忠肃"是他死后获追赠的谥号。

3. 北院枢密使：北枢密院最高长官。

4. 司徒兼政事令：司徒乃三公府的三位巨头之一；政事令乃中书省的最高长官。

5. 国舅详稳：北面帐官。皇族、国舅及遥辇诸帐，均设详稳司，掌军马之事。有详稳、都监、将军、小将军等官。皇族帐并有都详稳。

6. 太子太傅：太傅乃三公府的三位巨头之一；太子太傅为专门教导太子的导师。

7. 总禁卫：皇宫禁卫军的总头目。

8. 驸马都尉："尉"，古代警官名，负责保安工作。秦朝起，朝廷设太尉，郡设都尉，县设县尉，负责相应级别官府主要官员的警卫。"都"，有统率之意；驸马都尉意为由驸马统理朝廷皇室的保安工作。

9. 汉人行宫都部署：南面宫官，负责皇室设于南面汉人区域行宫之政令传递统筹。[①]

10. 南京统军使：南京都元帅府辖下的南京都统军司之长官，统领南面戍兵。[②]

11. 遥授天平军节度使："天平军"这个州级行政单位的最高军政长官；"遥授"则表示未必到职。

十八　耶律重元之官职及封号

耶律重元仍圣宗耶律隆绪次子，太平三年（1023）封秦国王。兴宗朝，封为皇太弟。其后历北院枢密使、南京留守、知元帅府事，赐以金券誓书。其侄子耶律洪基即位为道宗后，册封尊称为皇太叔，晋升为天下兵马大元帅。道宗下诏可免拜不名，又一次获赐金券、四顶帽、二色袍，受尊崇前所未有。

耶律重元两次获辽帝赐金券誓书、金券、四顶帽、二色袍，以及免拜不名的礼遇，皆为辽帝对宗室人员的尊崇之举；册封为秦国王、皇太弟、皇太叔、并非实职官衔，而是荣誉性爵位。至于他曾担任重要职位之职掌，分析如下：

1. 北院枢密使：北枢密院之最高行政长官。

2. 天下兵马大元帅：契丹北面军官编制，以天下兵马大元帅府为最高，需由皇子或亲王（皇帝的叔伯兄弟）总军政，其最高长官曰"天下兵马大元帅"，此职即为契丹北面军队之最高统帅。

3. 知元帅府事：契丹北面军队编制，以天下兵马大元帅府为最高，其最高长官曰天下兵马大元帅；在"天下兵马大元帅"辖下，第二级设立"大元帅府"，由大臣总军马之政；第三级设"都元帅府"，由大将总军马之事，其长官依次为兵马都元帅、副元帅、同知元帅府事，此为耶律重元

---

① 《辽史》卷 47《百官志·北面宫官》，第 795—796 页。

② 《辽史》卷 46《百官志·北面边防官》，第 746 页。

在南京留守后首个获晋升之职位。

4. 南京留守：南京之最高军政长官。

十九　耶律和鲁斡之官职及封号

耶律和鲁斡乃兴宗次子。重熙十七年（1048），获兴宗封越王。清宁初，获其兄道宗改封鲁王，再晋封宋魏王。清宁（1055—1064）中，拜上京留守，改南京留守。乾统初，获其侄孙天祚皇帝封为天下兵马大元帅，加守太师，并获得免拜不名的礼遇。乾统三年（1103），册封为皇太叔，晋升为惕隐，加义和仁寿之号，复守南京。

耶律和鲁斡先后获得兴宗、道宗、天祚皇帝三朝封为越王、鲁王、宋魏王；册封皇太叔、封义和仁寿之号，享受免拜不名的礼遇，皆为辽帝对宗室人员尊崇之举，并非实职官衔。至于耶律和鲁斡曾担任的重要职位之职掌，分析如下：

1. 天下兵马大元帅：契丹置天下兵马大元帅府，由太子、亲王任天下兵马大元帅，总全国军政。耶律和鲁斡为兴宗子，故得任。

2. 太师：为南面朝官三师府之最高长官，与太傅、太保并列称"三师"，本名"三公"，相当于汉之丞相、太尉、御史大夫组成之"三公"。

3. 惕隐：掌皇族之政教。

4. 上京留守、南京留守：上京及南京两个京城的最高行政长官。

二十　耶律明之官职及封号

耶律明于辽道宗清宁七年至九年（1061—1063）任南京留守。南京留守，即为南京的最高行政长官。

二十一　萧惟信之官职及封号

萧惟信乃契丹楮特部人，其五世祖任南府宰相，曾祖任中书令，祖父知平州，他是契丹族重要成员，故享受种种特权。

萧惟信重熙初始仕，累迁左中丞。重熙十五年（1046），徙燕赵国王傅。十七年（1048），迁北院枢密副使，不久任北面林牙。清宁九年（1063），惟信从耶律仁先破重元之乱，获道宗赐竭忠定乱功臣。其后历任南京留守、左右夷离毕，复为北院枢密副使。大康中，加守司徒。

萧惟信获赐竭忠定乱功臣，只是辽帝给有战功官员之荣誉，并非实职官衔。至于他担任的重要职位之职掌，说明如下：

1. 左右夷离毕：契丹北面朝官设夷离毕院，掌刑狱。其最高长官为夷离毕，次为左夷离毕，再次为右夷离毕，萧惟信同时兼任左、右夷离毕，即是掌夷离毕院实权。

2. 北院枢密副使：契丹北枢密院，掌兵机、武铨、群牧之政，凡契丹军马皆属焉，以其牙帐居大内帐殿之北，故名北院。该院最高长官为北院枢密使，以下顺序为知北院枢密使事、知枢密院事、北院枢密副使（萧惟信担任此职）……

3. 司徒：契丹南面朝官设"三公府"，又名"三司"。契丹之三公府，仍袭汉唐之制。萧惟信所任"司徒"为三公府三巨头之一。

4. 南京留守：即为南京的最高行政长官。

5. 北面林牙：辽朝北面朝官设有"大林牙院"，掌文翰之事，即处理朝廷的文书工作。其最高长官为"都林牙"，其下属职位是"北面林牙"、"北面林牙承旨"、"左林牙"与"右林牙'。

6. 左中丞：中丞即御史中丞之简称，御史台的佐贰长官。辽、西夏均设御史中丞，但其制不详。①

7. 燕赵国王傅：即燕赵国王的老师。

二十二 耶律仁先之官职及封号

耶律仁先是辽朝最显贵的"四帐皇族"之一"孟父房"之后。其父瑰引曾任南府宰相，封燕王。他也因此而获得辽廷恩宠重用。

耶律仁先初期担任宫廷护卫，累官宿直将军、殿前副点校、鹤剌唐古部节度使、北面林牙。重熙十一年（1042）升北院枢密副使、同知南京留守事。十一年（1044）为契丹行宫都部署。十一年（1047）迁北院大王，其后，知北院枢密事，迁东京留守、封吴王。清宁初，为南院枢密使，出为南京兵马副元帅、守太尉、更王隋。清宁六年（1060）复任北院大王、西北路招讨使、复任南院枢密使、更王许。清宁九年（1063）平定重元叛乱，加尚父，晋封宋王，为北院枢密使。道宗耶律洪基曾亲制文褒扬他的功绩，并下诏画《滦河战图》以旌其功，还尊称他为"尚父"，恩宠倾朝。咸雍元年（1065）加于越、改封辽王，与耶律乙辛共知北院枢密事；其后

---

① 前引蔡美彪主编《中国历史大辞典》（辽夏金元史分册），第70、477页。

与乙辛见忌，出为南京留守、改王晋。阻卜塔里干叛乱，仁先为西北路招讨使，赐鹰纽印及剑，准他"便宜行事"。

1. 封王、荣衔及特权：耶律仁先曾先后获辽廷封吴王、隋王、许王、晋王、宋王、辽王，都是荣誉性质爵位。道宗曾亲制文褒扬他的功绩，下诏画《滦河战图》以表彰其功，还尊称他为"尚父"，也是给他的尊崇、荣誉；他为朝廷出征平定阻卜塔里干叛乱，获赐鹰纽印及剑，准他"便宜行事"，即是代表皇上"御驾亲征"，拥有先斩后奏的特权。

2. 于越：无职掌，班百僚之上，非有大功德者不授，辽国尊官，犹南面之有三公。终辽之世，以于越得重名者只有四人：耶律曷鲁、耶律屋质、耶律仁先、耶律休哥。《辽史·耶律仁先传》记载：耶律仁先于咸雍元年（1065）加于越，改封辽王。[①]

3. 东京留守、南京留守、同知南京留守事：同知南京留守事是南京留守第五级官员，这是耶律仁先早期在南京的职位；前二个职衔分别为东京与南京的最高行政长官。耶律仁先晚年因与知北院枢密事耶律乙辛不和，道宗将他外放出任南京留守，算是辽廷对其慰抚及特别的安排。

4. 北院枢密副使、知北院枢密事、南院枢密使（复任）、北院枢密使、共知北院枢密事：都是耶律仁先在北、南枢密院前后历任的职位，职级不断提升。北枢密院掌兵机、武铨、群牧之政，凡契丹军马皆属焉；南枢密院掌文铨、部族、丁赋之政，凡契丹人民皆属焉。

5. 北院大王（复任）：北大王院之最高军政长官。某族大王在辽太宗建立中央集权的朝官制度后，只能"分掌部族军民之政"，其权力在契丹北枢密院、北枢密院中丞司和宰相府之下。

6. 太尉：自秦至西汉，太尉为掌全国兵权的最高级京官，与丞相齐位。契丹得"燕云十六州"后，乃沿用汉唐制，在南面朝官增设"三师府"，为南面最高行政机构；以太师、太尉、太保为三位最高首长，号称"三师"。赵思温于太宗天显十一年（936）被委任为太尉。

7. 南京兵马副元帅：南京都元帅府之副长官。

8. 西北路招讨使：道宗派遣仁先，去讨伐阻卜塔里干叛乱而特封的军衔，还赐鹰纽印及剑，准他"便宜行事"。

9. 护卫、宿直将军、殿前副点校：都是在皇宫负责皇帝保安的军官；

---

① 《辽史》卷96《耶律仁先传》，第1395—1397页。

而契丹行宫都部署，则负责皇帝行宫的保安工作。

10. 鹤剌唐古部节度使：为鹤剌唐古部这个州级行政区域的最高军政长官。

11. 北面林牙：辽朝北面朝"大林牙院"之长官，掌文翰之事。前述萧惟信曾任此职。

二十三　耶律洪道之官职及封号

耶律洪道是道宗的同母弟，以辽朝为正统的《辽史》却没有他的传记，几册主要的史著亦没有燕王耶律洪道的传记，只有《契丹国志》有寥寥不足百字的《燕王洪道传》，称："燕王洪道，道宗同母弟也……终于燕京留守，封燕王。"

他终于燕京留守，说明他曾为南京的最高军政长官；而追封燕王是死后得到的谥号。

二十四　耶律淳之官职、封号及特权

耶律淳乃兴宗第四孙，天祚帝之堂兄弟，在兴宗朝为彰圣等军节度使。天祚即位（1101）进王郑。乾统二年（1102），加越王。六年（1106），拜南府宰相，徙王魏。其父耶律和鲁斡薨，即以他袭父守南京。天庆五年（1115），晋封秦晋国王，拜都元帅，赐金券，免汉拜礼，不名。保大二年（1122），耶律淳自立为帝，百官上号天锡皇帝。六十病死，百官伪谥曰孝章皇帝、庙号宣宗，葬于燕西香山永安陵。

耶律淳所得封号、特权，以及曾担任的重要职位之职掌，分析如下：

1. 荣誉性质封号、礼遇：郑王、越王、秦晋国王，天祚皇帝下诏南京刻石记功。

2. 特权：冬夏入朝，宠冠诸王；赐金券，免汉拜礼，不名；天祚帝准其自择将士。

3. 彰圣等军节度使：为彰圣等州级行政区域的最高军政长官。

4. 南府宰相：南宰相府之最高行政长官。

5. 南京留守：即为南京的最高行政长官。但耶律淳是其父死后以世袭方式得到南京留守之职。

6. 都元帅：天下兵马大元帅府第三级设"都元帅府"，由大将总军马之事，其长官依次为兵马都元帅、副元帅、同知元帅府事。

第九章

后 论

以上八章分别探讨了燕云十六州的割献及其沿革；考证了辽代南京留守的任免分期、任用规律、委任背景、功过及结局，并引录了每位留守之传记；还分析了辽朝的官制及辽代南京留守职掌。本章在此基础上，从更广泛的时空和更广阔的角度出发，进一步研究辽代南京治乱得失对辽朝之影响；综述历朝历代对燕云十六州割献之评论；分析契丹族汉化的研讨成果；以及阐述最近热门的话题："征服王朝论"与"中华民族多元一体论"的争论概况。这些讨论，可作为研究辽代南京的有益补充。

第一节 辽代南京治乱得失对辽朝的影响

辽太宗天显十一年（936），契丹得石敬瑭割献之燕云十六州，而迅速强盛起来；辽天祚帝保大二年（1122），辽失去南京，而急剧衰败，三年后（保大五年）终于灭亡。辽得南京而兴、失南京而亡，并非时间之巧合，而是因为南京对于辽朝，无论是疆土方面、军事方面，还有官制、政治、经济、文化、人口丁户各方面，都有重大作用。以下仅就军事、政治、地缘三方面简论之。

一 燕云十六州乃兵家必争之地

燕云十六州系契丹与南面汉人王朝（五代至北宋），西面的西夏王朝，以及东面和东北面的渤海国、金国、高丽王朝等诸邻邦之缓冲地带。"辽之边防，犹重于南面"[1]，契丹视十六州为南伐、西征、东讨之桥头堡及

---

[1] 《辽史》卷48《百官志·南面边防官》，第828页。

前线集结兵力之要塞。终辽之世，于十六州发生过许多战事，而其中与后周、北宋、金朝的三场大战，均以争夺十六州的控制权为战略目标。

南京为燕云十六州之喉噤，其战略地位最高。辽廷于南京征召的乡丁，数量为五京之冠。据《辽史·兵卫志》记载：皇都……上京。有丁167200。东京……有乡丁41400。南京析津府……有丁566000。西京大同府……有丁322700。中京……草创未定，丁籍莫考。①

契丹多次对南面的重要战事，都由皇帝"御驾亲征"，而留亲王（皇帝的叔伯兄弟）一人在幽州，权知（代理）军国大事。辽代南京军事地位万分重要，又曾发生过多次辽南京留守拥兵自重谋反之事，故辽廷对调动南京之兵，采取特别措施，即使有皇帝诏书，亦不可调兵（恐有人假冒圣旨造反也！）而必须由皇帝派大将亲持令牌"金鱼符"前往，对照后吻合无疑，才可成行。据《辽史·兵卫志》记载："凡举兵，（辽）帝率蕃汉文武臣僚，以青牛白马祭告天地、日神，惟不拜月，分命近臣告太祖以下诸陵及木叶山神，乃诏诸道征兵。惟南、北、汉王、东京渤海兵马，燕京统军兵马，虽奉诏，未敢发兵，必以闻。上遣大将持金鱼符，合，然后行。"②

《辽史·兵卫志》又曰："（辽军）南伐点兵，多在幽州北千里鸳鸯泊……将至平州、幽州境，又遣使分道催发，不得久驻，恐践禾稼……"③

辽廷派大军南伐，除以幽州为点兵之地外，还常以南京留守为先锋，带当地兵打头阵，因为南京守军熟悉汉地环境，有利行军作战。如辽太宗于会同八年（945）伐晋，便是以赵延寿为先锋，直捣汴京。据考证，历任南京留守，均直接参与契丹南伐各场战事，或主持之，或任先锋。所有南京留守之战功（或败绩），皆于南伐战争来表现；其成败得失，对整个辽朝有直接影响。

983年，圣宗即位，萧太后称制，举国南征，以耶律休哥为先锋，于统和四年（986）大破宋军主力曹彬、米信等部于岐沟关，统和七年（989）大败宋将刘廷让于沙河之北，自此宋军不敢北向，时宋人欲止儿啼，乃曰："于越（休哥）至矣！"

辽军南征若大胜，可威震边疆；相反，若是大败，则沦丧疆土甚至亡

---

① 《辽史》卷36《兵卫志下·五京乡丁》，第417页。
② 《辽史》卷34《兵卫志》上，第397页。
③ 同上书，第398页。

国，可见南京安危，直接影响辽朝之稳定。如辽穆宗应历九年（959），后周来攻，时南京留守萧思温兼兵马都总管，率兵迎战，遭受惨败，丧失益津、淤口、瓦桥三关以及瀛、莫、易三州。萧思温畏战失利，并未受辽廷惩罚，因为萧思温乃辽廷密戚——他既是太宗的女婿，又是穆宗的姐夫，还是景宗的岳父。在文治方面，萧思温以密戚干政，政绩低差，声誉狼藉。史论辱骂他："处位优重，耽禄取容，真鄙夫矣！"

再如景宗乾亨元年（979），南京留守韩匡嗣领兵与宋军战于满城，由于轻敌而大败。景宗怒责韩匡嗣五罪，促令诛之，其后因皇后引诸内戚劝解，才得幸免。

最惨烈的一幕发生在辽天祚帝保大二年（1122），最后一任南京留守耶律淳，大败于金兵手下。金兵攻陷南京，辽朝元气尽失，终于三年后的保大五年（1125）灭亡！

二 契丹得十六州，版图膨胀、国力大增

《契丹国志》曰："契丹自太祖、太宗初兴，战争四十余年，吞并诸番，割据燕、云，南北开疆五千里，东西千里，共二百余州。"① 辽得石晋所献十六州后，疆土大大膨胀，行政区划有重大变更，其中，南京在军事、政治、经济各方面的变化最为重要。

《辽史·地理志》称，幽州地势险要，民风刚劲，自古为用武之地。并记载契丹得幽燕而强盛的经过，云："幽州在渤、碣之间，并州北有代、朔，营州东暨辽海。其地负山带海，其民执干戈，奋武卫，风气刚劲，自古为用武之地……太宗立晋，有幽、涿、檀、蓟、顺、营、平、蔚、朔、云、应、新、妫、儒、武、寰十六州，于是割古幽、并、营之境而跨之。东朝高丽，西臣夏国，南子石晋而兄弟赵宋，吴越、南唐航海输贡。嘻，其盛矣！"②

契丹得到燕云十六州后，马上升幽州为南京，随即，历代辽廷皇族的十二宫一府，均相继于南京设提辖司，即相当于现代的"驻京办事处"，方便直接介入京城事务，显示出辽廷对南京的政治、军事、经济、人事任命等各方面都十分重视。

---

① 《契丹国志》卷 22《州县载记》，第 208 页。
② 《辽史》卷 37《志》第七《地理志》一，第 437 页。

《辽史·兵卫志》曰："十二宫一府，自上京至南京总要之地，各置提辖司。重要每宫皆置，内地一二而已。太和（道宗）、永昌（天祚帝）二宫宜与兴圣（圣宗）、延庆（兴宗）同……南京（设有以下提辖司）：弘义宫（太祖）提辖司、长宁宫（应天皇后）提辖司、永兴宫（太宗）提辖司、积庆宫（世宗）提辖司、延昌宫（穆宗）提辖司、彰愍宫（景宗）提辖司、崇德宫（承天太后）提辖司、兴圣宫提辖司、延庆宫提辖司、敦睦宫（孝文皇太弟）提辖司、文忠王府（承相耶律隆运）提辖司。"①

《契丹国志·晋献契丹全燕之图》，载明契丹所获全燕（燕云十六州）之大小："全燕地界：东至榆关九百余里；西至云中七百里；南至雄州二百四十里；北至古北口三百里。"②《契丹国志·契丹国初兴本末》还说："辽之威服诸夷，奄有全燕，何其强也。"③

南京（幽州）为燕云十六州两个首府之一，契丹得之（936）即改变行政区划，升幽州为南京（938），改皇都为上京，其后（1045）改云州为西京，变为五京之编制。《辽史·地理志》有详细记载：

> 太宗以皇都为上京，升幽州为南京，改南京为东京，圣宗城中京，兴宗升云州为西京，于是五京备焉。又以征伐俘户建州襟要之地，多因旧居名之；加以私奴置投下州。总京五，府六，州、军、城百五十有六，县二百有九，部族五十有二，属国六十，东至于海，西至金山，暨于流沙，北至胪朐河，南至白沟，幅员万里。④

三　契丹得燕云而兴、失之而亡

契丹得燕云十六州而兴（阿保机于916年建国，国号契丹，936年契丹得燕云十六州，947年契丹太宗改国号大辽），南京于军事、政治、经济各方面的地位均最为重要；反之，辽失去南京，气数即尽，越三年而

---

①《辽史》卷35《兵卫志》中，第406—407页。至于各朝帝后所设之宫名，详见《辽史·营卫志上》，第362页："太祖曰弘义宫，应天皇后曰长宁宫，太宗曰永兴宫，世宗曰积庆宫，穆宗曰延易宫，景宗曰彰愍宫，承天太后曰崇德宫，圣宗曰兴圣宫，兴宗曰延庆宫，道宗曰太和宫，天祚曰永昌宫。又孝文皇太弟有敦睦宫，丞相耶律隆运有文忠王府。"

②《契丹国志》书前之附页《晋献契丹全燕之图》。

③《契丹国志》卷首《契丹国初兴本末》，第2页。

④《辽史》卷37《地理志》一，第438页。

亡。(1122 年金兵陷辽南京，1125 年辽亡) 燕云十六州对契丹何其重要！

《契丹国志·太宗本纪》曰："石敬瑭之罪……乃急于近利，称臣契丹，割弃土壤，以父事之，其利不能以再世，其害乃及于无穷。故以功利谋国而不本于礼义，未有不旋中其祸也。"① 《契丹国志》更一针见血地指出"失幽、蓟则天下常不安"：

> 契丹之祸，始于石晋割幽、燕，而石晋卒有少帝之辱；蔓延于我朝（宋），而我朝澶渊之好、庆历之盟，极而至于宣和之战，祸犹未歇也。何则？天下视燕为北门，失幽、蓟则天下常不安。幽、燕视五关为喉襟，无五关则幽、蓟不可守。晋割幽、蓟，并五关而弃之，此石晋不得不败，澶渊不得不盟，庆历之邀胁亦不得不为庆历也，至于宣和则极矣。六符之来，世以智计归之，而孰知产祸之由，已有所自来哉！②

《辽史·兵卫志》也谴责"石晋献土，中国失五关之固"：

> 辽之为国，邻于梁、唐、晋、汉、周、宋。晋以恩故，始则父子一家，终则寇雠（仇）相攻；梁、唐、周隐然一敌国；宋惟太宗征北漠，辽不能救，余多败衄，纵得亦不偿失。良由石晋献土，中国失五关之固然也。③

第二节　历代评论燕云十六州的割献及沿革

936 年后唐明宗之女婿石敬瑭与明宗之养子李从珂（即后唐末帝）争夺帝位，石敬瑭乞援于契丹，以割献燕云十六州及岁输帛 30 万匹为代价，获契丹太宗耶律德光亲自将兵南援，灭后唐，立石晋，石敬瑭于此场家国之争中大获全胜，但燕云十六州自此落入外族手中，直至 187 年后，才在宋金联手攻辽之下，由金兵陷辽之南京，结束辽治南京之历史，石敬瑭割

---

① 《契丹国志》卷 2《太宗本纪》，第 17 页。
② 《契丹国志》卷 18《列传》之"史论"，第 178 页。
③ 《辽史》卷 36《志》第六《兵卫志》下，第 433 页。

地求荣之罪过，至此终止。

契丹兴于五代之乱，而亡于北宋之末及金国之兴，宋（包括五代）与辽、金围绕燕云地区长达二百年之争，实为中国历史上之"后三国时代"（汉末魏、蜀、吴之争可称为"前三国时代"），故石敬瑭割地求荣，实为宋辽金时期一件大事，亦是中国历史上一件大事，其后至今一千多年，一直是热门之历史题目；有数不清之史籍、专著，加以评说。

敬瑭割献给契丹的"卢龙一道及雁门关以北诸州"，是否仅为十六个州？十六州归入契丹版图之后，各自分属哪个京、府、道？其所辖地区的地理沿革如何？与今之地界对比又如何？历代有不少专家学者研究过十六州的地理沿革，成果颇多，以下探讨之。

一　石敬瑭僚臣刘知远力谏"割地恐为中国之患"

石敬瑭割地求荣，"祸及万世"；主割燕云、草表称臣之桑维翰被咒为"万世之罪人"、"天下之罪人"，受尽责骂。石敬瑭割献燕云十六州造成的恶劣影响，自当事人刘知远起，至今一千多年，史书不绝，恶评如潮，无数人咒骂石敬瑭卖地求荣，痛惜燕云十六州沦为外族统治，贻害无穷。现按其成书先后顺序，摘录几册常用的史著——司马光《资治通鉴》、李焘《续资治通鉴长编》、徐梦莘《三朝北盟会编》、叶隆礼《契丹国志》，元脱脱《辽史》的评论如下：

《资治通鉴·后晋纪》云：石敬瑭遣间使求救于契丹，令桑维翰草表称臣于契丹王，且请以父礼事之，约事捷之日，割卢龙一道及雁门关以北诸州与之。石敬瑭的僚臣刘知远曾力谏，曰：

> 称臣可矣，以父事之太过。厚以金帛赂之，自足致其兵，不必许以土田，恐异日大为中国之患，悔之无及。敬瑭不从。（原注曰：他日卒如刘知远之言，为契丹入中国张本。）表至契丹，契丹主大喜（原注：喜中国有衅之可乘也……自是之后，辽灭晋，金破宋……皆石敬瑭捐割关隘以启之世，其果天意乎！）①

《续资治通鉴长编》记载，宋朝君臣事后议论石敬瑭因割地而受辱之

---

① 《资治通鉴》卷 280《后晋纪》一，"高祖天福元年"（936），第 9146 页。

事，感慨万分：

> 上（太宗）谓宰相曰："朕览史书，见晋高祖求援于契丹，遂行
> 父事之礼，仍割地以奉之，使数百万黎庶陷于契丹……屈辱之甚也。
> 敌人贪婪，啖之以利可耳，割地甚非良策。朕每思之，不觉叹愧。"
> 宋琪等奏曰："晋高祖遣冯道奉使，张筵送之，亲举酒洒涕，曰：'达
> 两君之命，交两国之权，劳我重臣……宜体此怀，勿以为惮也。'及
> 道回有诗曰：'殿上一杯天子泣，门前双节国人嗟！……'"①

二　宋人痛骂石晋割弃"燕云十六州"

石敬瑭于 936 年秋七月，遣问使求救于契丹，约定事捷之日"割卢龙
一道及雁门关以北诸州"与契丹；同年十一月事成，石敬瑭获援立为帝
时，如约"割幽、蓟、瀛、莫、涿、檀、顺、新、妫、儒、武、云、应、
寰、朔、蔚十六州以献契丹"。在当时正处于战乱的情况之下，用短短四
个月的时间完成如此重大的卖国行动，相信不可能具体勘定地界范围；甚
至于连名称也只是个大概。

记载宋辽关系的几册最重要的史著，包括司马光《资治通鉴》、李焘
《续资治通鉴长编》、薛居正《旧五代史》、欧阳修《新五代史》、徐梦莘
《三朝北盟会编》、赵汝愚《诸臣奏议》、叶隆礼《契丹国志》等，对"燕
云十六州"的名称及其由来、割献经过及其危害性等问题，都曾有过争
议；其后至今，历朝历代，仍然视之为十分复杂的话题。

在石晋时代，已有僚臣刘知远力谏"割地其害无穷"。在北宋，不少
僚臣对石敬瑭割地之事，抨击甚多。徐梦莘《三朝北盟会编》及赵汝愚
《诸臣奏议》等宋著，记载了北宋僚臣的精彩言论。据《三朝北盟会编》
记载：政和八年（1118）五月二十七日戊申，宋朝安尧臣上书宋徽宗赵佶
"乞寝燕云兵事"。安尧臣力陈"燕云"之重要性：

> 臣愚以为，燕云之役，兴则边隙遂开……在昔，东胡避李牧，北
> 虏惮郅都，南蛮服孔明，西戎畏郝玼，此四人者，皆明智而忠信，宽
> 厚而爱人。君臣同体，固守边疆，故能等威震四夷，胡人不敢南下而

---

① 《续资治通鉴长编》卷 26，第 226 页，"太宗雍熙二月丙戌"。

牧马，士不敢弯弓而报怨……①

还有一些宋代名臣、政治家、文学家、诗人等，在其著作之中，以各种方式，评论"燕云十六州"的割让。譬如，宋代名臣、著名文学家苏辙（1039—1112）于宋哲宗元祐四年（1089）出使契丹，写下大量诗篇，其中以燕云为题材者甚多，这些文章记述许多"燕蓟"见闻，如卷5《和李诚之待制燕别西湖》及《送李诚之知瀛州》两诗，反映了燕地情况；又如《出山》诗，痛骂"石瑭窃位不传子，遗患燕蓟逾百年"。苏辙大量诗词、奏折汇编为《栾城集》，流传甚广、影响深远。②

三　明末清初讨论"燕云十六州"割让及沿革

明清时代，许多史籍都毫无例外记载"燕云十六州"之割让及其沿革。民间的讨论也十分热烈，不少名人在其著作中，各抒己见。以下仅就本人阅读所见，列其要者如下：

1. 明末清初著名的思想家、史学家顾炎武（亭林）曾撰《蓟》一文③，考证了燕云十六州的地理沿革，特别是对蓟与幽、燕关系的来龙去脉，评述精辟详尽，为后人提供了十分难得的史料。

顾炎武（1613—1682）是明清之际思想家、学者。初名绛，字宁人，曾自署蒋山佣，江苏昆山人。尊称亭林先生。少年时参加"复社"反宦官权贵斗争。清兵南下，嗣母王氏殉国后，又参加昆山、嘉定一带的抗清起义。失败后，十谒明陵，遍游华北，所至访问风俗，搜集材料，尤致力边防和西北地理的研究，垦荒种地，纠合同道，不忘兴复。晚岁卜居华阴，卒于曲澳。学问渊博，于国家典制、郡邑掌故、天文仪象、河漕、兵农以及经史百家、音韵训诂之学，都有研究。晚年治经侧重考证，开清代朴学

---

① 《三朝北盟会编》卷2，第9—11页，《政宣上帙》二，政和八年（1118）"五月二十七日戊申广安军草泽臣安尧臣上书乞寝燕云兵事"。

② 苏辙：《栾城集》（上、中、下集），上海古籍出版社1987年版。《和李诚之待制燕别西湖》及《送李诚之知瀛州》两诗载第110—111页；《出山》载第397页。

③ 顾炎武撰《考契丹所得十六州》一文，考证"蓟"与"燕"之关系。该文先是收入其文集《京东考古录》；其后又收入其专著《日知录》，易名《蓟》。20世纪30—50年代，著名的中国史学家陈垣（援庵）花了20余年时间精心校注，使后人更容易明白、了解更多历史背景。详见顾炎武著、陈垣校注《日知录校注》，安徽大学出版社2007年版，第1765—1767页。

风气，对后来考据学中的吴派、皖派都有影响。著有《日知录》、《天下郡国利病书》、《肇域志》、《音学五书》、《音韵补正》、《亭林诗文集》等。①

2. 清朝著名的历史学家全祖望，于 18 世纪中叶发表的《燕云失地考》一文指出："石晋所赂地，实不止十六州。"② 该文短短不足千字，已把燕云失地的来龙去脉，考证得一清二楚。

全祖望（1705—1755）清史学家、文学家。字绍衣，尊称谢山先生，浙江鄞县人。乾隆进士。初为翰林，旋受权贵排斥，辞官归家，专心著述。在学术上推崇黄宗羲，并受万斯同的影响，研治宋末和南明史事，留心乡土文献。所著《鲒埼亭集》，收明清之际碑传极多，富史料价值。他续修黄宗羲《宋元学案》，从四十二岁起，前后十年，从不间断。四十五岁起曾七校《水经注》，又笺《困学纪闻》，对史料校订上有所贡献。③

四　清末民初对"燕云十六州"的争论

清末民初，面对中华大地再次改朝换代，专家学者们又对"燕云十六州"的割让，深入研究、大声疾呼、大胆争论。一些国学根基深厚的中国传统士人、著名的历史学家，包括顾颉刚、谭其骧、冯家升等，在北平成立禹贡学会，出版《禹贡》半月刊，对中国的历史地理，进行热烈的讨论④，其中，"燕云十六州"的割让、地理沿革等，是该刊的热门话题之一。现举例如下：

1. 1934 年《禹贡》半月刊发表王育伊《宋史地理志燕云两路集证》

---

① 详见《辞海》缩印本，上海辞书出版社 1980 年版，第 1845—1846 页。

② 全祖望：《燕云失地考》，原载全祖望《鲒埼亭集》，上海商务印书馆缩印原刊本，1936 年，第 932 页；后见收入王云五主编《万有文库》第二集七百种之全祖望《鲒埼亭集》（十二）外编卷四十，第 1245—1246 页，台北：商务印书馆发行，20 世纪五六十年代。

③ 详见《辞海》缩印本，上海辞书出版社 1980 年版，第 313—314 页。

④ 《发刊词》，载《禹贡》半月刊第一卷第一期，北平：禹贡学会 1934 年版，第 2—5 页。该文谓："民族与地理是不可分割的两件事……研究地理沿革在前清曾盛行一时。可是最近十数年来此风衰落到了极点……这真是我们现代中国人的耻辱！在这种现象之下，我们还能讲什么文化史，宗教史；又配讲什么经济史，社会史；更配讲什么唯心史观，唯物史观！我们是一群学历史的人，也是对于地理很有兴趣的人，为了不忍坐视这样有悠久历史的民族没有一部像样的历史书，所以立志从根本做起。《禹贡》是中国地理沿革史的第一篇，用来表达我们的意义最简单而清楚，所以就借了这个题目来称呼我们的学会和这个刊物。"

以及《石晋割赂契丹地与宋志燕云两路范围不同辨》二文①，考证"燕云"二字的由来及其地理沿革。

《宋史地理志燕云两路集证》一文，考证宋史地理志所载，燕山府路所辖一府（燕山）、九州（涿、檀、平、易、营、顺、蓟、景、经）和二十个县；以及云中府路所辖一府（云中）、八州（武、应、朔、蔚、奉圣、归化、儒、妫）和二十六个县的地理沿革。《石晋割赂契丹地与宋志燕云两路范围不同辨》一文认为："石晋割与契丹，及宋人所欲收复之地，寻常辄曰：'燕云十六州'。实则'燕云'者，宋人所欲取之'燕山府路''云中府路'之简称，其界至范围与石晋割地不同。石晋割地，为幽蓟十六州，其时并无'燕云'之称。后人合'燕云'及'十六州'为一，而不知石晋割地与'燕云'是二事而非一事。必也正名乎！"该文并且附有地图，图文并茂，言之有理。

2. 1936 年《禹贡》半月刊发表侯仁之《燕云十六州考》②，内容有三：一是"燕云十六州"正名；二是石晋十六州考；三是十六州之收复。该文引用大量正史资料进行考证，与王育伊早他二年在同一《禹贡》半月刊发表的《宋史地理志燕云两路集证》以及《石晋割赂契丹地与宋志燕云两路范围不同辨》二文，有异曲同工之妙。

五 台湾学人研究"燕云十六州"

1949 年之后从中国大陆到香港或台湾的研究者，出于离乡背井的忧患意识，仍然以燕云十六州的割让为热门的讨论题目。就本人所见，以下几篇论文，含意深远：

1. 姚从吾《从宋人所记燕云十六州沦入契丹后的实况看辽宋关系》一文，从外交关系（辽宋关系）角度出发，引用大量宋代史著及当时人的笔记、著作，评论燕云十六州沦入契丹之后引发的种种问题，包括燕云十六州割让引起的蕃汉冲突，契丹重用燕地四大族、采用抚绥政策等。该文

---

① 王育伊：《宋史地理志燕云两路集证》，载顾颉刚、谭其骧主编《禹贡》半月刊第三卷，第七期，北平：禹贡学会 1934 年版，第 26—35 页。以及《石晋割赂契丹地与宋志燕云两路范围不同辨》，载顾颉刚、谭其骧主编《禹贡》半月刊第三卷，第九合刊，北平：禹贡学会 1934 年版，第 10—12 页。

② 侯仁之：《燕云十六州考》，载顾颉刚、冯家升主编《禹贡》半月刊第六卷，第三四期合刊，北平：禹贡学会 1936 年版，第 39—45 页。

引用一些不易找到的时人笔记，比较集中地介绍了燕云十六州沦入契丹后的实际状况。①

姚从吾（1894—1970），1920年毕业于北京大学；1923年入柏林大学专攻史学方法及蒙古史；1934年回国，任北大历史系教授，讲授史学方法及匈奴史研究、宋辽金元史等，尤以契丹、女真、蒙古史研究见长。②

2. 赵铁寒1958年所撰《燕云十六州的地理分析》一文③认为，石敬瑭所献不止当时所列十六州。该文对"山前七州"（幽、蓟、檀、顺、涿、瀛、莫州），以及"山后九州"（云、应、朔、蔚、寰、武、儒、妫、新州）和一些有争议之州的地理沿革，考证严密、描绘甚详，现摘录如下：

（1）幽州：古十二州之一。后汉幽州治蓟，在今河北省大兴县境内，唐及石晋因之。石晋领九县：蓟县（汉县，晋幽州治此，石晋因之）；潞县（后汉县，石晋因之，故城在今通县东八里）；武清县（后汉雍奴县，唐天宝元年，改名武清县，故城在今武清县东八里）；良乡县（汉县，石晋因之，故城在今房山县东）；昌平县（后汉县，石晋因之，故城在今县西十七里）；幽都县（唐建中二年置，治今宛平西南）；广平县（唐天宝元

<hr>

① 姚从吾：《从宋人所记燕云十六州沦入契丹后的实况看辽宋关系》，《姚从吾先生全集》第五集，台北：正中书局1982年版，第135—152页。

② 姚从吾（1894—1970），原名士鳌，字占卿，别号从吾，河南襄城人。1894年生。幼入襄城高等小学堂。后入许州中学堂。1914年毕业于河南省立第二中学；是年夏，入北京中华大学预科。1917年考入北京大学文科史学门。1919年参加第一届高等文官考试及格。1920年毕业于北大，分配到教育部社会教育司见习。1921年，考入北大研究所国学门，1922年毕业。旋参加北大选送学生赴德留学考试，以历史学膺选。1923年入柏林大学专攻史学方法及蒙古史，在学六年心得甚多。1929年任莱茵省波昂大学东方学研究所讲师。1934年回国，任北京大学历史系教授，讲授史学方法及匈奴史研究、宋辽金元史等。1936年兼任北大历史系主任。1937年七七事变后南下，经香港、广西到云南，任教于西南联合大学。1945年抗战胜利，翌年夏随北京大学同人复员北大。同年秋，奉命出任河南大学校长。1948年10月，获北平故宫博物院特聘为文献馆馆长。1949年1月护送故宫第三批文物到台湾，旋应聘为台湾大学历史系教授，直至1970年4月15日心脏病突发辞世，前后共21年之久。1952年任"教育部"学术审议委员会委员。1958年膺选"中央研究院"院士。1969年受聘为"国科会"研究教授。著作等身，尤以契丹、女真、蒙古史研究见长，共完成学术论文50余篇，经后人整理其生平著述及讲义，于1982年由台北正中书局出版《姚从吾先生全集》（共七集）。详见秦孝仪总编纂《中国现代史辞典》（人物部分），台北：近代中国出版社1985年版，第234—235页。

③ 赵铁寒：《燕云十六州的地理分析》（上、下），《大陆杂志》第17卷第11期，第3—7页，1958年12月1日；第17卷第12期，第18—22页。本书摘录时调整了一些段落及标点符号。

年析蓟县置，后省。至德后复置，在今宛平西南）；永清县（唐如意元年析安次县置武隆县，天宝元年改永清，即在今永清县治）；安次县（汉县，石晋因之，故城在今县西）。

石敬瑭割幽州入辽，辽会同元年（938）升为南京，又号燕京，于此置幽都府，仍号卢龙军。开泰元年（1012）改为析津府永安军，领十一县：析津县（辽改唐蓟县为蓟北县。开泰元年又改为析津县，即今大兴县）；宛平县（开泰元年改唐幽都县为宛平县，即宛平）；香河县（本武清县之孙村，辽于新仓置榷盐院，因居民聚集，遂析武清潞县置香河县，即今香河县）；玉河县（刘仁恭析蓟县置，辽因之。故城在今宛平西四十里）；漷阴县（本漷阴镇，辽升为县。故城在今通县南四十五里）。余潞县、武清县、良乡县、昌平县、永清县、安次县等六县并仍唐旧。金灭辽，改辽南京为燕京路。

（2）蓟州：治今蓟县。唐蓟州开元十八年分幽州三县置。天宝元年（742）改为渔阳郡，乾元元年（758）复名蓟州。领三县。辽蓟州尚武军，领县与唐全同，金蓟州领五县二镇。

（3）檀州：治今密云县。隋开皇十六年（596），以县有白檀山，改置檀州，唐及石晋因之。唐领二县（密云、燕乐县）。檀州入辽，为檀州武威军。辽废燕乐县，新置行唐县，合密云仍领二县。行唐县本石晋定州行唐县，辽太祖掠定州破行唐，尽驱其民北至檀州，择旷土居之，凡置十寨，仍名行唐。金灭辽取檀州废之，又废行唐县，划密云县改隶顺州。

（4）顺州：治今顺义县。天宝元年改顺州为顺义郡，领二县：宾义县及怀柔县。顺州入辽为顺州归化军，废宾义县，仅领怀柔一县。

（5）涿州：治今涿州，领五县。在石晋割涿州入辽之先，李克用克幽燕。石晋割让时，涿州所领止四县。其中之归义县，于周世宗显德六年（959）收复。入宋避讳，改名归信县。

（6）瀛州：治今河间县。石晋割让时领五县。瀛州入辽23年，至周世宗显德六年（959）伐辽收复，因之《辽史》阙而不载。迨至入宋，大观二年（1108）升为河间府瀛海军，领三县。

（7）莫州：治今任丘市鄚州镇。本来是瀛州所属的鄚县，开元十三年（725），因为"鄚"字好似"郑"字，两者相混，省去邑旁，改为莫字。周世宗显德六年（959）北征，收复了莫州。

（8）云州：治今大同县。云州是元魏所置，治所在盛乐城，当今归绥县南，与石敬瑭割让时所在不同。唐贞观十四年（640）移云中郡定襄县于今之大同。乾元元年（758）升为云州。后唐庄宗同光三年（925）又升云州为大同军，以至石氏割让。唐及五代的云州，只辖云中县。云州入辽后，辽太宗升它为西京大同府，面积扩大若干倍。大同府直隶以下七个县：云中县，仍石晋之旧；大同县：辽重熙十七年（1048）析云中县置，即今大同县；天成县，辽析云中县置，故城在今大同县北；长青县，辽置，故城在阳高县南二十里；奉义县，辽析云中县置，故城在今大同县北；怀仁县，本隋大利县，辽改名怀仁，故城在今山西怀仁县西面；怀安县，辽应历中，高勋镇幽州，奏析归化州文德县置，故城在今怀安县东二十里。此外又辖弘州、德州二州。弘州怀宁军，在今阳原县；德州，开泰八年（1019）以汉户复置。

（9）应州：治今应县，后唐就唐金城县置。因为是明宗籍里，天成元年（926）升为彰国军，辖四县（金城、浑源、雁门、寰清）。石晋割让后，辽仍称应州彰国军，辖三县（金城、浑源两县之外，新置河阴县）。应州入金，名称不改。

（10）朔州：治今朔县。石晋割让，辽于州置顺义军，所属除石晋时鄯阳、马邑二县外，又划入宁远一县，新置武州一州。金朔州顺义军，辖一州三县，与辽时完全相同。

（11）蔚州：治今灵丘县。辽据蔚州，升为忠顺军，又改名武安军，不久再回复忠顺军。所属灵丘、飞狐二县如旧，改兴唐县为灵仙县，又划入广陵一县，新置定安一县。金蔚州忠顺军辖县与辽相同。

（12）寰州：治所疑在雁门关附近。后唐天成元年（926）置。统和中，以寰近边，为宋将潘美所破，废之。

（13）武州：治今宣化县，唐光启中置。后晋割让，辽太宗改为归化州雄武军，仍领文德县。武州入金，熙宗天眷元年（1138）改名宣德州。

（14）儒州：治今延庆县，唐置。入辽称儒州缙阳军，辖一县。金熙宗皇统元年（1141）废。

（15）妫州：治今怀来县。唐贞观八年改燕州置，辖二县，入辽后为可汗州清平军，辖一县（怀来）。入金后废。

（16）新州：治今涿鹿县。唐末置，领县四：永兴、矾山、龙门、怀安。永兴县即今涿鹿县。矾山县即怀来县西南之矾山堡。龙门县即今龙关县。怀安即今怀安县。泊入辽，辽改为奉圣州武定军，辖四县。

3. 蒋君章《儿皇帝石敬瑭》一文，开篇即定下政治调子，称："中国历史上，由敌人的卵翼造成自己的政治地位，乃认敌为父，一切以敌人的利益为利益，不顾国人反对，拼死命、出死力，以争敌人的欢心。卒致遗臭万年，为人所不齿者，则以五代后晋政权的石敬瑭为最。"该文指石敬瑭为"儿皇帝"、"胡化了的汉人"，并详列历史记载，分析"石敬瑭之所以为中华民族的千古罪人"的几个重要原因。①

蒋君章其后又在同一刊物发表《媚外求荣的石敬瑭》一文，从石敬瑭割献"燕云十六州"的地理沿革，以及石晋与契丹（辽朝）的外交往来，指出"石敬瑭对他的外国老子，确是尽了他肉麻不堪，无耻之极的'孝道'"、"石敬瑭企图做到契丹与晋为一家，以实现他忠心做辽太宗的藩臣外府的理想"，但是，"这一忠于他的外国父亲的主动的请求，虽然得辽太宗暂时的同情……但不久之后，契丹仍然派兵戍守南方的边区；他的外国老子对于石敬瑭的这一片孝心，仍然表示怀疑……使他不知道用什么方法才可以卜得他的外国老子的信心和欢心，以致影响了他的健康，自此不到一年，便结束了他的生命"②。该文的主题正如题目所揭示的：媚外求荣绝没有好下场。

4. 1965 年台湾大学历史学会会刊《史绎》创刊号上，发表姚从吾的学生李荣村《略述燕云十六州》一文，记述"燕云十六州"的割献经过及其地理沿革，还配以表格系统比较。该文开篇即点出主题曰："古来异族骚扰中原，以北来者（包括西北、东北）为祸最烈。匈奴自汉武以后，傍塞而居，长城逐失其防御作用，五胡得以乱华，东晋因而偏安。其后燕云失于契丹，北方门户洞开，铁骑自燕南下，克日渡河，直指汴京。两宋虽屡图恢复，而终归败亡。明末吴三桂引清兵入关，汉人之社稷再覆。凡此均与北方国防要塞之得失，有密切之关连也。"该文又指出："石敬瑭父事契丹之恶果，影响后世，至深且钜！"③

---

① 蒋君章：《儿皇帝石敬瑭》，《政治评论》半月刊，第五卷第一期，台北：政治评论社，第 25—28 页。

② 蒋君章：《媚外求荣的石敬瑭》，《政治评论》半月刊，第五卷第七期，台北：政治评论社，第 24—27 页。

③ 李荣村：《略述燕云十六州》，《史绎》第 1 期，台北：台湾大学历史学会会刊，第 1—12 页。

六　香港某些人对"割地之事"的看法

在香港及英国受西方教育、替洋人办事的"买办",对"割地之事"有迥然不同的见解。1900 年 1 月兴中会在香港创办的第一份革命刊物《中国旬报》创刊号①,刊出孙中山的老师何启②的政治评论《新政变通》,

---

①　香港一个世纪前出现的《中国日报》及《中国旬报》旬刊,前者简称"日报",后者简称"旬报",一报一刊,合称"中国报";为了简便,往往《中国日报》也简称为"中国报"。"中国报"是孙中山派战友陈少白到香港创办的第一份革命报纸,于 1900 年 1 月创刊。该报出现五年后,《民报》才在东京创刊。"中国报"一创办即为兴中会的机关报;1905 年中国同盟会在香港成立分会后,该报又成为它的机关报。1911 年 11 月迁往广州,翌年 8 月,中国同盟会联合其他四政团,改组为国民党,《中国日报》转为国民党的机关报。直至 1913 年被军阀龙济光查封而停刊。《中国日报》前后共出版了 13 年(1900.1—1913.8);《中国旬报》于 1900 年 1 月 25 日创刊,其后 10 天出版一期,总共出版了 37 期。"中国报"被誉为"革命报之鼻祖"、"革命党组织言论之元祖",它同时兼具"立党、宣传、起义"三大功能,在辛亥革命史上以及中国近现代报刊史上,都有极其重要的地位。研究中国报业史的权威、中国人民大学教授方汉奇指出,"中国报"创下如下 7 项"第一"的纪录:(1) 在香港出现的第一份鼓吹辛亥革命的报纸。(2) 革命党人创办的第一份革命报纸。(3) 兴中会的第一份机关报。(4) 第一份刊登宣传"三民主义"的报纸。(5) 第一份同时拥有党务、宣传、起义三大功能的报纸。(6) 连续出版时间最长的革命党的报纸。(7) 在 1905 年《民报》创办之前,影响力最大的革命报纸。有关"中国报"的更详细情况,可参阅拙作《香港中文报业发展史》,上海古籍出版社 2005 年版。

②　何启简历如下:何启,字洪生,广东南海人。清咸丰九年(1859)生于香港。何启毕业于香港中央书院(后改为皇仁书院),继入英国伦敦巴尔美学校,又入雅罢甸大学学习医,获医科及外科两学士学位,后入英国林肯法律学院,考取高级法律学士学位,获大律师资格。1881 年(光绪七年)学成返港行医。翌年,改操律师业务;同年,奉委为香港第二位华人太平绅士(第一位为律师伍廷芳博士)。又为纪念亡妻,将其遗产建雅丽氏纪念医院于荷里活道。1887 年(光绪十三年)二月,合并另两家教会医院,在香港建雅丽氏何妙龄那打素医院,连任医院财务委员会主席达 27 年之久。同年,院内附设五年制医科香港西医书院,亲自讲授法医学与生理学。同年,孙中山入学,听何启授课,并于 1892 年 7 月 23 日以第一名毕业,时孙仅 27 岁。

何启在港期间,常发表有关革新、救国之主张,由同学胡礼垣译为中文。1887 年发表《中国先睡后醒论书后》,以辩曾纪泽《中国先睡后醒论》之误。其他重要论述有《中国宜改革新政论议》、《勤学篇书后》、《呈请代奏变法自强当求本原大计条陈三策疏》、《中国之评论》、《睡与醒》、《新政真诠》、《中国基础与改革》、《张之洞之批评》、《励学论》、《改良中国之负责人论》、《谈广州税务司喀博之中国地税及陆海军计划书书后》、《中国改革之进步论》、《革命新论》、《康有为君政见之评论》、《新政安衡》、《新政论议》、《与英国巴公爵讨论门户开放》、《与约翰先生讨论拳匪之公开信》等。1890 年(光绪十六年),何启任香港立法局华人议员。1895 年 10 月(光绪二十一年八月),孙中山抵香港召开商讨广州起义会议,何启负责主持会议并任革命发言人,并与德臣西报记者英人黎德起草英文宣言,后以事泄失败遂寝。1896 年(光绪二十二年),何启奉委为东华医院调查委员会委员。1899 年(光绪二十五年),区凤墀等助陈少白在港创刊该文以澳门、上海，以及各通商口岸的租借或割让为例，认为：

> 外人割地之事，则其可者与之、其不可者拒之。纡徐而与之，委蛇①款曲②，善其调处。勿轻绝，亦勿轻许；毋过举，亦毋过情。不卑不抗③，惟蔓惟支，务在躭④延其岁月，消息其雄心，待其事过情迁，索地之国或内有非常，或外遇蟉輵，则所索之地，其事必乖，其谋或阻，而吾得乘其间而保全之。否则，即以地价赎还，或仅作为收租赁出，如澳门、上海，以及各通商口岸。故，事是吾仍不失守土之利，不受割地之名也！此一说也，而凡托于坐镇雅俗者，无不取此。⑤

《中国旬报》创刊号还刊出相当于该刊社论的《中国报宗旨》⑥，直言"失地亦非所以亡中国"。该文引当时中国周边的属国为例，阐述其理由：

《中国日报》。1900 年（光绪二十六年），发生义和团事件，何启得孙中山赞成，拟由港督英人卜力总督李鸿章接洽，由李宣告两广独立，由孙中山率兴中会会员助李推行新政。后因北京陷落，此议乃罢。1903 年（光绪二十九年），何启创办圣士提反男校（中学）。1909 年（宣统元年），何启任香港大学劝捐董事会主席。翌年，获英廷颁授爵士勋位。1911 年辛亥武昌革命爆发；同年十一月，胡汉民任广东都督，聘何启为都督总顾问官。1912 年香港大学正式成立。次年，何启所主持之香港西医书院并入香港大学。1918 年逝世，享年五十九，葬于香港。（何启的生平及与孙中山的关系，主要采自《国父年谱》增订本上册，台北：党史会 1994 年版，第 66 页；以及《中国现代史辞典》（人物部分），台北：近代中国出版社 1985 年版，第 169 页。）

① 委蛇：曲折前行，委婉应付，如"虚以委蛇"；通"逶迤"。

② 款曲：周旋殷勤。款字原文用异体字欵。

③ 不卑不抗：即不卑不亢。

④ 躭："耽"的异体字，意为：耽延、耽搁。

⑤ 本文原载《中国旬报》第 1 期，第 9—16 页，标题是《新政变通》。标题之下署有作者是"南海何启沃生"与"三水胡礼垣翼南"，前者即孙中山的老师何启，广东南海人，字沃生；后者即何启的好友胡礼垣，广东三水人，字翼南。该期封面注明是"己亥年十二月二十五日、太阳历正月二十五日"出版，即 1900 年 1 月 25 日出版。原文无标点、少分段，本书重植，加上现行标点符号并按文意多分段落；对一些现代已经很少用的异体字、难僻词语，多加注释，以方便阅读理解。

⑥ 本文原载前引《中国旬报》第 1 期，第 3—7 页，标题是《中国报宗旨》。原文无作者署名，但在目录注明作者为"本馆"，即是报馆的代表。原文无标点、少分段，本文重植，加上现行标点符号并按文意多分段落；对一些现代已经很少用的异体字、难僻词语，多加注释，以方便阅读理解。

中国疆土之广，蒙古一朝不计，汉而外，以今为最。历来安南、暹罗、缅甸、高丽等国，畔（叛）服无常。即岁一来贡，而中国得不偿失。台湾一岛，康熙朝以往，图籍未载其名也。沿岸军港，入于敌手者虽多，而敌之所以占此区区，实为中国全局计，非甘愿縻此巨款，以筑炮垒、养海军于亘古不相通、日月不同照之地也。如中国内地永能自全，各人既染指无方，亦即所以插脚无所，虽能暂有弹丸黑子之地，终亦何所用之。故失地亦非所以亡中国也。①

香港的政治评论杂志琳琅满目，多数带有强烈的政治意识，以下所引一篇同样刊于政治评论杂志，虽然也借题发挥，但还是比较尊重历史事实，因此有一定的学术价值。

1960 年香港《民主评论》半月刊发表了沈忱农《论燕云十六州的割让与收复》一文②，作者用大量史料和一些不容易找到的书籍③，痛陈石敬瑭割弃燕云十六州为"奇耻大辱"："石敬瑭以燕云十六州的土地人民换得了契丹'儿皇帝'的政治地位，虽在妇孺也认为这是中国人的奇耻大辱"，并且引申感慨道："因此后来争政权的人，都以收复燕云为政治号召……收复失地必须凭借自己的力量，不是虚张声势，投机取巧，喊喊口号就可以达到目的的。"这很明显是影射，失去整个大陆而又空喊口号的某些国民党人。该文的结论是："徽宗联金的结果，其贻祸于中国人民的，较之契丹为尤甚！所以收复失土不是投机取巧可以获致的，必须实事求是充实国力，才能于事有济。"流落海外的学人或政治人物，对于国土的失

---

①　认为"失地亦非亡中国"，是本文的重要观点之一，它与中国历代认为失地即是卖国，有原则性的不同。这是在海外长期受西方教育的"买办"，包括一些支持孙中山"辛亥革命"的革命党人，有感于香港的割让，而产生的"新观点"。他们认为：对于那些"叛服无常"的附属国、进贡国及边陲地区，时得时失、时服时叛；中国强而得、弱而失，在历史上是常有之事，不必"上纲上线"到"卖国"的原则性高度。对于这种观点的形成及前因后果，详见拙文《政治外交手段，还是卖国？——石敬瑭割献十六州的再反思》，载《亚洲研究》第 61 期，第 123—152 页，香港珠海学院亚洲研究中心出版，2010 年 9 月 1 日。

②　沈忱农：《论燕云十六州的割让与收复》，《民主评论》半月刊第 11 卷第 15 期，第 23—25 页及封底，香港：民主评论社发行，1960 年 8 月 1 日。

③　沈忱农《论燕云十六州的割让与收复》一文除了引用常见的薛居正《旧五代史》，《宋史纪事本末》，元脱脱《宋史》等正史之外，还引用了不易找到的宋人笔记著述，包括《儒林公议》、宋王辟《渑水燕谈录》、宋周辉《清波杂志》、宋叶梦得《石林燕语》等，由此可见，作者乃宋史专家，具有扎实的史学根基。

落，感受特别深；他们热衷于讨论"石敬瑭割弃燕云十六州"，借古讽今。

七　中国内地学界对"燕云十六州"的研究

1. 著名的历史地理学家谭其骧主编的《中国历史地图集》，将中国几千年的人类社会活动史，不断的改朝换代历史，以地图的形式，展现在人们面前，成为许多学者、学生直观地探讨中国历史的重要参考书。这套《中国历史地图集》及《简明中国历史地图集》，由中国地图出版社出版。此套《中国历史地图集》，按照《资治通鉴》所列的十六州顺序，指出其所辖地界与今对比。（详见第一章）

2. 王玲《辽代燕京与契丹社会的发展》，载陈述主编之《辽金史论集》第一辑，上海古籍出版社 1987 年 6 月第一版。

王玲《辽代燕京与契丹社会的发展》一文称："根据《辽史·本纪》和《辽史·列传》、《续资治通鉴》等文献，制《辽南京留守表》。"该文列出以下 20 位辽南京留守：（1）赵延寿；（2）牒葛（又称牒蝎，或牒蜡）；（3）萧思温；（4）高勋；（5）室昉；（6）韩匡嗣；（7）耶律休哥；（8）耶律隆佑；（9）耶律隆庆；（10）韩制心；（11）萧孝穆；（12）萧惠；（13）马保忠；（14）耶律重元；（15）萧孝先；（16）耶律仁先；（17）萧惟信；（18）耶律特末；（19）萧德里底；（20）和鲁翰（应为和鲁斡之误）。据笔者考证，上列 20 位辽南京留守，其实只有 14 位为正职南京留守，其他 6 位并非正职南京留守，计为：（1）萧惠；（2）马保忠；（3）室昉；（4）耶律特末；（5）萧德里底；（6）耶律隆佑。详见本书第三章的考证。

3. 叶骁军编著《中国都城历史图录》，图文并茂、引经据典地评述几千年来中国历朝历代都城之由来、发展分期．选择及转移、类型与布局等，其中，用了很大的篇幅描绘如今的北京城的沿革。[①]

4. 梁启超之子、著名建筑学及历史地理学家梁思成等著《名家眼中的北京城》一书，选编了中外名家有关北京城的论述文章十多篇，分为"京城春秋"、"城垣古今"、"都门纪略"、"九城忆旧"和"附录"五个部分，从各个不同的角度全面地记述了北京城从建设到颓毁的整个过程，而且，对北京城墙所蕴涵的文化内涵作了生动的发掘和阐释，配以相关的历

---

① 叶骁军编著：《中国都城历史图录》（多集本），兰州大学出版社。其中，与北京关系最多的第一集 1986 年出版，第三集 1987 年出版。

史图片百余幅，使得读者可以借此对这座辉煌的古城有一个完整的了解，对那些一去不复返的往事有一点感性的认识，并对文明发展的大课题有真切的感悟。[①]

以上各家之言虽有所不同，但是所指地理范围都差不多；而且都认为：十六州入辽之后，主要分属南京（幽州）与西京（云州）两个首府管辖。

第三节 契丹汉化与中华民族多元一体化的研讨

契丹得燕云十六州而兴，失燕云十六州而亡，其原因多方面，包括军事方面、政治方面、外交方面等等，而汉民族之巨大凝聚力，是同化外族之重要力量，这种力量在其后"汉化"蒙古族人建立的元朝，以及满族建立的清朝时，再次显示出威力。

一 契丹汉化的典型事例

契丹自辽太祖耶律阿保机南下"经略汉地"，特别是得到燕云十六州之后，迅速汉化。本人通过对辽南京留守的研究，获知一些明显的事例，以下简述之：

1. "置宫卫，分州县"：

契丹原为游牧民族，至阿保机"变家为国"之后，改变生活方式，仿照中原汉人王朝"置宫卫，分州县"，在安逸的宫殿中建立起"家天下"的中央集权国家。死后亦学汉人皇帝，建陵墓安寝。

《辽史·营卫志上》曰："辽国之法：天子践位置宫卫，分州县，析部族，设官府，籍户口，备兵马。崩则宸从后妃宫帐，以奉陵寝。"[②]

2. 仿"汉制"，设国号、帝号、年号：

916年耶律阿保机"变家为国"，建立辽朝，实行中原王朝式的中央集权政制。终辽之世，二百余年间（916—1125）有九朝皇帝，都有中原王朝特色的帝号、年号、庙号等。太祖耶律阿保机建国之始（916—937），

---

① 梁思成等：《名家眼中的北京城》，文化艺术出版社2007年版。
② 《辽史》卷31《营卫志》上，第362页。

国号"大契丹";太宗耶律德光时期（938—982）实行双重国号；圣宗耶律隆绪时期（983—1030）和兴宗耶律宗真时期（1031—1054）直至道宗耶律洪基前期（1055—1065），复用国号"大契丹"；道宗咸雍二年（1066）起，又改回"大辽"国号，直至天祚帝保大五年（1125）辽亡。[①] 至于九朝皇帝所用的年号，详见附录三"辽代南京留守任期几种历法对照表"。

3. "世预其选"与"嫡长继位"：

契丹游牧民族，历来都是由各部落长老共同推举最有能力者当领导人。阿保机"变家为国"建立辽朝后，仿"汉制"实行"嫡长继位"，立长子耶律倍为太子；其他一些重要的职位，由宗室、外戚等皇族及其后人之中挑选，如南北府宰相，实行"皇族四帐世预其选"，共同瓜分政治权力，肥水不流外人田。

辽太祖驾崩后，"摄军国事"的淳钦皇后萧氏另立次子耶律德光为太宗，因而引起了争夺帝位的宫廷斗争。947 年耶律德光突然死亡，耶律倍的长子耶律阮继位为帝，但不到 5 年，即因争位被人谋杀。耶律德光的长子耶律璟继位，是为穆宗。穆宗在位 19 年被庖人所杀，世宗的次子耶律贤继位，成为景宗。为争帝位，兄弟相残，辽朝继承了中原历朝历代封建王朝的争帝位传统。而从第五代的景宗起，历经第六代的圣宗，第七代的兴宗，第八代的道宗，都是"嫡长继位"，遂使政权稳定下来，因而国势兴隆。最后一任（第九代）天祚皇帝耶律延禧是"嫡孙继位"，结果又发生帝位之争：时任南京留守的耶律淳乃兴宗之孙、道宗之侄、天祚皇帝之叔，他在南京自立为帝，号称天锡皇帝。耶律淳僭位成功，把自己的侄子天祚皇帝"遥降"为"湘阴王"。叔侄争帝位的结果是外敌伺机而入，当年（保大二年，1122）南京为金人所破，越三年（保大五年，1125）辽亡。

4. 太祖"诏正班爵"、太宗"兼制中国，官分南北"：

契丹在太祖耶律阿保机与太宗耶律德光时期，四出征战四十余年，吞并诸番，割据燕、云，南北开疆五千里，东西千里，共得二百余州。[②] 为

---

① 辽朝国号的变迁，详见刘浦江《辽朝国号考释》，原载《历史研究》2001 年第 1 期，第30—44 页；转引自《宋辽金元史》季刊，2002 年第 2 期，第 3—17 页，中国人民大学书报资料中心出版。

② 《契丹国志》卷 22《州县载记》，第 208 页。

了有效统治这些辽阔的疆土，辽廷调整行政区划；同时，设立南面朝官及南面方州官"兼制中国"。

《辽史·百官志》曰："太祖神册六年，诏正班爵。至于太宗，兼制中国，官分南、北，以国制治契丹，以汉制待汉人。国制简朴，汉制则沿名之风固存也。辽国官制，分北、南院。北面治宫帐、部族、属国之政，南面治汉人州县、租赋、军马之事。因俗而治，得其宜矣。"①

5. 辽太宗耶律德光得到燕云十六州后，"用唐制"设立"三省、六部"：

契丹得燕云十六州后，为管理新得汉区，官分南北，且由此引进一系列汉王朝政治制度。

《辽史·百官志》曰："辽有北面朝官矣，既得燕、代十有六州，乃用唐制，复设南面三省、六部、台、院、寺、监、诸卫、东宫之官。诚有志帝王之盛制，亦以招徕中国之人也。"②

《契丹国志·建官制度》曰："其官有契丹枢密院及行宫都总管司，谓之北面，以其在牙帐之北，以主蕃事；又有汉人枢密院、中书省、行宫都总管，谓之南面……内外官多仿中国者。"③

6. 讲究宫廷礼仪、实行"汉拜礼"：

契丹族人原为游牧民族，行不离鞍、居不离帐，整天骑在马背上，没有见面下马行三跪九叩礼的习惯。自从阿保机"变家为国"之后，也讲究宫廷礼仪，实行"汉拜礼"：臣属晋见皇帝，要预约通报姓名，见面时要行跪拜大礼。而对一些德高望重、功勋卓越的勋臣名将，契丹主给予"免拜不名"的礼遇：他们随时可以晋见，不必事先通报，见面时不必行跪拜大礼。

譬如，《辽史·耶律淳传》记载："兴宗第四孙、天祚帝之堂兄弟耶律淳者，天庆五年（1115），进封秦晋国王，拜都元帅，赐金券，免汉拜礼，不名。"④ 此处明确指出是"免汉拜礼"。此外，还有耶律休哥、耶律和鲁

---

① 《辽史》卷45《百官志》一，第685页。
② 《辽史》卷47《百官志》三，第772页。
③ 《契丹国志》卷23《建官制度》，第224页。
④ 《辽史》卷30《天祚皇帝纪》，第352—353页。

翰等人，获得在位辽帝下诏享受"免拜、不名"的礼遇，虽无指明"免汉拜礼"，但含意相同。

辽朝实行的"汉拜礼"，并非汉朝独有的宫廷礼仪，而是中原自周朝以来，历朝历代普遍实行的礼仪。《周礼》、《仪礼》、《礼记》等著名的古代经典，详细记载了周王室以及春秋战国时代各国的官制礼仪，这些礼仪为其后历朝历代所沿用或改进，许多沿用至今。中华民族号称"礼仪之邦"，亦以这些礼仪为基础。①

辽朝自太祖耶律阿保机契丹"变家为国"之后，多方面仿照中原汉人王朝的做法，连宫廷礼仪都用"汉礼"，说明其汉化程度十分彻底。契丹初得幽州，无法管治比他们繁荣之汉地，于是，利用降将及燕山大族作傀儡，实施抚绥政策，才能控制局面；其后，逐渐以契丹族之功臣名将，来接替汉人傀儡，管治南京；到了局面稳定后，南京这块富饶昌盛之地，变成契丹皇亲国戚鱼肉之宝地。契丹人从这里得到富足之经济享受，吸收了先进文化、引进治国之法，其最终结果是被汉化。

二　历久不衰的热门研究课题

边远地区少数民族汉化，至今仍是一个热门研究课题。可是，何为"汉化"？查遍图书馆里 20 多本常见的汉语词典、古汉语词典、字典，包括《辞源》、《辞海》等，都没有为它立词条、下定义、作解释；倒是以"汉"字开头的词语，有几十个之多，包括汉人、汉族、汉文、汉语、汉朝、汉法、汉风、汉律、汉制、汉学、汉剧、汉赋……贾敬颜的《汉人考》，论证了"汉人"称谓的起源、"汉人"族称的形成、"汉族"称谓的出现等。② 是否可以这样为"汉化"下定义：蒙古族（契丹族）、满族（女真族）等周边偏远少数民族，在语言、文字、文学艺术、法律典章制度、思想意识形态、民风习俗等方面，向居住在中原、以汉族为主的社会学习、接受同化、互相融合的过程，称为"汉化"。亦有人研

---

① 中国传统礼仪，到了晚清与西方列强交往时，便遇到了麻烦，甚至造成严重的冲突，成为中西文化差异的重要表现。详见王开玺《清代外交礼仪的交涉与论争》，人民出版社 2009 年版。

② 贾敬颜的《汉人考》，原载《中国社会科学》1985 年第 6 期；收入费孝通主编《中华民族多元一体格局》（修订本），中央民族大学出版社 1999 年版，第 169—184 页。

究"汉人胡化",其基本概念是与"汉化"反向的。

出身汉族的研究者,在谈论"汉化"时总是表现出以我为主、以我为优秀的优越感,因而很容易产生大汉族主义、狭隘的民族主义。这些人之中,有不少是学富五车的学者名流,他们认为:汉族是拥有先进生产力、先进文化和先进生活水平的优秀华夏民族;而位于周边及山区的少数民族,则是生产力低下、文化落后、生活水平低劣的"东夷、南蛮、西戎、北狄"。[1]

甚至,一些入主中原的少数民族(譬如满族),亦学会了自高自大、自称"天朝上国"。可是,当西方列强用"坚船利炮"打开中国"闭关自守"的大门、强迫中国签订一系列丧权辱国的不平等条约之后,"天朝上国"威信扫地,变成任人耻笑的"东亚病夫"。

不过,为了巩固统治地位,清政府还是实行过一系列优待其他民族的政策;许多官方文书,用五种文字写成,表示要与汉、蒙、藏、回四大民族共享天下;河北承德山庄的"外八庙",便是满人建立的清朝政权,为了笼络其他民族的重要领导人而修建的。

契丹在政治、军事、经济、社会、文化、道德等方面如何汉化,是个历久不衰的热门话题。每一个题目,都可以写成一篇洋洋大观的论文。契丹汉化之过程,并非特例,而是中国几千年历史长河中经常出现的现象,值得深入研究、认真总结、好好借鉴。资料显示,已有不少人作过卓有成效的研究,兹列举如下:

清末民初,一些著名的历史学家在北平(今北京)出版的《禹贡》半月刊,对"燕云十六州"的历史地理沿革,进行过深入的学术研讨(见前述),其中也涉及契丹汉化问题,例如:

尹克明《契丹汉化略考》,从以下几个方面,讨论契丹的逐步汉化问题:(甲)生活方面:包括耕种、制盐及织纴等各种技术;(乙)建筑方面;(丙)文化方面:包括语言、文字、学术;(丁)军事方面;(戊)制度方面:包括官制、礼仪、衣服、征税、法律、风俗等。[2]

---

① 详见童疑《夷蛮戎狄与东西南北》,载顾颉刚、冯家升主编《禹贡》半月刊第七卷第十期,第11—14页。

② 尹克明:《契丹汉化略考》,载顾颉刚、冯家升主编《禹贡》半月刊第六卷第三四期合刊,第47—60页。

比尹克明早一年，毛汶在北平（今北京）《国学论衡》杂志发表《辽人汉化考》一文，对"辽人"的汉化现象，已经进行过相当深入的考证。[①]毛汶所说的"辽人"，意为"辽朝之人"，其实与尹克明所说的"契丹"（建立"辽朝"的民族），并无根本的差别。

从中国大陆迁居台湾的宋史学者姚从吾，于1952年发表《契丹汉化的分析——从契丹汉化看国史上东北草原文化与中原农业文化的合流》一文[②]，以丰富的史料全面深刻地分析了契丹的汉化过程。

姚文副题已十分清晰地表达了他的观点：契丹的汉化是中国历史上东北草原文化与中原农业文化的合流。姚文认为：中华文化是"母性文化"，所以，赞成用"华化"，但他仍然保留"汉化"一词，"以期符合当年的原意"。该文结论指出：强劲的契丹族与包容的汉族作了中国历史上第三次民族大混合（第一次大混合是秦汉；第二次大混合是隋唐；第四次大混合是清朝；第五次是孙中山创立的民国）。当时正是汉民族在政治、军事方面最倒霉的时间，但是，代表东亚文化的中华文化富于人情味，因而有关各民族都乐于采用，契丹接受中华文化的主流"汉族文化"，最终变为"广义的汉人"。

姚文列举不少生动的事例，说明契丹如何在制度、伦常、习惯等方面"汉化"，尤其是得到"燕云十六州"后如何习用"汉制"，改变游牧民族的政治制度、统治方式及生活习惯。

三　孙中山为首的革命党人对"汉化"的看法

在海外受西方教育、替洋人办事的"买办"，以及孙中山为首的某些革命党人，对于"异族"统治中国被同化，有特别的看法。1900年兴中会在香港创办的第一份革命刊物《中国旬报》创刊号，刊出相当于该刊社论的《中国报宗旨》，以统治中国二百余年的清朝为例，认为：（1）历史上的"中国"从未被灭亡过："历朝边患，小者不过乘隙入寇，或縻之以和亲，或事之以金缯；大者不过盘踞大位，百十年间，旋起旋灭。但中国从未被灭亡过；被灭亡往往反而是异族。"（2）满人统治中国二百余年，但中国并未被灭亡，"亡者

---

① 毛汶：《辽人汉化考》，《国学论衡》杂志1935年第6期，第23—43页。

② 姚从吾：《契丹汉化的分析》，台北：《大陆杂志》1952年4月号，第22—37页。该文其后收入《姚从吾先生全集》第五集，第33—80页，台北：正中书局1982年版。

满洲，非中国也"；"满洲入关，斩明嗣、袭大统，戮开国之三王，窜勤王之义士，奄有中土二百余年，亦不过携满蒙之属，隶之中国。其条教律令、文字俗尚，虽有增损，而依然中国也。"文章认为：满人实际上已被中国同化，满洲变为"中国之一省"。"彼得其名，此得其实，是中国仍无恙也。"①

孙中山领导的辛亥革命运动，为了激励汉人的革命精神，最早的口号之中突出"驱除鞑虏，恢复中华"②，这在当时对于激励士气曾起过积极的推动作用；但是，近年来有人批评这种口号"有浓厚的排满色彩"、"鼓吹大汉族主义"等。然而，孙中山领导辛亥革命取得成功、建立民国之后，为了团结更多民众，还是要提出"五族共和"口号，同时实行过一系列民族融合的政策。

四　辽朝的历史地位与"征服王朝论"

"汉化"与"胡化"，说的是一个多民族国家之内，不同民族之间互相影响、取长补短、兼容同化。由于汉民族历史最悠久、人多地大、经济先发展，所以，其他民族总是被"汉化"较多；而汉民族被"胡化"则较少较慢。不过，汉民族也是在几千年的历史中，被周边少数民族不断"胡化"，兼容其精华而逐渐形成独特的风格的。

但是，一些欧美日本的学者则有完全不同的看法。1949 年美籍德国汉学家魏特夫提出"中国征服王朝论"，他把秦统一天下至民国建立的二千多年中国历史（公元前 221—公元 1912），称为"帝制中国史"，又将其间历朝历代分为"典型中国王朝"和"征服（和渗入）王朝"两

---

①　本文原载前引《中国旬报》第 1 期，第 3—7 页，标题是《中国报宗旨》。

②　1894 年 11 月 24 日，孙中山在檀香山创立秘密的革命团体"兴中会"，入会誓词言明其宗旨是："驱除鞑虏，恢复中国，创立合众政府，倘有二心，神明监察。"翌年，兴中会总部迁香港，改誓词为："驱除鞑虏，恢复中华，创立合众政府。倘有贰心，神明监察。"1905 年 8 月 20 日，在孙中山的倡导下，以兴中会、华兴会、光复会为基础，在日本东京成立中国同盟会，会议推举孙中山为总理，下设执行、评议、司法三部。其纲领为："驱除鞑虏，恢复中华，创立民国，平均地权，矢信矢忠，有始有卒，有渝此盟，神明殛之！"三份誓词，都有"驱除鞑虏，恢复中华"这八个字。详见台北党史会出版《国父年谱》增订本上册，第 79、83、255 页，1994 年 11 月。其中，"鞑虏"，又称为"鞑子"、"鞑靼"，当时统称满族人及蒙古人，前者曾入主中原建立清朝，后者曾入主中原建立元朝。孙中山在演讲"三民主义"之"民族主义"时，认为元朝和清朝是异族入侵，导致中国之亡国。但是，前引 1900 年兴中会在香港创办的第一份革命刊物《中国旬报》创刊号社论则有不同的看法，认为：（1）历史上的"中国"从未被灭亡过；（2）满人统治中国二百余年，但中国并未被灭亡。这是很重要的观点改变。

大类。后者包括：魏（拓跋）（386—556）以及在其前后建立的夷狄王朝；辽（契丹）（907—1125）；金（女真）（1115—1234）；元（蒙古）（1206—1368）；清（满洲）（1616—1912）①也即是说：曾经征服汉族为主的中国的异族王朝，包括魏、辽、金、元、清五个朝代，总时间长达965年之久，占秦统一天下至民国建立前后共2133年"帝制中国史"的将近二分之一。

英国著名的剑桥大学于20世纪60—80年代陆续分卷出版的《剑桥中国史》，其第六卷英文原名"Alien Regimes and Border States"，若按原意直译应为《异族王朝与边疆国家》。此卷讨论辽朝、西夏、金朝及元朝的历史，正如书名所揭示的，这四个王朝，被西方研究中国历史的精英们认为是有别于中国以汉人为主的中原王朝的"异族王朝与边疆国家"。但是，中国的研究者并不同意这种有损中国历史正统论的观点，因此，用中国传统的断代史分类法，把该卷的中译名改作《剑桥中国辽西夏金元史》。②

日本学者田村实造，大力推崇魏特夫提出的"中国征服王朝论"。1971年，他在东洋史研究会撰文，主张把辽、金、元、清四个朝代长达近千年的历史，从中国史的一环隔离开来，作为历史世界的北亚史的一环。田村实造在《关于中国征服王朝》一文中说：

> 把……辽、金、元三王朝征服和统治中国的时间加起来，即从辽占领华北的一部分（燕云十六州）的938年开始，到明太祖把元朝赶回蒙古的1368年为止，共有431年；如果再加上清统治中国的269年，正好达700年之久。这段时候约占自秦帝国建立以来的中国2100多年历史的三分之一。对这一系列征服王朝是仍按历史的看法把它们视为中国史的一环，还是该把它们视为中国史以外的自成一个历史世界的北亚史的一环……这对于东洋史学家来说，是一个重要而又饶有兴趣的课题。我想站在后一个

---

① 魏特夫的"中国征服王朝论"，详见魏特夫《中国社会史——辽（907—1125）：总论》，译文载王承礼主编《辽金契丹女真史译文集》，吉林文史出版社1990年版，第1—95页。

② ［德］傅海波、［英］崔瑞德编：《剑桥中国辽西夏金元史》（907—1368），中国社会科学出版社1998年版，第1页《中译本前言》。

立场。①

　　田村实造的歪论，为日本侵略中国提供了理论根据，在中日关系史上造成恶劣的影响。日本的政治野心家，由此得出一项重要的推论：中国历史上曾经长时间被外族统治，所以，她是可以被征服的。日本主战派根据这项理论，肆无忌惮地侵略中国，妄图长期占领统治中国。在并吞了朝鲜半岛、控制了东北后，曾计划把大日本帝国的首都，迁到吉林省四平市，像其他"征服王朝"那样，"入主中原"。

　　20世纪初以来，海外汉学（中国学）得到很大的发展，海外学者的中国史观中，既有对中国的欣赏和推崇，也有批评与仇视。采取批评、仇视立场的，可以日本福泽谕吉（1834—1901）为代表。他宣扬所谓"脱亚论"，大意是日本要追随西方国家，步入西方文明阵营，就要摆脱亚洲，唾弃中国、朝鲜这样落后的"东方的恶友"。这一理论，最终导致日本在政治军事上谋求把中国当做它攫取对象的基本国策。②

　　辽史专家陈述先生在《辽金两代在祖国历史上的地位》中说：辽与五代及北宋并立是中国历史上又一次南北朝。③ 此论把辽、金看做是一个中国之内的分裂对峙王朝，属于内政问题。此论不同于某些辛亥革命党人把鞑靼（蒙古）、女真、满人等看做异族；并以此认为，元、清两朝中国是亡国；亦不同于欧美日本某些御用学者，把北魏、辽、金、元、清，定位为"征服王朝"。

　　孙中山在阐述《三民主义》之"民族主义"时，对中国两次亡国以及少数民族汉化，有以下的见解：

　　　　中国几千年以来，受过了政治力的压迫，以至于完全亡国，已有

---

　　①　田村实造撰《关于中国征服王朝》，原载他1971年于东洋史研究会出版的《中国征服王朝的研究》（中），袁韶莹译之，刊载于王承礼主编《辽金契丹女真史译文集》，吉林文史出版社1990年版，第96—118页。

　　②　见钱婉约《从汉学到中国学》，中华书局2007年版，第213—224页。

　　③　陈述：《辽金两代在祖国历史上的地位》，《辽金史论集》第一辑，上海古籍出版社1987年版。陈述先生（1911—1992），河北乐亭人，早年就读于北京师范大学，受业于著名历史学家陈垣先生。陈述毕生从事辽金史研究，生前为中国社会科学院民族研究所研究员。他在辽史研究方面的代表性成果有《契丹史论证稿》，1948年由北平研究院史学所出版，修改后易名《契丹政治史稿》，1986年由人民出版社出版；《契丹社会经济史稿》，三联书店1963年版。

了两次：一次是元朝，一次是清朝。但是这两次亡国，都是亡于少数民族，不是亡于多数民族。那些少数民族，总被我们多数民族所同化。所以中国在政权上，虽然亡过了两次，但是民族还没有受过大损失。①

辽史专家李锡厚在《辽史》中对辽朝的历史地位有以下中肯的描述：

无论是魏晋之后的南北朝还是辽宋分立时期，南北双方都以"正统"自居。正如南北朝时期南北双方都以声称代表中国一样，辽宋分立时期，北宋自称代表中国，辽这个先于北宋立国、以少数民族贵族为主体的政权也同样声称代表中国……

澶渊之盟订立之后，宋朝统治者也接受了辽朝"南北两地，古今所同"的观点，双方交换文书时互称南北朝。于是，辽与宋就成了"兄弟之邦"。②

宋德金③教授的《评"征服王朝论"》，对"征服王朝论"的来龙去脉

---

① 孙文《三民主义》，第 24—25 页，台北："中央"文物供应社，1989 年版。

② 李锡厚：《辽史》，人民出版社 2006 年版，第 1—2 页。李锡厚的简历见李锡厚、白滨、周峰著《辽西夏金史研究》（福建人民出版社 2005 年版）之作者介绍："李锡厚，汉族，1938 年 11 月 28 日生于辽宁省沈阳市。1963 年毕业于北京大学历史学系。退休前在中国社会科学院历史研究所任研究员，从事辽宋金史研究。发表过《论辽朝政治体制》、《辽朝汉族地主与契丹权贵的封建化》以及《宋代私有田宅的亲邻权利》等学术论文。先期发表的有些已汇集成《临潢集》出版。此外，著有《耶律阿保机传》、《中国封建王朝史》、《辽金西夏史》（与白滨合著）等。"2006 年 3 月人民出版社出版发行了李锡厚的《辽史》修订本，洋洋 40 万字。该书虽无专门的"作者介绍"，但在"内容介绍"之中称："李锡厚先生从事辽史研究 30 余年，成绩卓著，是国内公认的辽史研究大家。本书即是他毕生研究的心血结晶。"

③ 当代辽金史专家宋德金先生的"小传"，见于 2005 年湖北教育出版社出版的其专著《辽金论稿》的作者介绍：宋德金，编审，1937 年生，辽宁新民人。1962 年毕业于吉林大学历史系，先后在东北文史研究所、吉林省社会科学院、中国社会科学院工作。曾任中国社会科学杂志社副总编辑、《历史研究》杂志主编，兼任中国社会史学会副会长、中国辽金契丹女真史学会副会长等职。长期从事学术期刊编辑工作，个人研究方向为中国辽金史和中国社会史，主要著作有专著《金代的社会生活》、《中国风俗通史·辽金卷》、《金史》，以及百余篇专论，还主编了《中国社会史论》、《中华文明史·辽宋夏金卷》，以及多种丛书和论文集。宋德金教授的《评"征服王朝论"》，详见《第八届人类学高级论坛论文集》，内蒙古大学出版社 2009 年版，第 85—90 页。宋教授更详细的履历，可参阅中国社会科学院学者文选《宋德金集》之《作者年表》，中国社会科学出版社 2008 年版，第 498—499 页。

有详尽的剖析，并指出：魏特夫于 1949 年提出的"征服王朝论"是有其历史渊源的，早在二战以前，日本就有人把所谓征服和统治中国的辽、金、元、清等王朝称为征服国家。可以说，"征服王朝论"直接借鉴和承袭了 20 世纪初以来日本中国史研究者的某些观点。从 20 世纪初起，日本某些学者就开始对中国东北开展调查，制造出旨在否定东北主权属于中国的"南北对立论"以及"异民族统治论"等谬论。

宋德金教授还指出：在第二次世界大战前和二战期间，日本十分重视辽金史研究和对中国东北地理的考察。在 1935 年前，主要是从历史地理和语言上进行考证；而以后则侧重社会、经济、法制的研究。他们无论是对辽金史研究还是对东北地理的考察，都情有独钟，绝非偶然，而都是同日本侵华的大陆政策相关联的。①

五　"汉化"与"中华民族多元一体化"

研究辽金史、北方民族政权史数十年的张博泉，于 1986 年提出"中华一体论"②，1994 年出版《中华一体的历史轨迹》专书，提出将中原王朝与北方民族的战争定位为内战，而不是异族入侵，导致中国灭亡。③ 这一理论反驳了欧美日本学者的"南北对立论"、"异民族统治论"、"征服王朝论"等，为中国北方民族政权史的研究，作出新的解释。④

1996 年，日本国立民族学博物馆（大阪）举办"中华民族多元一体论"国际学术讨论会，中国著名社会学、民族学家费孝通提出书面报告《民族研究——简述我的民族研究经历与思考》，明确提出"中华民族多元

① 宋德金：《辽金论稿》，湖北教育出版社 2005 年版，第 15 页。

② 张博泉：《中华一体的历史轨迹》，先发表于《吉林大学社会科学学报》1986 年第 1 期；其后于 1994 年由辽宁人民出版社出版同名专书。

③ 孙中山在演讲《三民主义》之"民族主义"时，曾提出中国曾亡于蒙古族建立的元朝，以及满族人建立的清朝。但是前引《中国旬报》第一期社论《中国报宗旨》又称：历史上的"中国"从未被灭亡过；满人统治中国二百余年，但中国并未被灭亡。

④ 张博泉先生不仅是第一位以金史为研究方向的学者，同时也是在金史研究中取得成就最大的学者。他所著《金代经济史略》（1981）是第一本金代专题史，《金史简论》（1984）是近代以来第一本金朝断代史。此外，还著有《金史论稿》1—2 卷（合作）、《女真新论》及论文五六十篇。张博泉先生已于 2000 年仙逝。据赵锡元先生为张博泉先生《三馀书屋诗草》所作序中说："他在前后不到三十年的时间里，共约写出专著二十余部，学术论文二百余篇，计六七百万字，可谓著作等身。"有关张博泉先生的生平事迹，详见宋德金著《辽金论稿·纪念张博泉先生》，湖北教育出版社 2005 年版，第 336—339 页。

一体"理论。1998 年，费孝通又应邀在香港中文大学发表题为《中华民族的多元一体格局》长篇演说，再次提出"中华民族多元一体"命题。这个理论在张博泉"中华一体"的基础上，增加了"多元"的概念，在中外学术界引进很大的反响。此一观点愈来愈为内地学界接受，并且已成为中国大陆官方及学界的主流观点。

　　1999 年 9 月中央民族大学出版的《中华民族多元一体格局》（修订本），全面介绍了以费孝通为首的一批专家学者的"中华民族多元一体"理论。费孝通在《代序：民族研究——简述我的民族研究经历与思考》提出三个重要论点，全面阐述"中华民族多元一体论"：（1）中华民族是包括中国境内 56 个民族的民族实体，并不是把 56 个民族加在一起的总称。多元一体格局中，56 个民族是基层，中华民族是高层；（2）多元一体格局有一个从多元结合成一体的过程，汉族是多元基层的一元，由于他发挥凝聚作用把多元结合成一体，这一体不再是汉族而形成中华民族，一个高层认同的民族；（3）高层次民族实质上是一个既一体又多元的复合体，其间存在着相对的内部矛盾和差异，通过消长变化而获得共同体的生存和发展。① 放弃"汉化"与"胡化"这两个互相排斥的概念，改用"中华民族多元一体化"有利于民族大团结、整个社会的和谐稳定。

---

　　① 费孝通主编：《中华民族多元一体格局》（修订本），中央民族大学出版社 1999 年版，第 13 页。

后　记

　　笔者从 1986 年 9 月至 1989 年 12 月，在香港珠海书院（学院/大学）中国文史研究所攻读硕士学位，潜心研究宋辽金关系史。幸得宋史专家梁天锡教授倾力指导，经过三年半的不断努力，终于完成论文《辽代南京留守研究》(*A Study on Mayor of the Southern Capital of Liao*)，并以此通过论文口试答辩，取得硕士学位。指导老师对拙文给予比较高的评价。（详见本书前之《指导老师梁天锡教授推荐书》）

　　笔者为什么研究宋辽金史？直接的原因是，当时本校的中国文史研究所的所长宋晞教授是名闻中外的宋史研究专家，他的高足梁天锡教授，也因研究宋史而获得台湾颁授给香港学者第一个宋史博士学位；其他在该所任教的专家学者，大都以研究宋史为多。

　　于是，笔者人"近水楼台先得月"，拜梁天锡教授为师，研究宋史。梁老师特别擅长资料的处理，他无微不至的教诲，使本人受益良多。通过撰写这篇硕士论文，使本人深知资料收集、整理、分析的重要性，并且掌握了基本方法及要领，为其后继续攻读博士学位，及从事更进一步的研究工作，奠定了坚实的基础。

　　笔者研究宋辽金史的第二个原因与当时香港的政治环境有关。1982 年到 1984 年，中英通过外交途径谈判香港前途问题，并且达成收回香港主权，实行"港人治港，50 年不变"的协议。当时本人正在香港新闻界工作，见证了中英谈判的全过程。每天大量的信息充满脑海，其中，有一个问题一直纠缠不息："1997 年收回香港后，中央政府如何管治香港，使她最终融入大中国？谁最有条件当香港特别行政区的最高行政长官（特首）？他们的任用背景、资格、条件、赏罚等规律、规定如何？特首及特区政府，与中央及中央政府的关系如何？"作为一个中国历史的研究者及爱好者，本人期望可以从中国几千年历史经验之中，得到答案或启示。

为了从学术上深入探讨这些问题，本人从宋辽金三百年的关系史中，找到了《辽代南京留守研究》这个题目。因为辽代南京的政权转移与香港的回归，两者之间有许多可以类比之处；辽代南京留守（辽代南京最高行政长官）与香港"特首"的任用条件、背景、规律及未来的走向等，都有可借鉴的地方，甚至是十分相似。

辽太宗天显十一年（936），契丹获得石晋割献"燕云十六州"而兴。其后，统治燕云187年，直至保大二年（1122）失去燕云，再越三年（1125）而亡。辽朝统治下的南京，是"燕云十六州"的两个首府之一，即本书研讨的"辽代南京"，乃今北京地区也。

契丹统治南京期间，共任用过24位南京留守，这些留守之委任及卸任时间，与辽朝对燕云地区逐步加强控制，以及其兴衰荣辱，有密切关系。本书通过考证这24位留守之出身、任用原因、任期、任内功过及结局，找出南京留守之任用规律；并且，进一步研究"燕云十六州"之割献以及辽代南京之治乱，对辽朝之影响，及其历史意义和现实价值。

香港是在清末的1842年，由于清政府在鸦片战争中战败而割让给英国的。港英政府统治了香港155年（1842—1997）后，于1997年将它的主权交还给中国。香港回归后50年之内（1997—2047）实行"港人自治，高度自治"，但"特首"等政府的高级官员，先根据《香港基本法》规定进行推选，最后必须由中央政府任命。

香港回归十多年来，已经更换过两位"特首"，围绕"特首"的选任条件与方法，一直有争论；香港与中国内地的关系及未来的地位和作用，也一再成为热门的话题。在这个时候，重温二十多年前本人花了三年多时间研究过的硕士论文《辽代南京留守研究》，觉得特别亲切。千年前的故事，有很多情节仿佛还在重演。

本书由笔者二十多年前的硕士论文修订、补充、润饰而成，原论文以考证体写成，考证了辽朝治南京187年所任用过24位留守之出身、任用原因、任期、任内功过及结局，并进一步找出辽代南京留守之任用规律，通过分析辽代南京之治乱，探讨其对辽朝之影响及历史意义。成书之时保留原来的基本框架、基本结构和基本内容不变，但在章节上作了一些调整、资料进一步充实、文字上作了润饰、观点有所提升，再增加一些图片和表格，以提高全书内容的系统性、可读性及通俗性。吾师梁教授在推荐书中指出拙作缺"职掌"一章。故趁此机会在拙作增设一章"辽朝官制及辽代南京留守职掌"，使全书内容更加完整。

完成了硕士课程之后，笔者博士论文的研究方向，改为研究香港新闻史及当代中国政治。笔者不必靠这本书的出版来评等升级；也深知本书的读者极少，不可能得到多少经济回报。

但是，笔者产生一种念头：如果可以把这篇论文在本书研究的地点——北京出版，应该可以找到一些知音，除了宋辽金史研究者之外，还可供北京地方史研究者参考。另一方面，亦不至于让本人曾经努力研究过的课题，湮没于世，白白浪费。

2006 年初，北京大学历史系主任王天有教授来本校任客座教授，在闲谈之中，笔者奉告自己的研究专长，并透露本人想将这篇硕士论文出版的想法。由于是二十多年前的东西，笔者恐怕论文十分粗糙，水平太低，见不得人；又担心这么多年来，本人已经不再从事宋辽金史的研究，学术界是否有人作过进一步的研究。所以，笔者要求王教授给予指导修改并赐大序。

王教授肯定笔者的研究热情，大力支持笔者的计划，但谦称宋辽金史并非他的专长，因此，介绍北京大学中国古代史研究中心主任张希清教授指导本人。从 2008 年 9 月起，张教授到本校客座半年。笔者很荣幸有较多的机会向他讨教。张教授很细心地逐字逐段批阅拙作全文，纠正了拙作许多与内地不同的撰述规则，使拙作更加学术化、标准化。

张教授亦自谦辽史并非其专长，又转请他的老朋友、中国最有名的历史学杂志《历史研究》的主编、辽金史专家宋德金教授，为笔者审阅拙文并作大序。正是"皇天不负有心人"，宋德金教授十分关心爱护地赐作大序，给予肯定及鼓励；本书重新修订补充后，再呈宋教授批阅，宋教授又于百忙之中、寒冬之下，根据新的情况，修订新序，对本书提出不少中肯的指导。宋教授的大序，如同画龙点睛，使拙作可以展示更加完善的面貌，与各位行家里手见面。

笔者研究千年前的辽南京，都是从书本到书本，在历朝历代典籍中考证来考证去，总觉得与时代脱节，因此，很久就想对辽代南京的一些古迹，进行实地考察。2009 年 8 月，笔者趁到内蒙古出席"第八届人类学高级论坛"之机，参观了当地的一些辽遗址，拍摄了一批辽代文物的照片；同月再到北京，在辽金史专家宋德金教授的精心安排和不辞劳苦陪同下，考察了辽代南京古城遗址以及一些古刹，并且拍摄了不少珍贵的照片。这些照片附于书中，可以增加本项研究的真实感和现代气息，有利于读者比较古今，加深了解辽代的历史文化。

北京大学历史系与本校有访问教授协议，每年有一位教授来本校客座，笔者都受益匪浅。北京大学历史系的徐万民教授，大力推荐、无微不至的关怀和帮助，使笔者深受感动。刘华祝教授的大力支持和鼓励，促使本书可以加快修订，尽早面世。

在此谨向著名的北京大学历史系各位学术精湛又乐于助人的教授，致以最高的敬意！

本书有机会在擅长出版高质量专著的著名出版社——中国社会科学出版社出版，全靠出版社领导的支持，特别是宋德金教授和张小颐编审的提携、关爱和赏识，谨借此机会，向有关人士致以万分的谢忱！

李谷城谨启

2012 年 3 月修订于香港

新编辽代南京留守表

（辽太宗天显十一年至天祚皇帝保大二年，936—1122）

　　契丹统治燕京 187 年（辽太宗天显十一年至天祚皇帝保大二年，936—1122），其间共任用过 24 位南京留守（其中赵延寿、萧孝穆、耶律和鲁斡两次出任）。现将他们的基本资料表列如下，以便综合比较研究。

　　本表只讨论正职留守，其他"同知"（同任）留守、"权"或"权知"留守（代理留守）等附于该留守之后，不增加序号。

序号	姓名	任职起讫年份	任职年数①	民族	身份	任免事例
1	赵思温	天显十一年至十三年（936—938）	3	汉人	燕地四大族之一、后梁汉将，投降辽太祖	1.《赵思温传》：太宗（耶律德光）即位，以功擢检校太保、保静军节度使。天显十一年（936）唐兵攻太原，石敬瑭遣使求救，上（太宗）命思温自岚、宪间出兵援之。既罢兵，改南京留守、卢龙军节度使、管内观察处置等使、开府仪同三司兼侍中，赐协谋静乱翊圣功臣，寻改临海军节

　　① 为方便起见，南京留守的任职年数，简化为头尾年并计；有明确记载不足一年者，亦计一年；如有二位留守重叠同年在任，亦各计一年。

续表

序号	姓名	任职起讫年份	任职年数	民族	身份	任免事例
						度使。① 2.《旧五代史·高祖纪第二》：石晋天福二年（937）六月癸巳，幽州赵思温奏："瀛、莫两州，元系当道，其刺史常行周、白彦球，乞发遣至臣本府。"②
2	赵延寿	会同元年至天禄二年（938—948）（其间有刘晞任留守）	11	汉人	后唐汉将，投降辽太宗	1.《赵延寿传》：闻晋安已破，走团柏峪。太宗（耶律德光）追及，延寿与其父（赵德钧）俱降。明年，德钧卒，以延寿为幽州节度使，封燕王；及改幽州为南京，迁留守，总山南事。太宗会同初，帝（耶律德光）幸其第，加政事令。（会同元年（938）十一月太宗下诏升幽州为南京）。③ 2.《赵延寿传》：会同六年（943）冬，晋人背盟，帝（耶律德光）亲征，延寿为先锋，下贝州，授魏、博等州节度使，封魏王。④

① 《辽史》卷76《赵思温传》，第1250—1251页。

② 《旧五代史》卷76，第1003页。

③ 《辽史》卷76《赵延寿传》，第1247—1248页。"会同初……十一月诏升幽州为南京"乃指"会同元年（938）十一月，辽太宗下诏升幽州为南京"，详见《辽史》卷4《太宗纪》下，第44—45页。是年（天显十三年）十一月，辽太宗下诏"改元会同"。所以，938年十一月之前为"天显十三年"；之后为"会同元年"。一年之内有两个年号，使其后的研究者容易混淆。尤其是在此政权交接之际改年号、又下诏升幽州为南京，因而使留守人选的任期，易生混乱。

④ 据《辽太宗本纪》下，第53页载："会同六年十二月丁未，（辽太宗）如南京，议伐晋。命赵延寿……分道而进，大军继之。"故"晋人背盟"之时间应为"会同六年（943）十二月"。耶律德光御驾亲征，命延寿为先锋。虽无言明当时赵延寿的职位，但辽帝南下亲征，都是要镇守南京重镇的留守打头阵，以便调动及指挥南京的军队。大军攻下贝州，延至翌年（944）。当时赵延寿的职位，乃为南京留守兼南下大军的先锋。其后，获授魏、博等州节度使，并封魏王的赵延寿，不可能再同时兼任繁重的南京留守之实职，而需由其他人替代。

续表

序号	姓名	任职起讫年份	任职年数	民族	身份	任免事例
						3.《辽方镇年表》称：会同七年（944）赵延寿仍为南京留守。①
						4.《辽方镇年表》又曰：世宗天禄元年（947），赵延寿仍为南京留守。②
						5.《世宗本纪》：天禄二年（948）冬十月壬午，南京留守魏王延寿薨，以中台省右相牒蜡为南京留守，封燕王。③
3	刘晞	会同十年（947）	1	汉人	燕地四大族之一、后唐将领，投降契丹	1.《旧五代史·刘晞传》：石晋天福中，契丹命晞为燕京留守，历官至同平章事兼侍中。（947）随契丹入汴，授洛京留守。④
						2.《资治通鉴》曰：天福十二年（947）正月癸丑，契丹主（辽太宗耶律德光）死⑤之前，燕京留守

① 《辽方镇年表》，第50页。
② 同上。
③ 《辽史》卷5《世宗本纪》，第64页。
④ 《旧五代史》卷98《晋书》24，第1317页，《刘晞传》。《辽史》之《太宗本纪》下，第59页载："大同元年（947）春正月丁亥，备法驾入汴。"故刘晞是在大同元年（947）春正月随契丹入汴，才获授洛京留守；而在此之前的"天福中"，获契丹任命为燕京留守。又据前考，会同七年（天福九年，944），赵延寿获授魏、博等州节度使并封魏王的赵延寿，不可能再同时兼任繁重的南京留守之实职，而需由其他人替代，故应由刘晞接任。《辽方镇年表》按："天福年燕京留守为赵延寿，晞在开运以后。"天福九年（944），后晋出帝石重贵改元开运，其后有开运二年（945）及开运三年（946）；翌年（947）后晋亡，后汉高祖刘知远继大统，承前复用天福年号，是为天福十二年。
⑤ 《辽方镇年表》转引《资治通鉴》，在此处漏掉一个"死"字。契丹主（耶律德光）于大同元年（会同十年、天福十二年，947）死于栾城，据前后年份对照及文意而加。

续表

序号	姓名	任职起讫年份	任职年数	民族	身份	任免事例
						刘晞为西京留守。① 此句可以有两种解读：若在"燕京留守刘晞"之前加一个"调"字，意为刘晞在947年正月契丹主死之前为燕京留守（即南京留守），之后才被调去当西京留守；亦可解释为947年正月契丹主死之前，刘晞为西京留守，其后才被调往燕京当留守。 3.《辽方镇年表》认为：天福年间（936—944）燕京留守为赵延寿，刘晞在开运（944—946）之后；并认为应在太宗会同八年至九年（945—946）这二年刘晞为南京留守。② 此记载与上下记载相出入。本书认为，刘晞仅在947年短暂调任燕京留守；948年又是赵延寿当南京留守，一直到是年冬十月薨于任上。

---

① 《资治通鉴》在此所称的"西京"，与《旧五代史·刘晞传》所称的"洛京"，均指洛阳。因后周以开封为"东京"，把洛阳改作陪都，因洛阳地理位置在西边，故称为"西京"。《资治通鉴》与《旧五代史》乃以中原王朝为正朔，故沿用后周旧称。《资治通鉴》记载此事时用后晋天福年号；同时，称辽太宗耶律德光为"契丹主"，并以"死"记之，毫无尊称，即是也不以辽廷为正朔，说明《资治通鉴》所指"西京"，乃周时的陪都洛阳。但是，以契丹为正朔的《辽史》所称的"西京"，则是指今山西大同。1044年辽兴宗升云州（今山西大同）为"西京大同府"，作为辽的五京之一。

② 《辽方镇年表》，第50页。

续表

序号	姓名	任职起讫年份	任职年数	民族	身份	任免事例
4	耶律牒蜡	天禄二年至应历元年（948—951）	4	契丹人	契丹六院夷离堇之后、中台省右相	1.《世宗本纪》：世宗天禄二年（948）魏王延寿薨，以中台省右相牒蜡继任为南京留守。 2.《世宗本纪》：天禄五年（951）六月辛卯朔，刘崇为周所攻，遣使称侄，乞援，且求封册。即遣燕王牒蜡、枢密使高勋册为大汉神武皇帝。① 3.《耶律牒蜡传》：天禄五年（951），察割弑逆，牒蜡方醉，其妻扶入察割之幕，因从之。明旦，寿安王讨乱，凡胁从者皆弃兵降；牒蜡不降，凌迟而死。妻子皆诛。②
5	耶律娄国	天禄五年至应历二年（951—952）	2	契丹人	宗室（太祖之孙、太宗之侄、穆宗堂兄弟）	1.《耶律娄国传》：世宗天禄五年（951），遥授武定军节度使。及察割作乱，穆宗（耶律璟）与屋质从林牙敌猎计，诱而出之，娄国手刃察割，改南京留守。③ 2.《元文类》中元好问《尚书右丞耶律公碑》载：东丹生燕京留守政事令娄国。④ 3.《穆宗本纪》：应历二年（952）秋七月乙亥，政事令娄国、林牙敌烈、侍中神都、郎君海里等谋乱就执。八月己丑，眉古得、娄国等伏诛。⑤

---

① 《辽史》卷5《世宗本纪》，第66页。
② 《辽史》卷113《列传》第43《逆臣》中，第1506页《耶律牒蜡传》。
③ 《辽史》卷112《耶律娄国传》，第1501页。
④ 转引自《辽方镇年表》，第50页。
⑤ 《辽史》卷6《穆宗本纪》上，第70页。

序号	姓名	任职起讫年份	任职年数	民族	身份	任免事例
6	马廷煦	应历三年至六年(953—956)	4	汉人	燕山四大族之一、后晋刺史之子，随父投降辽太宗	1.《辽史·马人望传》："曾祖廷煦，南京留守。"① 2.《辽方镇年表》未指出在穆宗应历三年至六年（953—956）谁出任南京留守；但于开泰六年（1017）栏却列出"马人望传曾祖廷煦南京留守"，认为马廷煦在此年任南京留守，恐有误。②
7	萧思温	应历七至十三年(957—963)	7	契丹人	外戚（太宗女婿、穆宗姐夫、景宗之岳父）	1.《萧思温传》：太宗时为奚秃里太尉，寻为南京留守。③《辽方镇年表》认为：萧思温由应历七年（957）起为南京留守。④ 2.《穆宗本纪》：穆宗应历八年（958）夏四月甲寅，南京留守萧思温攻下沿边州县，遣人劳之。⑤ 3.《穆宗本纪》：应历九年（959）夏四月丙戌，周来侵。戊戌，以南京留守萧思温为兵马都总管击之。⑥

① 马胤卿降辽在太宗朝，其后马族五代极受辽廷宠信，才有廷煦获封为南京留守，时间应在太宗或穆宗、景宗三朝。穆宗应历二年之前留守见前考；应历八年后之南京留守顺次为萧思温、高勋、韩匡嗣……一直衔接到圣宗朝，未有间断，但穆宗应历三年至六年（953—956）之间不见谁曾任南京留守，故马廷煦之南京守任期应于此间。

② 《辽方镇年表》，第 52 页将《马人望传》"曾祖廷煦，南京留守"之句列于开泰六年（1017），暗示马廷煦可能在此一年任南京留守。时距马廷煦之曾孙马人望于太宗朝（927—951）降辽，马族开始受重用，已有 60 余年之久。那时，马廷煦早已作古，怎能任南京留守？

③ 《辽史》卷 78《列传》第 8《萧思温传》，第 1267—1268 页。

④ 《辽方镇年表》，第 50 页。

⑤ 《辽史》卷 6《穆宗本纪》上，第 75 页。

⑥ 同上。

续表

序号	姓名	任职起讫年份	任职年数	民族	身份	任免事例
						4.《辽方镇年表》称：应历十年（960）萧思温仍为南京留守。①
						5.《续资治通鉴》载："（宋）太祖建隆二年（辽穆宗应历十一年，961）六月……壬戌……先是辽南京留守萧思温，以老人星见，乞行赦宥，辽主许之。草赦既成，留数月不出……至是月，始赦。"②
8	高勋	应历十三年至保宁三年（963—971）	9	汉人	后晋北平王之子，投降辽太宗	1《高勋传》：穆宗应历初，封赵王，出为上京留守，寻移南京。③ 2.《穆宗本纪》：应历十三年（963）春正月丙寅，宋欲攻益津关，命南京留守高勋、统军使崔廷勋以兵扰之。④ 3.《穆宗本纪》：应历十八年（968）五月丁酉，与南京留守高勋等人酣饮连日夜。⑤ 4.保宁三年（971），辽主移上京留守韩匡嗣于南京，接替高勋。

---

① 《辽方镇年表》，第50页。
② 毕沅：《续资治通鉴》卷2《宋纪》二，"太祖建隆二年"，中华书局1964年版，第34页。
③ 《辽史》卷85《列传》第15《高勋传》，第1317页。
④ 《辽史》卷6《穆宗本纪》上，第77页。
⑤ 同上书，第86页。

续表

序号	姓名	任职起讫年份	任职年数	民族	身份	任免事例
9	韩匡嗣	保宁三年至乾亨元年（971—979）	9	汉人	燕地四大族之一	1. 毕沅《续资治通鉴》："（宋）太祖开宝四年（辽景宗保宁三年、971）……九月……壬子，辽主如归化州。甲寅，如南京。移上京留守韩匡嗣于南京，即以其子德让代为东京留守。"① 2.《韩匡嗣传》：初，景宗（耶律贤）在藩邸，善匡嗣。即位，拜上京留守。顷之王燕，改南京留守。景宗保宁末，以留守摄枢密使。② 3.《辽史·景宗本纪》记载：乾亨元年（979）冬十月，宋军围困南京，韩匡嗣战败满城，被遥授晋昌军节度使，降封为秦王；辽廷改派蜀王道隐接任南京留守。③
同知留守	耶律隆运	乾亨元年（979）	1	契丹化汉人	燕地四大族韩匡嗣之子，获辽帝赐姓名耶律隆运	1.《辽史·耶律隆运传》：耶律隆运传……侍景宗（耶律贤），以谨饬闻……代其父匡嗣为上京留守，权知京事，甚有声。寻复代父守南京，时人荣之。④

---

① 见前引毕沅《续资治通鉴》卷6《宋纪》六，"太祖开宝四年"，第154页。

② 《辽史》卷74《列传》第4，第1234页，《韩知古传》之附传《韩匡嗣传》。

③ 《辽史》卷9《景宗本纪》，第101—102页。

④ 详见《辽史》卷82《耶律隆运传》，第1289页。

续表

序号	姓名	任职起讫年份	任职年数	民族	身份	任免事例
						2.《契丹国志·耶律隆运传》载：隆运性忠厚谨悫，智略过人。景宗婴疾，后燕燕与决国事，雅重隆运……超授辽州节度使，改同知燕京留守。①
						3.《景宗本纪》称：景宗乾亨元年（979）秋七月辛丑，耶律沙遣人上俘虏，以权知南京留守事韩德让等人皆能安人心，捍城池，并赐诏褒奖。②
10	耶律道隐	乾亨元年至统和元年（979—983）	5	契丹人	宗室（太祖之孙、太宗之侄、穆宗堂兄弟、景宗之叔）	1.《景宗本纪》：景宗乾亨元年（979）十二月乙卯，燕王韩匡嗣，遥授晋昌军节度使，降封秦王。壬戌，蜀王道隐南京留守，徙封荆王。③
						2.《圣宗本纪》：圣宗统和元年（983）正月甲戌，荆王道隐薨，辍朝三日，追封晋王遣使抚其家。以于越休哥为南京留守。④

① 详见《契丹国志》卷18《耶律隆运传》，第174—176页。《契丹国志·耶律隆运传》称：耶律隆运曾任"同知燕京留守"，即是与某人同为燕京留守，与"燕京留守"有同样的权力。《辽史》卷9《景宗本纪》下，第102页称：耶律隆运曾任"权知南京留守事"，"知南京留守事"于南京留守司之官职只为第三位而已。本书不讨论"同知"、"权"等留守副贰职位，故只以附传列之；更何况，《辽史·耶律隆运传》只说他曾"代父守南京"，并未列出具体官衔。

② 详见《辽史》卷9《景宗本纪》下，第102页。《辽方镇年表》引述此项记载时，称韩德让为"权知南京留守"，漏了一个"事"字。一字之差，含意大有分别。据《辽史》卷48《百官志》，《南面京官》，第801页载：五京留守司兼府尹职名总目，顺序如下：某京留守行某府尹事、某京副留守、知某京留守事、某府少尹、同知某京留守事、同签某京留守事、某京留守判官、某京留守推官。由此可见，当时，代（权知）父守南京的韩德让，于南京留守司之官职只为第三位（知留守事）而已，并非第一位的"南京留守"。

③ 《辽史》卷9《景宗本纪》下，第102页。

④ 《辽史》卷10《圣宗本纪》一，第108页。

续表

序号	姓名	任职起讫年份	任职年数	民族	身份	任免事例
						（以上抚绥期，以下调和期）
11	耶律休哥	统和元年至十六年（983—998）	16	契丹人	契丹北院大王	1.《圣宗本纪》：圣宗统和元年（983）正月，晋王道隐薨。丙子，以于越休哥为南京留守，仍赐南面行营总管印绶，总边事。① 2.《圣宗本纪》：统和四年（986）三月，于越休哥奏宋遣曹彬等来侵。五月庚午，辽师与曹彬、米信战于岐沟关，大败之。癸酉，班师。六月甲辰，南京留守耶律休哥遣炮手西助斜轸。② 3.《耶律休哥传》：统和七年（989），宋遣刘廷让等乘暑潦来攻易州，诸将惮之；独休哥率锐卒逆击于沙河之北，杀伤数万，获辎重不可计，献于朝。太后嘉其功，诏免拜、不名。自是宋不敢北向。时宋人欲止儿啼，乃曰："于越至矣！"③ 4.《圣宗本纪》：统和十六年（998）十二月丙戌朔，宋国王休哥薨，辍朝五日。晋封皇弟恒王隆庆为梁国王、南京留守，郑王隆祐为吴国王。④

---

① 《辽史》卷10《圣宗本纪》一，第108页。
② 《辽史》卷11《圣宗本纪》二，第120—122页。
③ 《辽史》卷83《耶律休哥传》，第1301页。
④ 《辽史》卷14《圣宗本纪》五，第154页。《辽方镇年表》，第52页误作"本纪十二月南京留守郑王隆祐为吴国王"。依文意及排位顺序，应是：宋国王休哥薨后，圣宗辍朝五日，其后晋封皇帝恒王隆庆为梁国王及南京留守。休哥文治武功均佳，他的南京留守职位一直做到死；而在他死后才有恒王隆庆接班。《辽方镇年表》列出，统和十六年及十七年（998—999）隆祐为南京留守，乃标点断句之误。

续表

序号	姓名	任职起讫年份	任职年数	民族	身份	任免事例
12	耶律隆庆	统和十六年至开泰五年(998—1016)	19	契丹人	宗室（景宗次子、圣宗之弟）	1.《圣宗本纪》：圣宗统和十六年(998)十二月宋国王休哥薨。晋封皇弟恒王隆庆为梁国王、南京留守。 2.《皇子表》：初兼侍中。统和中，拜南京留守。开泰初，加守太师，兼政事令，寻拜大元帅，赐金券。更王晋国，进王秦晋，追赠皇太弟。① 3.《皇子表》又载："入觐，还至北安州，浴温泉，疾薨，葬医巫闾山。"《圣宗纪》载：圣宗开泰五年(1016)九月癸卯，皇弟秦晋国王隆庆来朝，上亲出迎劳至实山，因同猎于松山。十二月乙酉，秦晋国王隆庆还，至北安薨。②
13	吴哥洪隐	开泰五年至九年(1016—1020)	5	契丹人	宗室（圣宗第四子、兴宗异母弟）	1.《皇子表》：吴哥，字洪隐，圣宗第四子，（封）燕王，圣宗开泰二年(1013)，为惕隐，出为南京留守，封燕王。薨于南京。③ 开泰二年(1013)吴哥为惕隐，但应为越三年(1016)才出为南京留守，因开泰二年至五年（1013—1016）南京留守为皇弟恒王隆庆。 2.耶律吴哥之南京留守任期，最多只能到开泰九年(1020)，因为是年十一月韩制心为南京留守（详见下一位），而在开泰五年至九年之间，未见其他人任南京留守。

①　《辽史》卷64《皇子表》二，第986—987页。
②　《辽史》卷15《圣宗本纪》六，第178—179页。《辽方镇年表》，第52页列出：耶律隆庆南京留守之任期延续到死后的第四年(1019)，已死了怎可能再当南京留守？《皇子表》称：耶律隆庆死后，获追赠皇太弟，这才是封号。
③　《辽史》卷64《皇子表》二，第990页。

续表

序号	姓名	任职起讫年份	任职年数	民族	身份	任免事例
14	韩制心	开泰九年至太平三年（1020—1023）	4	契丹人	外戚（圣宗钦哀皇后之外弟）	1.《圣宗本纪》：圣宗开泰九年（1020）……十一月丁巳，以漆水郡王韩制心为南京留守、析津尹、兵马都总管。① 2. 韩制心南京留守的任期到圣宗太平三年（1023）十一月结束，由萧孝穆接任。
15—1	萧孝穆	首任由太平三年至十年（1023—1030）	8	契丹人	外戚（圣宗萧皇后之兄，兴宗的岳父）	1.《圣宗本纪》：圣宗太平三年（1023）……十一月辛卯朔，以……北府宰相萧孝穆（为）南京留守，封燕王②；南京留守韩制心（为）南院大王、兵马都总管。③ 2.《萧孝穆传》：太平三年（1023）封燕王、南京留守、兵马都总管。④ 3.《圣宗本纪》：太平十年（1030）……十一月辛亥，南京留守燕王萧孝穆以东征将士凯还，戎服见上，上大加宴劳。翌日，以孝穆为东平王、东京留守国舅

① 《辽史》卷16《圣宗本纪》七，第188页。
② 原文此处为"，"号，据文意改为"；"号。
③ 《辽史》卷16《圣宗本纪》七，第192页。
④ 详见《辽史》卷87《萧孝穆传》，第1331页。《辽史》卷16《圣宗纪》七，第192页亦曰："（圣宗太平三年，1023）十一月辛卯朔，以皇侄宗范为归德军节度使，北府宰相萧孝穆南京留守，封燕王，南京留守韩制心南院大王、兵马都总管，仇正燕京转运使。"此记载一系列职位调动，因标点不清，易生混淆，应于四位有关者（宗范、萧孝穆、韩制心及仇正）所属职称之间，用"；"加以明确区分，写作："……以皇侄宗范为归德军节度使；北府宰相萧孝穆南京留守、封燕王；南京留守韩制心南院大王、兵马都总管；仇正燕京转运使。"将"北府宰相萧孝穆南京留守"与"封燕王"两句之间之"，"号改为"、"号，以求与"南京留守韩制心南院大王"与"兵马都总管"两句之间之"、"号统一。亦可以将后者之"、"号改"，"号，前者统一。该引文涉及萧孝穆接韩制心任南京留守之重要记录，若标点不清会弄错。

续表

序号	姓名	任职起讫年份	任职年数	民族	身份	任免事例
						详稳、驸马都尉萧匹敌封兰陵郡王、奚王浦奴加侍中、以权燕京留守兼侍中萧惠为燕京统军使。①
权留守	萧惠	太平九年（1029）十月至十年（1030）十一月	1	契丹人	外戚（淳钦皇后弟阿古只五世孙）	1.《圣宗本纪》：圣宗太平九年（1029）冬十月丙朔，（大延琳以东京叛）以南京留守燕王萧孝穆为都统，国舅详稳萧匹敌为副统，奚六部大王萧蒲奴为都监讨之。十年（1030）十一月辛亥，南京留守燕王萧孝穆以东征将士凯归。翌日，以宰相兼枢密马保忠权知燕京留守。② 萧孝穆自太平九年（1029）十月奉命东征，至太平十年（1030）十一月归来，虽仍挂南京留守衔，但实际上此13个月期间，由萧惠权（代理）燕京留守，其后由马保忠再代理南京留守。 2.《辽史·萧惠传》没有提及萧惠曾经"权燕京留守"，但记录了他在此期间与南京相关的职务，包括南京侍卫亲军马步军都指挥使，南京统军使，南院枢密使等。③

———————

　　①　《辽史》卷17《圣宗本纪》八，第205页。
　　②　详见《辽史》卷17《圣宗本纪》八，第205—206页。马保忠在萧孝穆东征凯归之后曾权（代理）南京留守不到半年，由圣宗太平十年（1030）十一月至兴宗景福元年（1031）三月，其后之南京留守为萧孝先。
　　③　《辽史》卷93《列传》23，第1373—1375页之《萧惠传》：太平七年（1027），（萧惠任）南京侍卫亲军马步军都指挥使，寻迁南京统军使。兴宗即位（1031），知兴中府，历顺义军节使、东京留守、西南面招讨使，加开府仪同三司、检校太师兼侍中，封郑王，赐推诚协谋竭节功臣。重熙六年（1037），复为契丹行宫都部署，加守太师，徙王赵。拜南院枢密使，更王齐。

续表

序号	姓名	任职起讫年份	任职年数	民族	身份	任免事例
权留守	马保忠	太平十年（1030）十一月至景福元年（1031）三月	1	汉人	辽兴宗朝历任太师兼政事令，封燕国公	1.《圣宗本纪》：圣宗太平十年（1030）十一月辛亥，南京留守燕王萧孝穆以东征将士凯归。翌日，以宰相兼枢密马保忠权知燕京留守。① 马保忠由太平十年十一月，"权知"（代理）南京留守；其后，由萧孝穆复任南京留守。 2.《契丹国志·马保忠传》：并未提及保忠权知燕京留守之事，但记录了他在圣宗太平年间，及兴宗朝曾历任要职。②
16	耶律宗范	太平十一年/景福元年（1031）	1	契丹人	宗室（景宗之孙、圣宗之侄、兴宗堂弟）	1.《契丹国志·耶律隆运传》：宗业无子，帝后以周王同母弟宗范继隆运后，历龙化州节度使、燕京留守，封韩王。③ 2.《辽方镇年表》认为：太平十一年/景福元年（1031），耶律宗范曾任南京留守。④

---

① 详见《辽史》卷17《圣宗本纪》八，第205—206页。马保忠在萧孝穆东征凯归之后曾权（代理）南京留守不到半年，由圣宗太平十年（1030）十一月，至兴宗景福元年（1031）三月，其后之南京留守为萧孝先。

② 详见《契丹国志》卷19，第180页有《马保忠传》。

③ 《契丹国志》卷18《耶律隆运传》，第174—176页。

④ 《辽方镇年表》，第53页。

续表

序号	姓名	任职起讫年份	任职年数	民族	身份	任免事例
15—2	萧孝穆	第二次出任由景福元年至重熙六年（1031—1037）	7	契丹人	外戚（圣宗萧皇后之兄，兴宗岳父）	1.《萧孝穆传》：兴宗即位，（萧孝穆）徙王秦，寻复为南京留守。①圣宗于太平十一年（1031）夏六月己卯驾崩，（兴宗）即皇帝位于柩前②。"寻"，即"不久"，萧孝穆复为南京留守。圣宗于夏六月驾崩，最晚下半年应该公布新的人事任命，故推测为当年（1031）下半年再任南京留守。 2. 萧孝穆第二次任南京留守的任期至重熙六年（1037），由晋王萧孝先替代。
17	萧孝先	重熙六年至十四年（1037—1045）	9	契丹人	外戚（圣宗之女婿、圣宗萧皇后之兄、兴宗之妹夫）	1.《兴宗本纪》：重熙六年（1037）……三月戊寅，以秦王萧孝穆为北院枢密使，徙封吴王，晋王萧孝先为南京留守。③ 2.《萧孝先传》：重熙四年（1035），后为南京留守，卒，谥忠肃。④ 3. 重熙十年（1041），耶律吴哥取代萧孝先任南京留守。

① 《辽史》卷87《列传》第17《萧孝穆传》，第1332页。
② 《辽史》卷18《本纪》第十八《兴宗》一，第211页。
③ 同上书，第218页。
④ 《辽史》卷87《列传》第17《萧孝穆传》，第1331—1332页有其弟萧孝先的附传。

续表

序号	姓名	任职起讫年份	任职年数	民族	身份	任免事例
18	耶律重元	重熙十四至清宁二年（1045—1056）	12	契丹人	宗室（圣宗次子、兴宗之弟）	1.《辽方镇年表》指出：重熙十四年至二十四年（1045—1055），南京留守为皇太弟耶律重元。① 2.《耶律重元传》载：圣宗崩，钦哀皇后称制，密谋立重元。重元以所谋白于上（兴宗），上益重之，封为皇太弟。历北院枢密使、南京留守、知元帅府事。②
						（以上调和期，以下同化期）
19—1	耶律和鲁斡	首任清宁二年至七年(1056—1061)	6	契丹人	宗室（兴宗次子、道宗之弟、天祚之皇太叔）	1.《皇子表》曰：道宗清宁（1055—1064）中，拜上京留守，改南京留守。③ 2.《辽方镇年表》指出：清宁七年（1061）改由耶律明任南京留守。④

---

① 《辽方镇年表》，第53页。

② 《辽史》卷112《逆臣》上《耶律重元传》，第1501页。《辽方镇年表》，第53页称：据《道宗本纪》载：清宁元年（1055）九月丙子，以上京留守宿王陈留为南京留守。该表并列出陈留在清宁二年（1056）仍为南京留守；但据中华书局出版的《辽史》卷21《道宗本纪》一，第259页之注4称："以上京留守宿王陈留为南京留守"……此南京应为东京之误。

③ 《辽史》卷64《皇子表》，第991页。

④ 《辽方镇年表》，第53页。

续表

序号	姓名	任职起讫年份	任职年数	民族	身份	任免事例
20	耶律明	清宁七至九年（1061—1063）	3	契丹人	契丹皇族勋臣	1.《辽方镇年表》指出：耶律明由清宁七年至九年（1061—1063）任南京留守。① 2.《契丹国志》：清宁九年（1063），宗元谋作乱。秋七月，宗元不胜而遁，南趋幽州。燕京留守耶律明与宗元通谋，领奚兵入城授甲，欲应之。副留守某将汉兵拒焉。会使者以金牌至，遂擒斩耶律明。② 3.《道宗本纪》：清宁九年（1063）八月庚午朔，遣使安抚南京吏民。③ 证实南京发生重大事变，需要皇帝下诏慰抚。
21	萧惟信	清宁九年至咸雍元年（1063—1065）	3	契丹人	祖孙五代均为辽朝勋臣	1.《辽史·萧惟信传》：清宁九年（1063），重元作乱，犯滦河行宫，惟信从耶律仁先破之，赐竭忠定乱功臣。历南京留守、左右夷离毕，复为北院枢密副使。④ 2.《道宗本纪》：咸雍元年（1065），以晋王仁先为南京留守，以南京留守萧惟信为左夷离毕。⑤

① 《辽方镇年表》，第53页。
② 《契丹国志》，《道宗天福皇帝纪》，第88页。
③ 《辽史》卷22《本纪》第二十二《道宗》二，第263页。
④ 《辽史》卷96《萧惟信传》，第1401页。
⑤ 《辽史》卷22《本纪》第二十二《道宗》二，第265页。

续表

序号	姓名	任职起讫年份	任职年数	民族	身份	任免事例
22	耶律仁先	咸雍元年至八年（1065—1072）	8	契丹人	契丹皇族孟父房之后	1.《辽史·耶律仁先传》：咸雍元年（1065）加于越，改封辽王，与耶律乙辛共知北院枢密事。乙辛恃宠不法，仁先抑之，由是见忌，出为南京留守，改王晋。八年（1072）卒，年六十。① 2.《道宗本纪》：咸雍八年（1072）五月壬午，晋王仁先薨。②
23	耶律洪道	大康元年（1075）	1	契丹人	宗室（兴宗第三子、道宗同母弟、天祚帝之叔）	1.《契丹国志》曰：燕王洪道，道宗同母弟。渤海高频乐反，命洪道讨之。终于燕京留守，封燕王。③ 2.《辽方镇年表》按：自咸雍七年后，本纪不见出任南京留守之人。故认为大康元年（1075）燕王洪道，应为燕京留守。④
19—2	耶律和鲁斡	二任由寿昌元年至乾统十年（1095—1110）	16	契丹人	宗室（兴宗次子、道宗之弟、天祚之太皇叔）	1.《辽史·皇子表》：天祚乾统三年（1103），为惕隐，加义和仁寿之号，复守南京。⑤

① 《辽史》卷96《耶律仁先传》，第1395—1397页。

② 《辽史》卷22《本纪》第23《道宗》三，第273页。

③ 《契丹国志》，《燕王洪道传》，第154页。

④ 详见《辽方镇年表》，第54页。《辽方镇年表》又称：《皇子表》"兴宗子阿琏，咸雍间历西京、北京留守"。辽无北京，疑阿琏守南京。《皇子表》北京为南京之误。《辽方镇年表》据此认为：咸雍七年（1071）阿琏为南京留守。查《辽史》卷64《皇子表》，第992页明确记载："上京留守"而非"北京留守"。

⑤ 《辽史》卷64《皇子表》，第992页；该文第998页之原注称："三年"至"复守南京"：按《纪》乾统六年十月，以皇太叔、南京留守和鲁斡兼惕隐。义和仁寿之号，《纪》作义和仁圣。"复守"应作仍守，因惕隐为兼官，并未离去南京留守。不过，本人认为：和鲁斡于乾统三年（1103）应是"复守南京"，不可能从清宁（1055—1064）中，拜上京留守，改南京留守，一直当（仍守）南京留守半个世纪之久。

序号	姓名	任职起讫年份	任职年数	民族	身份	任免事例
						2.《辽方镇年表》称：据《皇子表》清宁（1055—1064）中，拜上京留守，改南京留守。耶律和鲁斡应从寿昌元年（1095）年起"复守南京"。① 3. 乾统十年（1110）七月壬戌，皇太叔和鲁斡薨，其子耶律淳袭父守南京。
24	耶律淳	乾统十年至保大二年（1110—1122）	13	契丹人	宗室（兴宗之孙、道宗之侄、天祚皇帝之叔）	1.《天祚本纪》：乾统十年（1110）七月壬戌，皇太叔和鲁斡薨。② 2.《辽史·耶律淳传》曰："其父和鲁斡薨，即以淳袭父守南京。冬夏入朝，宠冠诸王。"③ 3.《天祚本纪》：保大二年（1122），天祚入夹山，奚王回离保、林牙耶律大石等，引唐灵武故事，议欲立淳。官属劝进，遂即位。改保大二年为建福元年，遣使奉表于金，乞为附庸。事未决，淳死。遗命立秦王定妻德妃为皇太后，称制，改德兴元年。宋来攻，卫兵力战，宋军大溃。金兵大至，德妃奔天德军。天祚怒，诛德妃，降淳庶人。六月已而淳死。十二月，金主抚定南京。④

① 详见《辽方镇年表》，第 54 页。

② 《辽史》卷 27《本纪》第二十七《天祚皇帝》一，第 325 页。

③ 《辽史》卷 30《天祚皇帝纪》四，《耶律淳传》，第 352 页。

④ 《辽史》卷 30《本纪》第三十《天祚皇帝》四，第 342—345 页。

附 录 二

辽代南京留守与辽朝皇室亲缘关系表

　　24 位辽南京留守之中，属于宗室人员的多达 11 位，外戚 3 位，两者之和占总数的 58%，比例相当高。现根据《辽史》的《本纪》、《传》、《皇子表》、《外戚表》及《公主表》等史籍，将辽朝九朝皇帝与南京留守之间的亲缘关系整理如下表，曾任南京留守者之姓名加底线，方便分辨；曾任南京留守之名单及其身份分类如下：

　　一、宗室：1. 耶律娄国；2. 耶律道隐；3. 耶律休哥；4. 耶律隆庆；5. 耶律吴哥；6. 耶律重元；7. 耶律和鲁斡；8. 耶律明；9. 耶律洪道（耶律阿琏）；10. 耶律宗范（耶律敖鲁斡）；11. 耶律淳。

　　二、外戚：1. 萧思温；2. 萧孝穆；3. 萧孝先。

　　此外，有 3 位契丹勋臣，即耶律牒蜡、萧惟信、耶律仁先，亦与辽廷有密切的关系。

朝别	九朝皇帝	皇后/嫔妃/宫女等	皇子	公主	外戚
一朝	太祖耶律阿保机（有四子一女）	淳钦皇后萧氏（生三子一女）宫人萧氏（生一子）	长子倍（曾立为太子，封东丹国人皇王，追谥文武元皇王、让国皇帝、文献皇帝、文献钦义皇帝、庙号义宗）①	女质古	

---

　　① 耶律倍，小字图欲，辽太祖耶律阿保机的长子，淳钦皇后萧氏所生。阿保机刚刚建立契丹国的神册元年（916）春，立为太子。随辽太祖征伐渤海国获胜，封为人皇王。淳钦皇后改立其弟耶律德光为帝，他愤而投降后唐，获赐姓东丹，名慕华，复赐姓李，名赞华，38 岁被害。其弟太宗耶律德光追谥他为文武元皇王；其后由其当上皇帝的子孙先后追谥为让国皇帝、文献皇帝、文献钦义皇帝，庙号义宗。耶律倍与两位妻子共育有五子：长子耶律阮（世宗）、次子耶律娄国、三子耶律稍、四子耶律隆先、五子耶律道隐；其中，耶律娄国及耶律道隐都曾任南京留守。

续表

朝别	九朝皇帝	皇后/嫔妃/宫女等	皇子	公主	外戚
			次子耶律德光（太宗） 三子李胡（又名洪古） 四子牙里果 （宫人萧氏生）		
二朝	太宗耶律德光 （有五子一女）	靖安皇后萧氏 （生二子二女） 宫人萧氏 （生三子）	长子耶律璟（穆宗） 次子罨撒葛 三子天德（宫人萧氏生） 四子敌烈（宫人萧氏生） 五子必摄（宫人萧氏生）	长女吕不古 （下嫁萧思温） 二女嘲瑰	
三朝	世宗耶律阮 （有三子三女）	怀节皇后 （生二子三女） 妃甄氏（生一子）	长子吼阿不 二子耶律贤（景宗） 三子只没（甄氏生）	长女和古典 次女观音 三女撒剌	
四朝	穆宗耶律璟 （39岁被庖人所弑）	皇后萧氏（无子）			
五朝	景宗耶律贤 （有四子四女）	睿智皇后萧氏 （生三子三女） 渤海妃 （生一女）	长子耶律隆绪（圣宗） 次子耶律隆庆 三子耶律隆祐（隆裕）① 四子药师奴（不详所出）	长女观音女 次女长寿女 三女延寿女 四女淑哥（渤海妃女）	景宗岳父萧思温

① 隆祐，又作"隆裕"，封号齐国王，其子宗业，封周王。宗业之同母弟宗范，于太平十一年/景福元年（1031）曾任南京留守。

续表

朝别	九朝皇帝	皇后/嫔妃/宫女等	皇子	公主	外戚
六朝	圣宗耶律隆绪（生六子十四女）	贵妃（生一女） 钦哀皇后（生二子二女） 仆隗氏（生二子） 姜氏（生一子） 萧氏（生二女） 萧氏（第二）（生一女） 马氏（生一女） 大氏（生一女） 白氏（生四女） 李氏（生一女） 艾氏（生一女）	长子耶律宗真（兴宗，钦哀皇后生） 次子耶律重元（钦哀皇后生） 三子别古特（未详所出） 四子耶律吴哥①（仆隗氏生） 五子狗儿（仆隗氏生） 六子侯古（姜氏生）	长女燕哥（贵妃生） 二女岩母堇（钦哀皇后生） 三女朔②古（钦哀皇后生） 四女崔八（萧氏生，下嫁萧孝先） 五女陶哥（萧氏生） 六女钿匿（第二萧氏生） 七女九哥（马氏生） 八女长寿（大氏生） 九女八哥（白氏生） 十女十哥（白氏生） 十一女擘失（白氏生） 十二女泰哥（白氏生） 十四女兴哥（艾氏生） 十三女赛哥（李氏生）	圣宗钦哀皇后之外弟韩制心 圣宗萧皇后之兄萧孝先

---

① 吴哥，字洪隐，因此又称为"吴哥洪隐"；但是，如果冠上姓"耶律"，则正式的姓名应为"耶律吴哥"。

② 此处之"朔"字原有"木"垫底，但电脑打不出，故从简。

朝别	九朝皇帝	皇后/嫔妃/宫女等	皇子	公主	外戚
七朝	兴宗耶律宗真（有三子二女）	仁懿皇后萧氏（生三子二女）	长子耶律洪基（道宗） 次子耶律和鲁斡 三子耶律阿琏（疑与耶律洪道同一人）	长女跋芹 二女斡里太	仁懿皇后之父为萧孝穆
八朝	道宗耶律洪基（有一子三女）	宣懿皇后萧氏（生一子三女）	长子耶律濬（20岁被害，其子延禧，即天祚皇帝）	长女撒葛只 二女纠里 三女特里	
九朝	天祚皇帝耶律延禧（有六子六女）	文妃（生一子一女） 元妃（生一子三女，女俱为金人所获） 宫人（生二女，俱为金人所获）	长子敖鲁斡（文妃生） 二子雅里（元妃生） 三子挞鲁（未详所出） 四子习泥烈（未详所出） 五子定（未详所出） 六子宁（未详所出）	长女余里衍（文妃生）	

附录三

辽代南京留守任期几种历法对照表

记载辽代南京历史的主要史著,如《资治通鉴》、《旧五代史》、《新五代史》、《契丹国志》、《辽史》、《金史》等,由于"各与正统,各系其年号",在记述同一人或同一事件时,往往使用了不同的纪年,因而使研读者十分困扰,故作下表,方便对照比较。

本表记录时限始于辽太祖耶律阿保机神册元年(916)契丹开国,止于辽天祚皇帝保大五年(1125)辽国灭亡。(为方便比较,部分后延到1127年钦宗赵桓靖康二年北宋灭亡,以及1234年金哀宗完颜守绪天兴三年金国灭亡,这两个重要的年份。)本表以24位辽代南京留守任期顺序为纲,每位留守任期为一节,以空格隔开(两位留守任期在同一年重叠时,以上一任最后一年为界),列出相应的公元、辽历、五代及北宋皇历、金朝皇历,清楚明确,一目了然。

南京留守	公元	辽代皇历	五代/北宋皇历	金代皇历
	916	太祖耶律阿保机神册元年(阿保机变家为国,国号大契丹)	后梁末帝朱友贞贞明二年	
	917	神册二年	贞明三年	
	918	神册三年	贞明四年	
	919	神册四年	贞明五年	
	920	神册五年	贞明六年	
	921	神册六年	贞明七年/末帝朱友贞改元龙德	
	922	太祖耶律阿保机改元天赞	龙德二年	

续表

南京留守	公元	辽代皇历	五代/北宋皇历	金代皇历
	923	天赞二年	龙德三年/后唐庄宗李存勖改元同光	
	924	天赞三年	同光二年	
	925	天赞四年	同光三年	
	926	天赞五年/太祖耶律阿保机改元天显〔太祖七月崩于扶余（馀）城〕	同光四年/后唐明宗李嗣源改元天成	
	927	太宗耶律德光天显二年（太宗继位沿用天显年号二年至十三年，927—938）	天成二年	
	928	天显三年	天成三年	
	929	天显四年	天成四年	
	930	天显五年	天成五年/明宗李嗣源改元长兴	
	931	天显六年	长兴二年	
	932	天显七年	长兴三年	
	933	天显八年	长兴四年	
	934	天显九年	后唐闵帝李从厚改元应顺元年/后唐末帝李从珂改元清泰	
	935	天显十年	清泰二年	
赵思温	936	天显十一年（是岁十一月契丹得幽州）①	清泰三年/后晋高祖石敬瑭十一月改元天福②	
赵思温	937	天显十二年	天福二年	

① 《资治通鉴》卷280《后晋纪》一"高祖天福元年"（936），第9138页：晋天福元年（936）……九月，契丹耶律德光（辽太宗）入自鴈（雁）门，敬瑭夜出北门见耶律德光，约为父子。十一月丁酉，皇帝（石敬瑭）即位，国号晋。己亥，大赦，改元。

② 同上书："是年十一月方改元即位"，即为天福元年。

续表

南京留守	公元	辽代皇历	五代/北宋皇历	金代皇历
赵思温/赵延寿	938	天显十三年/太宗耶律德光改元会同（太宗改国号大辽①、升幽州为南京）	天福三年	
赵延寿	939	会同二年	天福四年	
赵延寿	940	会同三年	天福五年	
赵延寿	941	会同四年	天福六年	
赵延寿	942	会同五年	后晋出帝石重贵天福七年（沿用至天福年号九年）	
赵延寿	943	会同六年	天福八年	
赵延寿	944	会同七年	天福九年/出帝石重贵改元开运	
赵延寿	945	会同八年	开运二年	
赵延寿	946	会同九年	开运三年	
刘晞/赵延寿	947	会同十年/太宗耶律德光改元大同，建国号大辽，同年四月崩于栾城/世宗耶律阮即位于柩前，九月改元天禄	后晋亡，后汉高祖刘知远继大统，续用天福年号，是为天福十二年	
赵延寿/耶律牒蜡	948	天禄二年	高祖刘知远改元乾祐/后汉隐帝刘承祐改元乾祐	
耶律牒蜡	949	天禄三年	乾祐二年	
耶律牒蜡	950	天禄四年	乾祐三年	
耶律牒蜡/耶律娄国	951	天禄五年/九月世宗遇弑，穆宗耶律述律即位，改元应历	后周太祖郭威改元广顺	

① 《资治通鉴》卷281《后晋纪》二"高祖天福二年"（937），第9185页："是岁，契丹改元会同，国号大辽"。但是，据刘浦江《辽朝国号考释》一文（原载《历史研究》2001年第1期）的考证，应是938年才改国号大辽，其中应有年号转变引起的误差，详见第八章。

南京留守	公元	辽代皇历	五代/北宋皇历	金代皇历
耶律娄国	952	应历二年	广顺二年	
马延煦	953	应历三年	广顺三年	
马延煦	954	应历四年	太祖郭威改元显德/后周世宗柴荣沿用显德（至六年）	
马延煦	955	应历五年	显德二年	
马延煦	956	应历六年	显德三年	
萧思温	957	应历七年	显德四年	
萧思温	958	应历八年	显德五年	
萧思温	959	应历九年	显德六年/后汉恭帝郭宗训沿用显德六年（至七年）	
萧思温	960	应历十年	显德七年/宋太祖赵匡胤改元建隆（宋朝建立）	
萧思温	961	应历十一年	建隆二年	
萧思温	962	应历十二年	建隆三年	
萧思温/高勋	963	应历十三年	建隆四年/太祖赵匡胤改元乾德	
高　勋	964	应历十四年	乾德二年	
高　勋	965	应历十五年	乾德三年	
高　勋	966	应历十六年	乾德四年	
高　勋	967	应历十七年	乾德五年	
高　勋	968	应历十八年	乾德六年/太祖赵匡胤改元开宝	
高　勋	969	应历十九年/二月穆宗被庖人所杀，景宗耶律贤即位于枢前，改元保宁	开宝二年	
高　勋	970	保宁二年	开宝三年	
高勋/韩匡嗣	971	保宁三年	开宝四年	

南京留守	公元	辽代皇历	五代/北宋皇历	金代皇历
韩匡嗣	972	保宁四年	开宝五年	
韩匡嗣	973	保宁五年	开宝六年	
韩匡嗣	974	保宁六年	开宝七年	
韩匡嗣	975	保宁七年	开宝八年	
韩匡嗣	976	保宁八年	开宝九年/宋太宗赵光义改元太平兴国	
韩匡嗣	977	保宁九年	太平兴国二年	
韩匡嗣	978	保宁十年	太平兴国三年	
韩匡嗣/耶律道隐	979	保宁十一年/景宗耶律贤改元乾亨	太平兴国四年	
耶律道隐	980	乾亨二年	太平兴国五年	
耶律道隐	981	乾亨三年	太平兴国六年	
耶律道隐	982	乾亨四年/九月景宗崩，圣宗即位于枢前	太平兴国七年	
耶律道隐/耶律休哥	983	乾亨五年/六月圣宗耶律隆绪改元统和（复用国号大契丹）	太平兴国八年	
		（以上抚绥期，以下调和期）		
耶律休哥	984	统和二年	太平兴国九年/宋太宗赵光义改元雍熙	
耶律休哥	985	统和三年	雍熙二年	
耶律休哥	986	统和四年	雍熙三年	
耶律休哥	987	统和五年	雍熙四年	
耶律休哥	988	统和六年	宋太宗赵光义改元端拱	
耶律休哥	989	统和七年	端拱二年	
耶律休哥	990	统和八年	宋太宗赵光义改元淳化	

南京留守	公元	辽代皇历	五代/北宋皇历	金代皇历
耶律休哥	991	统和九年	淳化二年	
耶律休哥	992	统和十年	淳化三年	
耶律休哥	993	统和十一年	淳化四年	
耶律休哥	994	统和十二年	淳化五年	
耶律休哥	995	统和十三年	宋太宗赵光义改元至道	
耶律休哥	996	统和十四年	至道二年	
耶律休哥	997	统和十五年	至道三年	
耶律休哥/ 耶律隆庆	998	统和十六年	宋真宗赵恒改元咸平	
耶律隆庆	999	统和十七年	咸平二年	
耶律隆庆	1000	统和十八年	咸平三年	
耶律隆庆	1001	统和十九年	咸平四年	
耶律隆庆	1002	统和二十年	咸平五年	
耶律隆庆	1003	统和二十一年	咸平六年	
耶律隆庆	1004	统和二十二年	宋真宗赵恒改元景德	
耶律隆庆	1005	统和二十三年	景德二年	
耶律隆庆	1006	统和二十四年	景德三年	
耶律隆庆	1007	统和二十五年	景德四年	
耶律隆庆	1008	统和二十六年	宋真宗赵恒改元大中祥符	
耶律隆庆	1009	统和二十七年	大中祥符二年	
耶律隆庆	1010	统和二十八年	大中祥符三年	
耶律隆庆	1011	统和二十九年	大中祥符四年	
耶律隆庆	1012	统和三十年/圣宗耶律隆绪 改元开泰	大中祥符五年	
耶律隆庆	1013	开泰二年	大中祥符六年	
耶律隆庆	1014	开泰三年	大中祥符七年	
耶律隆庆	1015	开泰四年	大中祥符八年	

南京留守	公元	辽代皇历	五代/北宋皇历	金代皇历
耶律隆庆/耶律吴哥	1016	开泰五年	大中祥符九年	
耶律吴哥	1017	开泰六年	宋真宗赵恒改元天禧	
耶律吴哥	1018	开泰七年	天禧二年	
耶律吴哥	1019	开泰八年	天禧三年	
耶律吴哥/韩制心	1020	开泰九年	天禧四年	
韩制心	1021	开泰十年/圣宗耶律隆绪改元太平	天禧五年	
韩制心	1022	太平二年	宋真宗赵恒改元乾兴	
韩制心/萧孝穆	1023	太平三年	宋仁宗赵祯改元天圣	
萧孝穆	1024	太平四年	天圣二年	
萧孝穆	1025	太平五年	天圣三年	
萧孝穆	1026	太平六年	天圣四年	
萧孝穆	1027	太平七年	天圣五年	
萧孝穆	1028	太平八年	天圣六年	
萧孝穆	1029	太平九年	天圣七年	
萧孝穆	1030	太平十年	天圣八年	
耶律宗范/萧孝穆	1031	太平十一年/六月圣宗崩于行宫，兴宗耶律宗真即位，改元景福	天圣九年	
萧孝穆	1032	景福二年/兴宗耶律宗真改元重熙	天圣十年/宋仁宗赵祯改元明道	
萧孝穆	1033	重熙二年	明道二年	
萧孝穆	1034	重熙三年	宋仁宗赵祯改元景祐	
萧孝穆	1035	重熙四年	景祐二年	
萧孝穆	1036	重熙五年	景祐三年	

南京留守	公元	辽代皇历	五代/北宋皇历	金代皇历
萧孝穆/ 萧孝先	1037	重熙六年	景祐四年	
萧孝先	1038	重熙七年	景祐五年/宋仁宗赵祯改元 宝元	
萧孝先	1039	重熙八年	宝元二年	
萧孝先	1040	重熙九年	宝元三年/宋仁宗赵祯改元 康定	
萧孝先	1041	重熙十年	康定二年/宋仁宗赵祯改元 庆历	
萧孝先	1042	重熙十一年	庆历二年	
萧孝先	1043	重熙十二年	庆历三年	
萧孝先	1044	重熙十三年	庆历四年	
萧孝先/ 耶律重元	1045	重熙十四年	庆历五年	
耶律重元	1046	重熙十五年	庆历六年	
耶律重元	1047	重熙十六年	庆历七年	
耶律重元	1048	重熙十七年	庆历八年	
耶律重元	1049	重熙十八年	宋仁宗赵祯改元皇祐	
耶律重元	1050	重熙十九年	皇祐二年	
耶律重元	1051	重熙二十年	皇祐三年	
耶律重元	1052	重熙二十一年	皇祐四年	
耶律重元	1053	重熙二十二年	皇祐五年	
耶律重元	1054	重熙二十三年	皇祐六年/宋仁宗赵祯改元 至和	
耶律重元	1055	重熙二十四年/八月兴宗崩 于行宫，道宗耶律洪基即 位，改元清宁	至和二年	
耶律重元/耶 律和鲁斡	1056	清宁二年	至和三年/宋仁宗赵祯改元 嘉祐	

续表

南京留守	公元	辽代皇历	五代/北宋皇历	金代皇历
		（以上调和期，以下同化期）		
耶律和鲁斡	1057	清宁三年	嘉祐二年	
耶律和鲁斡	1058	清宁四年	嘉祐三年	
耶律和鲁斡	1059	清宁五年	嘉祐四年	
耶律和鲁斡	1060	清宁六年	嘉祐五年	
耶律和鲁斡/耶律明	1061	清宁七年	嘉祐六年	
耶律明	1062	清宁八年	嘉祐七年	
耶律明/萧惟信	1063	清宁九年	嘉祐八年	
萧惟信	1064	清宁十年	宋英宗赵曙改元治平	
萧惟信/耶律仁先	1065	道宗耶律洪基改元咸雍	治平二年	
耶律仁先	1066	咸雍二年（复用国号大辽）	治平三年	
耶律仁先	1067	咸雍三年	治平四年	
耶律仁先	1068	咸雍四年	宋神宗赵顼改元熙宁	
耶律仁先	1069	咸雍五年	熙宁二年	
耶律仁先	1070	咸雍六年	熙宁三年	
耶律仁先	1071	咸雍七年	熙宁四年	
耶律仁先	1072	咸雍八年	熙宁五年	
	1073	咸雍九年	熙宁六年	
	1074	咸雍十年	熙宁七年	
耶律洪道	1075	道宗耶律洪基改元大康	熙宁八年	
	1076	大康二年	熙宁九年	
	1077	大康三年	熙宁十年	

南京留守	公元	辽代皇历	五代/北宋皇历	金代皇历
	1078	大康四年	宋神宗赵顼改元元丰	
	1079	大康五年	元丰二年	
	1080	大康六年	元丰三年	
	1081	大康七年	元丰四年	
	1082	大康八年	元丰五年	
	1083	大康九年	元丰六年	
	1084	大康十年	元丰七年	
	1085	道宗耶律洪基改元大安	元丰八年	
	1086	大安二年	宋哲宗赵煦改元元祐	
	1087	大安三年	元祐二年	
	1088	大安四年	元祐三年	
	1089	大安五年	元祐四年	
	1090	大安六年	元祐五年	
	1091	大安七年	元祐六年	
	1092	大安八年	元祐七年	
	1093	大安九年	元祐八年	
	1094	大安十年	元祐九年/宋哲宗赵煦改元绍圣	
耶律和鲁斡	1095	道宗耶律洪基改元寿隆	绍圣二年	
耶律和鲁斡	1096	寿隆二年	绍圣三年	
耶律和鲁斡	1097	寿隆三年	绍圣四年	
耶律和鲁斡	1098	寿隆四年	绍圣五年/宋哲宗赵煦改元元符	
耶律和鲁斡	1099	寿隆五年	元符二年	
耶律和鲁斡	1100	寿隆六年	元符三年	
耶律和鲁斡	1101	寿隆七年/正月道宗崩，天祚皇帝耶律延禧继位，二月改元乾统	宋徽宗赵佶改元建中靖国	
耶律和鲁斡	1102	乾统二年	宋徽宗赵佶改元崇宁	
耶律和鲁斡	1103	乾统三年	崇宁二年	

南京留守	公元	辽代皇历	五代/北宋皇历	金代皇历
耶律和鲁斡	1104	乾统四年	崇宁三年	
耶律和鲁斡	1105	乾统五年	崇宁四年	
耶律和鲁斡	1106	乾统六年	崇宁五年	
耶律和鲁斡	1107	乾统七年	宋徽宗赵佶改元大观	
耶律和鲁斡	1108	乾统八年	大观二年	
耶律和鲁斡	1109	乾统九年	大观三年	
耶律和鲁斡/耶律淳	1110	乾统十年	大观四年	
耶律淳	1111	天祚帝耶律延禧改元天庆	宋徽宗赵佶改元政和	
耶律淳	1112	天庆二年	政和二年	
耶律淳	1113	天庆三年	政和三年	
耶律淳	1114	天庆四年	政和四年	
耶律淳	1115	天庆五年	政和五年	太祖完颜旻收国元年（金朝开国）
耶律淳	1116	天庆六年	政和六年	收国二年
耶律淳	1117	天庆七年	政和七年	金太祖完颜旻改元天辅
耶律淳	1118	天庆八年	政和八年/宋徽宗赵佶改元重和	天辅二年
耶律淳	1119	天庆九年	重和二年/宋徽宗赵佶改元宣和	天辅三年
耶律淳	1120	天庆十年	宣和二年	天辅四年
耶律淳	1121	天祚帝耶律延禧改元保大	宣和三年	天辅五年
耶律淳	1122	保大二年（金攻陷辽南京）	宣和四年	天辅六年
	1123	保大三年	宣和五年	天辅七年/金太宗完颜晟改元天会

续表

南京留守	公元	辽代皇历	五代/北宋皇历	金代皇历
	1124	保大四年	宣和六年	天会二年
	1125	保大五年（辽国灭亡）	宣和七年	天会三年
	1127		宋钦宗赵桓靖康二年（北宋灭亡）	天会五年
	1234			金哀宗完颜守绪天兴三年/末帝完颜承麟改元盛昌/同年复用天兴三年（金国灭亡）

附 录 四

辽代方镇年表(南京)

——南京留守兵马都总管析津尹统析津
一府顺檀涿易蓟景六州

　　晚清民初才子吴廷燮[①]，穷毕生精力，辑录《历代方镇年表》[②]凡56卷，将自汉至清历代方镇主要长官之任职年份，以编年表列出，保存了许多珍贵的史料。其中之《南京留守兵马都总管析津尹统析津一府顺檀涿易蓟景六州》一卷，与本书讨论的问题有直接的关系。惜本人研究早期，未能读及此著，以至耗费大量时间及精力，翻查考证；后得此表，从中找到一些难得的材料，也发现一些错漏或不足之处。现将整份年表照录如下，

---

　　① 吴廷燮（1865—1947），字向之，又字次燮。江苏江宁（今南京）人。清同治四年十一月七日（1865年12月24日）生于山西榆次县衙。六岁认字，七岁受读。1894年（30岁）应顺天乡试中举，次年任誊录议通判。博闻强记，喜研读近代史，日取邸抄分类编之，复旁稽政书图志，入而贯通。每与人谈，历历如数家珍，由是为历任长吏所重。1901年调署太原府同知。1902年赵尔巽（按：《清史稿》作者）任山西巡抚，欣赏吴廷燮的才华，檄署太原府知府。1904年赵尔巽内召，引荐吴廷燮入京师政务处。次年，补巡警部警政司郎中。1906年补巡警部右参议。1910年任度支部参议。1911年补内阁法制院参议、署副使，寻兼弼德院参议。1912年（民国元年）获袁世凯委任为总统府秘书。1914年任政事堂主计局长。1916年政事堂改国务院，主计局改统计局，任统计局长，连任至1928年北洋政府结束为止。其间于1919年获外交部聘为藏案研究会委员。1928年获阎锡山总司令聘为顾问。应张学良之聘，出任沈阳萃升书院史学主讲，讲明史记事本末。1931年"九·一八"事变起，回北平。1947年1月，国史馆建于南京，应聘为纂修。同年12月17日卒，年82。一生著述甚多，《历代方镇年表》一书，自汉至清，凡56卷，是其毕生精力之拔萃者之一。详见秦孝仪总编纂《中国现代史辞典》（人物部分），台北：近代中国出版社1985年版，第156页。

　　② 吴廷燮撰：《辽方镇年表》，金毓黻主编《辽海丛书》第一册，辽沈书社1984年版，第39—78页。其中之《南京留守兵马都总管析津尹统析津一府顺檀涿易蓟景六州》年表，载于第50—55页。

以供参考对照。为方便阅读、对比、理解,重要之处加上新式标点符号和一些注释;辽朝皇帝加注其本名,其纪年,加注公元年号;为方便电脑使用,改用横排,并对格式作适当的调整。

任职年份	姓名	任免事件主要记录
天显十一年 (936)	赵思温	本传①:太宗(耶律德光)即位,以功擢检校太保,保静军节度使。天显十一年(936)唐兵攻太原,命思温援之。既罢兵,改任南京留守、卢龙军节度使、管内观察处置等使兼侍中,寻改临海军节度使。
十二年 (937)	赵思温	旧五代史晋本纪:天福二年(937)六月癸巳,幽州赵思温奏:"瀛、莫两州,元系当道,其刺史常行周、白彦球,乞发遣至臣本府。"
天显十三年/ 会同元年(938)	赵延寿	本传:闻晋安已破,走团柏峪。太宗(耶律德光)追及,延寿与其父(赵德钧)俱降。明年,以延寿为幽州节度使,封燕王;及改幽州为南京,迁留守,总山南事。会同初,帝(耶律德光)幸其第,加政事令。本纪②:十一月诏升幽州为南京。③
二年(939)	赵延寿	
三年(940)	赵延寿	
四年(941)	赵延寿	
五年(942)	赵延寿	
六年(943)	赵延寿	

---

① 此处"本传"即《赵思温传》,载《辽史》卷76。以下若记述某某人之时称"本传",即为当事人载于《辽史》之传记。

② 此处之"本纪",即辽《太宗本纪》。本表中所称"本纪",即指《辽史》所载该皇帝统治时期之"本纪"。

③ "会同初……十一月诏升幽州为南京"乃指"会同元年(938)十一月,辽太宗下诏升幽州为南京",详见《辽史》卷4《太宗纪》下,第44—45页。是年(天显十三年)十一月,辽太宗下诏"改元会同"。所以,938年十一月之前为"天显十三年",之后为"会同元年"。一年之内有两个年号,使其后的研究者容易混淆。尤其是在此政权交接之际改年号又下诏升幽州为南京,因而使留守人选的任期,易生混乱。

任职年份	姓名	任免事件主要记录
七年（944）	赵延寿	本传：晋人背盟①，帝（耶律德光）亲征，延寿为先锋，下贝州，授魏、博等州节度使，封魏王。
八年（945）	刘晞	旧五代史刘晞传：天福中，契丹命晞为燕京留守，历官至同平章事、兼侍中。随契丹入汴。按：天福年燕京留守为赵延寿，晞在开运②以后。《资治通鉴》：天福十二年正月癸丑，契丹主死③之前，燕京留守刘晞为西京留守。
九年（946）	刘晞	
大同元年/天禄元年（947）	赵延寿	
二年（948）	赵延寿/萧牒蜡④	本纪：十月壬午，南京留守魏王延寿薨，以中台省右相牒蜡为南京留守。
三年（949）	萧牒蜡	
四年（950）	萧牒蜡	
天禄五年/应历元年（951）	萧牒蜡	本纪：六月辛卯，刘崇求封册，即遣燕王牒蜡册为大汉神武皇帝。本传：天禄五年（951），察割弑逆。寿安王讨乱，牒蜡不降，凌迟而死。
二年（952）		元文类元好问：尚书右丞耶律公碑，东丹王七世孙，东丹生，燕京留守政事令娄国。按：娄国见辽史皇子表。
三年（953）		
四年（954）		

① 据辽太宗《本纪》下，第53页载："会同六年十二月丁未，（辽太宗）如南京，议伐晋。命赵延寿……分道而进，大军继之。"故"晋人背盟"之时间应为"会同六年（943）十二月"，而非本方镇年表所列的"会同七年"（944）。

② 天福九年（944），后晋出帝石重贵改元开运，其后有开运二年（945）及开运三年（946）；翌年（947）后晋亡，后汉高祖刘知远继大统，复用天福年号，是为天福十二年。

③ 此处原件漏一"死"字，契丹主（耶律德光）大同元年（会同十年、天福十二年、947）死于栾城。据前后年份对照及文意而改。

④ 萧牒蜡：又作、耶律牒蜡、耶律牒葛、耶律牒蝎、耶律敌猎、耶律敌烈等，本书均作耶律牒蜡，但此表则保留原有名称。详见第二章耶律牒蜡条。

任职年份	姓名	任免事件主要记录
五年（955）		
六年（956）		
七年（957）	萧思温	本传：太宗时为奚秃里太尉，寻为南京留守。
八年（958）	萧思温	本传：周人攻扬州，遣思温蹑其后，惮暑不敢进，拔沿边数城而还。本纪：四月南京留守萧思温，攻下沿边州县。遣人劳之。
九年（959）	萧思温	本纪：四月周来侵。戊戌，以南京留守萧思温为兵马都总管击之。周拔益津、瓦桥、淤口三关。五月，陷瀛莫二州。癸亥，如南京。辛未，周兵退。
十年（960）	萧思温	
十一年（961）	高勋	
十二年（962）	高勋	
十三年（963）	高勋	本传：应历初，上京留守，寻移南京。十七年，宋略地益津，勋击败之。
十四年（964）	高勋	
十五年（965）	高勋	
十六年（966）	高勋	
十七年（967）	高勋	
十八年（968）	高勋	本纪：四月丁酉，与南京留守高勋酣饮连日夜。
应历十九年/保宁元年（969）		
二年（970）		
三年（971）	韩匡嗣	本传：景宗（耶律贤）即位，拜上京留守。顷之王燕，改南京留守。保宁末，以留守摄枢密使。
四年（972）	韩匡嗣	刘景传：景宗即位，擢礼部侍郎，迁尚书。顷之，为南京副留守。时留守韩匡嗣扈从北上，景与其子德让共理京事。
五年（973）	韩匡嗣	
六年（974）	韩匡嗣	
七年（975）	韩匡嗣	
八年（976）	韩匡嗣	

任职年份	姓名	任免事件主要记录
九年（977）	韩匡嗣	
十年（978）	韩匡嗣	
乾亨元年（979）	韩德让/蜀王道隐	本传：代其父匡嗣为上京留守，寻复代父守南京。宋兵取河东侵燕围城，日夜守御。援军至，围解。战高粱河，邀击又破之。以功拜辽兴军节度使。本纪：七月辛丑，以权知南京留守韩德让能安人心捍城池，赐诏褒奖。本纪：六月己巳，宋主围南京。七月癸未，休哥、斜轸横击大败之。宋主仅以身免，至涿州遁去。九月己卯，命燕王韩匡嗣为都统南伐。十月乙丑，匡嗣与宋兵战于满城，败绩。乙亥，诏数匡嗣五罪，赦之。 本纪：乾亨元年十二月乙卯，燕王韩匡嗣，遥授晋昌军节度使，降封秦王。壬戌，蜀王道隐南京留守，徙封荆王。
二年（980）	荆王道隐	
三年（981）	荆王道隐	
四年（982）	荆王道隐	本纪：十二月辛酉，荆王道隐奏：宋遣使请和。
统和元年（983）	荆王道隐/耶律休哥	本纪：正月甲戌，晋王道隐薨。 本纪：正月丙子，以于越休哥为南京留守，仍赐南面行营总管印绶总边事。本传：休哥均戍兵，立更休法，劝农桑，修武备，边境大治。
二年（984）	耶律休哥	
三年（985）	耶律休哥	
四年（986）	耶律休哥	本纪：三月，宋曹彬等来侵。五月庚午，辽师与曹彬、米信战于岐沟关，大败之。癸酉，班师。六月甲辰，南京留守耶律休哥遣炮手西助斜轸。
五年（987）	耶律休哥	
六年（988）	耶律休哥	
七年（989）	耶律休哥	本传：宋遣刘廷让等来攻易州，休哥逆击于沙河之北，杀伤数万。太后嘉其功，诏免拜、不名。
八年（990）	耶律休哥	
九年（991）	耶律休哥	

续表

任职年份	姓名	任免事件主要记录
十年（992）	耶律休哥	休哥以燕民疲敝，省赋役，恤孤寡，戒戍兵，无犯宋境，远近向化，边鄙以安。
十一年（993）	耶律休哥	
十二年（994）	耶律休哥	
十三年（995）	耶律休哥	
十四年（996）	耶律休哥	
十五年（997）	耶律休哥	
十六年（998）	耶律休哥/吴王隆祐	本纪：十二月丙戌，宋王休哥薨。 本纪：十二月，南京留守郑王隆祐为吴国王。①
十七年（999）	吴王隆祐	
十八年（1000）		
十九年（1001）	梁国王隆庆	皇子表：初兼侍中。统和中，拜南京留守。开泰初，加守太师，兼政事令，寻拜大元帅，赐金券。
二十年（1002）	梁国王隆庆	
二十一年（1003）	梁国王隆庆	
二十二年（1004）	梁国王隆庆	
二十三年（1005）	梁国王隆庆	
二十四年（1006）	梁国王隆庆	
二十五年（1007）	梁国王隆庆	
二十六年（1008）	梁国王隆庆	
二十七年（1009）	梁国王隆庆	
二十八年（1010）	梁国王隆庆	
二十九年（1011）	梁国王隆庆	
开泰元年（1012）	梁国王隆庆	本纪：十一月甲午朔，改幽都府为析津府。

---

　　① 《辽方镇年表》误载耶律隆祐998—999年为南京留守：该表编列耶律隆祐于辽圣宗统和十六年（998）及十七年（999）任南京留守，实为标点不清之误。中华书局出版的《辽史》卷14《圣宗本纪》第154页记载："统和十六年十二月丙戌朔，宋国王休哥薨，辍朝五日。晋封皇弟恒王隆庆为梁国王、南京留守，郑王隆祐为吴国王。"中华书局所作标点，表示恒王隆庆晋梁国王及南京留守（用"、"号隔开）；而非用"，"号隔开，变成为郑王隆祐冠上"南京留守"之衔。此引文前段称"是年十二月耶律休哥薨"，其后，才有耶律隆庆及耶律隆祐之晋封，而查《辽史·耶律休哥传》得知，耶律休哥卒于南京任上，即他死前一直是南京留守，故统和十六年南京留守不可能是耶律隆祐。

续表

任职年份	姓名	任免事件主要纪录
二年（1013）	梁国王隆庆	
三年（1014）	梁国王隆庆	
四年（1015）	梁国王隆庆	
五年（1016）	梁国王隆庆	本纪：九月癸卯，皇弟秦晋王隆庆来朝。十二月乙酉，还至北安甍。
六年（1017）	梁国王隆庆	马人望传：曾祖廷煦，南京留守。
七年（1018）	梁国王隆庆	
八年（1019）	梁国王隆庆	
九年（1020）	韩制心	本纪：十一月丁巳，以漆水郡王韩制心为南京留守、析津尹、兵马都总管。
太平元年（1021）	韩制心	辽史耶律隆运传：韩制心，太平中历中京留守、惕隐、南京留守，徙王燕。疑即韩制心。①
二年（1022）	韩制心	
三年（1023）	韩制心	本纪：十一月辛卯，南京留守韩制心为南院大王、北府宰相。萧孝穆为南京留守，封燕王。
四年（1024）	萧孝穆	
五年（1025）	萧孝穆	
六年（1026）	萧孝穆	
七年（1027）	萧孝穆	
八年（1028）	萧孝穆	
九年（1029）	萧孝穆	本纪：八月己丑，东京舍行军详稳大延琳，囚驸马都尉。萧孝先杀户部使韩绍勋，遂僭位，号其国为兴辽。十一月丙戌朔，以南京留守燕王萧孝穆为都统以讨之。

---

①　此段说明文字出现二次"韩制心"之名，前一个"心"和"制"拆开一分为二；后一个侧是"心"叠在"制"之下的单字。本表作者亦疑为同一人。

续表

任职年份	姓名	任免事件主要纪录
十年（1030）	萧惠/ 萧孝穆/ 马保忠	权南京留守。 本纪：八月丙午，擒大延琳，渤海平。十一月辛亥，南京留守、燕王萧孝穆以东征将士凯旋。 翌日，以萧孝穆为东平王、东京留守；以权燕京留守兼侍中萧惠，为燕京统军使。宰相兼枢密使马保忠，权知燕京留守。
太平十一年/ 景福元年（1031）		按：契丹国志耶律隆运传：宗业无子，帝后以周王同母弟宗范继隆运后，历龙化州节度使、燕京留守，封韩王。
重熙元年（1032）		
二年（1033）		
三年（1034）		
四年（1035）		本纪：十一月壬午，改南京总管府为元帅府。
五年（1036）		
六年（1037）		本纪：正月，以晋王萧孝先为南京留守。本传：重熙四年徙王晋，后为南京留守。卒。
七年（1038）		
八年（1039）		
九年（1040）		
十年（1041）		皇子表：圣宗（耶律隆绪）子吴哥洪隐封燕王，出为南京留守。薨于南京。
十一年（1042）		
十二年（1043）		
十三年（1044）		
十四年（1045）	皇太弟重元	
十五年（1046）	皇太弟重元	本传：历北院枢密使、南京留守、知元帅府事。道宗（耶律洪基）即位，册为皇太叔。
十六年（1047）	皇太弟重元	
十七年（1048）	皇太弟重元	
十八年（1049）	皇太弟重元	
十九年（1050）	皇太弟重元	

续表

任职年份	姓名	任免事件主要纪录
二十年（1051）	皇太弟重元	
二十一年（1052）	皇太弟重元	
二十二年（1053）	皇太弟重元	
二十三年（1054）	皇太弟重元	
重熙二十四年/清宁元年（1055）	皇太弟重元/陈留	本纪：九月丙子，以上京留守宿王陈留为南京留守。①
二年（1056）	陈留	
三年（1057）		
四年（1058）		
五年（1059）		
六年（1060）		
七年（1061）	耶律明	
八年（1062）	耶律明	
九年（1063）	耶律明	契丹国志：清宁九年，宗元谋作乱。七月，宗元不胜而遁，南趋幽州。燕京留守耶律明与宗元通谋，领奚兵入城授甲，欲应之。副留守某将汉兵拒焉。会使者以金牌至，遂擒斩耶律明。本纪：清宁九年八月庚午朔，诏安抚南京军民。
十年（1064）	萧惟信	
咸雍元年（1065）	萧惟信/仁先	本纪：十二月甲午，以晋王仁先为南京留守。辛亥，以南京留守萧惟信为左夷离毕。
二年（1066）	仁先	
三年（1067）	仁先	
四年（1068）	仁先	
五年（1069）	仁先	

① 《辽方镇年表》称：陈留于道宗清宁元年（1055）及二年（1056）任南京留守，实为东京留守之讹：

《辽方镇年表》只引《本纪》"九月丙子以上京留守宿王陈留为南京留守"句，而未兼顾前后之记载，故产生错误。据 1974 年中华书局出版的五册本《辽史》卷 21《道宗本纪》《校勘记》（四），第 256 页曰："以上京留守宿国王陈留为南京留守。按卷 87《萧孝友传》，孝友小字陈留，改上京留守，更王秦；顷之，复守东京。检下文二年又以东京留守宿国王陈留守北府宰相。则此南京应是东京之讹。"

续表

任职年份	姓名	任免事件主要纪录
六年（1070）	仁先	本传：六年，复为北院大王。皇子表：兴宗子和鲁斡，清宁中，拜上京留守，改南京留守。
七年（1071）		按：自咸雍七年后，本纪不见除南京留守之人。皇子表：兴宗子阿琏，咸雍间历西京、北京留守。辽无北京，疑阿琏守南京。皇子表：北京为南京之误。本纪：大安三年（1087）七月丁丑，秦晋国王阿琏薨。①
八年（1072）		
九年（1073）		
十年（1074）		
大康元年（1075）		契丹国志：燕王洪道，道宗同母弟。海高颓乐反，命洪道讨之。终于燕京留守，封燕王。
二年（1076）		
三年（1077）		
四年（1078）		
五年（1079）		
六年（1080）		
七年（1081）		
八年（1082）		
九年（1083）		
十年（1084）		
大安元年（1085）		
二年（1086）		

① 《辽方镇年表》再称："兴宗子耶律阿琏，于道宗咸雍七年（1071）任南京留守。"该表曰："按，自咸雍七年后，《本纪》不见南京留守之人。《皇子表》：兴宗子阿琏，咸雍间历西京、北京留守。辽无北京，疑阿琏守南京。《皇子表》北京为南京之误。"《辽史》卷37《地理志》一，第438页曰："太宗以皇都为上京，升幽州为南京，改南京为东京，圣宗城为中京，兴宗升云州为西京，于是五京备焉。"辽虽无北京，但有上京等，故该表不能以"辽无北京"作为理由，就"疑阿琏守南京"，阿琏也可能是守上京。本人疑耶律阿琏与耶律洪道同为一人，详见第二章"南京留守任期分期考"。

续表

任职年份	姓名	任免事件主要纪录
三年（1087）	耶律坦	本纪：十一月，以惕隐耶律坦同知南京留守事。①
四年（1088）		
五年（1089）		
六年（1090）		
七年（1091）		
八年（1092）		
九年（1093）	特末	本纪：十月，以南院大王特末，同知南京留守事。②
十年（1094）		
寿昌元年（1095）	和鲁斡	皇子表：和鲁斡，清宁中拜上京留守，改南京留守。
二年（1096）	和鲁斡	
三年（1097）	和鲁斡	
四年（1098）	和鲁斡	
五年（1099）	和鲁斡	
六年（1100）	和鲁斡	
寿昌七年/乾统元年（1101）	和鲁斡	本纪：六月壬寅，以宋魏王和鲁斡为天下兵马大元帅。皇子表：乾统初，为天下兵马大元帅，加守太师，免拜，不名。三年，为惕隐，加义和仁寿之号，复守南京。
二年（1102）	和鲁斡	
三年（1103）	和鲁斡	
四年（1104）	和鲁斡	
五年（1105）	和鲁斡	
六年（1106）	和鲁斡	本纪：十月庚辰，以皇太叔、南京留守和鲁斡兼惕隐。十一月戊戌，以和鲁斡为义和仁圣皇太叔。

① 《辽方镇年表》又称："耶律坦于大安三年（1087）十一月，以惕隐耶律坦同知南京留守事。""同知南京留守事"属于南京留守司第三级之副贰职位，故本表不列入专条讨论。

② 《辽方镇年表》再称："耶律特末于大安九年（1093）十月，以南院大王特末，同知南京留守事。""同知南京留守事"属于南京留守司第三级之副贰职位，故本表不列入专条讨论。

续表

任职年份	姓名	任免事件主要纪录
七年（1107）	和鲁斡	
八年（1108）	和鲁斡	
九年（1109）	和鲁斡	
十年（1110）	和鲁斡/耶律淳	本纪：七月壬戌，皇太叔和鲁斡薨。 天祚纪：耶律淳乾统二年加越王，徙王魏。其父和鲁斡薨，即以淳袭南京。冬夏入朝，宠冠诸王。天庆五年（1115），晋封秦晋王，拜都元帅。
天庆元年（1111）	耶律淳	
二年（1112）	耶律淳	
三年（1113）	耶律淳	
四年（1114）	耶律淳	
五年（1115）	耶律淳	
六年（1116）	耶律淳	
七年（1117）	耶律淳	本纪：十二月丙寅，都元帅秦晋王淳遇女真军，战于蒺藜山，败绩。 天祚纪：淳募燕云精兵，东至锦州。金兵至战，败绩。淳入朝，诏释其罪。
八年（1118）	耶律淳	
九年（1119）	耶律淳	
十年（1120）	耶律淳	
保大元年（1121）	耶律淳	
二年（1122）	耶律淳	天祚纪：保大二年，天祚入夹山，奚王回离保、林牙耶律大石等，引唐灵武故事，议立淳。官属劝进，遂即位。改保大二年为建福元年，遣使奉表于金，乞为附庸。事未决，淳死。遗命立秦王定妻德妃为皇太后，称制，改德兴元年。宋来攻，卫兵力战，宋军大溃。金兵大至，德妃奔天德军。天祚怒，诛德妃，降淳庶人。是年十二月，金主抚定南京。契丹国志：保大二年八月二十四日，淳死。

附 录 五

参考文献与书目

　　本书征引或参考之文献及书目，分为两大部分：一、古代典籍；二、近现代著作。前者先按朝代先后各列一类，每类再按作者姓氏笔画顺序排列，如无作者姓名则以典籍名称第一个字的笔画顺序排列；晚清及民初以来之近现代著作，按作者姓氏笔画顺序排列，如无书作者姓名，以著作名称第一个字的笔画顺序排列。这些参考文献及书目，为本书选用之版本。本书各章引用之时，为节省篇幅，一般不再详细注明版本资料。

第一部分　古代典籍

一　宋代著作

1. 王偁：《东都事略》，台北：文海出版社1967年版。

2. 叶隆礼：《契丹国志》，上海古籍出版社1985年版。

3. 司马光：《资治通鉴》（全20册），中华书局1956年版。

4. 苏辙：《栾城集》（上、中、下集），上海古籍出版社1987年版。

5. 李焘：《续资治通鉴长编》（5册），上海古籍出版社1985年版。

6. 陆游：《陆放翁全集》，中国书店1986年版。

7. 欧阳修：《新五代史》（全3册），中华书局1974年版。

8. 赵汝愚：《诸臣奏议》，台北：文海出版社1967年版。

9. 洪皓：《松漠纪闻》，金毓黻主编《辽海丛书》第一册，辽沈书社1984年版。

10. 徐梦莘：《三朝北盟会编》（上、下册），上海古籍出版社1987年版。

11. 薛居正等：《旧五代史》（全6册），中华书局1976年版。

二　辽代著作

1. 耶律淳：《即位革弊诏》（保大三年），载陈述辑校《全辽文》卷 3，中华书局 1982 年版。

2. 赵孝严：《耶律仁先墓志铭》（咸雍八年），载陈述辑校《全辽文》卷 8，中华书局 1982 年版。

3. 赵延寿：《复后晋杜威书》（会同九年），载陈述辑校《全辽文》卷 4，中华书局 1982 年版。

三　金代著作

1. 元好问：《遗山集》，景印文渊阁四库全书本，台北，商务印书馆发行。

四　元代著作

1. 马端临：《文献通考》，景印文渊阁四库全书本，台北，商务印书馆发行。

2. 王恽：《秋涧集》，景印文渊阁四库全书本，台北，商务印书馆发行。

3. 郝经：《陵川集》，景印文渊阁四库全书本，台北，商务印书馆发行。

4. 姚燧：《牧庵集》，景印文渊阁四库全书本，台北，商务印书馆发行。

5. 脱脱等：《宋史》（全 40 册），中华书局 1985 年版。

6. 脱脱等：《辽史》（全 5 册），中华书局 1974 年版。

7. 脱脱等：《金史》（全 8 册），中华书局 1975 年版。

五　明代著作

1. 宋濂等：《元史》（全 15 册），中华书局 1976 年版。

2. 李贤等：《大明一统志》（上下册），三秦出版社 1990 年版。

六　清代著作

1. 全祖望：《燕云失地考》，原载全祖望《鲒埼亭集》，上海商务印书馆缩印原刊本，1936 年版；后收入王云五主编《万有文库》第二集七百种之全祖望《鲒埼亭集》（十二）外编卷四十，台北：商务印书馆发行，20 世纪五六十年代。

2. 毕沅编著：《续资治通鉴》（全 12 册），中华书局 1964 年版。

3. 吴廷燮撰：《辽方镇年表》，金毓黻主编《辽海丛书》第一册，辽沈书社 1984 年版。

4. 赵翼：《二十二史札记》，中国书店 1987 年版。

5. 徐松辑：《宋会要辑稿》，台北：文海出版社出版。

6. 顾炎武：《蓟》，载顾炎武著、陈垣校注《日知录校注》（下册），安徽大学出版社 2007 年版。

第二部分　近现代著作

1. 于杰、于光度：《金中都》，北京出版社 1989 年版。

2. 万国鼎编：《中国历史纪年表》，中华书局 1978 年版。

3. 王民信：《契丹史论丛》，台北：学海出版社 1973 年版。

4. 王明荪：《宋辽金元史》，台北：长桥出版社 1988 年版。

5. 王明荪：《宋辽金史论稿》，台北：明文书局 1988 年版。

6. 王育伊：《石晋割赂契丹地与宋志燕云两路范围不同辨》，载顾颉刚、谭其骧主编《禹贡》半月刊第三卷，第九合刊，北平：禹贡学会 1934 年版。

7. 王育伊：《宋史地理志燕云两路集证》，载顾颉刚、谭其骧主编《禹贡》半月刊第三卷，第七期，北平：禹贡学会 1934 年版。

8. 王承礼主编：《辽金契丹女真史译文集》，吉林文史出版社 1990 年版。

9. 王玲：《辽代燕京与契丹社会的发展》，载陈述主编《辽金史论集》第一辑，上海古籍出版社 1987 年版。

10. 王玲撰著：《北京通史》第三卷《辽代卷》，曹子西总主编，燕山出版社 1990 年版。

11. 王德忠：《辽朝世选制度的贵族政治特色及其影响》，《东北师范大学学报》（哲社版）2003 年 6 月。

12. 中国社会科学院历史研究所宋辽金史研究室编：《宋辽金史论丛》第一辑，中华书局 1985 年版。

13. 毛汶：《辽人汉化考》，《国学论衡》期刊，第 6 期，中国国学会 1935 年版。

14. 尹克明：《契丹汉化略考》，载顾颉刚、冯家升主编《禹贡》半月刊第六卷，第三四期合刊，北平：禹贡学会 1936 年版。

15. 邓广铭、程应镠主编：《中国历史大辞典》（宋史分册），上海辞书出版社 1984 年版。

16. 北京辽金城垣博物馆编：《北京辽金文物研究》，燕山出版社 2005 年版。

17. 北京辽金城垣博物馆编：《辽金城垣博物馆》馆志，无出版社及出版日期。

18. 北京辽金城垣博物馆编：《辽金城垣博物馆》简介，无出版日期及出版者。

19. 北京辽金城垣博物馆编：《幽燕千古帝王州：北京辽金史迹图志》（上下集），燕山出版社 2003 年 9 月（上集），2004 年 7 月（下集）。

20. 叶骁军编著：《中国都城历史图录》第一集，兰州大学出版社 1986 年版。

21. 叶潜昭著：《金律之研究》，台北：商务印书馆 1972 年版。

22. ［日］田村实造：《关于中国征服王朝》，原载《辽朝史的研究》，东京：创文社 1979 年版；袁韶莹中译本，载王承礼主编《辽金契丹女真史译文集》，吉林文史出版社 1990 年版。

23. 达林太著：《蒙古兵学研究——兼论成吉思汗用兵之道》，军事科学出版社 1990 年版。

24. 吕一燃著：《中国北部边疆史研究》，黑龙江教育出版社 1991 年版。

25. 傅乐焕著：《辽古丛考》，中华书局 1984 年版。

26. 孙久和编著：《辽夏金元史征·辽朝卷》，内蒙古大学出版社 2007 年版。

27. 孙建华、杨星宇：《大辽公主——陈国公主墓发掘纪实》，内蒙古大学出版社 2008 年版。

28. 杨茂盛：《试论契丹的宗族——家族斗争及其世选制》，原载《北方文物》1996 年 1 月。

29. 杨树藩：《辽金中央政治制度》，台北：商务印书馆 1978 年版。

30. 李荣村：《略述燕云十六州》，《史绎》第一期，台北：台湾大学历史学会会刊，1964 年 6 月。

31. 李敖：《北京法源寺》，台北：李敖出版社 2002 年版。

32. 李锡厚、白滨、周峰：《辽西夏金史研究》，福建人民出版社 2005 年版。

33. 李锡厚：《辽史》，人民出版社 2006 年版。

34. 吴廷燮：《辽方镇年表》，金毓黻主编《辽海丛书》第一册，辽沈书社 1984 年版。

35. 沈忱农：《论燕云十六州的割让与收复》，《民主评论》半月刊第 11 卷，第 15 期，香港：民主评论社 1960 年版。

36. 宋德金主编：《中华文明史·辽宋夏金卷》，河北教育出版社 1994 年版。

37. 宋德金主编：《中国社会史论》，湖北教育出版社 2000 年版。

38. 宋德金：《中国风俗通史·辽金卷》，上海文艺出版社 2001 年版。

39. 宋德金：《辽金史论文集》，辽宁人民出版社 1985 年版。

40. 宋德金：《辽金史论文集》第五辑，文津出版社 1991 年版。

41. 宋德金：《辽金史论文集》第四辑，书目文献出版社 1989 年版。

42. 宋德金：《辽金西夏史研究》，天津古籍出版社 1997 年版。

43. 宋德金：《辽金论稿》，湖北教育出版社 2005 年版。

44. 张博泉：《中华一体的历史轨迹》，辽宁人民出版社 1994 年版。

45. 张㧑之、沈蘅仲、卢元主编：《古汉语词典》，上海辞书出版社 2006 年版。

46. 陈述主编：《辽金史论集》第一辑，上海古籍出版社 1987 年版；第二辑至第四辑，书目文献出版社 1987 年 7 月至 1989 年 4 月。

47. 陈学霖：《中国历史上之正统论》，美国：西雅图，1984 年。

48. 周惠泉、米治国：《辽金文学作品选》，时代文艺出版社 1986 年版。

49. 承天：《契丹帝国》，中国国际广播出版社 2008 年版。

50. 赵振绩：《契丹族系源流考》，台北：文史哲出版社 1992 年版。

51. 赵铁寒：《燕云十六州的地理分析》（上、下），《大陆杂志》第 17 卷，第 11 期，1958 年 12 月 15 日；第 12 期，台北：大陆杂志社 1958 年版。

52. 香港能仁书院编辑委员会编：《佛教与辽金元文化国际学术研讨会论文集》，香港能仁书院 2005 年版。

53. 侯仁之：《燕云十六州考》，载顾颉刚、冯家升主编《禹贡》半月刊第六卷，第三四期合刊，北平：禹贡学会 1936 年版。

54. 费孝通主编：《中华民族的多元一体格局》（修订本），中央民族大学出版社 1999 年版。

55. 姚从吾：《从宋人所记燕云十六州沦入契丹后的实况看辽宋关系》，《姚从吾先生全集》第五集，台北：正中书局 1982 年版。

56. 姚从吾：《契丹汉化的分析——从契丹汉化看国史上东北草原文化与中原农业文化的合流》，原载《大陆杂志》第 4 期，台北：大陆杂志社 1952 年版；收入《姚从吾先生全集》第五集，台北：正中书局 1982 年版。

57. 姚从吾：《姚从吾先生全集二——辽金元史讲义——甲·辽朝史——》，台北：正中书局 1982 年版。

58. 姚从吾：《姚从吾先生全集》（共七集），台北：正中书局 1982 年版。

59. 贾敬颜：《汉人考》，《中国社会科学》1985 年第 6 期；收入费孝通主编《中华民族多元一体格局》（修订本），中央民族大学出版社 1999 年版。

60. ［日］爱宕松男普著：《契丹古代史研究》，邢复礼译，1988 年版。

61. 陶晋生：《女真史论》，台北：食货出版社 1981 年版。

62. 陶晋生：《宋辽关系史研究》，台北：联经出版事业公司 1984 年版。

63. 梅宁华主编：《北京辽金史迹图志》（上下册），燕山出版社 2003 年版。

64. 曹子西主编：《北京通史》（全十卷），第三卷《辽代卷》，王玲撰，燕山出版社 1990 年版。

65. 梁思成等：《名家眼中的北京城》，文化艺术出版社 2007 年版。

66. ［英］斯当东著：《英使谒见乾隆纪实》（Sir George Staunton, *An Authentic Account of An Embassy from the King of Great Britain to the Emperor of China*），叶笃义译，香港：三联书店 1994 年版。

67. 蒋君章：《儿皇帝石敬瑭》，《政治评论》（半月刊），第五卷第一期，台北：政治评论社 1960 年版。

68. 蒋君章：《媚外求荣的石敬瑭》，《政治评论》（半月刊），第五卷第七期，台北：政治评论社 1961 年版。

69. 韩世明编著：《辽金生活掠影》，沈阳出版社 2002 年版。

70. ［德］傅海波、［英］崔瑞德编：《剑桥中国辽西夏金元史》（907—1368），中国社会科学出版社 1998 年版；其中，崔瑞德、克劳斯—彼得·蒂兹撰《第一章：辽》。

71. 童疑：《夷蛮戎狄与东西南北》，载顾颉刚、冯家升主编《禹贡》半月刊第七卷，第十期，北平：禹贡学会 1937 年版。

72. 道润梯步译注：《蒙古秘史》，内蒙古人民出版社 1991 年版。

73. 蔡美彪主编：《中国历史大辞典》（辽夏金元史分册），上海辞书出版社 1986 年版。

74. 漆侠：《契丹辽国建国初期的皇位继承问题》，《河北师范学院学报》（哲社版），1989 年 3 月。

75. 谭其骧主编：《中国历史地图集》第六册《宋·辽·金时期》；及《简明中国历史地图集》，中国地图出版社 1982 年版及 1991 年版。

76. 戴逸、龚书铎主编：《中国通史——辽、西夏、金》，香港：智能教育出版社 2003 年版。

77. 魏特夫著：《中国社会史——辽（907—1125）：总论》，译文载王承礼主编《辽金契丹女真史译文集》，吉林文史出版社 1990 年版。

附 录 六

附图说明

一　辽代南京地理位置图说明

1. 晋献契丹全燕之图

（原载（宋）叶隆礼撰《契丹国志》卷前插图）

2. 契丹地理之图

（原载（宋）叶隆礼撰《契丹国志》卷前插图）

3. 辽、北宋时期方位图

（原载谭其骧主编《中国历史地图集》第六册《宋、辽、金时期》）

4. 辽代南京道析津府形势图

（原载侯仁之主编《北京历史地图集》卷前插图）

5. 燕云十六州形势图

（原载曹子西主编《北京通史》第三卷，王玲撰著《辽代卷》）

6. 燕云十六州方位图

（原载戴逸、龚书铎主编《中国通史》（辽·金·西夏）（修订本））

7. 辽代南京及金元明清都城城址变迁图

（原载曹子西主编十卷本《北京通史》，王玲撰著《辽代卷》卷前插图）

8. 辽代南京城复原示意图

（原载于杰、于光度著《金中都》卷前插图）

二　辽代文物照片说明

1. 契丹王子骑射图

（原载戴逸、龚书铎主编《中国通史》（辽·金·西夏）（修订本），香港智能教育出版社 2003 年 1 月）

2. 辽人牵马图

（内蒙古库伦旗辽墓壁画，内蒙古博物馆展出）

3. 辽代陈国公主墓东壁侍从牵马壁画

（内蒙古通辽市奈曼旗斯布格图村辽代陈国公主墓前室东壁壁画，内蒙古博物馆展出）

4. 辽代陈国公主墓西壁侍从牵马壁画

（内蒙古通辽市奈曼旗斯布格图村辽代陈国公主墓前室西壁壁画，内蒙古博物馆展出）

5. 澶渊之盟（再造立体雕塑像）

（内蒙古博物馆展出）

6. 契丹门吏壁画

（内蒙古巴林右旗辽墓壁画，内蒙古博物馆展出）

7. 辽代陈国公主墓东壁男仆女婢壁画

（内蒙古通辽市奈曼旗斯布格图村辽代陈国公主墓前室东壁壁画，内蒙古博物馆展出）

8. 辽代鎏金铜官冠

（内蒙古科尔沁旗出土，内蒙古博物馆展出）

9. 辽代驸马鎏金银冠

（内蒙古博物馆展出）

10. 辽代公主鎏金银冠

（内蒙古博物馆展出）

11. 辽代公主錾金银靴

（内蒙古博物馆展出）

12. 辽代公主金面具

（内蒙古博物馆展出）

13. 辽代驸马银丝头网金面具

（内蒙古博物馆展出）

14. 辽代刻花三彩枕

（内蒙古赤峰辽墓出土，内蒙古博物馆展出）

15. 辽代女俑石雕

（内蒙古巴林左旗辽臣韩匡嗣墓出土）

16. 辽代男俑石雕

（内蒙古巴林左旗辽臣韩匡嗣墓出土）

17. 辽代狮座白瓷枕

（内蒙古巴林右旗辽墓出土，内蒙古博物馆展出）

图 1　契丹王子骑射图

图 2　辽人牵马图

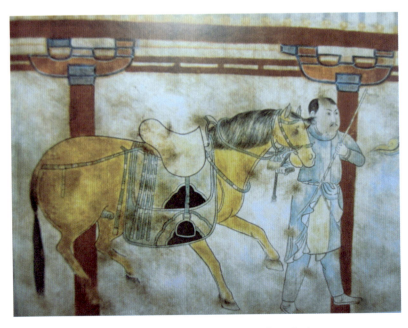

图 3　辽代陈国公主墓东壁侍从牵马壁画

图4　辽代陈国公主墓西壁坐从牵马壁画

图5　澶渊之盟（再造立体雕塑像）

图 6　契丹门吏壁画

图 7　辽代陈国公主墓东壁男仆女婢壁画

图 8　辽代鎏金铜官冠

图 9　辽代驸马鎏金银冠

图 10　辽代公主鎏金银冠

图 11　辽代公主錾金银靴

图 12　辽代公主金面具　　　　　　　图 13　辽代驸马银丝头网金面具

图 14　辽代刻花三彩枕

图 15　辽代女俑石雕　　　　　　　　　图 16　辽代男俑石雕

图 17　辽代狮座白瓷枕